本书资助项目：1.教育部新文科研究与改革实践项目："政产学研"四维驱动同育人新机制研究（2021090030）；2.黑龙江省哲学社会科学研究规划项目《拿大北极通航法律政策演变及中国应对研究》（22GJB130）；3.哈尔滨工程大学

海事法

ADMIRALTY LAW

主　编　袁　雪
副主编　赵　融　罗　猛　张明明

知识产权出版社
全国百佳图书出版单位
—北京—

图书在版编目（CIP）数据

海事法 / 袁雪主编 . —北京：知识产权出版社，2024.5
ISBN 978–7–5130–9353–8

Ⅰ.①海… Ⅱ.①袁… Ⅲ.①海事法规 Ⅳ.①D993.5

中国国家版本馆 CIP 数据核字（2024）第 087138 号

责任编辑：彭小华　　　　　　　　　　责任校对：谷　洋
封面设计：孙　宇　　　　　　　　　　责任印制：孙婷婷

海事法

主　编　袁　雪
副主编　赵　融　罗　猛　张明明

出版发行：知识产权出版社 有限责任公司	网　址：http://www.ipph.cn
社　址：北京市海淀区气象路 50 号院	邮　编：100081
责编电话：010–82000860 转 8115	责编邮箱：huapxh@sina.com
发行电话：010–82000860 转 8101/8102	发行传真：010–82000893/82005070/82000270
印　刷：北京中献拓方科技发展有限公司	经　销：新华书店、各大网上书店及相关专业书店
开　本：720mm×1000mm　1/16	印　张：22
版　次：2024 年 5 月第 1 版	印　次：2024 年 5 月第 1 次印刷
字　数：416 千字	定　价：150.00 元
ISBN 978–7–5130–9353–8	

出版权专有　侵权必究
如有印装质量问题，本社负责调换。

前 言

随着国际贸易和海上运输的迅猛发展,以及国家海洋强国战略和"一带一路"倡议的推进,海事海商法律制度在我国和世界法律体系中的地位越来越重要,学术界和实务界研究海事海商法的热情也空前高涨。而海事海商法律与哈尔滨工程大学"三海一核"特色办学理念密切融合,成为哈尔滨工程大学法学学科人才培养和科学研究的特色和重点领域。

在海商法理论和实践中,"海商"和"海事"两个概念的内涵和外延一直是有差异的,但从法律规范的角度分析,我们一般采用广义的含义,在广义上,二者没有区别。狭义的海商仅指在海上的商业活动,而狭义的海事仅指在海上发生的海损事故。相应地,狭义的海商法和海事法在内涵和外延上也有差异。基本上,海商法是海事法的基础,因为广义的海商法调整对象包括海上运输关系和船舶关系,而狭义的海事法作为广义的海商法的组成部分,就是调整在海上运输关系和船舶关系的基础上发生的由于海上风险所导致的海损事故而产生的一系列民商事法律关系,与对这些事故进行调查管理的海事行政法律关系,以及为了解决海损事故导致的海商海事纠纷而进行的法律适用和争议解决等。海上活动存在特殊风险的特点决定了从事海上运输过程中不可避免地会发生由海上风险导致的海损事故,这些风险事故是在调整正常海上航行活动中形成的海商合同关系所不能规范的,因此需要专门的海事法律进行规范。

本书分为海事法总论、海事实体法律制度、海事行政法律制度和海事救济法律制度四编。本书在编写中注重理论、立法、程序和案例相结合的写作方式,内容上理论与实践相结合,既研究海事实体法和程序法中的重要理论问题,又研究海事行政管理、海事诉讼和海事仲裁以及海事立法、司法和航运实践中的问题。本书立足于我国海事法律理论、立法和实践的研究,同时还注意吸收国际公约和其他国家先进立法和最新研究成果,关注和反映国际国内海事法的最新趋势和发展。

本书具体的编写分工如下:

袁雪:第一章、第十章、第十一章、第十二章;

赵融：第二章、第三章、第四章、第五章；

罗猛：第六章、第七章；

张明明：第八章、第九章。

本书编写过程中，于博、崔明珠、姜爱华、刘尚跃、吴语嫣等同学参与了资料和案例的搜集、部分初稿的撰写和修改等工作，付出了大量时间和精力。全书由袁雪统稿、定稿。错误之处，敬请读者批评指正。

目 录

· 第一编　海事法总论 ·

第一章　海事法原理 ··· 003
第一节　海事与海事法释义 ································· 003
一、海事与海商 ·· 003
二、海事法的含义 ······································· 006
三、海事法的调整范围 ·································· 008
第二节　海事法的表现形式 ································· 011
一、国内立法 ·· 011
二、国际条约 ·· 012
三、国际航运惯例 ······································· 014
四、其他表现形式 ······································· 015
第三节　海事法律规范 ······································· 016
一、海事法律规范的概念 ······························· 016
二、海事法律规范的要素 ······························· 016
三、海事法律规范的效力 ······························· 017
【案例枚举】 ·· 018
【问题与思考】 ··· 019

· 第二编　海事实体法律制度 ·

第二章　船舶碰撞法律制度 ······························· 023
第一节　船舶碰撞概述 ······································· 023
一、船舶碰撞的概念 ···································· 023
二、船舶碰撞的构成要件 ······························· 025
三、船舶碰撞的种类 ···································· 026
第二节　有关船舶碰撞的国际公约 ······················· 027
一、1910 年《碰撞公约》 ······························· 027

二、1972年《国际海上避碰规则公约》 029
　第三节　船舶过失碰撞问题 030
　　一、过失的概念和分类 030
　　二、过失的认定 032
　　三、特殊作业中的过失 034
　第四节　船舶碰撞损害赔偿责任 036
　　一、船舶碰撞损害赔偿责任的构成要件 036
　　二、船舶碰撞损害赔偿责任的适用原则 037
　　三、船舶碰撞损害赔偿责任的赔偿范围与计算标准 038
　【案例枚举】 042
　【问题与思考】 043

第三章　船舶污染损害赔偿法律制度 044
　第一节　船舶污染损害赔偿概述 044
　　一、船舶污染损害赔偿的国际立法 044
　　二、船舶污染损害赔偿国际公约的一般规定 045
　第二节　船舶油污损害赔偿 047
　　一、船舶油污损害赔偿概述 047
　　二、船舶油污损害赔偿国际公约 048
　第三节　船舶燃油污染损害赔偿 052
　　一、船舶燃油污染损害赔偿的概念 052
　　二、船舶燃油污染损害民事责任国际公约 052
　第四节　船舶载运有毒有害物质污染损害赔偿 054
　　一、船舶载运有毒有害物质污染损害赔偿的基本内容 054
　　二、船舶载运有毒有害物质污染损害赔偿国际公约 060
　【案例枚举】 063
　【问题与思考】 064

第四章　海难救助法律制度 065
　第一节　海难救助概述 065
　　一、海难救助的概念 065
　　二、海难救助的法律性质 066
　　三、海难救助的形式 068
　第二节　有关海难救助的国际公约 072
　　一、1910年《救助公约》 072
　　二、1989年《国际救助公约》 073

第三节　海难救助的构成要件 ········· 075
一、救助标的必须符合法律规定 ········· 075
二、救助标的必须处于危险中 ········· 076
三、救助行为必须是自愿行为 ········· 077
四、关于救助效果要件的讨论 ········· 078

第四节　救助报酬与特别补偿 ········· 079
一、救助报酬 ········· 079
二、特别补偿 ········· 081

【案例枚举】 ········· 083
【问题与思考】 ········· 085

第五章　共同海损法律制度 ········· 086

第一节　共同海损制度概述 ········· 086
一、共同海损的含义 ········· 086
二、共同海损的构成要件 ········· 087
三、共同海损制度的历史沿革 ········· 088

第二节　共同海损损失的表现形式 ········· 089
一、共同海损损失的基本构成 ········· 089
二、共同海损牺牲 ········· 090
三、共同海损费用 ········· 093

第三节　共同海损与过失 ········· 096
一、托运人的过失与共同海损 ········· 096
二、承运人的过失与共同海损 ········· 097

第四节　共同海损理算 ········· 100
一、共同海损理算的含义 ········· 100
二、共同海损理算书的法律效力 ········· 101
三、共同海损理算的程序 ········· 101
四、共同海损分摊价值的计算 ········· 104

第五节　共同海损理算规则与共同海损制度的发展趋势 ········· 107
一、共同海损理算规则 ········· 107
二、共同海损制度的发展展望 ········· 110

【案例枚举】 ········· 111
【问题与思考】 ········· 112

第六章　海事赔偿责任限制制度 ·············· 113
第一节　海事赔偿责任限制概述 ·············· 113
一、海事赔偿责任限制的概念和特点 ·············· 113
二、海事赔偿责任限制制度的历史发展 ·············· 115
三、海事赔偿责任限制制度的意义与价值 ·············· 118
四、海事赔偿责任限制国际公约 ·············· 119
第二节　海事赔偿责任限制制度基本内容 ·············· 121
一、适用的船舶 ·············· 121
二、权利主体 ·············· 122
三、限制性债权 ·············· 124
四、非限制性债权 ·············· 126
五、责任限额 ·············· 127
六、丧失赔偿责任限制权利的情形 ·············· 129
第三节　海事赔偿责任限制基金 ·············· 129
一、海事赔偿责任限制基金概述 ·············· 129
二、海事赔偿责任限制基金的设置程序 ·············· 130
【案例枚举】 ·············· 133
【问题与思考】 ·············· 134

· 第三编　海事行政法律制度 ·

第七章　海事行政管理法律制度概述 ·············· 137
第一节　海事行政管理基本理论 ·············· 137
一、海事行政管理的概念和特点 ·············· 137
二、海事行政管理法律关系 ·············· 139
三、海事行政管理的分类 ·············· 143
四、海事行政管理的目的和意义 ·············· 145
五、海事行政管理基本原则 ·············· 146
第二节　海事行政管辖 ·············· 150
一、海事行政管辖的主体 ·············· 150
二、海事行政相对人 ·············· 156
三、海事行政管辖的范围 ·············· 159
第三节　船舶管理 ·············· 160
一、船舶管理概述 ·············· 160

二、船舶登记 ………………………………………………… 165
　　三、船级管理 ………………………………………………… 173
　　四、船员管理 ………………………………………………… 176
　【案例枚举】 …………………………………………………… 181
　【问题与思考】 ………………………………………………… 181

第八章　海事行政行为 ……………………………………… 183
第一节　海事行政行为概述 …………………………………… 183
　　一、海事行政行为的概念及特点 …………………………… 183
　　二、海事行政行为的分类 …………………………………… 186
第二节　海事行政调查 ………………………………………… 188
　　一、海事行政调查的含义及性质 …………………………… 188
　　二、海事行政调查的原则 …………………………………… 190
　　三、海事行政调查的法律依据 ……………………………… 192
　　四、海事行政调查的内容 …………………………………… 194
　　五、海事行政调查的程序 …………………………………… 195
第三节　海事行政许可 ………………………………………… 199
　　一、海事行政许可概述 ……………………………………… 199
　　二、海事行政许可的分类 …………………………………… 202
　　三、海事行政许可的形式 …………………………………… 205
　　四、海事行政许可的程序 …………………………………… 205
　　五、海事行政许可的监督检查 ……………………………… 208
第四节　海事行政强制——以海警行政强制为核心 ………… 210
　　一、海事行政强制概述 ……………………………………… 210
　　二、海事行政强制基本原则 ………………………………… 212
　　三、海事行政强制的种类 …………………………………… 214
　　四、海事行政强制的程序 …………………………………… 216
第五节　海事行政处罚 ………………………………………… 220
　　一、海事行政处罚概述 ……………………………………… 220
　　二、海事行政处罚的种类 …………………………………… 224
　　三、海事行政处罚的管辖及适用 …………………………… 228
　　四、海事行政处罚的程序 …………………………………… 231
　【案例枚举】 …………………………………………………… 239
　【问题与思考】 ………………………………………………… 240

·第四编　海事救济法律制度·

第九章　海事诉讼法律制度 …… 243
　第一节　海事诉讼法概述 …… 243
　　一、海事诉讼的概念及特点 …… 243
　　二、我国海事诉讼法律制度的发展历程 …… 244
　　三、海事诉讼法的渊源 …… 246
　　四、海事诉讼法的基本原则 …… 249
　第二节　海事诉讼管辖 …… 251
　　一、海事诉讼管辖的概念 …… 251
　　二、海事诉讼管辖的特点 …… 252
　　三、海事诉讼管辖的分类 …… 252
　第三节　海事诉讼中的强制措施 …… 255
　　一、海事请求保全 …… 255
　　二、海事强制令 …… 256
　　三、海事证据保全 …… 257
　【案例枚举】 …… 259
　【问题与思考】 …… 260

第十章　海事仲裁法律制度 …… 261
　第一节　海事仲裁概述 …… 261
　　一、海事仲裁的概念和特点 …… 261
　　二、海事仲裁制度的历史沿革 …… 265
　第二节　海事仲裁协议 …… 269
　　一、海事仲裁协议的概念及特征 …… 269
　　二、海事仲裁协议的类型 …… 271
　　三、海事仲裁协议的内容 …… 273
　　四、海事仲裁协议的效力 …… 274
　第三节　海事仲裁裁决 …… 276
　　一、海事仲裁裁决的概念与特征 …… 276
　　二、海事仲裁裁决的种类 …… 278
　　三、海事仲裁裁决的承认与执行 …… 283
　【案例枚举】 …… 287
　【问题与思考】 …… 288

第十一章　海事行政复议与行政诉讼法律制度 ·········· 289
第一节　海事行政复议 ·········· 289
　　一、海事行政复议概述 ·········· 289
　　二、海事行政复议受案范围 ·········· 292
　　三、海事行政复议程序 ·········· 294
　　四、海事行政复议的审查和决定 ·········· 296
第二节　海事行政诉讼 ·········· 299
　　一、海事行政诉讼的概念和特点 ·········· 299
　　二、海事行政诉讼的基本原则 ·········· 300
　　三、海事行政诉讼的管辖 ·········· 301
　　四、海事行政诉讼的受案范围 ·········· 303
　　五、海事行政诉讼的程序 ·········· 304
　　六、海事行政诉讼执行 ·········· 308
【案例枚举】·········· 310
【问题与思考】·········· 311

第十二章　涉外海事争议的法律适用 ·········· 312
第一节　海事争议概述 ·········· 312
　　一、海事争议的含义、范围和性质 ·········· 312
　　二、海事争议解决方式 ·········· 315
第二节　涉外海事争议的法律适用 ·········· 321
　　一、涉外海事争议法律适用的渊源 ·········· 321
　　二、涉外海事争议法律适用的基本原则 ·········· 323
第三节　具体涉外海事争议的法律适用 ·········· 326
　　一、船舶物权关系的法律适用 ·········· 326
　　二、海事合同关系的法律适用 ·········· 330
　　三、海事侵权行为的法律适用 ·········· 331
　　四、共同海损的法律适用 ·········· 334
　　五、海事赔偿责任限制的法律适用 ·········· 335
【案例枚举】·········· 338
【问题与思考】·········· 339

第一编

海事法总论

第一篇

光的反射

第一章　海事法原理

海事法是指调整船舶在海上或其他可航水域发生的事故造成船舶、其他财产损失和（或）人员伤亡的损害赔偿、损失分摊等特定社会关系的法律规范的总称。狭义的"海事法"是广义的"海商法"的分支，是其重要的组成部分，在法律地位上并非一个独立的法律部门。虽然在法律理论和实践中海商法与海事法在一定程度上被混淆，但在海运实践中因海上贸易与纠纷解决的巨大需求使得区分这两个术语十分必要。海事法律制度的内容非常广泛，涵盖船舶碰撞、海难救助、船舶残骸清除、船舶污染、共同海损、海事赔偿责任限制等法律制度，以及与这些法律制度有着密切联系的海事行政管理法律制度、海事调查与处理制度、海事行政复议法律制度、海事诉讼法律制度、海事仲裁法律制度等。在我国，专门的海事法院及其上级法院需要运用专门规则，依照公平、效率等基本原则及海事问题的特殊审理程序进行案件审判工作。本章将介绍海事法的基本含义与特点，通过分析海事法的调整范围和表现形式，明确海事法调整海事关系的基本功能，并围绕基本问题展开对海事法理论和实践的讨论。在本章的学习过程中，应当注意区分狭义的"海商法"与"海事法"的含义和调整范围，掌握海事法的历史沿革、当前学术热点与发展趋势，并结合我国海事司法实践加深对海事关系特殊性的理解。此外，通过掌握海事法的表现形式和特点，还应认识海事法在我国法律体系中的地位与作用，了解海事法律问题中蕴含的特殊社会关系。

第一节　海事与海事法释义

一、海事与海商

"海事"与"海商"都是外来词汇。在海商法律理论、立法和实践中，通常存在着"海商""海事"的区分。关于"海事"的含义，在国内外海商海事法学界并无相对统一和权威的定义,各国有关海事海商的立法几乎也一致地采用列举式的立法技术将有关海事的事项列入本国的拥有海事管辖权的相应法院或仲裁机构的管辖之下,以回避对这一棘手的术语定义问题。而这一现象的存在部分源于"Maritime"和"Admiralty"两个词语含义之间的区别的模糊性[1]。在多数情况下,"Maritime"和"Admiralty"几乎是同义词。但在实际使用中,这两个词语并非总能够互相替换,而是有一些微妙差别。从语源上看,"Admiralty"这个词最早出现于15世纪初的英国,最初用于海军将领的职衔,以后用于指代由海军机构演变而来的海事法院;而"Admiralty Law"则指海事法院适用的,主要与航海和航运有关的法律。"Maritime"一词出现得更早,泛指海上的或与海相关的一切事务;"Maritime Law"则指与海相关的一切法律。很长一段时间以来,海上的法律事务主要都是与航海或海运相关的,因此,"Maritime Law"和"Admiralty Law"基本同义。但自20世纪以来,人类在海上的活动范围扩展,沿海国开始主张更多地利用海洋空间和资源的权利,有关海洋的法律变得愈加复杂,"与海相关的法律"的概念扩展到包括海洋划界、海底资源开发等的法律规范,于是有人开始用"Maritime Law"这一术语指一切与海洋相关的法律,而"Admiralty Law"则仍用于指代审理海事案件时适用的法律。这样,"Maritime Law"的概念似乎就比"Admiralty Law"的概念大得多了[2]。

"海商",在英语中通常称为"Maritime Commerce",是海上商业活动的简称,有广义和狭义之分。狭义的"海商"是指平等主体之间为一定经济目的,在特定范围内所从事的具有海事性质的商事事务。具体表现为商活动或商行为[3],主要包括海上货物运输合同、海上旅客运输合同、海上拖航合同、船舶租用合同、海上保险合同等海上商业行为。海商问题往往与沿海贸易密切相关,有时甚至混杂在一起,因而海商的概念也必然难以截然界定[4]。广义的"海商"是指所有海上运输或其他与船舶有关的商业活动。除包括狭义的"海商"外,还包括船舶在海上发生的海损事故,如船舶碰撞、海难救助、船舶污染、共同海损等。

"海事"一词,在英语中通常称为"Maritime Affairs",其含义通常也有广义和狭义之分。狭义的"海事",是指海上事故、海损事故、海难事故、海上

---

[1] 贺万忠:《国际海事诉讼管辖权问题研究》,世界知识出版社2008年版,第32页。
[2] [加拿大]威廉·台特雷:《国际海商法》,张永坚等译,法律出版社2005年版,译者序。
[3] 司玉琢主编:《海商法大辞典》,人民交通出版社1998年版,第706页。
[4] [美] G. 吉尔摩、C. L. 布莱克:《海商法(上)》,杨召南等译,中国大百科全书出版社2000年版,第36页。

交通事故或船舶交通事故的简称，即船舶在海上或其他可航水域发生事故，导致船舶、其他财产的损失和（或）人员的伤亡。海上事故泛指船舶在海上航行、作业或者停泊时所发生的诸如碰撞、搁浅、触礁、火灾、沉没等事故；海损事故突出事故造成的船舶、其他财产的损失和（或）人员的伤亡；海难事故强调事故导致重大的船舶、其他财产的损失和（或）人员的伤亡；海上交通事故和船舶交通事故则是较新的称谓。这些称谓在含义上存在微小的区别，但没有本质上的不同，其共性表现为船舶在海上或其他可航水域发生事故，导致船舶、其他财产的损失和（或）人员的伤亡。广义的"海事"，泛指一切有关海上的事务，是海运事业、海上事务、海上活动等的简称。其内涵包括狭义的"海事"，但不限于狭义的"海事"①。

通常情况下，在我国的海商法理论和实践中，均认为广义的"海事"与广义的"海商"同义。根据1992年《中华人民共和国海商法》（以下简称《海商法》）第1条，我国《海商法》的调整对象包括海上运输关系和船舶关系，既包括船舶碰撞、海难救助、共同海损、海事赔偿责任限制等狭义的"海事"的内容，也包括海上货物运输合同、海上旅客运输合同、海上拖航合同、船舶租用合同、海上保险合同等狭义的"海商"的内容。而这在我国海事法院的受案范围中也有所体现。从理论上讲，凡是与海上运输有关的重要事情都应该在海事管辖的范围内②。

根据《最高人民法院关于海事法院受理案件范围的规定》，我国海事法院的受案范围包括海事侵权纠纷案件、海商合同纠纷案件、海洋及通海可航水域开发利用与环境保护相关纠纷案件、其他海事海商纠纷案件、海事行政案件以及海事特别程序案件等与海事、海商有关的案件③。在我国，海事诉讼是海事争议解决的主要方式。我国海事法院中一般设置海事庭和海商庭，其中海事法院中的"海事"是广义的"海事"，而海事庭中的"海事"和海商庭中的"海商"均使用狭义概念④，二者是以其狭义内涵概括的内设机构名称，用以区别不同部门的职责划分。

1999年《中华人民共和国海事诉讼特别程序法》（以下简称《海事诉讼特别程序法》）第21条所列的"海事请求"，既包括狭义的"海事"请求，如有

---

① 胡正良主编：《海事法》（第三版），北京大学出版社2016年版，第2页。
② ［美］G. 吉尔摩、C. L. 布莱克：《海商法（上）》，杨召南等译，中国大百科全书出版社2000年版，第18页。
③ 详见2016年3月1日施行的《最高人民法院关于海事法院受理案件范围的规定》，法释〔2016〕4号。
④ 胡正良主编：《海事法》（第三版），北京大学出版社2016年版，第2页。

关海难救助、船舶对环境造成的损害、沉船打捞清除、共同海损等的请求，也包括狭义的"海商"的海事请求，如有关船舶租用合同、海上货物运输合同或者海上旅客运输合同、船舶买卖合同等的请求。根据法律规范的体例和内容，我国《海商法》采取的是广义的"海商"定义，其调整范围既包括船舶碰撞、海难救助、共同海损、海事赔偿责任限制等狭义的"海事"内容，也包括海上货物运输合同、海上旅客运输合同、海上拖航合同、船舶租用合同、海上保险合同等狭义的"海商"内容。由此可见，无论是单独从"海事"一词上理解，还是从"海事"与"海商"的关系上理解，"海事"或者"海商"的内涵并不具有多大的应然性，而是取决于实际需要或者习惯做法，即具有较为突出的实然性①。

因此，狭义的"海事"与狭义的"海商"相对应，广义的"海事"与广义的"海商"在很多情况下同义。人们在使用这两个词的时候，根据特定的情形，取其特定的含义。而广义的"海事"，也包括了在海上运输中发生的、与船舶有关的各种特定关系。在当今的航海活动中，贸易双方只能以海上运输合同当事人的身份出现。这样，围绕海上运输，必然发生与船舶所有人有关的一系列民事关系，那么调整这部分关系的法律规范就构成了广义的海事法或海商法的主要内容。各沿海国或各国港口当局，出于对港口、沿海水域或者船舶安全的管制，制定了以规范船舶安全为中心的各种行政法规，从而产生了与船舶有关的船舶所有人与行政当局之间的，以及船员与行政当局之间的行政法律关系。

二、海事法的含义

海商法产生于商务实践，它的产生和形成是为了通过法律途径来解决海上运输活动中产生的问题②。我国《海商法》第1条规定："为了调整海上运输关系、船舶关系，维护当事人各方的合法权益，促进海上运输和经济贸易的发展，制定本法。"尽管各国的法律体系和立法体例不同，但主要航运国家基本都是以法典的形式制定海商法。因此，在一般意义上，海商法是专指以法典形式存在的法律，是法律的一个部门。海商法是一个关注各种形式的海上和水上运输关系中人们之间权利和义务的私法体系。海商法起源于民法法系传统，但在普通法和民法法系中都有所发展，尽管两大法系仍会不时地就司法管辖权，甚至

---

① 胡正良主编：《海事法》（第三版），北京大学出版社2016年版，第2-3页。
② [美] G. 吉尔摩、C. L. 布莱克：《海商法（上）》，杨召南等译，中国大百科全书出版社2000年版，第7页。

海商法的含义和实质有所争议①。海商法有广义和狭义之分。广义的海商法是以与海上运输和船舶有关的社会关系为调整对象的一切法律规范的总和，包括海上民商事法律规范、海运行政法律规范和海上特殊的刑事法律规范。狭义的海商法是指调整海上运输关系和船舶关系的平等主体之间的特定法律规范的总称。我国《海商法》起草时，在第十稿至第十七稿都采用广义的海商法的概念，直到1991年3月31日的修改稿才基本改为狭义的海商法的表述形式②。

海商法调整平等主体之间横向的财产关系，当事人的合法权益主要是通过订立与履行合同和依法承担违约责任或侵权责任来得到维护的。因此，从规则体系来看，我国海商法调整的法律关系的属性决定了海商法属于民事法律范畴。由于我国是"民商合一"的国家，因此在讨论海商法的法律性质时，我们倾向于认为海商法属于民法特别法，海商法和民法之间是特别法与一般法的关系。海商法与民法有着共同的制度根基，民法的基本原则和民法中的许多制度，在海商法中均适用。我国《海商法》共有278个法律条文，其中绝大多数是民商事规则，仅有总则和第三章船员部分中的数条规则涉及沿海运输权、海上航行权、海上运输管理、船员管理等规定，属于行政法律关系的内容，但这些内容并不会影响和改变海商法的民法性质。

海事法不是法典的名称，也不是一个独立的法律部门，而是一类法律的总和或者概括。根据吉尔摩的观点，海事法是汇集调整水上客货运输关系之重要法规、概念和司法实践的大全。就实体法而言，海事法（Admiralty Law）和海商法（Maritime Law）在美国事实上是同义词，前者是美国当代法律与英国法院实施的法律制度相结合的产物；后者所包含的内容则更为广泛。海事法主要由调整航运法律关系的私法和与航运有关的全部法律组成③。海商法和海事法，无论是从广义上还是狭义上进行区分，归根结底，是以调整对象作为区分的依据。海商法可以是广义的海商法，也可以是狭义的海商法，我国现行的《海商法》法律规范，就其规则体系而言，是作为一种狭义的海商法来规定各种海商法律关系的。但是海商法作为一种社会调节器，必然会随着航运实践的发展而变化，因此，海商法的调整对象也不是一成不变的。虽然从性质上说，多数学者认为海商法属于私法范畴，但是近年来，海商法呈现出向公法发展的趋势，各国为了保护本国的航运业，保护海洋环境，都加强了对海运业的行政干预，

---

① [加拿大] 威廉·台特雷：《国际海商法》，张永坚等译，法律出版社2005年版，第5-10页。
② 司玉琢主编：《海商法》，中国人民大学出版社2008年版，第3页。
③ [美] G. 吉尔摩、C. L. 布莱克：《海商法（上）》，杨召南等译，中国大百科全书出版社2000年版，第1页。

制定了一系列的保护性海事法规。因此，有学者认为，由于海商法的调整对象是变动不居的，是随着社会关系的变化而变化的，探讨海商法的调整对象只在立法层面有意义，而在理论研究层面并不具有实在的法律意义[①]。有学者认为，现代意义上的海商法不局限于调整海上商业活动，还包括监督和管理船舶、船员以及船舶碰撞、海难救助等非商业活动，所以准确而言，应称为"海事法"。广义的海事法是指调整有关海上事务的法律关系的法律规范的总称。由于人们长期的习惯性称谓，因而广义的海事法与广义的海商法同义[②]。而狭义的海事法则是与前述的狭义的"海事"相对应，是指调整船舶在海上或其他可航水域发生海损事故导致的船舶、财产的损失和（或）人员的伤亡造成的损害赔偿、损失分摊等特定社会关系的法律规范的总称。

本书所调整的海事法是狭义的海事法，不包括属于狭义的海商法的海上货物运输合同、海上旅客运输合同、船舶租用合同、海上保险合同、海上拖航合同等调整内容，而包括狭义的海事法中的船舶碰撞、海难救助、船舶污染、共同海损、海事赔偿责任限制等海损事故，还包括基于船舶而产生的如船舶管理、船员管理、海事事故调查处理等海事行政管理关系，同时本书还将海事争议解决的程序性法律制度和法律适用制度包括在海事法的调整范围中。因此，在编写体例上，本书将海事法分为总论、海事实体法、海事行政法和海事救济法四个部分。

三、海事法的调整范围

海事法是广义的海商法的重要组成部分，而不是一个独立的法律部门。因此，从广义上说，海事法与海商法的调整对象是相同的，即调整基于船舶这一载体而形成的海上运输关系和船舶关系，以及为了保证这些社会关系正常运行而产生的海事行政管理关系、海事仲裁与海事诉讼关系等。从狭义的海事法层面上看，海事法的调整对象要比广义的海商法的范围更窄，我们认为，海事法的调整范围是指海事法调整的社会关系的范围。

（一）海事法调整的社会关系的范围

1. 基于海损事故产生的特定民事关系

船舶在履行海商合同的过程中，由于海上风险的特殊性，经常可能遭遇海上自然灾害和意外事故，导致船舶、船载货物和其他财产的损失以及人员伤亡，且由于船舶燃油泄漏或者油轮遇险导致油类货物泄漏而导致海洋环境污染事件

[①] 马得懿：《海商法及其哲理化初论》，中国商务出版社2008年版，第4页。
[②] 何丽新、饶玉琳编著：《海商法》，厦门大学出版社2004年版，第1页。

发生，因此就会产生基于海损事故而形成的一系列特定的民事权利义务关系，包括船舶碰撞、船舶污染损害赔偿、海难救助、共同海损、海事赔偿责任限制等民事关系。这些民事关系属于海事法的调整范围。

2. 基于船舶、船员管理和海损事故调查处理而产生的海事行政管理关系

广义的海事法或海商法调整基于船舶产生的海上运输关系和船舶关系，既包括基于合同违约或侵权产生的民事法律关系，又包括基于海事主管机关对于参与海上运输关系和船舶关系的主体和客体进行管理而产生的海事行政管理关系。具体而言，包括海事行政主管机关针对船舶、船员的管理和对海损事故进行调查处理而行使海事行政行为所产生的海事行政管理关系。

3. 基于海事争议解决而产生的海事救济关系

海事法律关系形成于广义的海上运输关系和船舶关系的产生、变更和消灭的过程中，因此海事法律关系主体在行使权利和履行义务过程中，不可避免地会发生海事争议，如由于船舶碰撞所导致的碰撞船舶与被碰撞船舶之间的碰撞侵权损害赔偿法律关系、由于船舶油污所导致的漏油船舶所有人与油污受害人之间的油污侵权损害赔偿法律关系、由于海难救助而产生的救助方与被救助方之间的海难救助报酬请求法律关系、由于发生共同海损行为而产生的船东和货主之间的共同海损理算和分摊法律关系，等等。发生了这样的海事争议事由，就需要按照法律规定的方式解决争议，对利益受损方的权利进行救济，进而产生了基于海事争议解决的海事救济关系，包括海事争议解决的方式和法律适用。在我国，海事争议解决的主要方式是海事诉讼和海事仲裁。随着2016年《最高人民法院关于海事法院受理案件范围的规定》将海事法院受案范围扩大到审理海事行政案件，海事行政纠纷解决方式如海事行政复议、海事行政诉讼也应该予以关注。由于海商法、海事法的涉外性特点，大多数海事争议都具有涉外因素，因此涉外海事争议的法律适用问题，也应是海事法的调整范围。

（二）海事法调整的水域范围

无论海事法还是海商法，重心都在"海"，各国海商海事立法一般都对海有一个界定，都规定了本国立法的适用水域范围。由于各国的自然条件和航运政策都不同，对海商法适用水域的规定也不尽相同。如《日本海商法》适用于沿海、近海和远洋运输，但不适用于内河和港湾等区域。俄罗斯海运的相关法律既适用于沿海运输，也适用于远洋运输，而内河运输另有内河运输法。北欧国家的海商法适用于一切水域。英美两国没有海商法典。1992年《英国海上货物运输法》只适用于英国出口的货物，不适用于英国进口货物。1936年《美国海上货物运输法》则对进出口货物都适用。可见，对于适用水域的范围，各国

立法很不统一，完全取决于各国的实际情况①。

我国《海商法》是海商法和海事法最重要的国内法律渊源，其调整的水域范围为"海上"②，但涉及具体的法律关系，《海商法》适用的水域会有所不同，如第四章关于海上货物运输合同的规定，是不适用于我国港口之间的海上货物运输，即沿海运输以及内河航运的。而随着交通运输部《水路货物运输规则》的失效，如何调整我国的内河运输和沿海运输成为立法急需，在2018年底交通运输部发布的《中华人民共和国海商法（修订征求意见稿）》中，为了扩大海商法调整水域范围，增加了第五章"水路货物运输合同"，同时在总则部分海上运输的概念中明确了本法调整的水域范围为"海上或者与海相通可航水域"。我国2021年修订的《中华人民共和国海上交通安全法》（以下简称《海上交通安全法》）也是海事法的国内法律渊源，其第2条规定了我国海上交通运输管理部门管理海上交通安全的水域范围为我国管辖海域③，比《海商法》的水域范围要广泛。2021年颁布生效的《中华人民共和国海警法》（以下简称《海警法》）规定的我国海警机构履行职责的维权执法范围为我国管辖海域及其上空④。因此，我国国内相关法律规范中关于海事海商活动的适用水域范围也是不同的，不同的海事法律关系应当分别适用法律。

（三）海事法调整的船舶范围

船舶是海上运输的主要工具，是海事法律关系产生的基础。各国海商海事的相关立法中均有关于船舶作为海事法律关系客体和海上运输工具的规定，各国的海商海事立法基本适用于海船，并将军舰和政府公务船舶排除在适用范围之外。如我国《海商法》第3条规定："本法所称船舶，是指海船和其他海上移动式装置，但是用于军事的、政府公务的船舶和20总吨以下的小型船艇除外。"《海商法》从航行目的和吨位角度排除了军舰和政府公务船舶以及20总吨以下的小型船艇。我国其他海事相关立法根据法律规范的目的和功能，采用不同的船舶范围规定。《海上交通安全法》第117条规定："船舶，是指各类排水或者非排水的船、艇、筏、水上飞行器、潜水器、移动式平台以及其他移动

---

① 司玉琢主编：《海商法》，中国人民大学出版社2008年版，第9页。

② 《海商法》第2条规定："本法所称海上运输，是指海上货物运输和海上旅客运输，包括海江之间、江海之间的直达运输。本法第四章海上货物运输合同的规定，不适用于中华人民共和国港口之间的海上货物运输。"

③ 《海上交通安全法》第2条规定："在中华人民共和国管辖海域内从事航行、停泊、作业以及其他与海上交通安全相关的活动，适用本法。"

④ 《海警法》第3条规定："海警机构在中华人民共和国管辖海域及其上空开展海上维权执法活动，适用本法。"

式装置。海上设施，是指水上水下各种固定或者浮动建筑、装置和固定平台，但是不包括码头、防波堤等港口设施。"1994年《中华人民共和国船舶登记条例》（以下简称《船舶登记条例》）第56条规定："'船舶'系指各类机动、非机动船舶以及其他水上移动装置，但是船舶上装备的救生艇筏和长度小于5米的艇筏除外。"《海警法》第78条规定："船舶，是指各类排水或者非排水的船、艇、筏、水上飞行器、潜水器等移动式装置，不包括海上石油、天然气等作业平台。"

第二节 海事法的表现形式

一、国内立法

国内立法是海事法最主要的表现形式。

国家机关制定的关于海事方面的法律、法规、条例、规定、办法、决议和指示等规范性文件都是海事法的表现形式。各国制定的关于调整海事海商方面的法律、法规、条例等规范性文件都是海事法的国内法渊源。各国根据其政治、经济利益的需要，在发展本国国际经济贸易和海上运输事业的同时，都十分重视海商海事法律体系的构建和立法工作。在这些规范性文件中，法律具有最重要的地位。各国的国内海事立法多以颁布海商法典为主要的法律渊源，同时辅以配套的法律规范，如有关海上运输、船舶登记、船员管理、渔业管理、海洋环境保护等方面的法律规范。无论在大陆法系国家还是英美法系国家，海商法都是其法律体系的重要组成部分。各国以海商法典或单行法规的形式对海上运输及船舶方面的问题加以规定，并运用本国海商法的相关规范和其他配套的法律规范来调整海上运输关系以及各类海事纠纷。

国内立法同样是我国海事法的重要法律渊源。

《海商法》是我国最基本的海事法律规范，我国关于海商与海事的国内立法还有《中华人民共和国民法典》（以下简称《民法典》）、《中华人民共和国民事诉讼法》（以下简称《民事诉讼法》）、《海事诉讼特别程序法》、《中华人民共和国海洋环境保护法》（以下简称《海洋环境保护法》）、《中华人民共和国海南自由贸易港法》（以下简称《海南自由贸易港法》）、《中华人民共和国港口法》（以下简称《港口法》）等。这些由全国人大及其常委会按照立法程序制定和颁布的规范性文件，具有较高的法律效力，在我国海事法律关系调整方面，具有重要的作用。

国家行政机关制定的一系列海商海事法律法规均构成我国海商法的组成部分。主要有国务院颁布的有关海事海商方面的行政法规，如《中华人民共和国船员条例》（以下简称《船员条例》）、《船舶登记条例》、《中华人民共和国防治船舶污染海洋环境管理条例》（以下简称《防治船舶污染海洋环境管理条例》）、《中华人民共和国内河交通安全管理条例》（以下简称《内河交通安全管理条例》）、《中华人民共和国船舶和海上设施检验条例》（以下简称《船舶和海上设施检验条例》）等。

另外，国务院所属的行政机关制定的部门规章，也是海事法的重要渊源，如交通运输部《中华人民共和国船舶最低安全配员规则》，交通运输部《中华人民共和国海船船员值班规则》，交通运输部《中华人民共和国船舶登记办法》，原农业部《中华人民共和国渔业船舶登记办法》，交通运输部《中华人民共和国海员外派管理规定》，交通运输部《中华人民共和国海船船员适任考试和发证规则》（以下简称《海船船员适任考试和发证规则》），交通运输部《中华人民共和国国际船舶保安规则》，交通运输部《关于不满 300 总吨船舶及沿海运输、沿海作业船舶海事赔偿限额的规定》，财政部、交通运输部《船舶油污损害赔偿基金征收使用管理办法》，交通运输部《中华人民共和国船舶油污损害民事责任保险实施办法》等。

二、国际条约

国际条约是国家之间为确定彼此间权利义务而达成的书面协议。国家签订并加入的有关海商海事方面的国际条约可以成为海事法的重要渊源。

国际上关于海事海商方面的国际条约很多，根据国际法相关规定和国家主权原则，对于一国而言，只有经过该国政府签字批准、接受或加入某一国际海事条约，该条约才对该国生效，对其产生法律约束力。但是，国际条约在国内的适用还需要解决国内立法与国家所加入的国际条约之间的关系。在处理国际条约与国内法关系的问题上，国际法理论中存在着"一元论"和"二元论"两种观点。我国既不是"一元论"国家，也不是"二元论"国家。在解决涉外因素的民事关系纠纷时，我国采用国际条约有条件优先于国内法适用的办法来解决二者之间在法律适用上的冲突问题。虽然我国《民法典》并未承继原《中华人民共和国民法通则》（以下简称原《民法通则》）第 142 条[①]关

---

① 原《民法通则》第 142 条规定："涉外民事关系的法律适用，依照本章的规定确定。中华人民共和国缔结或者参加的国际条约同中华人民共和国法律有不同规定的，适用国际条约的规定，但中华人民共和国声明保留的除外。中华人民共和国法律和中华人民共和国缔结或者参加的国际条约没有规定的，可以适用国际惯例。"

于涉外民事关系法律适用的规定，但根据《海商法》第 268 条第 1 款规定："中华人民共和国缔结或者参加的国际条约同本法有不同规定的，适用国际条约的规定；但是，中华人民共和国声明保留的条款除外。"因此，没有涉外因素的海事争议，适用国内法解决；有涉外因素的海事争议，需要进行法律选择。另外，我国与外国签订的有关海事海商的双边条约，也是海事法的表现形式之一①。

在国际海运领域，国际海事条约的起草机构主要是国际海事委员会（CMI）和国际海事组织（IMO）。国际海事委员会是 1897 年成立的旨在通过各种方式和活动促进国际海商法、海事惯例和实践做法的统一的非政府性的国际组织。该机构的工作宗旨是促进各国海商法协会的成立，并与其他具有相同宗旨的国际性协会或组织进行合作。该机构由各国海商法协会组成，总部设在比利时安特卫普。该机构通常每四年召开一次国际会议，审议其起草的国际海事公约的草案或建议。作为最有影响力的国际海事海商领域的非政府间国际组织，国际海事委员会组织起草了很多有影响力的国际海事条约，如调整海上货物运输的著名的 1924 年《统一提单若干法律规定的国际公约》（即《海牙规则》）及其 1968 年议定书（即《维斯比规则》）、1910 年《统一船舶碰撞某些法律规定的国际公约》（以下简称 1910 年《碰撞公约》）、1910 年《统一有关海上救助的若干法律规定的公约》（以下简称 1910 年《救助公约》）、1961 年《关于统一海上运输旅客某些规则的国际公约》、1957 年《海船所有人责任限制国际公约》（以下简称 1957 年《责任限制公约》）等。②

国际海事组织的前身是成立于 1959 年 1 月的"政府间海事协商组织"，1982 年 5 月更名为"国际海事组织"。国际海事组织是联合国负责海上航行安全和防止海洋污染的一个专门机构，总部设在英国伦敦。该组织的宗旨是创建一个监管公平和有效的国际航运框架，确保全球海上航行安全和海洋环境保护，以实现"让航行更安全，让海洋更清洁"的目标。我国是该组织的 A 类理事国，多年来积极地参与该组织的国际海运立法和监管工作，致力于全球海事法律规范的统一化。该组织是国际海事条约的重要起草机构，起草并通过了很多重要的国际海事公约、议定书、修正案等法律文书，包括 1974 年《国际海上人命安全公约》及其修正案、1978 年《议定书》、1972 年《国际海上避碰规则公约》、1973 年《国际防止船舶造成污染公约》及其修正案、1969 年《国际油污

---

① 司玉琢主编：《海商法》（第五版），法律出版社 2023 年版，第 4—5 页。
② https://baike.baidu.com/item/国际海事委员会/7154210?fr=ge_ala，访问时间：2023 年 9 月 3 日。

损害民事责任公约》(以下简称1969年《责任公约》)及其议定书、1971年《关于设立国际油污损害赔偿基金公约》及其议定书、1972年《国际集装箱安全公约》、1974年《海运旅客及行李雅典公约》及其议定书、1976年《海事索赔责任限制公约》(以下简称1976年《责任限制公约》)及其议定书、1978年《海运培训、发证和值班标准国际公约》及其议定书、1989年《国际救助公约》、1990年《国际油污防备、反应和合作公约》、1996年《国际海上运输有毒有害物质损害责任及赔偿公约》(以下简称1996年《HNS公约》)、1972年《防止倾倒废料及其他物质污染海洋公约》等。①

三、国际航运惯例

惯例，通常是指法律上没有明文规定，但过去曾经施行，可以仿照办理的做法②。国际惯例，是广义的国际习惯的一种。根据《国际法院规约》第38条第1款（丑）项的规定，"国际习惯，作为通例之证明而经接受为法律者"，可以被认为是国际法的渊源。按照《国际法院规约》，国际习惯是指经接受为法律的一般实践、惯例或做法。构成国际习惯应当具备国家实践和法律确信两个基本要素。③ 国际习惯作为国际法的渊源之一，其地位和作用也是非常重要的。

一般认为，国际惯例是在行业范围内众所周知，且为人们广泛接受，具有约束力的行为规则，包括成文的和不成文的惯例规则。许多国际惯例都是不成文的，通常为国际社会普遍遵守的，参与国际交往的原则和规则，如契约自由原则、优越必守原则、通过仲裁方式解决争议、国家主权原则以及由此引申出来的原则和制度。成文惯例是指由国际组织或学术团体对不成文的惯例进行解释、整理编纂后的成文形式，具有条理性、明确性和稳定性的特点。国际法领域的国际惯例主要集中于国际贸易领域。随着国际经济交往的发展和科学技术的进步，这些成文惯例也不断地被修订和补充。国际贸易领域比较有代表性的惯例主要有国际商会主持制定的《国际贸易术语解释通则》《跟单信用证统一惯例》《托收统一规则》等。一般而言，国际惯例根据效力通常分为规范性惯例和合同性惯例。规范性惯例通常对当事人各方具有普遍约束力，属于强制性惯例，无论参与国际交往的当事人是否愿意采纳，这类惯例都对他们具有国际

---

① https://baike.baidu.com/item/国际海事组织/503035?fr = ge_ala，访问时间：2023年9月4日。
② 夏征农主编：《辞海》，上海辞书出版社2010年版，第638页。
③ 邵津主编：《国际法》（第五版），北京大学出版社、高等教育出版社2014年版，第11-12页。

法上的约束力，如国家及其财产豁免原则等。这类惯例已被国际社会的多数成员普遍认为是必须遵守的义务，不得随意变更。有的已经以国内立法的形式被有关国家接受或为国际公约所采纳，因此对这些特定国家和有关当事人具有普遍约束力。合同性惯例是国际商事交易领域的主要惯例类型，属于选择性或任意性惯例。其效力取决于各方当事人的自愿采纳，其适用以各方当事人的共同意思表示为前提。一旦各方当事人明示或默示地表示他们之间的权利义务关系适用某一惯例，则该惯例就对他们具有法律上的拘束力。国际贸易领域的大部分惯例都属于此类。

作为海事法渊源之一的国际惯例，主要是指国际航运惯例。其中国际海事委员会制定的《约克—安特卫普规则》，是国际航运界公认的共同海损理算方面的国际规则，也是典型的任意性惯例，即只有在当事人明确表明适用时才对其产生法律效力。各国对国际惯例的效力通常在立法中给予认可。例如，我国《海商法》第268条第2款规定："中华人民共和国法律和中华人民共和国缔结或者参加的国际条约没有规定的，可以适用国际惯例。"这就表明我国承认国际惯例是海事法的表现形式之一，但其作用仍是补充国内法律和国际公约的不足，当然，国际惯例的适用不得违背我国的社会公共利益。

国际惯例作为海事法的一种表现形式，虽可以补充国内立法、条约规范之不足，但其存在明显的缺陷。首先，惯例的含义往往并不十分明确，特别是在不同的地区或港口可能会有不同的解释；其次，有些地方性惯例是否已经成为国际惯例，也往往不易确定；这些惯例还要通过当地的法律解释部门加以认定，因此很容易引起纠纷。当前国际航运立法的一种趋势是试图把一些国际航运惯例加以编纂，使之成为国际上公认的规范化的行为规则，以明确国际惯例适用的确定性。

四、其他表现形式

除上述三个海事法的主要表现形式外，法院判例和权威学者的学说也构成一些国家海事法的渊源。然而，判例能否成为海事法的渊源，争论颇多。在普通法系国家，法院判例与成文法具有同等的法律效力。根据"遵循先例"原则，某一判决中的法律规则不仅适用于本案，还适用于以后该法院或下级法院所判决的相同的或者相似的案件。即：下级法院必须服从上级法院的判决；上级法院原则上也要受自己的判例约束。在这些国家中，对海运中形成的海商、海事的判例就成了海事法的主要渊源。近年来在一些大陆法系国家以及一些发展中国家，判例特别是权威性判例也正在发挥着日益重要的作用。

中国是成文法国家，法院判决作为一个司法文书只对本案有效，我国不承认判例是法院判案的法律依据。但是，中国在海事法方面不能忽视普通法系国家的法律判例，因为在海上运输涉及的案件中，涉外案件占比很高，研究和了解外国判例对发展与这些国家的航海贸易关系有着重要作用。同时，我国最高人民法院近年来发布的海事海商典型案例、涉"一带一路"典型案例等大量的案例，虽然不是法律渊源，但对人民法院审理同类案件起到了有力的借鉴作用，特别是在我国当前处于对外贸易高速发展而海事海商立法尚不完善的发展时期，其借鉴作用更加不能忽视。不过，最高人民法院发布的关于海事海商的司法解释，具有一定的法律效力，应是海事法的重要渊源①。

至于权威学者的学说及法理主张能否成为海事法的表现形式，我们认为，任何一种学说及法理主张，无论它具有多么大的权威性，也仅仅是一种学说和理论，当它还没有经过立法程序上升为法律时，就不应具有法律的拘束力，因此，权威学者的学说、观点及法理主张不应看作是海事法的表现形式。当然，我们也不应忽视其对立法的影响和对审判的指导作用。

第三节　海事法律规范

一、海事法律规范的概念

规范是指标准或法则，与"规则""准绳""规矩""准则"等词语具有相同的意思，都是指人们行为时应该遵守的规则。

海事法律规范是指由国家制定、认可的，并以国家强制力保障实施的，调整海事行为关系的规则。海事法律规范属于社会规范，社会规范是调整人与人之间关系的，即社会关系的行为规则。

二、海事法律规范的要素

法律规范的要素根据其内部逻辑结构可分为假定、处理和制裁三大部分，海事法律规范当然也不例外。

海事法律规范中的假定是指符合适用海事法律规范的条件和情况。处理是

---

① 张湘兰主编：《海商法》，武汉大学出版社2008年版，第10页。

海事法律规范内部最为重要的一部分，它体现出规范的"约束"特点，即要求、允许或禁止主体为一定行为或不为一定行为的部分。制裁是指对违反海事法律规范造成的后果的一种规定。

研究海事法律规范的构成要素，对于健全中国特色社会主义法治，解决海事司法实践中存在的问题，具有一定的实践意义。研究海事法律规范可以弥补立法上的不完善之处或其他缺陷。从司法上说，研究海事法律规范的结构有助于我们正确理解海事法律规范的内容和实质，正确适用海事法律规范。①

三、海事法律规范的效力

海事法律规范的效力，即海事法律规范的效力范围，指该法律规范在什么地方、什么时间内、对什么人有拘束力，据此分为空间效力、时间效力和对人效力。

一般来说，法律规范效力所及的空间范围是国家的全部领域，包括领陆、领水和领空，还包括延伸意义上的驻外机构（如使领馆等）以及航行或停泊在国境外的船舶。海事法律规范是调整海上运输或作业中发生的、与船舶或设施有关的特定社会关系的行为规则。因此，它虽在一国主权管辖和支配的领域上生效，但其空间效力范围中更主要的，还是一国的领水和国家管辖下的水域。

海事法律规范的时间效力是指海事法律规范的有效时间，即生效至失效的时间，以及对海事法律规范生效前的行为是否具有溯及力，即溯及既往的效力。通常海事法律规范均从国家最高权力机关或国家主管部门公布施行之日起生效，至明令废止之日起失效。一般而言，海事法律规范同其他民事法律规范一样，不具有溯及既往的效力。

海事法律规范对人的效力是指海事法律规范对哪些人发生效力。根据我国《海商法》的规定，该规范对人的效力包括：（1）我国公民和航运企事业单位、机关和团体；（2）居住在我国领域内的外国人、无国籍人、外国航运企事业组织和团体；（3）申请在我国解决海事争议的并适用我国法律作为准据法的外国人、无国籍人、外国航运企事业组织和团体；（4）违反我国强制性海商法法律规范的外国自然人法人或其他经济组织②。我国海事法对人的效力参照《海商法》的效力范围。

---

① 司玉琢主编：《海商法》（第五版），法律出版社2023年版，第8—9页。
② 司玉琢主编：《海商法》（第五版），法律出版社2023年版，第10页。

【案例枚举】

浙江隆达不锈钢有限公司诉 A. P. 穆勒马士基有限公司海上货物运输合同纠纷案[①]

【基本案情】

2014年6月，浙江隆达不锈钢有限公司（以下简称隆达公司）由中国宁波港出口一批不锈钢产品至斯里兰卡科伦坡港。隆达公司通过货运代理人向 A. P. 穆勒马士基有限公司（以下简称马士基公司）订舱，涉案货物于同年6月28日出运。2014年7月9日，隆达公司通过货运代理人向马士基公司发邮件称，发现货物运错目的地要求改港或者退运。马士基公司于同日回复，因距货物抵达目的港不足2天，无法安排改港，如需退运则需与目的港确认后回复。次日，隆达公司的货运代理人询问货物是否可以原船带回。马士基公司当日回复"原船退回不具有操作性，货物在目的港卸货后，需要由现在的收货人在目的港清关后，再向当地海关申请退运。海关批准后，才可以安排退运事宜"。涉案货物于2014年7月12日前后到达目的港。2015年5月19日，隆达公司向马士基公司发邮件表示已按马士基公司要求申请退运，马士基公司随后告知隆达公司涉案货物已被拍卖。隆达公司向宁波海事法院提起诉讼，请求判令马士基公司赔偿其货物损失及相应利息。

【裁判结果】

宁波海事法院一审判决驳回隆达公司的诉讼请求，隆达公司提起上诉，浙江省高级人民法院二审判决撤销一审判决，改判马士基公司赔偿隆达公司50%的货物损失及利息。马士基公司不服二审判决，向最高人民法院申请再审。

最高人民法院再审认为：依据原《中华人民共和国合同法》（以下简称原《合同法》）第308条的规定，海上货物运输合同的托运人享有请求变更合同的权利，同时也应遵循公平原则确定各方的权利和义务。如果变更运输合同难以实现或者将严重影响承运人正常营运，承运人可以拒绝托运人改港或者退运的请求，但应当及时通知托运人不能执行的原因。涉案运输方式为国际班轮运输，货物于2014年7月12日前后到达目的港，隆达公司于7月9日要求马士基公司改港或者退运，在距离船舶到达目的港只有两三天时间的情形下，马士基公司主张由于航程等原因无法安排改港、原船退回不具有操作性，客观合理。一审判决支持马士基公司的上述主张，符合公平原则，予以维持。隆达公司明知

[①] 参见最高人民法院指导案例108号（2019年），载最高人民法院网，https://www.court.gov.cn/fabu-xiangqing-143382.html，访问时间：2023年8月20日。

目的港无人提货而未采取措施处理，致使货物被海关拍卖，其举证也不足以证明马士基公司未尽到谨慎管货义务，二审法院判决马士基公司承担涉案货物一半的损失，缺乏事实依据，适用法律不当，应予纠正。

【典型意义】

原《合同法》第308条是否适用于海上货物运输合同，一直是理论研究与审判实务中有很大争议的问题。本案再审判决紧紧围绕案件事实，依据合同法之公平原则，合理平衡海上货物运输合同各方当事人之利益，确定了原《合同法》第308条适用于海上货物运输合同的一般规则，统一了相关纠纷的裁判尺度，为我国正在进行的海商法修订工作提供司法经验。再审改判支持了外方当事人的抗辩，表明人民法院严格适用法律，平等保护境内外当事人的合法权利，彰显了我国良好的法治环境和营商环境。

【问题与思考】

1. 海事法是否为独立的法律部门？
2. 试论述海事法与海商法的联系与区别。
3. 简述海事法的特点。
4. 海事法的表现形式有哪些？
5. 如何理解海事法律规范的效力？

第二编

海事实体法律制度

第二章

溶液中的化学平衡

第二章 船舶碰撞法律制度

船舶碰撞是直接威胁海上安全的海损事故之一，是海上航行中常见的一种海上侵权行为。即使在航运技术十分发达的今天，船舶碰撞也是不可避免的，随着海上航行船舶及其所载货物的价值不断提高，船舶碰撞对财产、人员造成的损失以及环境破坏的后果日趋严重。因此，有关船舶碰撞的立法历来受到各国政府的重视。为了统一船舶碰撞法律制度，国际社会先后制定了若干有关船舶碰撞的国际法律文书。我国《海商法》也明确对船舶碰撞法律制度进行了规范，理论界也展开了对船舶碰撞的概念、构成要件、分类标准、赔偿责任的认定、赔偿的原则和范围等问题的研究，以推进我国船舶碰撞法律制度的发展。

第一节 船舶碰撞概述

一、船舶碰撞的概念

（一）船舶碰撞的传统概念

关于船舶碰撞的概念，我国《海商法》第165条和第170条均作出了相关规定。第165条规定："船舶碰撞，是指船舶在海上或者与海相通的可航水域发生接触造成损害的事故。前款所称船舶，包括与本法第三条所指船舶碰撞的任何其他非用于军事的或者政府公务的船艇。"第170条规定："船舶因操纵不当或者不遵守航行规章，虽然实际上没有同其他船舶发生碰撞，但是使其他船舶以及船上的人员、货物或者其他财产遭受损失的，适用本章的规定。"综上，船舶在海上或者与海相通的可航水域发生接触或者实际上没有同其他船舶发生接触，但因一方过失致使其他船舶遭受损失的，适用船舶碰撞的规定。

1910年《碰撞公约》第1条确立了碰撞的定义："海船与海船或海船与内河船发生碰撞，致使有关船舶或船上人身、财产遭受损害，不论碰撞发生在任何水域，对这种损害的赔偿都应按本公约规定处理。"从定义可以看出，传统意义上的船舶碰撞不包括两种情况：一种情况是浪损，即虽然在船舶之间没有发生直接的接触，但由于某船违章行驶，掀起的波浪冲击了另一船舶并使其遭受损害；另一种情况是船舶与其他船舶或固定物体之间的接触，如船舶因避让与他船碰撞，或者碰撞码头、防波堤、固定式钻井平台等。在海上活动比较单一的情况下，这种定义是基本可行的。但一百多年后，因海上生产活动的日益多样化，海上的碰撞事故也渐趋多样化，船舶碰撞海上固定建筑物的事故已经屡有发生，却缺乏对这种关系予以调整的相应法律。

（二）船舶碰撞的新概念

上述船舶碰撞的概念在海商法领域内已经适用了一百多年。如今，它与国际海运市场的发展和船舶碰撞的多样性情况已不相适应。为此，为了完善海商法律体系的具体内容，船舶碰撞的新概念出现了。1987年，国际海事委员会（以下简称CMI）起草了《船舶碰撞损害赔偿国际公约草案》（以下简称《里斯本规则》），该规则草案第1条给出了船舶碰撞的两个定义："（1）船舶碰撞系指即使没有实际接触，发生在船舶间造成灭失或损害的任何事故；（2）船舶碰撞系指即使没有实际接触，一船或几船的过失造成两船或多船间的相互作用而引起的灭失或损害。"同时，该规则还将船舶的定义扩大到"机器、井架和平台"。

船舶碰撞新概念所规定的船舶碰撞构成要件有了如下改变：（1）船舶碰撞不再要求有实际接触；（2）船舶碰撞的外延再次扩大，适用于船舶间相互作用的任何事故，碰撞、触碰、间接碰撞、浪损以及特定情况下的油污染、火灾和爆炸等事故，均可纳入船舶碰撞的范畴；（3）同时为了建立无接触碰撞下两船的关系，在船舶碰撞要件中增加了"过失"要件。

《里斯本规则》提出船舶碰撞新概念的目的在于统一海上一切侵权行为所引起的损害赔偿。这一概念的提出适应了海上侵权行为多样化的趋势，将对统一海上侵权立法具有积极的意义，[①] 但也存在不足之处，因为将没有发生接触的事故称作"碰撞事故"，将不具有船舶特征的某些物体称作"船舶"，显然有违客观事实。实际上，在相关的立法中，以海上侵权行为取代船舶碰撞的概念，似乎更为贴切。因此，即使在该草案生效的情况下，该新概念也难以取代传统的船舶碰撞概念，而是补充现行的有关国际公约和国际惯例。

---

① 司玉琢主编：《海商法》（第五版），法律出版社2023年版，第247页。

二、船舶碰撞的构成要件

《海商法》第 165 条有关船舶碰撞的规定是以定义的形式作出的，该条第 1 款规定："船舶碰撞，是指船舶在海上或者与海相通的可航水域发生接触造成损害的事故。"因此从这一定义可以看出，船舶碰撞包括以下要件[①]。

（一）发生碰撞的双方应为船舶

这里所说的船舶，包括海船或其他海上移动式装置。所谓海船，是指在船舶登记机关登记为海船的船舶；而海上移动装置，则是指由若干构造物组合而成并且可在海上移动的物体。

根据 1910 年《碰撞公约》的规定，构成船舶碰撞的双方应是海船或者海船与内河船；从这个意义上来说，在船舶碰撞码头或防波堤或海上钻井平台等固定物体的情况下，由于其中一方不是船舶，因而不属于船舶碰撞的范畴。

我国《海商法》第 165 条第 2 款规定："前款所称船舶，包括与本法第三条所指船舶碰撞的任何其他非用于军事的或者政府公务的船艇。"该规定特别强调了碰撞双方应有一方是海商法意义的船舶，排除了用于军事目的和政府公务目的的船舶以及 20 总吨以下的小型船艇；另一方船舶是与海商法意义船舶发生碰撞的排除军事和政府公务船艇的所有船舶，不考虑船舶吨位。因此，我国《海商法》所适用的船舶碰撞须满足两个条件：首先，碰撞的一方是海商法意义的船舶，即符合《海商法》第 3 条定义的海船或其他海上移动式装置；其次，碰撞事故中未涉及用于军事或政府公务目的的船舶。

（二）船舶之间发生实质性接触

构成船舶碰撞，船舶之间必须存在实质性的接触，否则就不能归结为碰撞事故。从这个意义上说，船舶的间接碰撞和浪损就不属于船舶碰撞的范畴。船舶的间接碰撞，是指船舶之间虽然没有直接的接触，却导致了与直接碰撞相同的客观效果。所谓浪损，是指一船虽未直接碰撞他船，但由于该船的违章行为，造成了他船之间的接触（如船舶在狭窄水道里超速航行，掀起的波浪将一船推向另一船，进而造成两船之间发生碰撞）。在间接碰撞和浪损案件中，虽然有碰撞的损害存在，但在加害船和受害船之间却没有发生实质性的接触，因而不符合碰撞的构成要件，若将船舶碰撞适用于这样的事故，须在法律中作出特别的规定。对此我国《海商法》第 170 条规定："船舶因操纵不当或者不遵守航行规章，虽然实际上没有同其他船舶发生碰撞，但是使其他船舶以及船上的人

[①] 傅廷中：《海商法》（第二版），法律出版社 2017 年版，第 249—251 页。

员、货物或者其他财产遭受损失的,适用本章的规定。"由此可见,在我国的立法当中,对间接碰撞和浪损案件可以类推适用船舶碰撞的规定。

(三) 碰撞发生在海上或与海相通的可航水域

《海商法》设立的船舶碰撞法律制度适用于发生在海上或者与海相通的可航水域的船舶碰撞,这一水域范围是由这一制度所适用的船舶所决定的。

此处的"海上"包括公海、领海、内海等一切海上水域。"与海相通的可航水域"是指与海相通的内陆可航水域。内陆水域(island waters)包括内河、运河、湖泊、水库等位于内陆的水域。"可航"(navigable)是指可供这一制度适用的船舶航行。由于这一制度适用于海船与海船或者海船与内陆水域船舶之间发生的碰撞,因而该内陆水域必然是与海相通并可供海船航行。[①]

(四) 碰撞造成的损害后果

海商法设立的船舶碰撞法律制度,其核心和实质是碰撞造成的损害的认定和赔偿。因此,构成海商法意义上的船舶碰撞,应以碰撞造成的损害后果为要件。如果船舶碰撞没有造成损害,这一制度也就失去了适用的前提。

所谓损害,是指因碰撞事故的发生对他人的人身或财产造成的损失和伤害,包括财产损失、人身伤亡以及一定程度的精神损害。此种损害既包括非接触的船舶及船上人身财产的损害,也包括非接触船舶致其他船舶、船上人身财产或第三人人身伤亡和财产损失。比如,A 船在多船水域航行,通过碰撞 B 船,撞上 C 船或者 B 船为了避让 A 船,从而撞上 C 船造成船舶受损的结果。

三、船舶碰撞的种类

海商法的相关理论根据船舶碰撞的方式和起因,对船舶碰撞进行如下分类[②]。

(一) 直接碰撞和间接碰撞

按照船舶碰撞的方式,即船舶是否实际接触,将船舶碰撞分为直接碰撞和间接碰撞。直接碰撞,是由于某种原因使各艘船舶相互之间发生实际接触,即各船的某个组成部分同时占据同一空间而产生力学上的作用与反作用对抗,最终导致一船或者多船损害的海上事故。直接碰撞是海运实践中最常见的船舶碰撞,是各国海商法的船舶碰撞法律制度和有关船舶碰撞的国际公约的主要调整对象。

---

① 胡正良主编:《海事法》(第三版),北京大学出版社 2016 年版,第 41 页。
② 司玉琢主编:《海商法》(第五版),法律出版社 2023 年版,第 247-249 页。

间接碰撞，是船舶之间没有实际接触，但由于某种原因而造成船舶损害的海上事故。间接碰撞的多数情况是浪损。一般来讲，间接碰撞只有在海商法或有关船舶碰撞的国际公约有明文规定的情况下，才属于船舶碰撞，适用船舶碰撞的法律规定予以处理。

（二）过错碰撞和非过错碰撞

按照船舶碰撞的起因，将船舶碰撞分为过错碰撞和非过错碰撞。过错碰撞，是指因一方或各方当事船的过错造成的船舶碰撞。过错碰撞又可以根据当事船的故意或过失，进一步分为故意碰撞和过失碰撞。所谓故意碰撞，是当事船基于故意的主观心态（明知其行为会造成船舶损害的结果而追求或者放任该结果发生）所导致的船舶碰撞。因故意行为引起的船舶碰撞，实践中只发生在存在敌意的船舶之间。故意碰撞造成的损害后果，由过错方承担全部赔偿责任，甚至是刑事责任。因故意碰撞的情形较为罕见，各国海商法和有关船舶碰撞的国际公约较少涉及。所谓过失碰撞，是指当事船应当预见到引发船舶碰撞的可能性而因疏忽大意未能预见到或已经预见到该后果而过于自信能够避免所造成的船舶碰撞。过失碰撞是最常见的船舶碰撞，也是海商法船舶碰撞制度的主要调整对象。过失碰撞又包含着单方过失责任碰撞和互有过失责任碰撞。按照国际海运市场的通行做法，单方过失行为引起的船舶碰撞，由过失方承担全部赔偿责任；而各方当事船均有过失引起的互有过失责任碰撞，原则上由各方当事船按照过失比例负赔偿责任。

非过错碰撞，是指因不可抗力或其他不可归责于当事船的过错，即当事船均无过错的情况下导致的船舶碰撞，又称为各方无过失船舶碰撞。在海商法上，根据具体的原因，又分为因不可抗力造成的船舶碰撞、意外事故造成的船舶碰撞和无法查明原因（不明过失）的船舶碰撞。

第二节　有关船舶碰撞的国际公约

一、1910 年《碰撞公约》

为了在国际范围内统一船舶碰撞法律问题，1910 年 9 月 23 日在布鲁塞尔召开的第三次海洋法外交会议通过了 1910 年《碰撞公约》，自 1913 年 3 月 1 日起生效，是有关船舶碰撞最重要的国际公约。我国于 1994 年 3 月 5 日加入了该公约。该公约的主要内容包括以下几个方面。

(一) 适用范围

公约第 1 条明确规定，公约适用于海船与海船或海船与内河船发生的碰撞，但公约不适用于军用船舶或专门用于公务的政府船舶发生的碰撞。另外，第 12 条还规定，如果在某一案件中有关的船舶都属于缔约国，或者在船舶所属国法律所规定的任何其他情况下，本公约的规定适用于全体利害关系人，但存在例外情形：①对属于非缔约国的利害关系人，每一个缔约国可以在互惠条件下适用本公约的规定；②如果全体利害关系人和受理案件的法律属于同一个国家，应该适用国内法，而不适用本公约。

(二) 船舶碰撞责任基础

"责任基础"一词在大陆法系内并没有明确的概念，但其在英美法系中使用普遍，最为接近的含义就是"归责原则"：如果碰撞的发生是出于意外或不可抗力，或碰撞的原因不明，其损害应由受害者自行承担；如果碰撞是由一艘船舶的过失引起的，损害赔偿的责任应由这艘有过失的船舶承担。如果两艘或两艘以上的船舶存在过失，各方应按其过失程度，按比例分担责任。但是，在无法查清过失比例的情况下，其责任应平均分担。

船舶或者其所载货物，或船员、旅客或船上其他人员的行李或财物所受的损害，应由过失船舶按上述原则承担赔偿责任。即使对于第三者的损害，一艘船舶也不承担较此种损害比例更多的责任，但是上述规定不适用于人身伤亡。因为，对于人身伤亡的损害，有过失的船舶对第三者的责任属于连带责任。1910 年《碰撞公约》的重要意义在于废除了"平分过失原则"，废除了法律推定过失原则。

(三) 诉讼时效

公约第 7 条第 1 款规定，船舶碰撞损害赔偿的起诉时效为 2 年，从事故发生之日起计算。过失船舶的一方因赔偿了人身伤亡损害赔偿金额，而请求其他过失船舶分担摊款而提起的诉讼，须从付款之日起一年内提出。诉讼时效中断或者中止的事由，应由审理该案件的法院所引用的法律决定。如果在诉讼时效内没能在原告住所地或主要营业地所在国家领海内扣留被告船舶，则应该延长诉讼时效。

(四) 碰撞的救助责任

公约第 8 条规定，碰撞事故发生后，各船船长在不对本船及其船员和旅客造成严重危险的情况下，必须救助其他船舶及其船员和旅客。船长还必须尽可能地把被救助船舶的船名、船籍港、出发港和目的港通知他船。同时，公约还规定如果船长违反上述规定，船舶所有人一般不负责任。

二、1972年《国际海上避碰规则公约》

1972年《国际海上避碰规则公约》是指1972年10月4日至20日，联合国政府间海事协商组织召开的修改国际海上避碰规则会议上制定的国际公约，是为防止船舶碰撞，确保船舶航行安全，规定船舶在海上航行时必须共同遵守的海上交通规则的国际公约。早在1889年，于华盛顿举行的国际海事会议就首次制定了《国际海上避碰规则》。其后曾于1910年、1929年、1948年，1960年、1972年五次修订。1972年10月16日至20日，联合国政府间海事协商组织在伦敦召开会议，在1960年《国际海上避碰规则》的基础上，制定了1972年《国际海上避碰规则公约》。公约包括条款、附则和4个附录。公约条款就公约签署、批准、生效条件和修正程序等作了规定。附则为1972年《国际海上避碰规则公约》，规则对公海、毗连区和领海内一切水域中航行的所有船舶在下列几方面作了具体规定：（1）安全航速、避免碰撞、在狭窄水道航行和分道通航的行动准则；（2）船舶之间追越、对遇、交叉、让路和直航时的责任；（3）号灯、号型的设置位置和要求；（4）各种声响和灯光的含义。公约自1977年7月15日生效，并代替1960年《国际海上避碰规则》。中国于1957年12月23日承认了1948年《国际海上避碰规则》，但对规则中的非机动船部分作了保留。在1972年《国际海上避碰规则公约》生效后，中国于1980年1月7日加入了该公约。公约的主要内容有以下几个方面。

（一）适用范围

公约第1条规定，规则各条适用于在公海和连接公海而可供海船航行的一切水域中的一切船舶，即用作或者能够用作水上运输工具的各类水上船筏，包括非排水船舶和水上飞机。

（二）规定航行规则

（1）保持正规瞭望；（2）使用安全航速；（3）给他船让路；（4）正确显示号灯和号型；（5）正确使用声号和灯号。

（三）附录

4个附录分别是：第一，号灯和号型的位置和技术细节；第二，在相互邻近处捕鱼的渔船额外信号；第三，声号器具的技术细节；第四，遇险信号。

第三节 船舶过失碰撞问题

一、过失的概念和分类

船舶碰撞制度中的归责原则确定了船舶碰撞损害赔偿责任的成立是以当事人存在过失为条件。

（一）过失的概念

此处"过失"应当采用民法上的解释，过失是指行为人并不存在希望损害发生的意图，但对损害的发生应该或能够预见却没有预见，或者已经预见到损害发生的后果却自信能够避免而致使损害发生。民法中对过失的判断是以行为人的预见能力和预见范围为基础的，但究竟是以行为人应该预见的范围为准，还是以行为人能够预见的范围为准，民法学界存在两种不同的学术观点。主张以前者来判断过失的，为客观标准；主张以后者来判断过失的，为主观标准。主观标准真正反映了行为人的心理状态，客观标准则以统一的应当预见的范围为条件，而不是以特定的行为人的预见能力为条件。

船舶碰撞中采用客观标准确认当事人是否存在"过失"，即航海行为人（包括船舶权利人及其受雇人员）在管理、驾驶和操纵船舶的过程中，基于其具有的通常的航海技术和谨慎注意义务，应预见到却因为疏忽大意而没有预见到其行为的损害后果，或因自信能够避免其行为的损害后果而致使该损害后果发生，此种情况下便构成了船舶碰撞的"过失"。

这一标准不仅适用于通常情况也适用于特殊情况，即要求航海人员在特殊情况下，要履行适应特殊情况的通常技术和谨慎注意义务。这种做法与1972年《国际海上避碰规则公约》第2条的规定是一致的。该规则规定："本规则各条并不免除任何船舶或其所有人、船长或船员由于对遵守本规则各条的任何疏忽，或者对海员通常做法或当时特殊情况可能要求的任何戒备上的疏忽而产生的各种后果的责任。在解释和遵行本规则各条规定时，应适当考虑到，为避免紧迫危险而须背离本规则各条规定的一切航行和碰撞的危险……"未尽上述义务，则被认为有过失，对碰撞后果仍要承担一定的责任。

（二）过失的分类

在船舶碰撞中"过失"可分为实际过失和推定过失两大类。推定过失又可分为法律推定过失和事实推定过失。在船舶碰撞的司法实践中，确定过失的做法通常是采取事实推定过失原则，而非法律推定过失的做法。

1. 实际过失

一方在驾驶或管理船舶方面具有某种过失，就是船舶碰撞的实际过失。从驾驶方面，例如两船相遇时海员没有按照避碰规则的要求使两船安全交会而发生碰撞。从管理方面，如两船的碰撞并非驾驶原因而是驾驶员在合理谨慎驾驶中因船舶本身的状态、功能缺陷、人员配备等导致碰撞他船。

2. 法律推定过失

船舶碰撞中的法律推定过失原则，是指不考虑因果关系，只要在法律上违反航行规则（包括国际性或地方性的规则），除非该船能证明在当时的情况下，背离航行规则是必要的，或者违反规则在当时条件下不可能导致船舶碰撞损害的发生，否则，法律便推定违反航行规则的船舶存在造成碰撞损害的过失。

法律推定规则曾经被英国广泛用于确认当事船是否存在过失，1910年《碰撞公约》第6条明确规定废除法律推定过失原则，在采用事实推定过失时，应摒弃法律推定过失的做法，而美国至今仍然予以适用。法律推定过失原则具有明显的不合理之处。

（1）无视过失与碰撞结果之间的因果关系。违反航行规则仅是存在过失碰撞的条件之一，想要证明违反规则与发生碰撞之间有必然性，就必须用证据加以证实，单纯地以存在违反规则的行为而认定这种行为必将导致碰撞是不合理的。

（2）加重了被告方的举证责任。尽管法律推定过失本身不能作为证据，但这种推定影响了举证责任。原告只要证明被告违反了航行规则，举证责任便可轻易地转移给对方，而被告则要提出证据证明违反规则这一事实在当时情况下不可能导致碰撞损害，或者背离规则是必需的，但这并不是一件容易的事情。我国加入1910年《碰撞公约》之后，废除法律推定原则便从立法上明确下来。

3. 事实推定过失

事实推定是指依据船舶驾驶与管理的实践经验，运用逻辑推理判定待证事实。事实推定属于一种逻辑上的演绎推理，即法官根据已知的事实和经验法则，运用逻辑从基本事实推定对方船舶存在过失的假定事实。船舶是在一定的水文和气象条件下，按照一定的航线和速度航行的。审理法官可以根据走访调查、查证证据、比照客观实际来还原航行实景，以此推定符合事实的真相，确定对方的过失责任，如果对方能够反证损害的发生非自身原因，或者损害不存在，就可以免除损害赔偿责任。

事实推定原则在处理船舶碰撞案件中仍为各国普遍采用。我国《海商法》

虽然没有明确规定，但在司法实践中也是承认这一原则的。1910年《碰撞公约》废除的只是法律推定过失原则，并没有废除事实推定过失原则。[①]

二、过失的认定

（一）认定过失的一般原则

1. 认定驾驶船舶过失的一般原则

一般原则是把碰撞的全过程分为几个不同的航行阶段，在各个航行阶段适用航行标准来认定是否存在过失。航行标准一般是以各国法律和国际公约为准，通常在各个阶段以航行规则和避碰规则来衡量船员的行为，考察其是否发挥了合格船员所应发挥的良好船艺，并以此判定该船是否存在过失。通常分为"两船相遇—存在碰撞危险—形成紧迫局面—构成极端危险—碰撞事故发生"五个阶段。

2. 确定管理船舶过失的一般原则

因管船过失造成的碰撞，应包括船员和船舶所有人的管船过失造成的碰撞。其判定标准分为船员和船舶所有人两方面：作为一名合格船员在管理船舶中是否已尽合理谨慎义务并发挥良好技能；而船舶所有人管船过失涵盖范围较广，其主要依据是国际公约或国内法，比如，有关船员资格、船舶设备、船舶适航性等国际公约或国内法的规定。违反其中的任何一种，都有可能构成管船过失。如果这种过失恰好是导致碰撞的原因，那么，过失方就要承担碰撞责任[②]。需要强调的是，碰撞过失是指造成碰撞的原因，如果违反避碰规则与发生碰撞之间没有因果关系，则仍然不需要承担碰撞责任。如某轮在"分道通航制"区域内违反右侧通行规则，经认定此违规行为不是造成碰撞的原因，在这种情况下，违规船舶可能受到航行安全主管部门的行政罚款，但不应承担船舶碰撞赔偿责任。

（二）确定碰撞过失的特殊原则

确定碰撞过失的特殊原则大多是海运国家长期司法实践中形成的惯例或者习惯，在适用范围上有一定的局限性。实践中的特殊原则主要有如下几种：

1. 最后机会原则（最后避让机会原则）

简单概括其含义是：两船碰撞，双方都有疏忽，并有充裕的时间避免碰撞

---

① 司玉琢主编：《海商法》（第五版），法律出版社2023年版，第252–254页。
② 同上书，第255页。

而没有避免,则该方应单方承担碰撞责任。这一原则是将"驴案(Donkey Case)"[1] 的判决原则延伸到海上船舶碰撞案件中形成的。

从定义中可看出援引该原则的两个前提是:①碰撞是由于一方的过失引起的,而这种过失引起的事实是可以被对方觉察到的;②对方必须有充裕的时间采取避碰措施。然而,实践中该原则也存在明显的不合理之处:①为过失方提供了推责依据,加重了对方的避碰责任;②与国际避碰规则相悖;③用"最后机会"代替"因果关系",不符合民事赔偿责任的构成要件。因此,我国法律和司法实践中并不承认这一原则。

2. 宾夕法尼亚规则

所谓的宾夕法尼亚规则,是指一旦船舶违反航行规则,就推定此行为是造成碰撞的原因,违章船舶要摆脱责任,必须证明此违章不是碰撞发生的原因。后来这一规则被修改,违章一方若要证明不存在过错则需要首先证明违章不是造成碰撞的原因,从而进一步证明违章不可能造成碰撞。该规则的实质是法律推定过失原则,也称起因推定原则,随着法律推定过失原则在世界范围内的废除,"宾夕法尼亚规则"的存在必然导致法律冲突。

3. 双方疏忽等效原则

该规则的适用情形是在碰撞双方均存在一直持续到碰撞发生的疏忽,若双方的过失很难确定,则各自承担50%的碰撞责任[2],此情况下"很难区分谁的过失"是主要条件。我国《海商法》第169条第1款中的过失程度相当或过失程度的比例无法判定的,平均负赔偿责任,体现了这一原则。

4. 紧急情况下的过失原则

该原则是指,一船在紧急情况下的错误作为或者不作为不视为过失,该船也不因这种作为或者不作为承担由此造成的船舶碰撞的责任,除非这种紧急情况是由于该船的过失造成的[3]。该原则为因对方船舶过失而陷入紧急情况的船舶提供宽松的免责条件,只要该船采取当时认为正确的措施避碰,即使事后该船采取的措施被认为是错误的,该船也不必承担碰撞责任。

但根据1972年《国际海上避碰规则公约》第2条第1款之规定:"本规则各条并不免除任何船舶或其所有人、船长或船员由于遵守本规则各条的任何疏

---

[1] Davies v. Mann (1842) 10M & W 546, 152 ER 588. 此案原告 Davies 不慎使其驴横卧在马路上,被告 Mann 的司机发现了驴并有充裕时间采取措施避免撞驴,但由于速度过快未及时采取措施,将驴撞伤。法官以司机有最后机会避免事故发生,结果却没有避免为由,判 Mann 承担100%的责任。将此原则应用于海上,便形成了处理船舶碰撞的"最后机会原则"。

[2] 司玉琢、吴兆麟编著:《船舶碰撞法》,大连海事大学出版社1995年版,第36页。

[3] 胡正良主编:《海事法》(第三版),北京大学出版社2016年版,第57页。

忽,或者对海员通常做法或当时特殊情况可能要求的任何戒备上的疏忽而产生的各种后果的责任。"即船舶应对当时出现的特殊情况采取戒备措施,即使处于紧急情况下也应采取有效的避碰措施。

5. 国际公约的特殊规定

由于海上情况极其复杂,1972年《国际海上避碰规则公约》中为机动船、帆船、从事捕鱼的船、水上飞机、失去控制的船、操纵能力受限的船、从事拖带作业的船以及限于吃水的船,分别确立了定义,并对不同船舶不同作业下应遵守的规则作出了明确而具体的规定:

第一,船舶的驾驶和航行规则;

第二,各类船舶在航行、停泊或者作业时应悬挂的号灯和号型;

第三,船舶在航行、停泊和作业时应鸣放的声响和显示的灯光信号。

此外,还就船舶在海上应保持的正规瞭望、应当使用的安全航速、应当采取的避碰行动等,规定了具体的标准,在处理船舶碰撞事故时,应区分不同的船舶、不同的环境和条件,具体考查船舶碰撞的责任归属。

三、特殊作业中的过失

除一般场合下按特殊的原则来确定过失外,在特殊场合中确定船舶碰撞过失的原则也有所不同。特殊作业中的过失是指沉船所有人在安装沉船标志或打捞中的过失,以及拖带、引航和救助作业中的过失造成船舶碰撞时,责任如何确定的问题。

(一)沉船船舶所有人的过失

沉船所有人得知船舶沉没后,应在合理时间内给沉船树立妥善的标志,若船舶所有人没有履行这项义务,当其他船舶与沉船发生碰撞时,认为沉船所有人存在过失,应承担碰撞责任。此处对"合理时间"的判断在实践中标准不一:通常认为以沉船被打捞或者委付为止,所以此种加标义务是一种过程,并在此过程中应保证标志的警示作用有效。

多数情况下,沉船所有人会在合理时间内报告港口主管当局,由港口主管当局发布航海通告或航海警告,提醒航行船舶注意,或者由港口主管当局负责加标。若由于主管当局的疏忽导致航行船舶与沉船发生碰撞,是否能解除沉船所有人的责任呢?对此,英国曾有判决解除沉船所有人的责任,而美国曾判决不解除沉船所有人的责任。我国法律对此未作出明确的规定,这需要根据行政法规判断加标行为是否属于行政行为,如果属于"行政行为",则适用《中华人民共和国行政诉讼法》(以下简称《行政诉讼法》)第12条的规定,行政机关应负责赔偿；如果不属于，就不能适用，应根据民事委托的有关规定处理[①]。

(二) 拖航作业中的过失

《海商法》第 162 条规定："在海上拖航过程中，承拖方或者被拖方遭受的损失，由一方的过失造成的，有过失的一方应当负赔偿责任；由双方过失造成的，各方按照过失程度的比例负赔偿责任。"在实务中除了拖船与被拖船之间发生碰撞外，经常出现拖船或被拖船与第三方碰撞的情形。《海商法》第 163 条规定："在海上拖航过程中，由于承拖方或者被拖方的过失，造成第三人人身伤亡或者财产损失的，承拖方和被拖方对第三人负连带赔偿责任。"无论是拖船方还是被拖船方过失导致船舶与第三方发生碰撞，第三方都可以直接碰撞为诉因起诉实质接触船，或以间接碰撞为诉因起诉非实质接触船。

(三) 引航作业中的过失

我国《海商法》第 39 条规定，引航员在船上引航期间，不享有独立指挥船舶的权利，即船长仍负有管理和驾驶船舶的责任。这项原则被多数国家所接受，即使是强制引航的情况也是如此[②]。如 1999 年《俄罗斯联邦商船航运法典》第 97 条和第 103 条分别规定："船长可委托引航员直接命令舵手驾驶和操纵船舶，但不免除船长因引航员的指挥而导致的后果应承担的责任。""雇用引航员的组织对引航员的过失不当引航导致船舶发生的损失负责。"[③] 1994 年《瑞典海商法》第 7 章第 1 条规定："船舶所有人或经营人应当对船长、船员或引航员在履行职责的过程中由于过失造成的损失或损害负责。"[④]

(四) 救助作业中的过失

救助方在救助作业中存在过失行为导致船舶碰撞的情形，大多表现为船舶碰撞后，因救助方的过失造成被救助船损失的扩大或增加救助作业的难度，不管属于哪种情况，只要救助方在救助作业中存在过失，其都应当承担一定的责任：减免救助报酬，情节严重者甚至会反过来给被救船赔偿。我国《海商法》第 187 条规定："由于救助方的过失使救助作业成为必需或者更加困难的，或者救助方有欺诈或者其他不诚实行为的，应当取消或者减少向救助方支付的救助款项。"

[①]《中华人民共和国行政强制法》(以下简称《行政强制法》) 第 50 条至第 52 条对代履行的适用条件、主体、程序、方式以及即刻代履行等作出了规定。
[②]《中华人民共和国交通部海港引航工作规定》(2001 年) 第 9 条。
[③] 韩立新、王秀芬主编：《各国 (地区) 海商法汇编 (下卷)》，大连海事大学出版社 2003 年版，第 1382 页。
[④] 同上书，第 773 页。

第四节　船舶碰撞损害赔偿责任

一、船舶碰撞损害赔偿责任的构成要件

作为海上一般侵权行为的赔偿责任，船舶碰撞损害赔偿中的相关问题一直没有得到统一，如船舶碰撞损害赔偿的构成要件、船舶碰撞损害赔偿应适用的原则以及如何计算损害赔偿数额等。传统的侵权法中，侵权行为四要件说得到普遍采用；现代侵权法中，行为的违法性要件已经大大弱化。有的教材中对船舶碰撞的构成要件采用四要件说，即行为人之行为的违法性；行为人的主观过失；船舶碰撞的损害后果；过失行为与损害后果之间的因果关系。随着过错概念的客观化和违法推定过失的发展，客观的行为违法和主观的心理状态已经很难区分。现代社会采用了大量的技术标准来确定行为规则，违反这些规则不仅表明行为具有违法性，同时表明行为人具有过错，所以过错应当吸收违法。[1]因此，船舶碰撞的构成要件也应有所变化，例如司玉琢等学者认为船舶碰撞的要件包括：过失；损害事实；过失与损害之间具有因果关系。[2]

（一）过失

船舶碰撞中的过失，主要表现为船长、船员和引航员违反1972年《国际海上避碰规则公约》或者地方性航行规章，或者没有发挥良好船艺。一般来说，航海行为人（包括船舶权利人及其受雇人员）在管理、驾驶和操纵船舶的过程中，基于其具有的通常的航海技术和谨慎注意义务应预见到却因为疏忽大意而没有预见到其行为的损害后果，或因自信能够避免其行为的损害后果而致使该损害后果发生，便构成了船舶碰撞的"过失"。例如，根据特定的环境和情况，在规定或者适当的水域采用正确的方法抛锚，是良好船艺的要求。如果抛锚位置不当而导致妨碍其他船舶航行，并因此与他船碰撞，或者因锚没有抓底或者所松的锚链不够长，使得船舶在大风浪中走锚并碰撞其他锚泊的船舶，便是没有满足良好船艺的要求，这就算是一种过失。[3]

（二）损害事实

船舶碰撞损害赔偿责任是民事侵权责任的组成部分，其功能是通过经济补

---

[1] 王利明：《侵权行为法研究（上册）》，中国人民大学出版社2004年版，第347页。
[2] 司玉琢主编：《海商法》（第五版），法律出版社2023年版，第259页。
[3] 胡正良主编：《海事法》（第三版），北京大学出版社2016年版，第53页。

偿来弥补被害方的损失，所以船舶碰撞所造成的损害后果当然是构成损害赔偿责任的前提条件。其具体包括当事船舶的损害、船上人员人身和财产的损害等。但是，船舶碰撞的损害不包括陆上的财产损失和人身伤亡。

（三）过失与损害之间具有因果关系

过失与损害之间存在因果关系是在判定船舶碰撞损害责任中必不可少的要件，它体现了船舶碰撞的内在联系，也是适用"过失责任"的必然结果。

过失与损害之间存在因果关系，一方面指违法行为与损害后果之间的直接因果关系，即违法行为与损害后果之间存在的内在必然联系，也指违法行为必然引起损害后果的发生；另一方面它强调行为人的违法过失与违法行为之间的必然联系。因为，行为人在船舶碰撞中实施的违法行为是由其主观上的违法过失支配的。换言之，行为人因具有其未履行《海商法》规定的义务或违反航行规则的主观心态，才能够实施相应的违法行为[①]。

二、船舶碰撞损害赔偿责任的适用原则

船舶碰撞损害赔偿责任的适用原则是对船舶碰撞损害赔偿责任的适用具有指导作用的法律规则。我国《海商法》未明确规定船舶碰撞损害赔偿责任的适用原则，不过，由于船舶碰撞损害赔偿责任属于民事侵权责任的具体种类，在处理船舶碰撞案件的司法实践中，可以将民法中与国际通用原则相近的有关原则用于指导船舶碰撞损害赔偿责任的适用，并附之以海商法律规范的规定。

（一）恢复原状原则

恢复原状在英美法中也称"完全赔偿权"。按照1985年《碰撞损害公约草案》第3条的规定通常指将受害方所遭受的损失尽量赔偿到事故发生前的状况。按照此规定，在加害方赔偿受害方的损失中，还应包括直接损失和间接损失。

所谓直接损失是指受害人现有财产的减少。在船舶碰撞领域，直接损失还应该包括船舶或货物的灭失或损害，也应包括碰撞事故以后随之发生的维修、打捞、检修和拖航等相关费用。间接损失是指受害人本来可得利益的丧失，同时应注意的是间接损失是期得利益而不是既得利益；是必得利益而不是假设利益；是能够合理预见的利益，其包括运营损失。

对于碰撞造成的人身伤亡，不适用"恢复原状原则"。

[①] 贾林青：《海商法》（第五版），中国人民大学出版社2017年版，第241-243页。

（二）直接损失赔偿原则

1985 年《碰撞损害公约草案》第 5 条规定："除本公约另有规定外，碰撞直接造成的损害方可追偿。"此规定明确了能得到赔偿的损害必须是碰撞的直接后果。判断某一损失是否属于碰撞的直接损失应当把握好以下几点：

（1）损失必须是碰撞的直接后果；

（2）损失必须是相继碰撞事故之后立即发生的后果；

（3）损失必须是伴随碰撞事故的发生可合理预见的损失。

（三）受损方尽力减少损失原则

该原则也称为"扩大的不合理损失不予赔偿原则"。2020 年修正的《最高人民法院关于审理船舶碰撞和触碰案件财产损害赔偿的规定》（以下简称《船舶碰撞财产损害赔偿规定》）第 1 条同样也规定了这一原则："请求人可以请求赔偿对船舶碰撞或者触碰所造成的财产损失……因请求人的过错造成的损失或者使损失扩大的部分，不予赔偿。"《民法典》第 1173 条规定："被侵权人对同一损害的发生或者扩大有过错的，可以减轻侵权人的责任。"船舶碰撞作为侵权行为的一种，同样适用这一原则。

在实施"受损方尽力减少损失原则"时，应注意如下几点[①]：

（1）受损方为减少损害而合理支付的费用和由此导致的新的损害都可以得到赔偿，但以"合理"为限；

（2）受损方采取合理措施，成功地减少了加害方的过失所造成的损害，加害方有权从中获益，即他可不对已经减少了的损失负赔偿责任；

（3）受损方因经济实力不足，而不能减少损失，对这部分不能减少的损失，受损方不能获得赔偿，因为受损方的资金不足不是加害方的过失造成的。

三、船舶碰撞损害赔偿责任的赔偿范围与计算标准

船舶碰撞损害赔偿责任是以船舶碰撞造成的损失为对象的。因而，因船舶碰撞导致的财产损失和人身伤亡引起的经济损失就是该责任的赔偿范围，包括船舶本身的损失、船上所载货物和其他财产的损失及船上人员的人身伤亡三类。[②]

（一）船舶损失的赔偿范围

根据《船舶碰撞财产损害赔偿规定》，船舶损失赔偿范围包括船舶全部损

[①] 司玉琢主编：《海商法》（第五版），法律出版社 2023 年版，第 260 页。

[②] 贾林青：《海商法》（第五版），中国人民大学出版社 2017 年版，第 247－250 页。

失和船舶部分损失两种情形：

1. 船舶全部损失的赔偿范围

（1）船舶的价值损失。这一般是依据船舶碰撞地类似船舶的市场价值进行计算；若船舶碰撞地无类似船舶市场价值的，则以船舶的船籍港类似船舶的市场价格为依据；若没有市场价格的，以原船的造价或购置价，扣除折旧（折旧率按4%~10%）计算。若船舶因碰撞而发生推定全损①的，其赔偿范围与残骸的残值归属直接相连。若赔付时，船舶的残值属于索赔方的，则赔偿数额应是按照上述方法计算的船舶价值减去残值；若赔付时，船舶残值因出售而属于第三人的，赔偿数额应是船舶价值减去索赔方扣除出售费用后所得的价值。

（2）船期损失。这是指船舶因碰撞而全损，导致受害方在找到替代船舶之前丧失船舶营运权（班轮营运、程租营运或期租营运）所遭受的损失。如果是渔船，则应以该渔船前三年的同期鱼汛的平均净收益计算其鱼汛损失，但计算该船期损失应当以找到替代船舶所需的合理时间为限，实践中最长不超过3个月（对于渔船应扣除休渔期）。

（3）船上其他财产损失。由于船舶价值不包含船上的其他财产，故在确定赔偿范围时，应将船上其他财产单独列支，包括碰撞发生时船上所载的燃料、物料、备件、供应品。如果是渔船，还应包括船上的捕捞设备、网具、渔具等。

（4）船员工资、遣返费用和其他合理费用。凡是由船舶权利人已经支付的工资、垫付的遣返费用等，应当列入赔偿范围。

（5）合理的救助费用。如果船舶因碰撞而实际全损的，通常不产生救助报酬，但救助人救助的是对环境构成污染危险的船舶或船上货物或其他财产的，则产生与该特别补偿请求权对应的救助款项；如果船舶因碰撞而推定全损的，则针对船舶残骸的获救价值形成救助报酬请求权，沉船的勘查、打捞和清除费用以及沉船标志设置费用请求权，均应列入赔偿范围。

（6）利息损失。

2. 船舶部分损失的赔偿范围

（1）合理的修理费用和附带费用。船舶因碰撞造成部分损失的首先赔偿内容就是为修理船舶而支出的修理费（包括临时修理费②和永久修理费）和附带

---

① 推定全损，是指船舶因碰撞事故的发生导致实际全损已经不可避免，或者为了避免发生实际全损所需支出的恢复、修理、救助及其他有关费用中的一项或者数项之和已经超过船舶本身价值的情况。

② 临时修理费，是指船舶因碰撞受损后，经临时修理可以继续营运的、船舶权利人有责任进行临时修理的或者船舶无法在停靠港或避难港进行永久恢复性修理而实施临时修理的，所支出的修理费用。

的辅助费用（为进行修理而产生的进坞费、清舱除气费、油污水排放处理费、港口使用费、引航费、检验费以及修船期间的住坞费、码头费等）、维持费用（船舶和船员在修船期间日常消耗的燃料、物料、淡水、供应品等费用和支付的船员工资）等。但是，该费用限于就近修理和修理本次船舶碰撞的受损部位。

（2）合理的船期损失。船舶因部分损害而在修船期间遭受的营运损失。船期损失以船舶碰撞前后各两个航次的平均净收益为依据进行计算，渔船则以该渔船前三年同期鱼汛平均净收益计算。而计算期间应是船舶实际修复所需的合理期间。渔船的船期损失为一个鱼汛期或渔船实际修复所需的合理时间扣除休渔期。

此外，无论是船舶全损还是部分损失，对船舶损害的赔偿还应包括合理的救助费用，沉船的勘查、打捞和清除费用，设置沉船标志的费用，拖航费用，本航次的租金或者运费损失，共同海损分摊，合理的船期损失以及其他合理的费用。

（二）船上货物和其他财产的赔偿范围

因船舶碰撞造成的船上货物和其他财产的损失属于赔偿的范围，包括：

（1）货物或其他财产灭失或损害导致的价值损失。对碰撞灭失的货物或其他财产，应按照其实际价值（货物装船时的价值加运费加已付保险费）；对损害的货物或财产，则以其实际价值减去残值后的金额或修复所需费用为赔偿数额。但是，列入船舶碰撞赔偿范围的，必须是他船所载运的货物，而不包括本船所载运的货物。

（2）货物迟延交付的损失，应按照迟延交付货物的实际价值加上预期利润与到岸时的市场价格的差价进行计算。但是，预期利润不得高于货物实际价值的10%。

（3）渔船捕捞的鱼货损失，应以实际损失的鱼货价值（参照碰撞发生时当地的市场价格扣除费用）计算。

（4）渔船的捕捞设备、网具、渔具损失，应按照捕捞设备、网具、渔具的原购价格或原造价格扣除折旧和残值，再乘以损失的数量。而网具、渔具的数量，则以本次出海实施捕捞作业所需量扣除所存量的差额。但是，该数量限于渔政部门许可的数量范围。

（5）旅客的行李、物品的损失以及请求权人作为承运人而依约为旅客保管的物品的损失，应按照《海商法》有关海上旅客运输合同的旅客行李、物品灭失损坏的赔偿规定确定的数额，列入船舶碰撞的赔偿范围。但是，必须以他船旅客的行李物品为限。

（6）船员的个人生活必需品，应按照受损财产的实际价值列入赔偿范围。

（7）对上述财产进行救助、打捞和清除产生的费用，属于赔偿范围。

上述船舶损失、船上货物和其他财产损失的赔偿内容在实际适用时，应当注意：过失方是根据其过失，对被害方的上述财产损失承担损害赔偿责任。尤其是在各方互有过失的情况下，各方均应以本船在船舶碰撞中所确定的比例，赔偿对方的船舶、货物和其他财产的损失。

（三）船上人员伤亡的赔偿范围

我国《海商法》未对船舶碰撞造成的人身伤亡的赔偿范围予以规定。根据《民法典》第1179条和《最高人民法院关于审理涉外海上人身伤亡损害赔偿的具体规定（试行）》的规定，其具体的赔偿范围分成伤残赔偿和死亡赔偿两大类。

1. 人身伤残的赔偿

（1）收入损失。对受伤致残而丧失劳动能力者，其收入损失按受伤、致残之前的实际收入的全额进行赔偿；因受伤、致残丧失部分劳动能力者，按受伤、致残前后的实际收入的差额进行赔偿。受伤者的收入损失，计算到伤愈为止；致残者的收入损失，计算到70周岁。

（2）医疗、护理费。医疗费中包括挂号费、检查诊断费、治疗医药费、住院费等；护理费包括住院期间必需陪护人的合理费用和出院后因生活不能自理而雇请的护理人的费用。

（3）安抚费。所谓安抚费，是指对受伤致残者的精神损失所给予的补偿。对此，可按伤痛情况和伤残程度并考虑其年龄、职业等因素，作一次性的赔付。

（4）其他必要费用。包括伤残人员的交通和食宿之合理费用、伤愈前的营养费、补救性治疗费（如整容、镶牙费）、残疾用具费（如安装假肢或购置轮椅的费用）、医疗期间陪住家属的交通费、食宿费等合理支出。

2. 死亡事故的赔偿

（1）死亡赔偿金按照受诉法院所在地上一年度城镇居民人均可支配收入或者农村居民人均纯收入标准，按20年计算。但60周岁以上的，年龄每增加一岁减少一年；75周岁以上的，按5年计算。

（2）被扶养人生活费根据扶养人丧失劳动能力程度，按照受诉法院所在地上一年度城镇居民人均消费性支出和农村居民人均年生活消费支出标准进行计算。被抚养人为未成年人的，计算至18周岁；被扶养人无劳动能力又无其他生活来源的，按20年计算。但60周岁以上的，年龄每增加一岁减少一年；75周岁以上的，按 5 年计算。

（3）安抚费，指对死者遗属的精神损失所给予的补偿。

（4）丧葬费，丧葬费按照受诉法院所在地上一年度职工月平均工资标准，以六个月的总额计算。

（5）其他必要的费用，例如交通费、住宿费、误工损失一般按实际发生的数额确定。

【案例枚举】

江苏炜伦航运股份有限公司诉米拉达玫瑰公司船舶碰撞损害赔偿纠纷案[①]

【基本案情】

2008 年 6 月 3 日晚，原告江苏炜伦航运股份有限公司所有的"炜伦 06"轮与被告米拉达玫瑰公司所有的"MIRANDA ROSE"轮（以下简称"玫瑰"轮）在各自航次的航程中，在上海港圆圆沙警戒区相遇。当日 23 时 27 分，由外高桥集装箱码头开出的另一艘外轮"里约热内卢快航"轮与"玫瑰"轮联系后开始实施追越。23 时 32 分，"里约热内卢快航"轮引航员呼叫"炜伦 06"轮和位于"炜伦 06"轮左前方约 0.2 海里的"正安 8"轮，要求两轮与其绿灯交会。"正安 8"轮予以拒绝并大角度向右调整航向，快速穿越到警戒区北侧驶离。"炜伦 06"轮则在"里约热内卢快航"轮引航员执意要求下，同意绿灯交会。"玫瑰"轮随即与"炜伦 06"轮联系，也要求绿灯交会，"炜伦 06"轮也回复同意。23 时 38 分，当"炜伦 06"轮行至"玫瑰"轮船艏偏左方向，发现"玫瑰"轮显示红灯，立即联系"玫瑰"轮，要求其尽快向左调整航行。"炜伦 06"轮随后开始减速，但"玫瑰"轮因"里约热内卢快航"轮追越尚未驶过让清，距离较近，无法向左调整航向。23 时 41 分，"炜伦 06"轮与"里约热内卢快航"轮近距离交会，位于"玫瑰"轮左前方、距离仅 0.2 海里。此时，"炜伦 06"轮、"玫瑰"轮均觉察危险，同时大角度向左转向。23 时 42 分，"炜伦 06"轮右后部与"玫瑰"轮船艏右侧发生碰撞。事故造成原告遭受救助费、清污费、货物减损费、修理费等各项损失共计人民币 4504605.75 元。

原告遂以"玫瑰"轮违反双方关于"绿灯交会"的约定为由，诉请法院判

[①] 参见最高人民法院指导案例第 7 批第 31 号（2014 年），载最高人民法院网，https://www.court.gov.cn/shenpan/xiangqing/13350.html，访问时间：2023 年 9 月 7 日。

令"玫瑰"轮承担80%的责任。被告则提出,原告应就涉案碰撞事故承担90%的责任,且原告主张的部分损失不合理。

【裁判结果】

上海海事法院于2011年9月20日作出(2010)沪海法海初字第24号民事判决:一、被告米拉达玫瑰公司应于本判决生效之日起十日内向原告江苏炜伦航运股份有限公司赔偿损失人民币2252302.79元;二、被告米拉达玫瑰公司应于本判决生效之日起十日内向原告江苏炜伦航运股份有限公司赔偿上述款项的利息损失,按照中国人民银行同期活期存款利率标准,从2008年6月3日起计算至判决生效之日止;三、对原告江苏炜伦航运股份有限公司的其他诉讼请求不予支持。宣判后,当事人双方均未上诉,判决已产生法律效力。

【典型意义】

该案例旨在明确,如果当事船舶在海上航行过程中,协议违反1972年《国际海上避碰规则公约》确定的航行规则,在发生船舶碰撞事故后应当如何正确认定当事船舶的责任。1972年《国际海上避碰规则公约》作为防止船舶碰撞事故、保障海上交通安全的重要国际海事条约,规范了通航水域的海上交通规则,已经在国际海运界得到广泛适用,也是海事司法实践中判断船舶碰撞事故当事人责任的重要依据。但是,在航运实践中,有的船舶为了自己通行快速和便利,不顾1972年《国际海上避碰规则公约》的规定,与其他船舶联系协商变更应当遵守的航行规则,导致船舶碰撞事故的发生。在此情形下,应当如何准确判定碰撞双方的责任,一直存在不同的观点。该案例确立了在合意违反航行规则发生事故的情况下责任认定的基本原则,对类似案件的审理具有示范意义,有利于引导船舶遵守正确的航行规则,保障海上航行的安全有序。

【问题与思考】

1. 什么是船舶碰撞?
2. 构成船舶碰撞的条件有哪些?
3. 如何区分直接碰撞与间接碰撞?
4. 什么是船舶碰撞损害赔偿责任?
5. 单方过失船舶碰撞的赔偿责任如何承担?
6. 双方互有过失的船舶碰撞的赔偿责任如何承担?
7. 认定船舶碰撞赔偿责任的法律原则有哪些?

第三章 船舶污染损害赔偿法律制度

船舶污染损害主要是指船舶在航行、停泊港口、装卸货物的过程中对周围环境产生的不利影响。船舶事故是造成海洋环境污染的重要原因，船舶污染海洋环境包括船载货油污染、船舶燃油污染和船舶载运有毒有害物质污染。我国是油类货物和危险化学品货物的运输大国，水上油类物质和危险化学品运输日益频繁，船舶污染事故时有发生，生态损害风险不断加大。随着经济社会的发展，人民群众的环保意识不断提高。党的二十大报告将生态环境单列一章，意味着生态环境保护在国家层面是关乎全社会可持续发展的一项基本工作，是执政施政的关键一环，与文化、民生、安全等同在一个层面上。如何更好地应对船舶污染事故造成的环境损害，降低风险及事故后果成为迫切需要解决的问题。因此，研究构建中国特色的船舶污染损害赔偿法律制度势在必行。

第一节 船舶污染损害赔偿概述

一、船舶污染损害赔偿的国际立法

船舶污染是海洋污染的重要类型，随着海上运输的日益频繁，船舶污染事故也在不断发生。船舶造成的污染损害，既包括船舶因为日常操作不当导致的污染损害，也包括载运特殊货物时，在运输过程中因为发生意外事故或者其他原因导致的海洋和其他水域的污染及损害。

国际社会越来越重视海洋环境的保护，国际海事组织（IMO）把"让航行更安全，让海洋更清洁"作为其服务宗旨。在有关国际组织和世界各国的共同努力下，有关船舶污染损害赔偿的国际公约相继推出，已经生效的有1992年《国际油污损害民事责任公约》及其2000年修正案（以下简称1992年《民事责任公约》）、1992年《设立国际油污损害赔偿基金国际公约》及其2000年修正案（以下简称1992年《基金公约》）、2001年《船舶燃油污染损害民事责任公约》（以下简称 2001 年《燃油公约》），尚未生效的有 1996 年《国际海上运输有毒有害物质损害责任及赔偿公约》及其 2010 年议定书（以下简称 1996 年《HNS 公约》，经 2010 年议定书修正后的该公约也被称为 2010 年《HNS 公约》）。这些国际公约的制定与实施，标志着国际船舶污染损害赔偿制度进一步趋于完善。

截至 2020 年 9 月，我国已经加入了 1992 年《民事责任公约》、2001 年《燃油公约》和 1992 年《基金公约》（后者仅对我国香港地区生效），但是由于我国在处理民商事国际公约与国内法的关系上，附以"涉外因素"的限制条件，即使我国将来也加入了其他几个国际公约，上述公约对我国也仅适用于具有涉外因素的船舶载运货物油污染、船舶载运燃油污染以及船舶载运有毒有害物质造成的污染损害赔偿。对于不具有涉外因素的船舶污染损害而言，国际公约存在适用上的局限性[①]。单凭加入相关的国际公约，还不能解决我国船舶污染损害赔偿的全部法律问题。因此，必须从我国国情出发，建立并完善我国船舶污染损害赔偿法律机制，才能更好地保护我国海洋资源与海洋环境，并能够更充分、更好地保护污染受害方的利益。

二、船舶污染损害赔偿国际公约的一般规定

船舶油污损害赔偿、船舶燃油污染损害赔偿和海上运输有毒有害物质损害赔偿的国际公约，虽然适用于不同物质造成的污染损害，但其基本制度是相通的。[②]

（一）适用范围

三个国际公约均适用于在缔约国领土、领海和专属经济区内发生的船舶污染损害，以及不论在何处采取的防止或者减轻此种损害的预防措施。此外还包括由于采取预防措施而造成的进一步的灭失或损害。

（二）责任基础

三个国际公约对船舶污染损害均实行严格责任，也就是说，只要造成了污染损害，除存在法定的免责事由外，船舶所有人都要承担赔偿责任，而不管其是否存在过错。法定免责事项包括：

（1）由于战争行为、敌对行为、内战、武装暴动，或特殊的、不可避免的和具有不可抗拒性质的自然现象所引起的损害。

[①] 郭萍、韩立新、王欣编著：《航运业务与海商法》，大连海事大学出版社 2006 年版，第 197 页。
[②] 司玉琢主编：《海商法》（第五版），法律出版社 2023 年版，第 316 页。

（2）完全是由于第三者有意造成损害的作为或不作为所引起的损害。"完全"指造成油污损害的唯一原因是第三者有意的作为或不作为，"有意"指故意，不包括过失。因此如果一艘船在航行中因过失碰撞锚泊中的油船并造成油船溢油污染海洋环境，油船所有人仍须对油污损害负责，但不妨碍其向过失船舶所有人追偿。

（3）"完全"是由于负责灯塔或其他助航设施管理的政府或其他主管当局在履行其职责时的疏忽或其他过失行为造成的损害。此项仅指负责助航设施管理的政府或其他主管当局在助航设施维修保养方面的过失行为，不包括本应在某一危险物上设置助航设施而没有设置或错误设置等情况。

（4）损害全部或部分是由于受害人的故意或过失行为引起的，在船舶所有人能够举证证明的情况下，可以全部或部分免除其对该受害人的责任。

（三）责任主体

船舶所有人是船舶污染损害赔偿的责任主体。这一规定表明，船舶污染损害事故一经发生，污染受害人就污染损害的索赔只能向直接造成污染损害的船舶所有人提出。

（四）连带责任

当发生涉及两艘或者两艘以上船舶的事故并造成污染损害时，相关船舶的所有人除可免除赔偿责任的事由外，应对所有无法合理分开的污染损害承担连带赔偿责任。承担连带责任的条件是：

（1）船舶所有人不能依法免责；

（2）两船或多船皆漏油或不能确定是一船还是两船或多船漏油；

（3）漏油船各自造成的污染损害程度无法合理分开。

连带赔偿责任的规定，既适用于相同污染物造成的污染损害，也适用于不同污染物造成的污染损害。

（五）责任限额

1992年《民事责任公约》和1996年《HNS公约》均有自己的独立限额，此限额与海事赔偿责任限额并行存在，如载运散装货油的船舶或载运有毒有害物质的船舶发生海难，每一船舶都将存在两个并行且独立的限额。油船的两个限额是依据1992年《民事责任公约》确定的责任限额和依据国内法或海事赔偿责任限制的国际公约，如1976年《海事赔偿责任限制公约》（以下简称1976年《责任限制公约》）确定的责任限额。运送有毒有害物质船舶的两个限额是依据1996年《HNS公约》确定的责任限额和依据国内法或海事赔偿责任限制的国际公约确定的责任限额。而2001年《燃油公约》与上述公约不同，它没有独立的限额，而是与海事赔偿责任限制的国内法或国际公约共享一个限额①，当一船发生燃油污染事故，同时造成他人船舶或货物损害时，燃油污染损害受害人的债权将与其他财产损害的债权按比例分享该船所适用的海事赔偿责任限制的限额。②

第二节　船舶油污损害赔偿

一、船舶油污损害赔偿概述

船舶油污损害（Oil Pollution Damage from Ships），系指船舶在正常营运中或发生事故时，因溢出或排放油类货物、燃料油或其他油类物质如废油（Slops）、油类混合物，在运油船舶以外因污染而产生的财产损害或人身伤亡，包括事故发生后，为防止或减轻此种损害而采取合理措施的费用，以及由于采取此种措施而造成的进一步损害。船舶油污损害赔偿具有下列不同于其他海事损害赔偿的特点③。

（一）严格责任原则

装运散装持久性油类货物的船舶所有人，对船舶逸出或排放的油类所造成的油污损害，除少数情况外，不论其本人、船长、船员或其他受雇人员是否有过错，均须承担赔偿责任。

（二）高额赔偿责任限制

虽然船舶所有人在一定条件下，对油污损害的赔偿可享受责任限制，但为了更好地保护海洋环境，有关的国际公约和各国国内法都规定油污损害的赔偿责任限额大大超出一般的海事赔偿责任限额。

（三）货主分摊油污损害

进口或接受海运石油超过一定数量的货主须交付摊款，设立特别的基金，参与油污损害的分摊。

（四）实行强制保险

船舶污染损害赔偿责任实行强制保险制度，受害人可直诉责任保险人，这

---

① 2001年《燃油公约》第7条。
② 司玉琢：《海事赔偿责任限制优先适用原则研究》，载《中国海商法年刊》2011年第2期，第4页。
③ 司玉琢主编：《海商法》（第五版），法律出版社2023年版，第319-320页。

是船舶污染损害赔偿的共同特点。

二、船舶油污损害赔偿国际公约

（一）1969 年《责任公约》及其修订

在 Torrey Canyon 号油轮事件发生后，海事侵权法对船舶污染损害赔偿的无力显现了出来，引起了国际社会的普遍关注，在此背景下，1969 年《责任公约》出台。该公约于 1969 年 11 月 29 日在布鲁塞尔签订，1975 年 6 月 19 日生效，全文正文 21 条、附录三则。我国于 1980 年 1 月 30 日向国际海事组织提交了加入文件，1980 年 4 月 29 日该公约对我国生效。

公约的宗旨在于保证由于船舶溢出或排放油类造成的污染而遭受损害的人能够得到适当赔偿。该公约在传统侵权法框架内，确定了责任构成和责任主体，建立了第一层赔偿主体（航运业）机制，并借助强制的责任保险和其他保证形式确保赔偿责任的履行。

1969 年《责任公约》生效后，对于保障船舶油污受害人获得赔偿起到了非常重要的作用，为了适应实践发展的需要，又经过多次修订，产生了相应的议定书，包括 1976 年议定书、1984 年议定书、1992 年议定书和 2000 年修正案。其中影响较大的是 1976 年议定书和 1992 年议定书。

1976 年议定书于 1981 年生效，我国于 1986 年 9 月加入该议定书，又于 1986 年 12 月退出该议定书。该议定书对 1969 年《责任公约》的主要修改之处在于将 1969 年《责任公约》规定的金法郎改为特别提款权（Special Drawing Right，以下简称 SDR），按 1SDR 等于 15 金法郎的方式计算，也即将 1969 年《责任公约》中规定的赔偿责任限额的计算方式改为每一船舶吨位 133SDR，但总额不超过 1400 万 SDR。

1984 年议定书提高了赔偿责任限额，扩大了公约的适用范围。然而 1984 年议定书的生效条件过于严格，导致该议定书迟迟不能生效，而且由于美国颁布了 1990 年《美国油污法》，不可能再加入该公约，导致议定书生效的希望更加渺茫。

为了维护国际油污赔偿制度的生命力，国际海事组织于 1992 年 11 月 27 日在总部伦敦召开会议通过了 1969 年《责任公约》的 1992 年议定书（简称 1992 年《民事责任公约》）[①]。截至 2024 年 2 月，已有 146 个国家加入了 1992 年《民事责任公约》。1992 年《民事责任公约》的内容与 1984 年议定书的实质内

---

① IMO. Status of Conventions. https：//wwwcdn.imo.org/localresources/en/About/Conventions/StatusOfConventions/Status%20of%202024.pdf，第 289 页。访问时间：2024 年 2 月 3 日。

容完全相同，仅仅在生效条件上有所降低。1992 年《民事责任公约》于 1996 年 5 月 30 日生效，我国于 1999 年 1 月加入该议定书，2000 年 1 月该议定书对我国生效，同时 1969 年《责任公约》对我国失效。该议定书的修改之处在于：

（1）将 1984 年议定书中规定的"包括 6 个拥有 100 万吨油轮的 10 个国家加入，12 月后生效"中的"6 个"改为"4 个"，加快了生效时间；

（2）大幅提高了船舶所有人的赔偿责任限额，完善了计算方法；

（3）扩大了有关船舶、地理和预防措施的适用范围；

（4）明确规定了对污染损害不负责任的人员范围；

（5）明确规定了对环境损害的赔偿仅包括利润损失和实际采取或准备采取恢复措施而支付的合理费用两项。

（二）1971 年《设立国际油污损害赔偿基金公约》及其修订

1971 年《设立国际油污损害赔偿基金公约》（The International Convention on the Establishment of an International Fund for Compensation of Oil Pollution Damage, 1971 - Fund Convention or FC，简称 1971 年《基金公约》）于 1971 年 12 月 18 日在比利时布鲁塞尔签订，于 1978 年 10 月生效。① 1971 年《基金公约》是对 1969 年《责任公约》的补充。在 1969 年《责任公约》制定时，有一些国家认为公约的责任限额过低，建议取消责任限额或者制定更高的责任限额。另一方面有些国家认为船舶所有人对油污损害承担严格责任违背了传统海商法的过错责任原则，反对公约的通过。为此，大会通过了《关于设立国际油污损害赔偿基金的决定》作为折中方案，责成政府间海事协商组织提出关于油污损害赔偿责任基金的公约草案。两年之后，政府间海事协商组织又召开了新的外交大会，使 1971 年《基金公约》得以通过。该公约是为了保证能够对油污事件的受害者补偿全部损失，同时又能解除船舶所有人由于损害赔偿而承受的额外经济负担。

1971 年《基金公约》共有 48 条规定，其核心内容为两部分：一部分是对污染受害人的赔偿以及对船舶所有人的补贴；另一部分是关于赔偿基金的设立分摊。具体规定如下：

1. 基金的来源

基金款项的来源采取摊款制度。凡是在一个日历年度内，在缔约国领土内的港口或油站收到从海上运至这些港口或油站的摊款石油，以及在缔约国领土内的任何油站收到从海上运来而卸于非缔约国港口或油站的摊款石油总

---

① 1971 年《基金公约》已在 2002 年 5 月 24 日失效。目前，1971 年《基金公约》只对 2002 年 5 月 24 日以前发生的尚未理赔结束的油污案件适用。

量超过15万吨的石油公司,都是缴纳摊款的主体。缔约国有义务每年向基金会的主席通报国家内有义务摊款的石油公司的名单、地址和收到摊款石油的数量。

2. 基金的赔偿范围以及赔偿限额

基金对由于发生以下三种原因而使油污受害人不能按照1969年《责任公约》的规定得到全部和足额赔偿的受害人,给付赔偿金:

(1) 船舶所有人根据1969年《责任公约》的规定,对油污损害不负赔偿责任的;

(2) 船舶所有人虽然负有赔偿责任,但其在财务上不能全部负担赔偿责任的;

(3) 损害赔偿金额超过1969年《责任公约》规定的赔偿责任限额的。

基金对于受害人的赔偿是有限制的,受害人根据1969年《责任公约》实际获得的赔偿金额,以及基金补偿给船舶所有人的金额,二者总额不得超过4.5亿金法郎。但在特殊情况下(如币值发生变化),可将该限额提高到9亿金法郎,但绝对不得超过9亿金法郎①。如果所有成立的索赔金额总数超过此总额限制时,则各索赔方应按照比例受偿。

3. 基金的免责

基金在下列三种情况下,对油污受害人不负赔偿责任:

(1) 经证实,油污损害由战争、敌对行为、内战或武装暴动造成,或从军舰或政府公务船舶溢出或排放的油类造成;

(2) 受害人不能证明损害是由一艘或多艘船舶的事件造成;

(3) 如果基金证明油污损害全部或部分是由油污受害人的故意或过失所造成的,那么基金则可以全部或部分地免除对受害人的赔偿责任。

4. 缔约国的相关义务

各缔约国应保证本国摊款人履行对基金的摊款义务,并应根据本国法律采取适当措施,包括必要时的制裁措施,以便有效地履行该项义务,但是,只限于对摊款义务人采取措施。各缔约国可在交付其批准或加入文件时,或在加入后的任何时间,声明由其自身承担义务,这种义务是公约规定的基金摊款人应尽的义务。该声明应以书面写成,并载明哪些义务由其自身承担。各缔约国应保证在其领土上接受的摊款石油量达到承担基金摊款义务的任何人,载入公约

---

① 1978年3月,在法国布列塔尼海岸发生的超级油船"阿莫柯·卡迪兹(Amoco Cadiz)"号重大油污事件后,基金大会于1978年4月20日将此限额从1979年4月20日起提高到6.75亿金法郎,并进一步将此限额提高到9亿金法郎。

所规定的表格内。各缔约国应在一定时间内以一定的方式，将该国对基金负有摊款义务的任何人的姓名、地址，以及在上一日历年度该人接受摊款石油数量的资料通知干事。规定的表格中所列的事实应为一定时期内的摊款义务人以及计算摊款金额时应计入油量的表面证据。

作为与1969年《责任公约》相配套的法律制度，1971年《基金公约》的修订一直是与1969年《责任公约》的修订同时进行的，而且两个公约的1992年议定书都规定：如果修改本公约限额，必须考虑与另一公约所规定的限额之间的关系，所以两个公约修改的幅度也彼此对应。1971年《基金公约》经历了1976年、1984年、1992年和2000年四次修改，其中1992年议定书对1971年《基金公约》进行了实质修改，产生了1992年《基金公约》。截至2024年2月，已有121个国家加入了1992年《基金公约》。[①]

尽管1969年《责任公约》和1971年《基金公约》对油污受害人的赔偿责任限额不断提高，但是在特大油污事故面前，受害人依然难以获得足额的赔偿。例如，1999年发生的Erica号轮油污事故，索赔额高达2.06亿欧元，而船舶所有人的责任限额只有900万英镑。此种情形下，建立对油污受害人的第三层保障机制是一项重要而迫切的工作。随之，1992年《民事责任公约》的2003年议定书（以下简称2003年补充基金议定书）出台。截至2024年2月，已有32个国家加入2003年补充基金议定书。[②] 2003年补充基金议定书提供了除1992年《民事责任公约》和1992年《基金公约》之外的对油污受害人的第三层赔偿机制，其最高补偿限额为7.5亿SDR，如此之高的赔偿限额对油污受害人非常有利。此外2003年补充基金议定书还提出要建立一个新的政府间组织——2003年国际油污损害赔偿补充基金（the International Oil Pollution Compensation Supplementary Fund）。该补充基金的会员是非强制性的，任何1992年《基金公约》的会员均可加入。相对于1969年《责任公约》，1971年《基金公约》起着补充赔偿作用。作为相配套的法律制度，要想加入1971年《基金公约》，必须先加入相应的1969年《责任公约》。我国虽然是1992年《民事责任公约》的缔约国，但是我国目前仅香港地区加入了1992年《基金公约》，我国内地尚未加入任何基金公约。

[①] IMO. Status of Conventions. https：//wwwcdn.imo.org/localresources/en/About/Conventions/Status OfConventions/Status%202024.pdf, p.320. 访问时间：2024年2月4日。

[②] IMO. Status of Conventions. https：//wwwcdn.imo.org/localresources/en/About/Conventions/Status OfConventions/Status%202024.pdf, p.330. 访问时间：2024年2月4日。

第三节　船舶燃油污染损害赔偿

一、船舶燃油污染损害赔偿的概念

船舶燃油污染损害（Bunker Pollution Damage from Ships）是指不论发生于何处的船上燃油溢出或排放导致了污染，因而造成的船舶以外的损失或损害；以及采取预防措施所引起的进一步损失或损害[①]。对于环境损害，除赔偿利润损失外，其他赔偿应仅限于实际采取或即将采取的合理恢复措施的费用。

根据 2001 年《燃油公约》的规定，"燃油"，是指用于或者计划用于船舶运行或者推进的包括润滑油在内的任何烃类矿物油及此类油的任何残余物[②]。

二、船舶燃油污染损害民事责任国际公约

（一）公约产生的背景

船舶油污损害民事责任公约及基金公约的制定、生效使得油污受害者在遭受船载散装货油污染时，能得到较为充分的赔偿。然而船舶油污损害民事责任公约及基金公约并没有解决船舶燃油污染的问题，而且由于造船技术的不断进步，船舶越来越大型化，船用燃油的污染问题日益得到国际社会的广泛关注。据加拿大提交给 IMO 法律委员会（以下简称"法委会"）的一份材料显示，燃油污染具有多发性，已经占全球油污的 35% 左右。[③] 在货油和有毒有害物质污染的国际赔偿机制业已建立的情况下，燃油污染损害赔偿问题的解决存在立法缺失。1996 年，IMO 在第 73 届法委会上将制定关于燃油污染损害赔偿的公约作为优先议题。在第 75 届法委会上，受 IMO 的委托，澳大利亚、加拿大、芬兰、挪威、南非、瑞典、英国和爱尔兰 8 个国家，提交了《燃油污染损害民事责任国际公约（草案）》供法委会讨论。经过第 76—82 届法委会的讨论修改，2001 年 3 月 19—23 日，在伦敦总部召开的外交大会上，最终审议并通过了 2001 年《燃油公约》。

2001 年《燃油公约》已于 2008 年 11 月 21 日生效，我国政府于 2008 年 11 月 17 日批准加入该公约，2009 年 3 月 9 日正式对我国生效。截至 2024 年 2 月，

[①] 2001 年《燃油公约》第 1 条第 9 款。
[②] 2001 年《燃油公约》第 1 条第 5 款。
[③] 司玉琢主编：《海商法》（第五版），法律出版社 2023 年版，第 334 页。

公约缔约国已有107个。①

2001年《燃油公约》对"船舶"的定义为"任何海船和任何类型的海上航行器",但该定义不适用于军舰、海军辅助船舶或由国家所有或营运并在当时仅用于政府非商业服务的其他船舶,除非缔约国决定该公约适用于这些船舶。在上述情况下,缔约国应将此适用范围和条件通知IMO秘书长。该公约调整的"燃油"是指用于或准备用于运行或推进船舶的烃类矿物油,包括润滑油和此类油的任何残余物。理解2001年《燃油公约》中的"燃油"不能仅局限于为船舶锅炉燃烧提供动力的燃料,还应包括维持船舶所有机器正常运转,包括润滑油在内的一切烃类矿物油,并且上述烃类矿物油经过燃烧丧失使用价值后的废油和污水油也包含在"燃油"的范围内。

(二)公约的特点

2001年《燃油公约》的起草很大程度上参考了1992年《民事责任公约》和1996年《HNS公约》的规定,但2001年《燃油公约》又不是上述公约的翻版,它有着许多新的内容和独具的特点。

1. 扩大责任主体范围

1992年《民事责任公约》和1996年《HNS公约》都将污染损害的责任主体限定在"登记船舶所有人",为了最大限度地方便受害人的索赔,保护受害人的合法权益,2001年《燃油公约》将船舶所有人的定义扩大为:登记所有人、光船承租人、船舶管理人和经营人②,并规定如果污染损害事故中存在一个以上的责任主体负有责任,他们将承担连带责任③。

2. 责任限额依据单一

2001年《燃油公约》第6条规定:"本公约中的任何规定均不影响船舶所有人或提供保险或其他经济担保的一个或多个人,根据诸如经修正的1976年《责任限制公约》等任何适用的国家或国际机制,享受限制责任的权利。"但2001年《燃油公约》这一规定是不够明确的,据悉,燃油公约在起草过程中,各国在责任限额问题上有过一个"默契",即燃油污染损害索赔应该包括在根据1976年《责任限制公约》确立的责任限额之内。

3. 分摊赔偿补充机制存在不足

1992年《民事责任公约》和1996年《HNS公约》都有由货主分摊费用建

---

① IMO. Status of Conventions. https://wwwcdn.imo.org/localresources/en/About/Conventions/StatusOfConventions/Status%202024.pdf,p.528. 访问时间:2024年2月4日。
② 2001年《燃油公约》第1条第3款。
③ 2001年《燃油公约》第3条第2款。

立船舶污染损害赔偿基金的制度，其用于补偿受害人因船舶所有人享受责任限制而未能得到充分赔偿的部分损失，或者在船舶所有人无力提供相应赔偿或根本找不到船舶所有人，又没有责任保险人或财务保证人的情况下，向受害人提供一次性更大范围的赔偿。但 2001 年《燃油公约》不同，燃油不是货物，是船舶所有人或承租人为船舶营运准备的燃料，难以要求货主分摊赔偿责任，无法设立类似于船舶油污或运输有毒有害物质的赔偿基金。

4. 未设置固定的强制保险数额

1992 年《民事责任公约》与 1996 年《HNS 公约》规定的强制保险金额都是与其特定的责任限制数额挂钩的，就特定的船舶而言，其投保的金额是固定的。而 2001 年《燃油公约》没有自己的特定责任限额，其限额适用有关国际公约或国内法，但在任何情况下，此限额都不超过 1976 年《责任限制公约》及其议定书规定的限额。此外，由于强制保险涉及港口国检查，船舶投保不能仅考虑船旗国国内法或其加入的国际公约，还应考虑船舶营运区域内相关国家的内国法或其加入的国际公约。

5. 扩大船舶适用范围

由于各类船舶都需要燃油，因此该公约的适用范围自然扩大到所有的船舶。船舶适用范围的扩大，将增加船舶所有人的负担。同时，作为政府管理部门，其履约的管理负担也将加重①。

第四节　船舶载运有毒有害物质污染损害赔偿

一、船舶载运有毒有害物质污染损害赔偿的基本内容

(一) 有毒有害物质污染损害赔偿的概念

1. 有毒有害物质

"有毒有害物质"是指在船舶上作为货物运输的具有毒性或者危害性的物质、材料和物品。② 有毒有害物质是个十分复杂的物质群，清晰地界定其范围是很困难的。1996 年《HNS 公约》依照现行较为公认的有毒有害物质清单确定其适用范围，这些物质包括在 IMO 下述的各有效文件中：③

---

① 司玉琢主编：《海商法》（第五版），法律出版社 2023 年版，第 335－336 页。
② 同上书，第 336 页。
③ 同上书，第 336 页。

（1）MARPOL73/8 公约附则 I 所列的散装运输的油类；

（2）MARPOL73/78 公约附则 II 中规定的散装有毒液体物质；

（3）经修改的 1983 年《国际散装运输危险化学品船舶构造和设备规则》第 17 章所列的散运危险液体物体；

（4）《国际海运危险货物规则》（IMDG Code）中所包括的包装形式的危险、危害和有毒物质、材料和物品；

（5）1983 年《国际散装运输液化气体船舶构造和设备规则》第 19 章所列的液化气体；

（6）散装运输的闪点不超过 60℃（由闭杯试验测量）的液体物质；

（7）《固体散装货物安全操作规则》附录 B 中所包括的具有化学风险的固体散装材料，依据国际法规的规定这些物质当以包装形式运输时；

（8）前述物质散装运输的残渣。

公约对燃油、放射性物质、煤炭及其他低险散货排除适用，原因是：①燃油不作为货物来承运，应排除在有毒有害物质之外；②大部分放射性物质已由其他文件调整，至于医院使用的放射性物质及制造钟表使用的放射性物质风险很低；③据统计表明煤炭对于环境或者本船之外的范围不会造成任何损害。

2. 损害

"损害"，是指有毒有害物质的毒性或者危害性造成的下列损害：

（1）污染损害；

（2）人身伤亡（包括船员及其他第三方）；

（3）运输这些物质的船舶之外的财产的灭失或者损坏（包括其他船及其船上货物）；

（4）预防措施所产生的费用；

（5）采取预防措施所造成的进一步灭失或损害[1]。

人身伤亡的赔偿请求应于其他赔偿请求优先受偿，但人身伤亡的赔偿请求的累计金额超过本公约确定的总额的 2/3 的，超过部分应与其他赔偿请求按比例受偿。[2] 这是有毒有害物质造成的人身伤亡赔偿请求优先受偿的规定，优先受偿的人身伤亡的赔偿请求数额，以不超过有毒有害物质所造成的损害赔偿的责任限制金额的 2/3 为限。

3. 有毒有害物质损害赔偿

"有毒有害物质损害赔偿基金"，是指为了使有毒有害物质受害人的损失得

---

[1] 1996 年《HNS 公约》第 1 条第 6 项。
[2] 1996 年《HNS 公约》第 11 条。

到充分赔偿，而由有毒有害物质货物所有人摊款筹集的款项。

有毒有害物质损害赔偿不包括下列索赔：[1]

（1）任何海上旅客或者货物运输合同引起的赔偿；

（2）与其他法律、法规有关工人赔偿或者社会保障制度的规定不一致的索赔；

（3）本章第二节和第三节中规定的油污损害的索赔；

（4）放射性物质造成的损害的索赔。

（二）有毒有害物质污染损害赔偿的责任主体

对于有毒有害物质造成的污染损害，1996年《HNS公约》第7条第1款明确规定："事故发生时的船舶所有人应对其船舶海上运输的任何有毒有害物质造成的损害负责，但是如果事故系由具有同一起源的一系列事故构成的，则责任应当由发生第一个此种事故时的所有人承担。"该公约第1条第1款将"船舶"定义为"任何种类的海船和海上航行器"。该公约第1条第3款规定，船舶"所有人"系指"登记为船舶所有人的人员，或者在没有登记时，系指拥有船舶的人。但是如果船舶为国家所有并由在该国登记为船舶经营人的公司所经营，'所有人'应系指此种公司。"此外，该公约第12条规定了船舶所有人的强制责任保险或者提供财务保证的义务，因而责任保险人或者财务保证人也是有毒有害物质污染损害的责任主体。

可见，在责任主体方面，1996年《HNS公约》与1992年《民事责任公约》的规定相同，一方面明确"船舶所有人"是责任主体，另一方面在第7条第5款进一步明确不得向哪些人提出污染损害赔偿请求，使责任主体更加明确。这些被排除在外的人的范围与1992年《民事责任公约》第4条第2款的规定相同。

为了保护船舶所有人的利益，该公约第7条第6款赋予承担责任的船舶所有人对任何第三方（包括但不限于造成损害的物质的托运人或者接收人或者第5款所指的人）的追偿权。例如，货物接收人在装卸有毒有害物质作业过程中，由于疏忽使得货物落入海中，造成污染损害，船舶所有人作为该公约规定的责任主体对外赔偿后，可以根据其与货物接收人之间的合同关系向接收人进行追偿。1996年《HNS公约》第1条第4款将"接收人"定义为：

（1）实际接收卸于一缔约国港口或者码头的摊款货物的人，但是，如果在接收时实际接收该货物的人系受任何缔约国管辖的另一人的代理人并且该代理

---

[1] 司玉琢主编：《海商法》（第五版），法律出版社2023年版，第337页。

人向有毒有害物质基金指明了该委托人，则该委托人应当被视为接收人；

（2）在缔约国并按照该国的法律被视为卸于某一缔约国港口或者码头的摊款货物接收人的人。但根据此种国家法律所接收的摊款人货物总量应当与根据第（1）项所规定的接收总量基本一样。

当有毒有害物质造成的损害系由涉及装有有毒有害物质的两艘或者更多艘船舶事故造成时，除根据该公约被免除责任外，每一船舶所有人均应当对损害负责。如果所有此种损害无法合理分开，些船舶所有人还应当负连带责任，但有权享有适用于每一方的责任限额，并且某一所有人对任何其他所有人有追索权。因此，两艘或者多艘船舶造成事故承担连带责任的前提条件是：

（1）两艘或者多艘船舶均属于 1996 年《HNS 公约》的适用范围且均装有有毒有害物质；

（2）无法合理区分损害是由哪艘船舶所载的有毒有害物质造成；

（3）各船舶所有人不能根据该公约免除责任。

承担连带责任情况限于法律的明确规定，不符合以上三项条件的船舶所有人不承担连带责任。

（三）有毒有害物质污染损害赔偿的归责原则

在有毒有害物质污染损害赔偿的归责原则方面，1996 年《HNS 公约》对船舶所有人实行的也是严格责任。只要造成了有毒有害物质污染损害，除非存在法定的免责事由，船舶所有人都要承担赔偿责任而不论其是否存在过错。但是，这一规定并不损害船舶所有人对任何第三方的追索权。该公约第 7 条第 2 款和第 3 款规定了船舶所有人的免责事项，包括：

（1）损害系由战争、敌对行为、内战、暴动或者由特殊的、不可避免的和不可抗拒的自然现象造成；

（2）损害完全系由第三方故意造成损害的行为或者不为造成，这里"完全"是指造成有毒有害物质污染损害的唯一原因是第三方的有意行为或者不为；

（3）损害完全是由负责维护灯塔或者其他助航设备的任何政府或者其他当局在履行该职责时的疏忽或者其他错误行为造成；

（4）托运人或者任何其他人没有提供有关所运物质的危害性和毒性的信息，从而完全或者部分地造成损害或者使所有人没有取得保险，但以所有人及其雇员或者代理人均不知道或者合理地不会知道所运物质的危害性和毒性为条件；

（5）如果船舶所有人证明损害全部或者部分地系由遭受损害的人故意造成

损害的行为或者不为造成或者由此种人的疏忽造成,则可以全部或者部分地免除船舶所有人对此种人的责任。

与1992年《民事责任公约》、2001年《燃油公约》规定的免责事项相比,上述的第4项免责是前两个公约所没有的。船舶所有人的这一免责与《海商法》中承运人运输危险品时的责任相协调。如根据我国《海商法》第68条、《海牙规则》第4条第6款和《汉堡规则》第13条规定,托运人如果没有通知承运人货物的危险性及应采取的预防措施,承运人可以在任何时间、地点将货物卸下、销毁或者使之不能为害,而不对货物负赔偿责任。按照1996年《HNS公约》规定,此种情况下对有毒有害货物造成的污染损害,承运人即船舶所有人亦不负责。

(四) 有毒有害物质损害赔偿的责任限制

1. 有毒有害物质损害赔偿的责任限额

1996年《HNS公约》规定的海上运输有毒有害物质损害赔偿的责任主体为船舶所有人,同时,为保护海上运输业的不断发展,又赋予责任人以责任限制的权利。该公约第9条第1款规定,对任何一次事故的损害,船舶所有人应当有权将其赔偿责任限制定为下述计算的累计金额:

(1) 不超过2000吨位的船舶:1000万SDR;

(2) 对超过2000吨位的船舶,在1000万SDR上增加下列金额:①从2001至50 000吨位,每增加一吨位相应增加1500 SDR;②超过5000吨位的每增加一吨位相应增加360 SDR;

(3) 累计金额在任何情况下都不应当超过1亿元SDR。

该条约第9条第10款说明,本条中的船舶吨位应为按1969年《国际船舶吨位丈量公约》附件1中所载吨位丈量规则计算的总吨位。

2. 有毒有害物质损害赔偿责任限制的丧失

1996年《HNS公约》第9条第2款明确规定了船舶所有人责任限制丧失的情形,即:"如经证明,损害系由船舶所有人故意造成或者明知可能造成此种损害而毫不在意的个人行为或者不为造成,则所有人无权根据公约限制其责任。"这一规定与1976年《责任限制公约》、1992年《民事责任公约》、2001年《燃油公约》的规定相同。

3. 有毒有害物质损害赔偿的责任限制基金

(1) 责任限制基金的设立与分配。1996年《HNS公约》第9条第3款规定,船舶所有人为享有该公约规定的责任限制权利,必须在对船舶所有人的诉讼具有管辖权的任一缔约国的法院或者其他主管当局设立一个总额为其赔偿责任限额的基金。设立该基金的方式可以是交存现金,也可以是提交根据基金设立缔约国的法律予以接受、法院或者其他主管当局认为足够的银行担保或者其他担保。第9条第11款规定,船舶所有人的责任保险人或者财务保证人也有权设立责任限制基金,其条件和效力与船舶所有人设立的基金相同。即使船舶所有人无权享有责任限制权利,其责任保险人或者财务保证人亦可以设立此种基金,但在此种情况下,基金的设立不应当损害向船舶所有人提出索赔的任何索赔人的权利。该公约第11条还规定,当人身伤亡的索赔与其他索赔同时存在时,除非人身伤亡的索赔金额超过责任限制总额的2/3,否则责任限制基金应当优先支付人身伤亡索赔。

(2)代位权的取得。该公约第9条第5、6款规定,如果在责任限制基金分配之前,船舶所有人或者其任何受雇人、代理人,或者向船舶所有人提供保险或者财务保证的任何人已为事故导致的损害支付了赔偿金,则此种人在其已付金额的范围内通过代位权取得已获赔偿的人根据该公约本可以享有的权利。此种代位权,也可以由船舶所有人或者其受雇人、代理人或者向船舶所有人提供保险或者财务保证的任何人以外的其他人,就其已支付的任何损害赔偿额加以行使,但此种代位仅限于根据适用的国内法律被允许的范围内。

公约第9条第7款规定,如果船舶所有人或者其他人证实,其能在一较晚日期全部或者部分地支付任何赔偿金额,而其如能在基金分配之前支付此种赔偿金额便可以享有代位权,则基金设立地国的法院或者其他主管当局可以指令留出一笔足够金额,以便此种人能在此较晚日期行使对该基金的索赔。

(3)责任限制基金的折算。1996年《HNS公约》第9条第9款规定,责任限制金额应当按照责任限制基金设立之日该货币相对于特别提款权(SDR)的价值折算成国家货币。对属于国际货币基金组织成员的缔约国而言,其国家货币相对于特别提款权(SDR)的价值应当按照国际货币基金组织于上述日期在其营业和交易中所用的现行定值方法计算;对非属国际货币基金组织成员的缔约国而言,其国家货币相对于特别提款权(SDR)的价值应当按照该国确定的方法计算。

但是,非国际货币基金组织成员且其法律不允许适用第9条第9款(a)项规定的缔约国,可以在批准、接受、核准或者加入该公约时或者在此后任何时间声明,第1款所述的计算单位等于15金法郎,而金法郎相当于65.5毫克且纯度为千分之九百的黄金。

(4)设立责任限制基金的效力。1996年《HNS公约》第10条规定,船舶所有人在发生海上有毒有害物质污染事故后，按照该公约规定设立责任限制基金并有权限制责任，对该事故导致的损害有索赔权的任何人，无权因此种索赔向船舶所有人的任何其他财产行使任何权利，并且，任何缔约国的法院或者其他主管当局应当下令释放因该事故的损害索赔而被扣押的属于船舶所有人的任何船舶或者财产，并应当释放为避免此种扣押而提供的任何保释金或者其他担保。前述情况仅在索赔人具有向管辖该基金的法院提出索赔的权利，并且该基金可以向该索赔实际提供时适用。

二、船舶载运有毒有害物质污染损害赔偿国际公约

（一）公约产生的背景

1967 年 3 月发生的"Torrey Canyon"油污案使国际社会认识到，IMO 应承担起建立对运送油类及其他有毒有害物质的船舶造成污染损害赔偿的公约体系的任务。

1969 年，政府间海事协商组织（IMCO，现 IMO）在协调解决散装货油所致污染的问题之后，又将注意力转向制定有毒有害物质所致污染损害的国际公约。1974 年，IMCO 向各成员国发出问题单，调查有否必要设立一项目前的油污民事责任公约中尚未包括的物质在海运过程中造成海洋污染的民事责任制度。1975 年到 1981 年，组织成员对有否必要制定新公约、新公约的适用范围等问题进行了多次讨论。1980 年 9 月公约草案出台，但在 1981 年 5 月蒙特利尔国际海事委员会大会上，招致与会代表的批评而未被接受。在 1984 年的外交大会上，由于在是否采用船舶所有人与托运人责任分摊原则，是否应与 1976 年《责任限制公约》挂钩、是否适用包装货物及空载油船的火灾爆炸事故等问题上存在较大分歧，该草案未获通过。自 1981 年至 1996 年，经过 15 年的修订，1996 年《HNS 公约》草案得到了进一步完善，最终提交 IMO 并于 1996 年 4 月的外交大会上讨论。与会的 73 国代表、政府间组织及非政府组织代表经过讨论协商，于 5 月 3 日表决通过了该公约。[1]

1996 年《HNS 公约》是继 1992 年《民事责任公约》、1992 年《基金公约》之后又一采用严格责任制的公约（但适用的不单是污染损害，还包括了火灾及爆炸损害风险）。

（二）公约的内容与特点

1996 年《HNS 公约》的内容与特点主要表现在一个公约中对受害方实行双

---

[1] 司玉琢主编：《海商法》（第五版），法律出版社 2023 年版，第 337 页。

重保护机制。

1. 第一层保护机制——船舶所有人的赔偿责任

（1）船舶所有人承担严格责任。有毒有害物质在海运过程中所造成的损害由船舶所有人承担严格的赔偿责任，只有在发生战争行为、自然灾害、第三方发动的国际行动以及政府的错误行动时，方可免责。公约规定仅由船舶所有人承担责任，禁止对其受雇人、代理人、船员、引航员、承租人、救助人提起诉讼。

（2）船舶所有人的赔偿责任有较高限额。该限额高于现在普通限制体系下的责任限额，具体为：总吨位不超过2000吨的船舶，赔偿限额为100万SDR；总吨位为2001~5000吨的船舶，每总吨增加1500SDR，当总吨为50 000吨时，最高限额为8200万SDR；总吨为50 001吨至100 000吨的船舶，每总吨增加360SDR；总吨位为10万吨以上的船舶（含10万吨），最高限额为1亿SDR。船舶所有人为了享受责任限制的权利，须在损害发生国的法院设立责任限制基金。该船舶所有人的责任保险人也享有设立责任限制基金、享受责任限制的权利。限制基金设立后，设立人（责任人）的财产在所有公约成员国内免于扣押。

（3）船舶所有人的免责。船舶所有人的免责事项包括两部分：一是1992年《民事责任公约》第4条第2款规定的三项免责事项；二是损害是由于托运人或任何其他人没有提供有关所运物质的危害性和毒性的信息，从而全部或者部分地造成损害，或者使得船舶所有人没有取得保险，但此种情形以船舶所有人其受雇人或者代理人均不知道或者无法知道所运物质的危害性和毒性为条件。

（4）船舶所有人必须投保。船舶所有人就上述责任实行强制保险是为了保证从事有毒有害物质运输的船舶所有人能够履行赔偿责任，且公约强制规定其投保责任险。船上须载有保险证书，在对该船作登记记录的主管机关处也须保存该证书的副本。

（5）公约参加国的选择权利。对于公约参加国来说，有权决定在其国内港口间仅以包装形式从事有毒有害物质运输，总吨位为200吨及以下的船舶不适用于本公约。公约同时允许两个相邻国家进一步协商对于在两国港口间从事上述运输总吨位为200总吨及以下的船舶享有相同的权利。

（6）公约具有独立性。公约与现存有效的责任限制公约并行。在大会讨论时，由于要找到满意的挂钩方式以确定各公约之间的关系是相当困难的，为了避免因此种问题使公约夭折，因此最终决定1996年《HNS公约》与这些公约不挂钩。

2. 第二层保护机制——设立基金

（1）设立基金的场合。①船舶所有人对造成的损害不负责任。例如，如果船舶所有人未被告知此次运输是有毒有害物质运输或者损害事故是由战争行为所致，船舶所有人将免于承担赔偿责任。

②船舶所有人因财政原因不能完全履行依据公约应承担的义务，而且提供的现金担保不能涵盖或者不能使损害赔偿的请求得到满足的情况。

③损害已超出了本公约规定的船舶所有人应负的赔偿责任。

单由船舶所有人一方赔偿，很难使运输有毒有害物质可能产生的损害得到充分赔偿，而引入第二层保护机制，即 HNS 基金作为补充，一旦损害赔偿请求数额超过第一层限额时，其差额将从第二层保护基金中支付，直至总赔偿额将达到 2.5 亿 SDR。

（2）HNS 基金的管理及摊款。全体成员国由执行董事领导的秘书处共同组成大会，每年召开一次。秘书处制作年度预算、指派咨询人员并提供资金来帮助各成员国避免或减少损害。该秘书处对大会负责。

各成员国应收集有关其领海内分摊基金货物摊款情况的数据，递交给基金执行董事，否则基金大会可以责令该国自行支付这一分摊款。

（三）公约的生效时间

1996 年《HNS 公约》规定的生效条件是：至少 12 个国家批准、接受；最后一个国家批准之日后，缔约国加入该公约的 18 个月后生效，并且这些国家中至少有不少于 4 个拥有 200 万总吨船舶的国家。但加入的国家基本上都是发展中国家，英美和欧洲发达国家均未加入该公约，我国也未加入。尽管接受该公约的国家数已经超过 12 个，但该公约仍未达到生效的条件。①

鉴于 1996 年《HNS 公约》通过后一直未能生效，针对尚未解决的分歧及问题，后续 IMO 又通过了 2010 年议定书，被称为 2010 年《HNS 公约》，我国也未加入。2023 年 3 月，IMO 第 110 次法委会（LEG 110）上针对 2010 年《HNS 公约》设有促进公约生效和统一解释的专门议题。截至 2024 年 2 月，已经有 8 个国家加入 2010 年《HNS 公约》，只需要再获得 6 个国家的批准并提供所需的 HNS 货物运输数量，即可达到公约生效的目标。②

---

① 司玉琢主编：《海商法》（第五版），法律出版社 2023 年版，第 337－339 页。
② IMO, Status of Conventions, https://wwwcdn.imo.org/localresources/en/About/Conventions/StatusOfConventions/Status%20of%202024.pdf, 第 524 页。访问时间：2024 年 2 月 4 日。

【案例枚举】
栾某某等 21 人与康菲石油中国有限公司、中国海洋石油总公司海上污染损害责任纠纷案[①]

【基本案情】

 位于渤海海域中南部的蓬莱 19-3 油田于 2011 年 6 月发生溢油事故，导致该油田周边及其西北部面积约 6200 平方公里的海域海水污染，由国家海洋局等 7 家行政机关组成的事故联合调查组认定，康菲石油中国有限公司（以下简称康菲公司）作为作业者承担该事故的全部责任。国家海洋局北海环境监测中心于 2011 年出具《近岸调查报告》，记载了相关海域的污染情况。经原农业部与中国海洋石油总公司（以下简称中海油公司）、康菲公司协商确定，康菲公司出资人民币 10 亿元的赔偿补偿款，其中人民币 7.315 亿元用于赔偿补偿相关受污染区域渔民的养殖损失。乐亭县人民政府确定了赔偿补偿标准，当地大多数养殖权利人按该标准接受行政调解并领取了赔偿补偿款。河北乐亭水产养殖协会于 2011 年 10 月 6 日委托博亚公司就河北省乐亭县大清河盐场 29 余家养殖户因水污染所造成的预期产量及产值给予技术分析并出具《技术咨询报告》。栾某某等 21 个受污染区域渔民不接受行政调解，以该报告作为鉴定结论，向天津海事法院起诉，请求康菲公司与中海油公司连带赔偿其养殖损失和鉴定费用、诉讼费。

【裁判结果】

 天津海事法院一审认为，根据本案证据，可以认定溢油事故构成对栾某某等 21 人养殖海域的污染损害，康菲公司应就此进行赔偿，中海油公司在事故发生时不是油田的作业者，也不控制污染源，不应承担赔偿责任。栾某某等 21 人应当对损失程度和数额承担举证责任。因博亚公司未取得原农业部渔政渔港监督管理局核发的《渔业污染事故调查鉴定资格证书》，不具备鉴定资质，对其出具的《技术咨询报告》的证明力不予认定。栾某某等 21 人对于养殖损失程度和数额的举证没有达到充分、确定的程度。鉴于审理过程中对栾某某等 21 人损失进行评估、鉴定的条件已不具备，应结合本案相关证据及案件事实对污染程度及损失数额进行综合认定。结合相关证据及案件事实，参照乐亭县人民政府确定的赔偿补偿标准，天津海事法院判决康菲公司赔偿栾某某等 21 人损失人

---

① 参见天津市海事法院（2012）津海法事初字第 1 号民事判决书。参见最高人民法院《2016 年十大典型海事案例》（2017 年），载最高人民法院网，https://www.court.gov.cn/zixun/xiangqing/42642.html，访问时间：2023 年 9 月 3 日。

民币 1 683 464.4 元。栾某某等 21 人不服，提起上诉。天津市高级人民法院二审判决驳回上诉，维持原判。

【典型意义】

蓬莱 19-3 油田在中外合作开发过程中因作业者原因发生溢油事故，在环渤海三省一市区域引发了具有涉外因素的群体性索赔纠纷，此案具有相当的国际国内影响，该案的成功处理，具有多方面的意义。第一，本案审判对污染者依法追责，有利于增强全社会的海洋环保责任意识。本案判决表明，任何民事主体从事生产经营，均应当依法合规；无论是中国公司还是外国公司，在法律面前一律平等，因违规作业造成事故导致环境污染和他人损害的，都必须承担赔偿损失等法律责任。第二，本案裁判围绕争议焦点充分展示举证、质证、认证过程，获得社会广泛认同，再次表明公开促公信的重要意义。第一、二审法院根据法律和司法解释明确被侵权人应当举证证明有关污染行为、污染损害以及污染物与损害之间的关联性，然后逐一认定当事人证据的证明力，最终认定被侵权人提供的损失鉴定报告不具有证明力，论证说理清晰充分。尽管该案是一件重大敏感案件，天津海事法院开庭审理还是进行了全程网上直播，裁判分析推理过程的充分展示，取得了社会的理解和支持。第三，法院努力探索认定损失的替代方法，充分体现对公平正义的实质追求，也进一步提出了深化构建环保制度机制的新课题。在栾某某等 21 人不能提供有效证据证明其污染损失的情况下，一、二审法院参照乐亭县政府确定的赔偿补偿标准，酌定损失赔偿数额并相应作出判决，由此避免了渔民因举证不能而完全败诉的局面，这种处理方式在环境司法鉴定技术领域具有探索价值和启示意义。

【问题与思考】

1. 船舶污染的分类有哪些？
2. 有关船舶污染损害赔偿的国际立法主要有哪些？
3. 什么是海上油污损害？海上油污损害有哪些特点？
4. 什么是海上油污损害赔偿责任？
5. 海上油污损害赔偿责任的构成条件有哪些？
6. 如何确定海上油污损害赔偿责任的承担者？
7. 什么是国际海上油污损害赔偿基金？
8. 如何设立国际海上油污损害赔偿基金？

第四章 海难救助法律制度

海难救助传统由来已久，早在古希腊和腓尼基人的法律中，就零散地出现了海难救助立法内容。随着海上货物运输与海上贸易的不断发展，海难救助制度化、法律化、国际化发展方向成为必然。海难救助，又称海上救助，泛指一切在海上或与海相通的可航水域中进行的援救行为或活动。如通常人们所说的人命救助、环境救助等，但作为海难救助法律制度意义上的救助，则系指在法定水域内对遇险的被承认的船舶及其他财产进行救助的行为或活动。海难救助对保护人命安全、挽救经济损失发挥着不可或缺的重要作用。我国在海难救助制度建设方面起步较晚，但在发展的过程中较好地吸收了先进的国际经验。通过本章的学习，学生可掌握海难救助的构成要件、救助报酬的计算、特别补偿条款的应用等内容。

第一节 海难救助概述

一、海难救助的概念

海难救助是海商法中一项古老而特有的法律制度。海难救助又称海上救助，是指对遭遇海难的船舶、货物和客货运费的全部或部分，由外来力量对其进行救助并获取报酬而形成的法律关系。实施救助的外来力量可以是从事救助工作的专业救助人，也可以是过往船只或者其他人。公元前9世纪的《罗得海法》（*Lex Rhodia*）中就有支付救助报酬的类似规定。确立海难救助制度的目的是鼓励人们对遇险的船舶及其财产进行救助。这里应当区分海难救助和救助作业，只要从事了海上救助的行为均可称为救助作业，而海难救助作为一个法律制度来说，救助方获取救助报酬的行为应被包含在内。海难救助是海商法所特有的一种法律制度。救助人在海上或其他可航水域，如能成功地使遇险船舶、货物等海上财产脱离危险，他即有权为自己的救助行为请求报酬，并对获救财产享有留置权。海难救助的这一特点是任何陆上救助行为所不具备的，是由海上特殊风险所决定的。①

大陆法系将海难救助分为救助（assistance）和救捞（sauvetage）两种不同的类型，并以此来确定不同的权利义务。所谓救助是指船舶或货物尚未脱离其船员的占有，而由第三方前来救援，协助其脱离危险的行为；所谓救捞是指船舶或货物已经脱离其船员占有，正在漂流或者即将沉没，由第三方予以施救的行为。② 英美法系则不作上述区分，以海难救助（salvage）一词统括之。其理由是所谓的援救行为与救助行为虽然在表面上有所不同但在法律本质上并无差别，以此来区分不同的权利义务关系有欠妥当。③

二、海难救助的法律性质

理解海难救助的法律性质，在于如何认识救助人所实施的海难救助行为的法律属性。海商法领域内的海难救助行为属于民商法意义上的私法行为，这是没有异议的。但是，它应归属于哪一种私法行为，则存在不同的观点。归纳起来有：无因管理说④；准合同说；不当得利说⑤；特殊事件说等。其中，无因管理说占主流。需要注意的是，海难救助的"无因管理"与民法中的"无因管理"有所不同。民法中发生无因管理行为后，财产所有人有义务向管理人支付必要的费用或因管理事务而遭受的财产损失，但不存在报酬请求权，而海难救助有丰厚的报酬请求权。

（一）无因管理说（Voluntary Service）

无因管理作为债的发生的一种根据，是指没有法定的或者约定的义务，为避免他人利益遭受损失而进行管理或服务的一种法律事实。大陆法系国家的一些学者及我国台湾地区的一些海商法学者主张无因管理说。在海难救助过程中，救助人既无法律方面的义务，又没有事先的合同约定，在事先完全没有准备的情况下，临时采取措施对遇险财产进行救助。作为对遇险财产作出贡献的救助人，有权要求受益人偿付由此而产生的必要费用。虽然海难救助与无因管理比

---

① 司玉琢：《海商法专论》（第四版），中国人民大学出版社2018年版，第282页。
② 司玉琢主编：《海商法》（第五版），法律出版社2023年版，第265页。
③ 胡正良主编：《海事法》（第三版），北京大学出版社2016年版，第103页。
④ 曾国雄、张志清：《海商法》，航贸文化事业有限公司2008年版，第289-291页；张志清：《海商法》，五南图书出版公司2010年版，第333页；周和平、周明道：《海商法》，台湾海运研究所2008年版，第112页。
⑤ ［日］田中诚二：《海商法》，日本劲草书房1976年版，第317页。

较起来，只有一点细微的差别，即管理人请求偿付的必要费用的范围[①]，但从本质来看，海难救助仍然属于无因管理的范畴。大多数学者赞同此说。海难救助的法律形态具有多种，就纯救助来说，海难救助确实是没有法定或约定的义务而为第三人利益管理或服务的一种法律事实，但是该学说很难解释合同救助形态的救助合意，以及救助报酬不仅仅限于为本人支出之必要费用或债务负担。

（二）准合同说（Quasi Contract）

要准确地理解海难救助的实质，需要区分海难救助不同的形态并进行定性。对于纯救助和公共当局（Public Authorities）从事或控制的救助来说，海难救助实质上是准合同的一种。在《罗马法》上，"当事人虽未缔结合同，但衡诸公平原则与公序良俗，其行为所发生的效果，应与缔结合同相同，故优帝《法学纲要》称此类行为为'准合同'，使之准用合同的有关规定。"[②] 早在《罗得海法》中，共同海损便被认为是准合同的一种。这是一种区别于当事人以意思表示创设的法定之债，类似于不当得利和无因管理之债。虽然近代大陆法系的德国、瑞士、日本皆排除准合同的观念，以管理事务为独立之法律要件，但《法国民法典》第四编第一章明确以"准合同"为标题，并在第1371条给准合同下了如下定义：准合同为因个人自愿的行为而对第三人发生的债务，有时双方之间发生相互的债务。在英美法上，关于准合同的规定比较分散，至今尚未形成统一的规定。作为一种法律效果或救济方法，它有别于合同或侵权的救济方法，在英国普通法制度下被划分为独立的一类，称为"准合同"。对于合同救助来说，在海难救助发展的过程中，一开始其属于准合同的范畴，但随着海难救助的法律规范的增多并形成体系，其便从准合同中分化出来而适用一般合同之债的法律规范，也就丧失了其独立的品格。但是，在纯救助和公共当局从事或控制的救助领域，准合同仍不失为一种较为合理的海难救助性质的理论。

（三）特殊行为说（Special Act）

该学说主张，海难救助与共同海损措施一样，是海商法中特有的行为，只能从海商法的传统、宗旨、原理和原则方面加以分析、研究，不能机械地用民法中的概念、原理和原则加以评判、定性。海难救助制度中的"无效果——无报酬"原则、救助报酬中包含体现鼓励救助精神的奖励金、船舶优先权及救助人责任限制等制度是难以在民法领域中找到相对应的解决办法，而且，海难救助具有悠久的历史，有关海难救助的各种法律规范已形成了独特的、较为完善

---

① 傅廷中：《海难救助及其立法》，载《世界海运》2002年第2期，第49页。
② 周枏：《罗马法原论（下册）》，商务印书馆2001年版，第829页。

的法律制度。因此，作为传统且典型的海难救助形式的纯救助，只能被认为是海商法中的一种特殊行为。该学说旨在将海难救助行为和一般民事法律行为区分开来，适用自己特殊的规则和制度。

（四）不当得利说（Unjustified Enrichment）

不当得利是指在没有法律依据的前提下，自己获得利益而使得他人遭受损失。我国《民法典》第122条对其作出了规定。在海难救助中，不当得利是从被救助人的角度展开讨论，认为被救助人无法律上的原因而接受救助人的援助，因而获得了保护其财产的利益，救助人此时可能会因为自己的援助行为而遭受一定损失。因此被救助人应该给予救助人的报酬实质上是一种不当得利之返还，此观点存在错误。不当得利是指没有合法根据（或事后丧失了合法根据）而取得利益并使他人遭受损失的法律事实。不当得利的取得，不是由于受益人针对受害人而为的违法行为，而是由于受害人或第三人的疏忽、误解或过错所造成的，因此受益人与受害人之间形成债的关系，受益人为债务人，受害人为债权人。该观点既不能解释为何受益人取得利益与受害人遭受损害之间必须有因果关系，也不能解释为何救助人获得的报酬的要件不以善意情况下返还不当得利而仅以现存利益为限，因此该观点是不恰当的。

三、海难救助的形式

按照不同的标准，可以对海难救助进行如下分类。

（一）依海难救助的实施标准

依照有无救助义务及救助义务的性质，可将海难救助分为自愿救助、合同救助、强制救助和履行法定义务的救助，其具体内涵如下。

1. 自愿救助

自愿救助，是指救助人在既无法定救助义务，又无约定救助义务的情况下，自愿对遇险船舶和财产实施的救助。其又称纯粹救助，或相对于合同救助而言称为非合同救助。自愿救助的典型特点是，救助人不承担法定的救助义务和合同约定的义务，而是基于自愿实施救助行为。当然，自愿救助也适用"无效果无报酬"的原则，即自愿救助海上财产产生了效果的，才有权要求被救助人给付救助报酬。

2. 合同救助

合同救助是指救助人依据其与被救助人所达成的救助合同的规定所实施的救助活动。合同救助一般在救助合同订立后进行，救助双方的权利义务依救助合同确定。在实践中，合同救助一般采取"无效果无报酬"（No Cure, No Pay）

的救助原则。唯一的例外是，在处理环境污染救助时，实行"无效果，也给予补偿"的原则（No Cure，Also Pay）。合同救助中存在一种名为"雇佣救助"的救助方式。雇佣救助是指救助方依据被救助方的请求实施救助，不论救助成功与否，都按照约定的费用收取报酬的行为。救助双方所签订的雇佣救助合同，本质上属于海上服务合同，其法律适用应当依据雇佣救助合同的类型选择相应的法律。如雇佣救助合同是海上拖航性质，则适用《海商法》第七章"海上拖航合同"，如果是雇佣打捞合同，则适用《民法典》合同编中的委托合同。

3. 强制救助

强制救助，是指沿海国家政府对于发生在该国管辖水域（港口、内水、领海、专属经济区）内的具有重大危害的海难事件，依据有关法律而采取强制性措施实施的救助行为。强制救助是沿海国家主权的体现，因此，不论遇险船舶的船长、所有权人或其他财产的所有权人是否同意，政府依法就能实施。强制救助分为广义和狭义两种，广义的强制救助包括海上人命救助、碰撞后对对方船舶及船上财产的救助和 1989 年《国际救助公约》规定的由公共当局实施和控制的救助；狭义的强制救助仅指公共当局从事或控制的救助作业。

4. 履行法定义务的救助

履行法定义务的救助，是法律规定的特殊主体在特殊条件或情形下必须实施的救助，履行救助是该类主体的法定职责或义务。履行法定义务的救助一般不得请求救助报酬，其主要有以下几种情况。

（1）公务人员实施的救助。法定的特殊公务人员如海军、海上防卫队、港区消防人员对其辖区内的遇难船舶、财产或人员依其职责必须实行救助。因为实施该救助行为是海军、海上防卫队等特殊主体的职责，是其对国家所应负的公法上的义务，而非商业性的救助行为，故不得向被救助人请求救助报酬。

引航员对被引领的船舶所实施的救助。因该救助为引航员的职责，故引航员对该救助不得请求报酬。但若引航员所实施的救助行为超出了其职责范围，则可请求报酬，但应符合一定的条件。

（2）船长对人命的救助。各国海商法或其他相关法律法规均规定了船长对遇险的海上人命负有公法上的救助义务，否则应承担行政责任甚至刑事责任。此外，履行拖航合同和其他服务合同而实施的救助，因救助为该类合同所要求的法定义务，故而亦不能提出救助报酬请求，但超出拖航合同或其他服务合同约定范围外的救助则可请求报酬，但也须符合一定条件。

（二）依海难救助的客体内容

依照海难救助的客体内容不同，可以将其分为人命救助、财产救助和环境救助，具体内涵如下。

1. 人命救助

人命救助，是指以人命为标的的救助法律关系。依据各国法律和国际公约的规定，人命救助是人道主义在海难救助中的体现，是救助者的一项法律义务。我国《海商法》第174条规定："船长在不严重危及本船和船上人员安全的情况下，有义务尽力救助海上人命。"人命救助有两个特征：第一，对象专门性；该项义务专门适用于船长，船舶所有人对船长不履行该项义务的行为不承担法律责任[①]。第二，无偿性；人命救助原则上无须支付报酬，除非国内法对此有特别规定。

2. 财产救助

财产救助是指在海上或者与海相通的可航水域，救助方对遇险的船舶和其他财产进行救助而形成的法律关系。财产作为救助标的，因各国法律规定的不同而有差异。我国《海商法》和1989年《国际救助公约》的规定一致，财产系指非永久和非有意地依附于岸线的任何财产，包括有风险的运费。随着人类科技水平的提高，对于大自然特别是外太空的控制能力的增强，导致经常会有水上飞机、太空舱和陆上物品落海的现象，为了避免争议，作为海难救助客体的财产只要求是在海上获救即可，至于其是否原本具有海上财产的性质，则无须过问。

3. 环境救助

环境救助是指救助方对由污染、玷污、火灾，爆炸或类似的重大事故，对人身健康，对沿海、内水或其毗连区域中的海洋生物、海洋资源所造成的重大的有形损害进行救助而产生的法律关系。在该定义下，环境救助的被救助物不局限于产生污染的船舶和货物等财产，且包括来自陆源（陆地污染源）、船舶、海洋石油勘探作业、海洋工程作业等对海洋环境造成重大的有形损害，因此，环境救助不是对船货本身进行救助，而是对因为船上漏油、泄漏有毒有害货物和发生其他事故对海洋环境产生损害而进行的救助，其范围远远超越了船货本身。同时，环境救助难度大、救助成本高，需要对救助人进行特别补偿，维护救助人的利益，鼓励环境救助行为。海难救助中救助人保护环境的责任也在加强，许多国家和地区纷纷出台相关的法律法规，加大对环境污染损害责任人的处罚。除民事责任和行政责任外，救助人还可能承担刑事责任。

（三）依海难救助力量来源

依照海难救助来源的不同，可分为自力救助、船舶互救和他力救助，具体

---

① 1989年《国际救助公约》第10条第3款。

内涵如下。

1. 自力救助

自力救助,是指对遇难船舶本身负有义务的船员、旅客和引航员等进行救助行为而形成的法律关系。救助人的救助义务往往来源于法律或合同。法律约束的救助有人命救助和船舶碰撞后的互相救助;合同约束的救助有遇难船船员救本船、遇难船上的旅客救本船、引航员在履行其职责范围内的救助以及拖船正常履行拖航合同范围内进行的救助。

2. 船舶互救

船舶互救(Mutual Salvage/Reciprocal Salvage)是指两船发生碰撞以后,对对方船所提供的救助。我国《海商法》第166条规定:"船舶发生碰撞,当事船舶的船长在不严重危及本船和船上人员安全的情况下,对于相碰的船舶和船上人员必须尽力施救。"在特殊情况下,发生海难事故后,船舶所有人宣布弃船,如果船员自愿将该船救回,显然超出了合同所赋予的义务,因而有权请求救助报酬。旅客虽然与船舶所有人不存在雇佣关系,无须服从船舶所有人所制定的规定,但是,根据与船舶所有人签订的海上旅客运输合同的规定,旅客在船期间应该服从船长指挥,与船员一道维护船舶的安全,一旦发生海难事故,旅客应该尽力施救。引航员在引领船舶过程中运用良好的技能使船舶避免发生碰撞是引航员应尽的职责,所以,引航员无权请求救助报酬,除非他在引领船舶工作之外,又额外参与了救助工作,才有权请求救助报酬。此外,还有一种特殊情况是"姊妹船救助"(Salvage by Sister-ships)。根据传统的法律原则,同一船舶所有人的船舶之间进行的救助,即使救助成功了也不产生救助报酬请求权;也就是说,同时作为救助人和被救助人的船舶所有人不能够也不必自己起诉自己来请求救助报酬。但后来,由于各国意识到海上保险业的发展对海难救助产生的影响,以及"姊妹船救助"中的利害关系人不仅限于船舶所有人,因此,1910年《救助公约》和1989年《国际救助公约》均作出了同一船舶所有人的船舶之间的救助也应支付救助报酬的特别规定。我国《海商法》第191条规定:"同一船舶所有人的船舶之间进行的救助,救助方获得救助款项的权利适用本章规定。"

3. 他力救助

他力救助,是指救助人没有法律规定或者当事人之间约定的义务进行救助而形成的法律关系。这类救助主要包括公共当局的救助和狭义的他人救助。公共当局救助是指由公共当局负责或者控制的海难救助形态。一般来说,公共当局对本国公民的人命和财产具有公法上的保障义务,因此,在海难发生后,其有义务予以援救。公共当局负责或者控制的救助,虽然不符合传统的海难救助自愿原则，但是其仍然有权获得救助报酬。我国《海商法》第 192 条规定："国家有关主管机关从事或者控制的救助作业，救助方有权享受本章（海难救助）规定的关于救助作业的权利和补偿。"狭义的他人救助是指第三人基于自愿的原则，对遭遇海难的人命或财产进行救助的行为，即其他船舶或专业的救助公司在对遇险人命财产以及环境损害进行救助的行为。值得注意的是，要区分其与公益性组织的救助。至于公益性组织救助能否获得救助报酬的问题，各国法院意见不一。

第二节　有关海难救助的国际公约

一、1910 年《救助公约》

1910 年《救助公约》不仅体现了海难救助的传统原则，而且在国际上统一了各国有关海难救助的法律和实践，确立了较为科学的海难救助制度的框架结构，从而，在国际上得到了广泛的承认和接受，对于统一海难救助法律制度起到了重要作用。我国虽然未加入该公约，但我国在解决海难救助问题时也会参照公约的精神和原则。公约确定了如下原则。

（1）人道主义原则。公约规定，对于海上遭受危险的人，即使是敌人，只要对自己的船舶、船员和旅客不构成严重危险，每个船长均须施救。救助人命者对被救助人不得请求报酬，但国内法另有规定的除外。

（2）"无效果无报酬"原则。公约规定，救助无效果者无权要求任何报酬；救助行为有效果者有权获得公平合理的报酬。在任何情况下，报酬不得超过被救助财产的价值。

（3）公平原则。公平原则体现在双方应当公平地签订救助合同。公约规定，在危险期间并在危险的威胁下订立的任何救助合同，经当事人一方请求，且如果法院认为合同条款不公平，可以认定合同无效或变更合同。在任何情况下，如合同存在欺诈或隐瞒，或所付的报酬与救助效果相比，显然过多或过少，经相关人请求，法院可以认定合同无效或变更该合同。

（4）确定救助报酬原则。公约规定，救助报酬金额由当事人协议确定。协议不成，由法院确定。确定救助报酬时，应考虑救助效果、被救助财产的价值等因素。

就全球范围而言，海难救助法律制度从形成至今，经历了一个漫长的历史过程。1910 年《救助公约》距今已有百余年的历史，该公约虽然创立了海难救助的基本原则和制度，但其中的许多内容已无法适应海事发展的需要，海难救助的客观实际催生了新的国际救助公约。

二、1989年《国际救助公约》

（一）公约产生的背景

1. 海难救助要件发生变化——根本原因

随着航海科学技术的发展，海难救助要件也在随之变化，这主要表现为救助标的的变化、海上风险的变化、自愿原则的变化、"无效果无报酬"原则的变化四方面。其具体表现如下。

（1）救助标的的变化。随着生产力水平的提高，海上财产呈现出多样化的趋势，如出现了石油或天然气勘探设备、浮船坞和海上仓库等。如果沿用1910年《救助公约》的规定，这些财产即使遭遇海上危险也不能作为海难救助的标的物，故无人愿对此类财产提供救助服务，显然，这不利于海洋开发和生产活动。

（2）海上风险的变化。海上风险包括在自然界给救助标的带来的风险和救助标的本身存在的风险，随着技术的提升，自然界带来的风险已有所减弱，但是救助标的本身的风险却日益突出和严重，这主要体现在船舶因大型化、自动化、集装化和专业化特点而产生的救助风险，以及危险货物例如油类、有害物质运输时对环境产生的风险等。海上风险的变化，要求重新调整救助方与被救方的法律地位，以鼓励救助方的救助业务，这是公约体现的立法宗旨。

（3）自愿原则的变化。由于海洋环境保护问题引起国际社会的重视，沿海国政府为保护其海岸线和海洋环境，对海难救助活动采取了许多干预措施，这些干预措施的提出对传统的自愿原则发起了挑战。

（4）"无效果无报酬"原则的变化。"无效果无报酬"已不适应海上救助发展的新形势，特别是在救助有潜在污染环境风险的船舶时，这一原则将使救助方面临救助报酬低甚至是得不到救助报酬的境遇，因此也就没有救助人愿意冒如此大的风险去救此类船舶，更谈不上体现鼓励救助的立法宗旨。

2. "阿莫柯·卡迪兹"案件——直接原因

1989年《国际救助公约》产生的直接原因或者导火线是"阿莫柯·卡迪兹"（Amoco Cadiz）案件。1978年3月16日，利比里亚籍巨型油轮"阿莫柯·卡迪兹"号，因舵机失灵而搁浅在法国西岸布列塔尼（Brittany）附近的礁石上，致使23万吨原油溢出，导致法国沿海水域的严重污染。此次溢油污染是由于当时"太平洋"号拖轮为实施救助而要求签订劳氏救助合同，遭到"阿莫柯·

卡迪兹"号轮船长的拒绝，待船长同意时已错过救助时机，导致救助未取得效果。因此国际社会强烈要求修改救助制度。于是，国际海事委员会（CMI）在1910年《救助公约》的基础上起草新的公约草案，其中最为重要的修改是增加了"特别补偿"的规定。最终，国际海事组织召开的1989年外交大会通过了1989年《国际救助公约》，该公约已于1996年7月14日起正式生效。截至1997年，正式批准或加入该公约的国家或地区有23个。我国于1994年申请加入了该公约。

（二）公约的主要内容

1. 扩大公约适用范围

（1）救助案件范围扩大。"本公约适用于在缔约国提起的有关公约所辖事项的诉讼或仲裁。"其范围不限于救助船舶或被救助船舶属于缔约国所有的救助。

（2）救助水域范围扩大。即适用水域为"可航水域或其他任何水域"。这里的"其他任何水域"是指不与海相通的内陆水域。可见，其已不限于海和与海相通的水域，其所称的救助也不再限于海上救助。

（3）救助标的范围扩大。依公约规定，"船舶系指任何船只、艇筏或任何能够航行的构造物"。可见，作为救助标的的船舶不受形状、吨位和用途的限制，从而不限于海船或内河船舶。1989年《国际救助公约》规定的作为救助标的财产，不限于船上财产，还包括任何其他海上财产。

2. 增设特别补偿条款

1989年《国际救助公约》对遇险油轮和其他污染环境的船舶或货物的救助实行"无效果有报酬"的原则。增设的特别补偿条款适用于以下情况：

（1）救助人如果救助了危及环境的船舶或货物，获得的救助报酬低于救助人所花费用时，救助人有权获得由船舶所有人支付的相当于其他费用的特别补偿，即使救助不成功，或效果不明显，或未能防止或减少环境污染；

（2）救助人的救助作业如果防止或减少了环境污染，船舶所有人向救助人支付的特别补偿可增加至救助费用的130%。

（3）法院或仲裁机构如果认为公平合理，并考虑第13条第1款中所列的有关因素，还可将特别补偿增加至费用的200%。

上述特别补偿既适用于油轮，也适用于任何对环境造成污染损害的船舶或货物。因此，危险和有毒有害货物、船上燃料等均属于其适用的范围[①]。

---

① 贾林青：《海商法》（第五版），中国人民大学出版社2017年版，第260-262页。

第三节 海难救助的构成要件

一、救助标的必须符合法律规定

海难救助的救助标的必须是法律规定范围内的,我国《海商法》所承认的救助标的是船舶和其他财产。根据《海商法》第 172 条第 1、2 款规定:"(一)'船舶',是指本法第三条所称的船舶和与其发生救助关系的任何其他非用于军事的或者政府公务的船舶。(二)'财产',是指非永久地和非有意地依附于岸线的任何财产,包括有风险的运费。"根据《海商法》第 173 条的规定,海上已经就位的从事海底矿物资源的勘探、开发或者生产的固定式、浮动式平台和移动式近海钻井装置,不适用《海商法》有关海难救助的规定。按照 1910 年《救助公约》第 1 条的规定,能够作为海难救助标的财产仅仅包括海船、船上财产和运费。1967 年《救助公约》第 1 条规定,救助标的为一切船舶,包括军舰和政府公务船。1989 年《国际救助公约》第 1 条第 1、2、3 款规定,救助标的为船舶或"非永久性和非有意地依附于岸线的任何财产,包括有风险的运费",但不适用军舰和政府公务用船。我国《海商法》借鉴了 1989 年《国际救助公约》的规定,将救助标的限定在船舶和其他财产上。下列为法律认可的救助标的。

(一)船舶

船舶是海难救助的传统标的,但各国法律或公约有关船舶的具体范围的规定不尽相同[①]。船舶是指海船和其他海上移动式装置,但是用于军事的、政府公务的船舶和 20 总吨以下的小型船艇除外(包括船舶属具)。在这里,需要注意以下三点。

(1)在海难救助中,只要法律关系的一方主体为《海商法》第 3 条定义的船舶即可,而另外一方是否属于海船无须过问。但无论在何种情况下,不管是救助方还是被救助方均不能是用于军事的、政府公务的船舶;如果适用《海商法》第 3 条定义的船舶进行救助,则 20 总吨以下的小型船艇也可纳入被救助船舶的范畴。

(2)军舰和政府公务用船虽然不能构成海难救助的主体,但是在发生海难

---

① 张丽英:《海商法学》(第三版),高等教育出版社 2016 年版,第 261 页。

时，军舰和政府公务用船在国家有关主管机关从事或者控制下从事救助作业，救助方有权享受《海商法》第九章规定的关于救助作业的权利和补偿。

（3）如果军舰和政府公务用船遭遇海难时被他船救助，虽然不构成海难救助，但是可以构成民法上无因管理的法律关系。救助方可以根据有关无因管理的法律规定要求被救方补偿救助中支出的有关合理费用和遭受的有关损失。

（二）其他财产

随着航运的发展，人类利用自然能力的增强，如海底勘探和开发、航空和卫星技术的发展，使其他财产的范围急剧扩张。根据《海商法》第172条第2款的规定，"财产"的范畴是非常广泛的，只要是非永久性和非有意地依附于岸线的任何财产，不管这些财产最初的来源是陆上还是空中，均可以被称为其他财产。但是，如果是与岸线固定相连的输油装置、装卸设施以及漂浮码头等，则不能作为海难救助的标的。

其中，其他财产中需要注意一类——有风险的运费（Freight at Risk）。作为海难救助对象，"有风险的运费"一般指到付运费，即以货物安全运抵目的港为条件而收取的运费。如果合同中约定，货物不能安全运抵目的港，则货方有权拒付运费，那么在此种情况下，作为承运人自然要承担一定的运费风险。如果海运货物获救，就意味着承运人的运费也同时获救，所以，这种运费也就成为海难救助的标的。此外，根据我国《海商法》第171条、第174条和第185条规定，海上的人命不属于海难救助制度的救助对象[1]。

二、救助标的必须处于危险中

救助标的必须处于危险中是"海难"一词在实际救助中的具体表现。海难，是指船舶在海上遭遇自然灾害或其他意外事故所造成的危难。海难可以给生命、财产造成巨大损失。海难的外延包括船舶搁浅、触礁、碰撞、火灾、爆炸、船舶失踪，以及船舶主机和设备损坏而无法自修以致船舶失控等。"危险"的范围是很广泛的，它可以是针对船舶、货物、船员和旅客的各种风险。既然是海难救助，则船舶处于危险之中需要外力援助就成了海难救助的核心。由于被救标的是否处于危险之中，是一个法律事实认定问题，因此，国际公约和各国海商法均没有对危险给出一个精确的定义。根据学者的总结，准确掌握被救物是否处于危险之中，需要考虑以下事实。

---

[1] 贾林青：《海商法》（第五版），中国人民大学出版社2017年版，第263页。

（一）危险必须发生在海上或其他可航水域

海难救助是海商法的特殊制度，其专门针对海上风险。我国《海商法》第171条规定，海难救助"适用于在海上或者与海相通的可航水域"。所谓"与海相通的可航水域"，是指与海洋相通又能供船舶航行的江河水域，例如长江、珠江和鸭绿江等。根据此规定，发生在内陆湖泊或修造船厂中的危险，不属于我们所说的海难救助危险，即使进行了救助行为也不构成海难救助，只能适用其他的法律规定进行调整。

（二）危险必须真实存在或不可避免

所谓客观真实的危险，是指被救物所遭遇或所面临的危险是实际存在而不是想象或虚构的。在判断危险是否存在，需要考虑以下几个方面的因素。一是从时间上考虑，危险不必实际发生，也不需要迫在眉睫，只要从通常意义上理解具有发生的危险即可。二是是否具有危险不能单纯按照船长的主观判断，而是以一个合理的谨慎的船长在当时情况下的判断为准。三是不考虑危险的程度，即使危险很小，同样也能构成海难救助，只不过救助方采取的救助措施应以合理为限。"危险不可避免"，是指虽然在采取救助措施时危险并不存在，但不采取该措施嗣后船货就会遭受真实的危险。

（三）不必考虑危险的起因，不要求船货存在着共同危险

不管造成海难的原因是自然灾害、意外事故，还是船舶的潜在缺陷，被救助方的过失，都不影响海难救助的成立，也不影响救助方请求救助报酬的权利。在极为特殊的情况下，一方对被救方负有合同或者先履行义务，而因其履行义务的过失造成被救方陷于危险境地，其进行的后续救助行为则不构成海难救助，不得请求救助报酬。例如，引航员将船引上浅滩，随即采取脱浅措施，该行为不构成海难救助。救助不要求船货存在共同危险，只有船舶或货物的一方存在危险也满足救助的危险要件，这与共同海损中对危险的要求截然不同①。

三、救助行为必须是自愿行为

自愿，一方面是指救助方不存在合同或法律的义务下对被救方进行施救时的主观心理状态，另一方面是指被救方在第三方意欲对其进行救助时，可以"明确和合理"地拒绝对方的救助。海难救助制度是从纯救助（或称自愿救助）发展起来的，因而海难事故发生时要不要进行救助，完全取决于救助方的自愿，海难救助中的救助属于一种自愿救助行为。而下列救助不属于出于自愿采取救

---

① 司玉琢主编：《海商法》（第五版），法律出版社2023年版，第270页。

助的类型。

（一）合同约束的救助

合同约束的救助指在海难发生之前，救助双方之间存在合同关系，根据该合同内容，相对方有救助对方的义务。合同约束的救助情形包括依据船员雇佣合同进行的救助、引航员采取的救助、遇难船舶的旅客采取的救助、拖船对被拖船采取的救助、姊妹船之间的救助。救助方因合同约束的救助行为，可结合具体情况请求救助报酬。

（二）法律约束的救助

法律约束的救助指救助人提供的救助是履行法定义务，违反此项义务，应当承担法定责任。法律约束的救助分为国家有关主管机关或公共当局参与或控制的救助和船舶碰撞后的互相救助。法律约束的救助主要体现为对人救助。

自愿原则对海难救助制度的发展有着不可替代的作用，但是不可避免的是该原则也存在一定的缺陷，并不是万能的，因此，在海难救助的具体实务中还须在坚持自愿原则的基础上秉承民法中的公平、绿色、平等等原则具体问题具体分析，争取妥善地解决海难事故问题。

四、关于救助效果要件的讨论

海难救助实务中是否必须满足效果要求需要视情况而定。如果认为海难救助只是由一种单纯的法律行为构成的法律关系，那么救助效果只是救助方获得救助报酬的一个前提条件。国际公约和各国海商法普遍以"无效果无报酬"（No cure, No pay）为原则的做法造成了大家误认为救助效果是海难救助的构成要件之一。以下是在不同情况下，对救助效果的讨论。

（1）在对人救助中，不管是不是人命救助，救助方均不可以此索取救助报酬；（2）在对物救助中，如果没有获救价值，海难救助法律关系仍然存在，只不过救助效果是考虑救助报酬大小的重要因素；（3）在环境救助中，救助效果扩大到了防止或减轻了环境损害。

在这些救助效果之中，既包括直接的救助效果，例如，将遇难船舶拖离浅滩；也包括间接的救助效果，例如，有两艘船舶对同一艘搁浅船舶施救，一救助方采取脱浅措施没有成功，但已使船舶有所松动，此时，另一救助方在前一救助方工作的基础上又实施了脱浅行为，使得搁浅船舶得以顺利地起浮。救助效果既可以包括有形的效果，例如，船舶和货物本身在物质上获救；也可以包括无形的效果，例如，某船虽然没有直接参与对遇险船舶或货物的救助活动，但遇险财产的最终获救却与该人的某种行为（守护、电信联络等）有着客观上的联系，这种行为作为一种无形效果，在确定救助报酬时也应予以合并考虑。

随着海难救助实践的发展，古老的"无效果无报酬"原则已经在环境救助上率先松动，对于环境救助各国普遍采用了"特别补偿"制度。对于人命救助，传统上不存在救助报酬；但 1989 年《国际救助公约》第 16 条第 2 款规定："在发生需要救助的事故时，参与救助作业的人命救助人有权从支付给救助船舶、其他财产或防止或减轻环境损害的救助人的报酬中获得合理份额。"救助效果不再是海难救助的构成要件之一，而是作为考虑救助报酬取得与否、报酬大小的一个因素。

第四节 救助报酬与特别补偿

一、救助报酬

（一）救助报酬的含义与适用条件

救助报酬指救助人基于对遇险船舶或其他财产进行救助，并取得效果时，有权要求被救助人给付的款项。

救助报酬是救助人实施救助行为，并取得效果的回报。海难救助报酬的成立强调以海难救助行为取得效果为前提。如果救助人实施的救助行为没有取得救助效果，除法律另有规定或救助合同另有约定外，不构成海难救助。因而，若救助人没有海难救助报酬请求权，则不能获得海难救助报酬。

（二）确定救助报酬的基本原则

确定救助报酬的基本原则，即在救助报酬分摊过程中应当坚持的准则与依据。在海难救助制度长期发展的过程中，逐渐形成了确定海难救助报酬的法律原则，并为有关国际公约和各国海商法所确认。

1. 鼓励救助原则

鼓励救助是海难救助制度的基本原则，同样适用于救助报酬的确定。海难救助报酬和一般的合同报酬相比较，具有射幸性、丰厚性和优先受偿性的特征。通过法律赋予海难救助比一般合同报酬更高的数额，最主要的目的就是鼓励海难救助。海难救助本身是一种风险性极大的海上活动，因此要鼓励海上航运的参与者勇于进行海难救助，维持海上航运的安全秩序，这不仅要在道义上弘扬人道主义，而且还应在经济上给予支持，而由被救助人给付救助报酬就是重要的支持手段。

2. 救助报酬不得超过获救财产的价值原则

基于公平原则,海难救助一方面需要鼓励救助方的救助行为,另一方面需要平衡被救助方的利益。救助报酬不得超过获救财产的价值原则是公平原则在海难救助制度中的应用,此原则可以与"无效果无报酬"相结合,平衡救助方与被救助方的利益。我国《海商法》第180条第2款规定了此原则:"救助报酬不得超过船舶和其他财产的获救价值。"

3. 救助人有过失而相应减免救助报酬的原则

救助人在救助过程中有过失,意味着救助人违反了谨慎救助的义务,那么救助人应当承担相应的法律后果,即相应地减免救助报酬。我国《海商法》第187条规定:"由于救助方的过失致使救助作业成为必须或者更加困难的,或者救助方有欺诈或者其他不诚实行为的,应当取消或者减少向救助方支付的救助款项。"

(三) 救助报酬的请求与支付

1. 救助报酬的权利主体——债权人

在海难救助中,救助方往往是债权人。由于救助方往往不止一个,就会产生救助报酬在救助方之间的分摊问题。① 此外,如涉及姊妹船的救助,也涉及救助报酬的分配,即不同船舶保险人和货物保险人之间的分摊。在这里,比较有争议的是如果救助船上的货物所有人和遇难船上的货物所有人对遇难船货进行了救助,是否可以都列为救助当事人并请求救助报酬,法律并不明确。此规定带来的后果就是如果在救助活动中,救助船上的货物遭受损失,承运人可以据此进行免责,但是救助船上的货物所有人不能从救助报酬中获得补偿,这对于货物所有人来说是不公平的。因此,货物所有人可以考虑在运输合同中签订相应的补偿条款来保护自己的利益。对于遇难船上的货物所有人,其施救措施可以作为减损措施从保险人处得到补偿。

2. 救助报酬的义务主体——债务人

在海难救助中,支付救助报酬的人为债务人,主要包括船舶所有人、货物所有人、运费所有人及其他海上财产获救的所有人。在特殊的情况下,获救财产为无主物,救助人此时可主张以获救财产抵充救助报酬。一般来说,关于海难救助的债务不享有责任限制,这是大多数国际公约和各国海商法的一个基本立场,我国《海商法》第208条就明确排除了对救助款项的责任限制。实际上,"救助债务人不享有责任限制"的立法目的一方面是鼓励救助人进行救助,

---

① 1910年《救助公约》第6条规定,救助方之间分配报酬的比例,"根据当事人协议确定,协议不成,由法院决定"。"每一救助船舶的船舶所有人、船长和船上其他工作人员之间对于报酬的分配,按船旗国法律规定办理。"我国《海商法》第184条也有类似的规定。

另一方面根据普遍实行的"无效果无报酬"原则，实际上救助报酬本身已有了限制——其不能超过获救财产的价值。

（四）确定救助报酬应考虑的因素

我国《海商法》第 180 条规定："确定救助报酬，应当体现对救助作业的鼓励，并综合考虑下列各项因素：（一）船舶和其他财产的获救的价值；（二）救助方在防止或者减少环境污染损害方面的技能和努力；（三）救助方的救助成效；（四）危险的性质和程度；（五）救助方在救助船舶，其他财产和人命方面的技能和努力；（六）救助方所用的时间，支出的费用和遭受的损失；（七）救助方或者救助设备所冒的责任风险和其他风险；（八）救助方提供救助服务的及时性；（九）用于救助作业的船舶和其他设备的可用性和使用情况；（十）救助设备的备用状况、效能和设备的价值。"①

上述 10 项因素大概可归类为四个方面：（1）救助作业的难度和风险；（2）救助作业的实际成效；（3）救助作业投入成本和努力；（4）拯救环境和人命的技能和努力。② 应注意以上 10 项因素排列不分前后。某一项救助有可能涉及其中的一项或数项，因此确定救助报酬时应综合考虑。

二、特别补偿

（一）特别补偿的含义与适用条件

海难救助特别补偿是指救助人对于构成环境污染危险的船舶或船上财产进行救助，不论是否有成功的效果，依法律规定都有权从船舶所有人处取得的款项。设立特别补偿的目的是鼓励救助人从事或参与防止或减少环境污染的救助，是对"无效果无报酬"原则的补充。特别补偿最先出现在 1989 年《国际救助公约》，并为越来越多的国家所接受。我国《海商法》着眼于保护海洋环境，吸收了该国际公约的精神，确立了相同的特别补偿制度。

适用特别补偿的条件有别于救助报酬：（1）救助对象仅限于构成环境污染危险的船舶或船上财产；（2）救助人专门对构成环境污染危险的救助对象，自

---

① 1989 年《国际救助公约》第 13 条规定："确定报酬应从鼓励救助作业出发，并考虑下列因素，但与其排列顺序无关：(a) 获救的船舶和其他财产的价值；(b) 救助人在防止或减轻对环境损害方面的技能和努力；(c) 救助人获得成功的程度；(d) 危险的性质和程度；(e) 救助人在救助船舶、其他财产及人命方面的技能和努力；(f) 救助人所花的时间、费用及遭受的损失；(g) 救助人或其设备的责任风险及其他风险；(h) 提供服务的及时性；(i) 用于救助作业的船舶及其他设备的可用性及使用情况；(j) 救助设备的备用状况、效能和设备的价值。"

② 胡正良主编：《海事法》（第三版），北京大学出版社 2016 年版，第 139 页。

愿实施救助行为；(3) 救助人在救助过程中没有任何过失；(4) 因救助人对构成环境污染危险的救助对象进行救助未取得效果而不能取得救助报酬的，或救助人因其救助行为取得了效果而获得救助报酬，但是所得救助报酬的金额小于依法应当取得的特别补偿金额。

(二) 确定特别补偿的依据

特别补偿制度区别于救助报酬制度，当事人或受理给付请求的法院或仲裁机构，应当根据国际公约和国内法的规定确定特别补偿金额。根据我国《海商法》第182条规定，确定特别补偿是以"救助费用"为限。实践中该救助费用一般包括三项合理费用，即救助人在救助作业中直接支付的合理费用、实际使用救助设备的合理费用（如实际使用设备的折旧、购置或者租用和修理费用等）和投入救助人员的合理费用。此外，在确定特别补偿时，还应当综合考虑救助方提供救助服务的及时性，用于救助作业的船舶和其他设备的可用性和使用情况，以及救助设备的备用情况、效能和设备的价值等。

(三) 特别补偿的构成要件

1. 船舶或船上货物可能造成环境损害

1989年《国际救助公约》第1条第4款明确规定了"环境损害"，并将其定义为"由污染、沾污、火灾、爆炸或类似的重大事故，对人身健康，对沿海、内水或其毗连区域中的海洋生物、海洋资源所造成的重大的有形损害。"所以，该损害威胁有两个要素：一是地理水域的限制，即该损害必须发生在"沿海、内水或其毗连区域中"，排除了公海上的环境损害；二是损害程度限制，即损害应该是"重大"(substantial) 而且"有形"(physical) 的，排除了较小损害的适用。不过，对于确定"沿海、内水或其毗连区域中"区域以及"重大"而且"有形"的标准，公约并没有给出界定，需要法院或者仲裁庭在具体个案中进行判断。

2. 救助对象为船舶或船上货物

特别补偿制度并没有确认海洋环境是海难救助的独立标的，只是强调救助人在对构成海洋环境损害威胁的船舶和货物进行救助时保护环境，不能适用于单纯环境救助。"船舶或船上货物构成环境损害威胁"与"救助的对象是船舶或船上货物"是特别补偿的成立要件，只要满足这两个条件特别补偿就成立，就可以计算特别补偿。当然，如果由于救助人疏忽而未能防止或减轻环境损害，可全部或部分地剥夺其根据本条规定应得的特别补偿。此时计算所得的特别补偿金额被称为"名义特别补偿"，并非事实上要支付的特别补偿的金额。如果救助人请求船舶所有人实际支付特别补偿，还需要满足特别补偿的支付要件，即"名义特别补偿"要超过救助报酬。

3. 特别补偿金额大于救助报酬

特别补偿与救助报酬有本质差别，但二者之间也有着密切联系。只有特别补偿大于救助报酬时才满足特别补偿的支付条件，救助人可获得的是二者之间的差额。特别补偿是1989年《国际救助公约》鼓励环境救助的第二层激励措施，而考虑了"救助人在防止或减轻对环境损害方面的技能和努力"的救助报酬才是第一层的激励措施。在第一层激励措施不能充分发挥作用的情况下，第二层激励机制发挥作用，而如果救助报酬大于特别补偿，说明第一层激励措施运转良好则无须实际启动第二层激励机制。如果救助报酬小于特别补偿，说明第一层激励措施未能充分维护救助人救助环境的积极性，遂通过支付救助报酬与特别补偿之间的差额以维护救助人的积极性。

（四）特别补偿的支付

特别补偿必须在依法确定的特别补偿超过救助方依法能够获得的救助报酬时，才能向救助方支付。即被救助船舶的所有人作为债务人支付特别补偿的金额是全部特别补偿超过救助人已获得的救助报酬的差额部分。

特别补偿的支付主体是船舶所有人。因为环境救助源于船舶海洋侵权，而船舶侵权是一种"物的侵权"。依据物的侵权理论，船舶的控制人即船舶所有人（包括光船承租人）应该是责任主体。

救助人对构成环境污染危险的救助对象进行救助且获得效果的，船舶所有人向救助人支付的特别补偿可以另行增加到救助费用的130%。受理争议的法院或仲裁机构，在认为适当，并考虑到救助方提供救助服务的及时性，用于救助作业的船舶和其他设备的可用性和使用情况，以及救助设备的备用情况、效能和设备的价值等因素，可以判决或裁定进一步增加特别补偿的数额，但是不得超过救助费用的200%。①

【案例枚举】

交通运输部南海救助局诉阿昌格罗斯投资公司（Archangelos Investments E. N. E.）等海难救助合同纠纷案②

【基本案情】

2011年8月12日，阿昌格罗斯投资公司（以下简称投资公司）所属希腊

---

① 贾林青：《海商法》（第五版），中国人民大学出版社2017年版，第278页。
② 参见最高人民法院《2016年十大典型海事案例》（2017年），载最高人民法院网，https://www.court.gov.cn/zixun/xiangqing/42642.html，访问时间：2023年9月3日。

籍"加百利（Archangelos Gabriel）"油轮在我国琼州海峡中水道附近搁浅，该轮当时有船员 26 人并载有原油 54 580 吨，可能发生事故，严重威胁人身、财产和海洋环境安全。南海救助局接受投资公司委托对该轮进行救助，双方明确约定无论救助是否成功，投资公司均应按照固定费率和费用支付报酬。该轮成功脱险后，双方就救助费的给付产生纠纷。

【裁判结果】

广州海事法院一审认为，南海救助局实施的救助符合海难救助的构成要件，其有权依照《海商法》的规定获得相应救助报酬，遂判决投资公司向南海救助局支付救助报酬人民币 6 592 913.58 元及利息。广东省高级人民法院二审认为，本案救助系合同救助，不论救助是否有成果，被救助方都应该按照合同约定支付报酬。但依照《海商法》第 183 条的规定，投资公司仅按照船舶获救价值占全部获救财产价值的比例向南海救助局承担救助报酬。遂改判投资公司向南海救助局支付救助报酬人民币 2 561 346.93 元及利息。南海救助局向最高人民法院申请再审。最高人民法院依法提审认为，本案双方当事人明确约定，无论救助是否成功，投资公司均应支付报酬，且以救助船舶每马力小时和人工投入等作为计算报酬的标准。该案所涉救助合同并非 1989 年《国际救助公约》和《海商法》规定的"无效果无报酬"的救助合同，而属雇佣救助合同。在 1989 年《国际救助公约》和《海商法》均允许当事人对救助报酬的确定另行约定，且对雇佣救助合同没有具体规定的情况下，该案应适用原《合同法》的相关规定确定当事人的权利义务。二审法院依照《海商法》的规定，判令投资公司按照船舶获救价值占全部获救财产价值的比例支付救助报酬，适用法律和处理结果错误，应予纠正。一审判决适用《海商法》错误，但鉴于一审判决对相关费率的调整是以当事人的合同约定为基础，交通运输部南海救助局对此并未行使相关诉讼权利提出异议，一审判决结果可予维持。最高人民法院当庭判决投资公司向南海救助局支付救助报酬人民币 6 592 913.58 元及利息。

【典型意义】

在国际国内对 1989 年《国际救助公约》适用的某些关键性问题长期存在争议的情形下，最高人民法院通过对本案的审理，首次对该公约的宗旨和相关条款的理解适用阐明观点，并进而对我国《海商法》有关规定的准确适用作出了解释，为国际海事司法界处理同类案件提供了可资借鉴的案例，对于不断增强中国海事审判在国际社会的话语权和影响力，提高中国海事司法的国际地位，具有重要意义。本案判决投资公司依照救助合同约定向南海救助局支付救助报酬的结果对大力倡导和鼓励海上救助，防范海洋污染，保护海上人命、财产和生态环境安全也具有重要意义和深远影响。本案由最高人民法院原副院长贺荣担任审判长并当庭作出宣判，整个庭审全程网上直播，受到国内外相关人士的广泛关注，展现了中国法院公开透明的司法形象，显示了中国法院的司法自信。

【问题与思考】

1. 什么是海难救助？
2. 海难救助的成立要件有哪些？
3. 海难救助的种类有哪些？
4. "无效果无报酬"原则的内涵与特点。
5. "无效果无报酬"原则的发展经历了哪些阶段？
6. 确定海难救助报酬的数额要考虑哪些因素？
7. 1910年《救助公约》与1989年《国际救助公约》的异同点？
8. 什么是特别补偿？特别补偿制度的构成要件是什么？

第五章 共同海损法律制度

共同海损属于海商法独有的法律制度，拥有悠久的历史。它诞生于国际海运之中，由于古时候航海时难以抵御海上风险，海上事故频繁，为了兼顾船方和货方之间的利益平衡，因此规定在海损事故中因共同海损行为而受益的各方利害关系人，应当公平地分担损失后果。最早有关共同海损的明确记载是在《罗得海法》中，"如果为了减轻船舶负担，将载货抛弃入海，由于这项抛弃是为了全体的利益而采取的，其损失应由全体受益方分摊"。首次以成文法形式记载该项制度的是《罗马法》，之后最具有影响的是 12 世纪英国《奥列隆海法》关于共同海损的规定。在学习共同海损制度时，应注意该制度的诸多要点。学会区分共同海损与单独海损，这是有效掌握共同海损理论和运用共同海损规则的基础。学习《约克—安特卫普规则》对共同海损的规定，《约克—安特卫普特规则》是关于共同海损制度的权威国际惯例，它的规定也是最具影响力的。近年来，随着科学技术的进步，船舶的多样性和高技术性、货物的复杂性和高价值，都对根据共同海损理算规则确定各受益方分摊比例造成了极大的不便，这也是共同海损适用中不可忽视的实际问题。

第一节 共同海损制度概述

一、共同海损的含义

我国《海商法》第 193 条规定，共同海损是指在同一海上航程中，船舶、货物和其他财产遭遇共同危险，为了维护共同安全，有意合理地采取措施所直接造成的特殊牺牲、支付的特殊费用。

海损，有单独海损和共同海损之分。凡是由于自然灾害、意外事故或不可抗力所直接造成的船舶或货物的损害，均属于单独海损，此种损失应由各受害方自行承担，或者按照海上货物运输保险合同的约定，由保险人赔偿。但是，为了保障海上财产的共同安全而因有意采取的合理措施所导致的特殊牺牲和支付的额外费用，则可作为共同海损，由各受益方予以分摊。这里所说的可以分摊的损失包括以下两个要件。

第一，为了解除海上财产面临的共同危险，由船长决定并有意采取的合理措施所造成的船舶和货物的特殊牺牲或者支付的额外费用。例如，为了扑灭船上的火灾而向舱内灌水，由此导致货物的湿损，或者是为了解除共同危险而使船舶进入航次计划外的港口所产生的港口费用等。

第二，在船舶、货物和其他海上财产面临的共同危险被解除后，为了完成未尽的航程所发生的合理费用。例如，船舶发生海损事故之后驶入避难港，虽然共同危险已被解除，但为了完成后续的航程尚需支付一些必要的修理费等。

从上述意义上来讲，"共同海损"一词可以作狭义和广义两种解释。狭义的共同海损仅指共同海损的损失，广义的共同海损则应包括共同海损行为、共同海损损失和共同海损分摊三个方面的内容，而这三个因素有机组合构成了共同海损法律制度。

二、共同海损的构成要件

一般来说，共同海损的成立应当具备如下构成条件。

（一）同一航程中的财产遭遇共同危险

同一航程中的船舶、货物和其他财产遭遇共同危险，是共同海损成立的前提。这一条件包括以下几层含义：

（1）船舶、货物和其他财产须由两个以上的不同主体所有。如果船舶、货物和其他财产属于同一主体，则不发生共同海损。

（2）船舶、货物和其他财产须处于同一航程中。所谓处于同一航程，是指在危险发生时，有关财产处于同一船舶之上。

（3）船舶、货物和其他财产须遭遇共同危险。所谓共同危险，是指同时对船舶、货物和其他财产构成威胁的危险。如果仅仅是对船舶、货物和其他财产中的某一项构成危险，则不能成立共同海损。由此可见，船舶空载航行下的承租人和船舶所有人的利益并不能认为处于共同危险状态下。

（4）共同危险必须是真实存在的或者是不可避免的，并且是不可预测的。也就是说危险必须是已经发生的，或者虽然没有发生，但客观上是不可避免的。同时，可以预测的危险造成的损失，不构成共同海损。例如，船长对海上风险错误判断，从而与其他船签订救助合同，结果发现该风险十分微小不足以使船舶发生倾覆，那么签订的救助合同所支付的费用并不能认定为共同海损。可见，船长的非必要担心并不一定是真实危险。又如，一艘船的主机失去动力，尽管当前海上风平浪静，但一旦天气变化，船舶在海上发生倾覆的风险是真实存在且不可避免的。

（二）采取的共同海损措施必须是有意而合理的

共同海损的损失是有意造成的，这是共同海损的重要特征之一。因此，凡不是有意采取措施而出现的损失，均不能列入共同海损。所谓合理，是指在当时的条件下所采取的措施既符合航海习惯，又损失最小。符合航海习惯是指由于客观条件的限制，不得已实施某项措施；同时，该项措施具有可行性和科学性。损失最小是指与所保全的财产之间的比例合理，做到以最小的牺牲换取船货最大的安全。

（三）作出的牺牲和支付的费用必须是额外的、特殊的

"费用是额外的"是就共同海损中的费用损失而言，是指在正常航运中不可能出现的费用。共同海损费用都是为摆脱共同危险而支出的，是正常运输中不可能发生的，因此是额外的。"额外"是指原定航运计划上没有的预算，其含义有很多，例如：原定航线计划在 A 港停靠，该船在实际航行中因发生火灾进入 A 港停靠，那么进入 A 港口的停靠费就不算是共同海损，而假设停靠在了 B 港，则 B 港的停靠费属于共同海损。

（四）采取的措施必须有效果

采取共同海损措施的目的，是要使处于共同危险之中的船舶、货物和其他财产转危为安，所以共同海损措施必须最终获得效果。这里所指的获得效果，并非指财产全部获救。只要有部分财产获救，共同海损就可以成立。

三、共同海损制度的历史沿革

（一）共同海损基本理念的形成

共同海损是海商法领域内独有且古老的法律制度。它由初期的海上航运习惯演变而来，一开始只是各国在航海中以不同的语言和不同的表达方式表述了共同海损的基本理念，但均未提出共同海损的准确概念和称谓。

根据古罗马法的记载，公元前 4 世纪—公元前 3 世纪《罗得海法》便确立了"为减轻载货而抛弃货物，应由全体分摊"的航运习惯。公元 6 世纪，东罗马皇帝查士丁尼下令编纂的《查士丁尼学说汇编》中对此内容也专列一章[1]。

---

[1] Lowndes & Rudolf, *The Law of General Average and York – Antwerp Rules*, in D. J. Wilson & J. H. S. Cook eds., Sweet & Maxwell, 1977, p. 1.

到了12世纪，《奥列隆海法》规定了共同海损的适用内容，将共同海损制度进行了完善：

（1）船长在危急情况下有权抛弃货物，损失由受益各方分摊；

（2）船长为了抢救船和货而砍断桅杆或者铀链，损失由受益方分摊；

（3）因船舶遇难而抛弃货物，获救的船舶和船上财产，除了船员已使用的且仅有一个的饮水杯，都应当参加分摊。

但是，这些有关共同海损的海运习惯法仅停留于内容的罗列，还未形成完整的共同海损制度。1160年，意大利的《比萨法典》对共同海损使用了"Avere"的字样。1298年，在修订后的《比萨法典》中，又将"均摊"喻示为"被抛弃的财产"，即指被抛弃的货物应该得到均摊。1341年的《热那亚法典》中，"均摊"一词又被解释为了共同利益所做的牺牲和支付的费用。

（二）共同海损概念的初步形成

16世纪以后，随着资本主义在欧洲各国萌芽，海上运输业得到较大发展，调整海商活动的法律制度亦不断完善，在法国学术界出现了共同海损的概念和初步定义，但其中使用的是"Common Average"或"Gross Average"的字样。与此相关联，欧洲各国的海商立法中的共同海损制度也日益充实，其标志就是共同海损法律概念的产生。据考证，1684年的《路易十四法典》中首次提出了类似于现代共同海损制度中的"单独海损"和"共同海损"的法律用语——"Particular Average"和"Common Average"。而1721年荷兰的《鹿特丹法典》不仅第一次确立了现代海商法的共同海损术语"General Average"，而且以法律条款的形式表述了共同海损的定义：为了保护船舶和货物而主动采取措施所造成的损害构成共同海损，由船货各方分摊。[1] 从这部法典开始便确立了共同海损的准确称谓——"General Average"。

第二节 共同海损损失的表现形式

一、共同海损损失的基本构成

（一）共同海损的牺牲和费用

共同海损的牺牲和费用就是共同海损损失的表现形式。一旦共同海损案件

---

[1] 贾林青：《海商法》（第五版），中国人民大学出版社2017年版，第283页。

确立,第一步就是确定可以计入共同海损的损失及费用。只有作为共同海损措施的直接后果的特殊牺牲或者特殊费用才可以列入共同海损;而如果某项牺牲或者费用支出,尽管也是特殊的,但却并非共同海损措施的直接后果,而仅为一种间接后果,甚至两者之间并无因果联系,都不属于共同海损。间接损失不得列入共同海损[①]。

共同海损的牺牲是指在船舶和货物共同面临危险的情况下,为了船舶及货物的共同安全而采取措施导致的船舶或货物的损失。这种牺牲包括船舶的损失、货物的损失和运费的损失等。

共同海损的费用是指为了船舶及货物的共同安全而采取共同海损的措施所支付的额外费用。包括搁浅船舶减载费用、修理费用、避难港费用等。

(二) 共同海损牺牲和费用的关系

共同海损的牺牲与共同海损的费用的区别在于共同海损的牺牲涉及的是因采取共同海损措施而导致的船舶或货物本身的灭失或损坏。而共同海损的费用不是指船舶或货物的物质损失,而是为了解除危险所产生的额外费用。

在共同海损的理算中,一项共同海损的牺牲有时是以共同海损费用的形式出现的,例如,船舶的损失常以船舶修理费的金额作为计算损失和进行分摊的依据。

《海商法》第194条规定:"船舶因发生意外、牺牲或者其他特殊情况而损坏时,为了安全完成本航程,驶入避难港口、避难地点或者驶回装货港口、装货地点进行必要的修理,在该港口或者地点额外停留期间所支付的港口费,船员工资、给养,船舶所消耗的燃料、物料,为修理而卸载、储存、重装或者搬移船上货物、燃料、物料以及其他财产所造成的损失、支付的费用,应列入共同海损。"在2020年原交通部提请国务院审议的《中华人民共和国海商法(修改送审稿)》第225条对《海商法》第194条的修改中,共同海损的费用还增加了"事后驶离避难港的费用"。

二、共同海损牺牲

共同海损牺牲是指由共同海损措施所直接造成的船舶、货物或其他财产在形态上的灭失或损坏,包括如下基本形式。

(一) 被抛弃的货物

共同海损措施的最初表现形式就是抛弃货物,此种情况虽然在现代海运中已不多见,但鉴于海上货物运输的复杂性,这一概念仍有保留的必要。例如,

---

① 张永坚:《共同海损的成立基础》,载《地方立法研究》2018年第5期,第87-94页。

当船舶遭遇触礁、搁浅等海难事故时,船长为了使船货免遭沉没的危险,或为了使其重新起浮而将部分货物抛弃,则被抛弃货物的货主可以向船方和其他货方请求分摊共同海损。

不符合航运惯例而使运输的货物被抛弃的,不得列为特殊牺牲请求分摊。对此,1994年、2004年和2016年《约克—安特卫普规则》中都规定:"被抛弃的货物,除非按照公认的航运习惯运送,不得作为共同海损受到补偿。"①

抛弃货物的损失,包括被抛弃货物本身的损失、为抛弃货物而进行前期准备造成的损失以及因抛弃货物而引起的财产的进一步损失。②

在实践中应当注意抛弃散装货物的问题。英美国家通常规定,为了减载而用船上的机械以正常的速率将散装货物泵入海中,不能作为共同海损。但如果为了紧急抢险而将注入船舱的海水泵出,随之而被带出的散装货,则可认作共同海损。另一个问题是抛弃有缺陷的货物。因有些货物的固有缺陷而造成危险,将其抛弃时不能作为共同海损。比如玻璃破碎、粮食受热自燃等都是货物固有缺陷所致,如果此种缺陷使船货遇到共同危险,为了减轻货载,船长下令抛货,不能列入共同海损。

(二)扑灭船上火灾造成的损失

扑灭船上火灾所造成的损失,是指在船上发生火灾的情况下,因采取灭火措施,如灌水、注入蒸汽,或将失火船舶搁浅、凿沉等,造成的船舶或货物的进一步损失。由于此种灭火行为符合共同海损的构成要件,所以可以作为共同海损。已经着火的部分不得列入共同海损,目的是要将灭火行为导致的损失与火灾导致的损失区分开来。但其实在实践中是很难区分的,在采取灭火措施后,现场很混乱,而且还有被烟熏或烘烤而损失的货物,很难判断哪些损失是火灾造成的、哪些损失是由灭火行为造成的。因此,为了简化手续便于理算,1994年《约克—安特卫普规则》之后的规则均规定,烟熏或火烤所造成的损失,不列入共同海损。③

(三)割弃残损物造成的进一步损失

割弃残损物,是指为了船舶和货物的共同安全,割弃原已折损或实际上已经毁损的船舶残留部分所造成的损失。例如,切除因海难事故而损坏的船桅或栏杆等。如果被切除的残损物已经丧失使用价值,将其割弃时不能作为共同海

---

① 参见1994年、2004年和2016年《约克—安特卫普规则》规则1。
② 司玉琢:《海商法专论》(第四版),中国人民大学出版社2018年版,第323页。
③ 参见1994年、2004年和2016年《约克—安特卫普规则》规则3。

损处理。因切除由于意外事故原已折损或实际上已经毁损的船舶残留部分所遭受的损失，不得认作共同海损。① 由于割弃残损物而造成的船舶或货物的进一步损害或由此产生的费用，可列入共同海损，如在割弃船舶残损的栏杆时砸坏了船体或船机。

（四）有意搁浅所致的损害

为了避免因船舶触礁、沉没或火灾导致更大损失，而主动将船舶驶往浅滩或将船底凿洞搁浅在浅水区，称为有意搁浅。只要此种搁浅是为了船货或其他财产的共同安全，那么由于有意搁浅所致的船货或其他财产的损失，均可作为共同海损。不论船舶是否势必搁浅，只要是为了共同安全有意搁浅，则因此造成同一航程中财产的损失也应认作共同海损。② 同时，在船舶搁浅期间的船员工资、伙食费以及事后雇用他船脱浅的费用，也可一并作为共同海损。

（五）负荷工作下机器和锅炉的损害

对于已经搁浅并处于危险境地的船舶，为了使其重新起浮，对机器或锅炉超负荷使用而造成的损害，只要这种措施是为了共同安全而采取的，由此导致的损失也应列入共同海损。但是，船舶在浮动状态下因使用推进器或锅炉而遭受的损害，一般不能列为共同海损。如 2016 年《约克—安特卫普规则》规则 7 中规定："但船舶在浮动状态下因使用推进机器和锅炉所造成的灭失或损坏，在任何情况下都不得作为共同海损受到补偿。"③

（六）对搁浅船舶采取减载措施所引起的损坏

当船舶搁浅以后，为了减轻货载使船舶重新浮起，将船上的货物、燃料和物料卸下，其减载、租用驳船和重装造成同一航程中的财产的任何灭失或损坏，均可列为共同海损。④

（七）用作燃料而使用的货物、船用材料和物料

当船货遭遇共同危险，所配备的燃料被消耗殆尽时，船长决定将船上所载的某些货物、船用材料或物料作为燃料使用，此种损失可以作为共同海损。但是，船方要证明船舶开航前已经备足燃料，否则，船舶所有人不仅应自行承担用作燃料的船用物料的损失，还要承担船舶不适航的责任。⑤ 而且，当船用材

---

① 参见 2016 年《约克—安特卫普规则》规则 4。
② 参见 2016 年《约克—安特卫普规则》规则 5。
③ 参见 2016 年《约克—安特卫普规则》规则 7。
④ 参见 2016 年《约克—安特卫普规则》规则 8。
⑤ 司玉琢：《海商法专论》（第四版），中国人民大学出版社 2018 年版，第 324 页。

料和物料受到补偿时，应从共同海损中扣除为完成原定航程本应消耗的燃料的估计费用。①

（八）在避难港货物装卸等过程中造成的损害

船舶遭遇海难事故后，为了检修船舶，在避难港进行卸载、存储、重装和积载或移动货物、燃料、物料而造成的损害，属于共同海损的损失。在此种情况下，只有当搬移、卸载、储存、重装和积载货物、燃料或物料的费用可以认作共同海损时，由于该措施使货物、燃料或物料遭受的损失才应作为共同海损受到补偿。②

三、共同海损费用

依照 2016 年《约克—安特卫普规则》的规定，共同海损费用主要表现为以下几种情形：

（一）由航程中的一方当事人代他方支付的救助报酬

在海难救助法律关系中，被救助方向救助方支付的救助款项包括"救助报酬"和"特别补偿"两项。传统的做法一直把救助报酬列为共同海损，1994 年《约克—安特卫普规则》规则 6 中将"救助报酬"列为共同海损，而对"特别补偿"则不列为共同海损。2004 年《约克—安特卫普规则》将救助报酬也排除在规则之外，并对"救助报酬"和"特别补偿"分别作出了规定。2016 年《约克—安特卫普规则》又重新把"救助报酬"列为共同海损。关于"特别补偿"，鉴于 1989 年《国际救助公约》中已经明确规定，此种"特别补偿"应该由船舶所有人单独支付给救助人，因而在 2004 年《约克—安特卫普规则》的规则 6 第 3 项和 2016 年《约克—安特卫普规则》的规则 6 第 4 项中明确规定，此种"特别补偿"不得列为共同海损。③

（二）搁浅船舶的减载费用

如果因船舶搁浅而将货物、船用燃料和物料或其中任何一项，作为共同海损措施而卸下，则减轻货载、租用驳船和重装等额外费用，均应列为共同海损。④ 作为共同海损行为而卸下搁浅船舶的货物、船用燃料和物料时，其减载、租用驳船和重装（如果发生）的额外费用和由此造成同一航程中财产的任何灭

---

① 参见 2016 年《约克—安特卫普规则》规则 9。
② 参见 2016 年《约克—安特卫普规则》规则 12。
③ 参见 2004 年和 2016 年《约克—安特卫普规则》规则 6。
④ 司玉琢主编：《海商法》（第五版），法律出版社 2023 年版，第 291 页。

失或损坏，都应认作共同海损。①

（三）在避难港等地的费用

在避难港等地的费用是指在避难港口、避难地以及与财产避难有关的地点所产生的费用。按照2016年《约克—安特卫普规则》的规定，主要包括：

（1）进入、驶离避难港或从避难港转移至其他安全地点的费用；

（2）在装卸、停靠或避难港口或地点所发生的搬移或卸货等费用；

（3）为了共同安全的需要而搬移或卸载货物、燃料或物料所引起的相关费用。

如果船舶报废或放弃原定航程，作为共同海损的贮存费只应计算到船舶报废或放弃航程之日为止。如果船舶在卸货完毕以前报废或放弃航程，则应计算至卸货完毕之日止。

（四）驶往和停留在避难港等地的船员工资、给养和其他费用

按照2016年《约克—安特卫普规则》的规定，船舶因驶入、驶离避难港，所引起的航次延长期间合理产生的船员工资、给养和消耗的燃料物料应列为共同海损；在避难港额外停留期间消耗的燃料、物料、船员工资、给养可列为共同海损，前提额外停留期间是为了共同安全而进行修理所花时间，且船舶受损发生在航行中而非港口。

（五）修理费用

船舶因发生共同海损而进行修理时所支付的修理费用，可列为共同海损。船舶修理有以下两种形式。

1. 永久性修理

永久性修理，指按照技术规范的要求对受损船舶所进行的恢复永久性适航能力的修理。如果船舶受损是由共同海损措施造成的，则修理费用应列入共同海损。在永久性修理的情况下，由于船舶要更换一些部件，船舶所有人从中获取了额外的利益，因而要根据情况进行以新换旧的扣减。

根据2016年《约克—安特卫普规则》的规则13：

（1）用新材料或新部件更换旧材料或旧部件时，如果船龄不超过15年，那么计入共同海损的修理费用，不作"以新换旧"的扣减，否则应扣减三分之一。是否扣减，应按船龄确定，船龄是从船舶建成之年的12月30日起计算，至共同海损行为之日止。但绝缘材料、救生艇和类似小艇、通信和航海仪器以及设备、机器和锅炉应按各自使用的年限确定。

---

① 参见2016年《约克—安特卫普规则》规则8。

（2）扣减应只从新材料或新部件制成后并准备安装到船上时的价值中扣减。供应品、物料、锚和锚链不作扣减。船坞费、船台费和船舶移泊费应全部计入共同海损。

（3）船底刷洗、油漆或涂层的费用不应列入共同海损，除非在共同海损行为发生之日以前12个月内曾经油漆或涂层，在此情况下，可将半数费用认作共同海损。

2. 临时性修理

临时性修理，指对受损船舶进行最低限度的、以保持其在一定期限内适航性的修理。例如，为了安全地完成航程，在船壳体的裂缝处临时制作一个水泥箱，或在其表面临时加焊一块钢板，待日后永久性修理时再行拆除。对船舶进行的临时修理，无须作以新换旧的扣减。根据2016年《约克—安特卫普规则》，临时修理费用以所节省的共同海损费用为限，在此限度内均承认共同海损，不考虑船方是否因此节省了永久修理费用的问题。

（六）代替费用

代替费用是一种为了节省或取代本应列为共同海损的费用而支付的较小费用。代替费用本身虽然不直接具备共同海损费用的特征，即并非为船货共同安全所支付的费用，但代替费用的出现可以节省或避免原本应列为共同海损的费用。支付这样的费用，实际上是维护了航程各方的共同利益。《海商法》第195条规定："为代替可以列为共同海损的特殊费用而支付的额外费用，可以作为代替费用列入共同海损；但是，列入共同海损的代替费用的金额，不得超过被代替的共同海损的特殊费用。"例如，船舶发生共同海损，在修理期间，修理工人加班工作，从而节省了原本应支付的额外停留期间的费用。代替费用的数额应以被节省的本应列为共同海损的费用为限。

（七）为支付共同海损费用而变卖货物使货主遭受的资金损失以及共同海损垫款

为筹款而变卖货物使货主遭受的资金损失，是指在海损事故发生以后船上没有现金可以利用的情况下，变卖船上所载的货物致使货主遭受的经济损失。例如，由于急需资金而折价变卖货物而损失的价款，或在市场行情上涨的情况下变卖货物使货主遭受利润上的损失等。所有这些，都可以认作共同海损。

共同海损费用垫款，是指对垫付的共同海损费用进行投保时所交纳的保险费、救助费用、进入避难港费用、邮电费用和交通费用等。在危急时刻，船方不可能先向各方收取款项之后再采取措施，通常是先行垫付一笔款项，待同一航程中的财产脱离险境以后再由各受益方对垫款进行分摊。在2004年《约克—

《安特卫普规则》中取消了以往收取2%的垫付费作为手续费列入共同海损的规定。

（八）共同海损利息

共同海损利息是指因采取共同海损措施造成的牺牲和支付的费用，在一定时期内所应产生的利息。不论是船方还是货方，只要因共同海损措施作出了牺牲或支付了额外的费用，都应由各受益方分摊损失。但是，由于共同海损理算是一项复杂的工作，从开始理算到理算书编成须经过一定的时间，在这段时间里因共同海损措施作出牺牲或支付费用的一方，就会产生利息上的损失。因而，按照2004年和2016年《约克—安特卫普规则》的规定，对于共同海损费用、牺牲和受偿项目，应给予利息，其计算至共同海损理算书发出后3个月之日止；对由各分摊方预付或从共同海损保证金内先行拨付的一切款项，也应给予利息。① 为了给利息的计算提供依据，国际海事委员会每年会确定一个年利率，该年利率用于计算下一年度的利息，实务界称为"浮动年利率"。

（九）其他费用

主要包含：船货共同海损保险费、检验费、垫付共同海损费用的利益和手续费、共同海损理算费。

第三节　共同海损与过失

一、托运人的过失与共同海损

（一）托运人过失导致的共同海损

《海商法》第70条第1款规定："托运人对承运人、实际承运人所遭受的损失或者船舶所遭受的损坏，不负赔偿责任；但是，此种损失或者损坏是由于托运人或者托运人受雇人、代理人的过失造成的除外。"我国在海上货物运输方面对托运人实行的是过错责任原则，当托运人过失造成损失时，托运人负责赔偿。此种过失导致的损失一般被理解为违约导致的损失，应注意的是，违约赔偿与共同海损分摊是两个不同的概念。前者是指因当事人不履行或不适当履行合同，违反合同约定向对方当事人负担的赔偿损失的违约责任，而后者则是为了抵御海上风险，分摊损失的一种约定义务。

---

① 参见2004年《约克—安特卫普规则》规则21；2016年《约克—安特卫普规则》规则21。

那么现实中会发生这种情况,如由于托运人的过失致使货物受损,货物受损自燃进而引发船舶产生倾覆的危险,为避免危险的发生,船长所采取一系列合理有效的措施,由此支出的牺牲或者费用应该被认为是共同海损,这样托运人的过失既致使货物受损自燃形成了一部分损失,同时又产生了共同海损。那么,前者的损失可以根据我国《海商法》第 70 条的规定由托运人自行承担,后者属于共同海损的损失是否按照共同海损的规定由船方和货方一同承担呢?答案是否定的,在因托运人的过失导致共同海损的情况下,既然损失要由托运人负责赔偿,那么也就不存在所谓的共同海损分摊问题了,原因在于:有责任的承担者,就不存在共同海损分摊的问题。

(二)托运人无过失导致的共同海损

当托运人无过失的时候,托运人对损失无须承担赔偿责任,但应承担共同海损的损失。《海商法》第 68 条第 2 款中提及了对于托运人在无过失的情况下装运危险货物的问题,虽然也规定了承运人在货物构成实际危险时,可以有对危险货物随意处置的权利,但同时又明确规定,本款规定不影响共同海损分摊的权利。所以,如果共同海损事故是在当事人没有过失的情况下发生的,则当事各方就应依照约定分摊共同海损损失。在航运和司法实践中,有些货主经常提出疑问:既然本人没有过失,为什么还要参加共同海损分摊?其实,这种疑问是混淆了共同海损分摊与损害赔偿的概念。

因此必须明确,共同海损分摊是合同义务,而损害赔偿则是一种违约责任。

二、承运人的过失与共同海损

因承运人过失造成共同海损的情况分为两种:一种是可免责过失,另一种是不可免责过失。对承运人的这两种不同性质的过失所致的共同海损,其法律后果是不同的,于是产生了"过失性质分割论"。

"过失性质分割论"主张共同海损制度与海上货物运输法律制度之间具有密切的关系,海上货物运输法律将承运人的过失区分为不可免责过失和可免责过失,不可免责过失引发的共同海损无权要求其他方分摊损失;可免责过失在共同海损法律下也可以不作为过失论,且可以要求其他方分摊由此而引起的共同海损。

与之相对应的是"过失性质统一论",该学说主张共同海损法律制度与海上货物运输法律制度本身是相互独立的,用货物运输中的责任制度决定共同海损的责任制度是不合理的,因承运人过失引起的共同海损损失应由承运人自行承担,无论过失性质如何均不能要求其他方分摊损失。

(一) 因承运人可免责过失所致的共同海损

在处理承运人可免责过失与共同海损分摊之间的关系上,经历了一个从"过失性质统一论"到"过失性质分割论"的过程,即不承认可以分摊到承认可以分摊的过程。

1. 承运人因可免责过失发生共同海损无权要求分摊

在 1897 年的"Irrawaddy"案中,船舶因船员疏忽而搁浅,因抛弃货物以及船舶自身施救而产生共同海损。船方主张,根据 1893 年美国制定的《船只航行、提单及财产运输的某些义务、责任和权利法》(以下简称《哈特法》),只要船方在开航前尽到谨慎处理之责,使船处于适航状态,所有由于船长、船员、引航员在行驶中过失所产生的货物损失,船主概不负责,所以共同海损的牺牲和费用应由大家共同按比例分担。美国联邦最高法院认为《哈特法》的规定仅限于免除过失所应负的责任,并未变更长期以来所形成的共同海损的原则,有过失的船东无权请求货方分摊共同海损的损失。

2. 承运人因可免责过失发生共同海损则有权要求分摊

承运人为了改变自己的不利地位,以意思自治原则为理由,纷纷在提单中加入一条"共同海损疏忽条款",即如果承运人对于船舶尽到谨慎处理之责,使它处于适航状态,所有由于船长、船员等雇佣人员的航海或管船过失导致的共同海损损失,货主应分摊。即由于承运人可免责过失引发的共同海损,船东有要求货方分摊损失的权利。

这个条款被认为违反了《海牙规则》第 3 条第 8 款承运人不得凭借自己的有利地位,以任何方式来减轻或解除其上述义务,也不能以任何方式来增加自己免责权利的规定。然而,《海牙规则》第 5 条又规定:"……本规则中的任何规定,都不能被视为有碍于在提单中加注有关共同海损的任何合法条款。"按照第 5 条这一例外规定,上述承运人利用意思自治原则在提单中加入的"共同海损疏忽条款"不受《海牙规则》第 3 条第 8 款的约束。按照这一例外规定,承运人要求货方分摊因船长、船员的航海过失所导致的共同海损损失,并不违反《海牙规则》中关于承运人不得减轻或减少自身责任和义务的强制性规定。

之后,在审理"尤库坦"(Yucutan)轮共同海损案件时,法院却以违反美国的公共秩序为由,否定了该条款的效力。但是,在 1910 年审理"杰逊"上诉案时,"共同海损疏忽条款"的效力却得到了肯定。

到 1936 年,各船公司对"杰逊条款"进行了修改和补充,并改称为"新杰逊条款":当船舶因船长、船员或者引航员的过失发生事故而采取救助措施时，即使救助船与被救助船同属一个船公司，被救助船仍须支付救助报酬，而且，该项救助报酬可认作共同海损费用，由各受益方分摊。

"新杰逊条款"中这样的规定有两个方面的意义：首先，保护了船员的合法权益。按照海难救助法的要求，船员救助自己所服务的船舶，即使救助行为取得了有益的效果也不能请求救助报酬，因为按照雇佣合同的要求，船员有义务保养和维护船舶，当其所在的船舶发生危险时，也有义务参与救助，而且无权请求救助报酬。但是，如果船员在履行正常的雇佣合同之外又救助了本公司所有的其他船舶，则超出了合同中约定的义务，因而有权请求救助报酬。设想，如果法律上不承认"姊妹船救助"的报酬问题，无疑等于剥夺了船员的正当权利。其次，此种规定也实现了与保险责任的吻合。对船舶保险而言，保险人不仅要赔偿保险标的物因单独海损所造成的损失，而且还要承担被保险人的共同海损分摊责任，如果法律不承认"姊妹船救助"的报酬可以认作共同海损，就等于间接地免除了保险人依据保险合同所应承担的责任。

(二) 因承运人不可免责过失所致的共同海损

承运人不可免责过失是指承运人未能保证船舶适航或者运输途中进行不合理的绕航等法律规定的承运人免责范围之外的过失，由此造成的共同海损是否可以要求其他受益方分摊，在国际航运界存在两种观点。

(1) 原因与结果不可分割。由于船舶所有人不可免责（承运人未提供适航船舶所致，如船上配备燃油不足，机器存在明显缺陷，或未按标准配备船员等）的过失导致的共同海损不能称为共同海损，其他各受益方无须分摊这部分的牺牲和费用。这是因为人人都要为自己的过错承担责任，或者说，不应使他人为自己的过错承担责任。

(2) 将共同海损的结果和发生的原因区分开来。由于承运人不可免责的过失所致的共同海损应该按照共同海损的处理方式进行，即各受益方也应参与共同海损分摊，但之后可向承运人（船舶所有人）请求赔偿因其过失所造成的损失，此即所谓的"先分摊后追偿"。

对于第二种观点有学者认为是对共同海损理算规则的误解，其认为2016年《约克—安特卫普规则》中确有这样的规定：即使引起牺牲或费用的事故"可能是"由于航程中某一方的过失所致，也不影响其请求共同海损分摊的权利，但此种分摊的权利并不妨碍非过失方与过失方之间就此项过失可能提出的任何索赔或抗辩。[①] 人们在解释或翻译这一规定时，往往只注意到其中所说的"不

---

① 参见2016年《约克—安特卫普规则》规则 D。

影响请求共同海损分摊的权利",却忽略了该规定中所使用的"可能是由于航程中某一方的过失所致"这一表述,从而误认为,即使已经明确共同海损是由于某一方不可免责的过失所致,仍然可以请求其他各方分摊,并据此得出了2016年《约克—安特卫普规则》与有关法律的规定不一致的结论。

事实上,2016年《约克—安特卫普规则》与各国的现行法律并不矛盾,其本来含义是将理算与分摊看成两个独立的阶段,在进行共同海损理算时,可以将有无过失的问题搁置一旁(因为"可能"二字所表明的就是共同海损的原因尚未查明时的状况),至于船方有无过失,则可待共同海损分摊时加以解决。换言之,首先可以在推定各方都没有过失的情况下进行共同海损理算,但在决定是否进行共同海损分摊的实质性问题时,如果已经确知航程中的某一方确实存在不可免责的过失,则非过失方完全可以拒绝参与共同海损分摊,因为从根本上来讲,法律并不承认一方当事人在不可免责的情况下,还可以请求另一方分摊其损失。所谓"先分摊后追偿"的做法,根本无法保护当事人的合法权益,此种做法不仅与国内法不合,而且在实践中也行不通。《海商法》第197条与2016年《约克—安特卫普规则》的规定一样,在条款中也使用了"可能"二字,对此需要特别关注。

第四节　共同海损理算

一、共同海损理算的含义

共同海损理算指共同海损事故发生后,采取合理措施所引起的共同海损牺牲和支付的共同海损费用,应由全体受益方共同分摊。为此,需要确定作为共同海损受到补偿的牺牲和费用的项目及金额、应参与分摊的受益方及其分摊价值、各受益方的分摊额以及最后应付的金额和结算办法,最后编制理算书。这一系列调查研究和审计核算工作,称为共同海损理算。其中,海损理算人指的是具有国家认可专业资格的从事海损理算业务的机构或个人。理算机构属于民间组织,其所提供的理算书只是为各受益方分摊共同海损和进行结算提供依据,并无法律约束力,有关当事方若对理算结果有争议,还可提请仲裁或直接起诉。

共同海损的内容较为复杂,因此,在共同海损发生后,共同海损是否成立、共同海损包括哪些损失和费用、这些损失和费用应由哪些受益人分摊和如何分摊等问题,均需要专业人员进行调查、审核、计算后,才能够得出科学的结论。

由此也构成共同海损特有的工作内容。除共同海损外，发生单独海损也会申请理算，这是为了确定损失的程度，为被保险人索赔和保险人理赔提供依据。

二、共同海损理算书的法律效力

共同海损理算书是由接受委托的海损理算人对共同海损案件进行调查研究和审核计算工作以后所编制的理算报告。理算书的内容包括：事故情况概述、共同海损损失和费用划分表、共同海损分摊表和共同海损收付结算表。此外，还应附有必要的证明文件。

接受委托的共同海损理算人，应按照共同海损的构成条件，认定委托人所委托的海损事故是否属于共同海损。确定后再在此基础上进行调查，根据当事人提供的有关材料和证据，进行审查和核算，确定共同海损的损失和费用后果、同一航程的各方受益人的分摊价值和分摊金额，最后编制共同海损理算书。这表明共同海损理算人从事共同海损理算工作的结果，是其编制的共同海损理算书。它是共同海损理算人对于共同海损事故进行调查和审核计算之后编制的书面文件。

共同海损理算人提供的共同海损理算书对于共同海损当事人并不具有法律约束力，它只是一种初步证据，其作用仅仅是证明所产生的损失和费用是共同海损避险措施的结果，证明该损失和费用的金额和各受益方的分摊金额。当事人对其有异议的，可以提请仲裁或者诉讼[①]。

三、共同海损理算的程序

一旦发生共同海损，船货各方需要合理分摊为保护船货共同安全而作出的牺牲和支出。首先需要各方事先约定好理算依据，即理算规则。我国《海商法》第203条规定："共同海损理算适用合同约定的理算规则；合同未约定的，适用该法的规定。"

（一）共同海损的宣布

发生共同海损之后，船长或者船东应在船舶发生共同海损之后第一个到达的港口内宣布共同海损，宣布共同海损就意味着公布了共同海损的发生，向各受益方提出分摊共同海损。同时船长或船东担负起举证责任，证明其提出的损失或费用根据理算规则的规定可以列入共同海损。《中国国际贸易促进委员会共同海损理算规则》（以下简称《理算规则》）[②] 第7条规定了共同海损宣布的

[①] 贾林青：《海商法》（第五版），中国人民大学出版社2017年版，第303页。
[②] 《理算规则》，2022年9月1日起正式实施，原《北京理算规则》同时废止。

合理时限，即"船舶在海上发生事故，如无特殊情况，应不迟于到达第一港口后四十八小时；在港内发生事故，不迟于事故发生后的四十八小时宣布共同海损。共同海损宣布应尽可能地通知货物有关方"。

宣布地点也关系到各方当事人的利益。例如，《理算规则》第 3 条规定："货物损失的金额，按照损失部分装船时价值加保险费加运费，减除由于损失无须支付的运费。"第 4 条规定："船舶分摊价值，按照船舶在航程终止时的当地完好市场价值减除损失金额，加上共同海损损失补偿计算；或按照船舶在航程终止时的当地实际价值加上共同海损的损失金额计算。"2016 年《约克—安特卫普规则》规则 G 便规定："共同海损的损失和分摊，应当以航程终止的时间和地点的价值为基础进行理算。"①

共同海损的宣布具有重要意义，它是船舶所有人行使共同海损分摊请求权的标志，也是开始共同海损理算的前提。并且只有经过共同海损宣布的，船舶所有人无法得到分摊补偿的损失才可以从船东保赔协会得到赔偿。即使是对共同海损的发生有不可免责过失的船舶所有人，在货方以其过失为由拒绝分摊共同海损的，同样可以向船东保赔协会提出赔偿要求，前提是必须已经宣布了共同海损的发生。反之，船舶所有人若不宣布共同海损，则被视为放弃了共同海损分摊请求权，船东保赔协会将不予赔偿。

（二）共同海损的担保

宣布共同海损之后，船方与各受益方签订共同海损协议书。为了保障共同海损分摊工作的落实，受益方还需要提供共同海损担保，即保证承担海损的分摊责任。其中，各受益方分为船舶所有人、货物所有人、运费所得人。受益方向船方提供"合理担保"即可，通常认为担保不大于分摊金额，无须在理算结束前将保证金交给船东，分摊价值由船东委托人决定。共同海损担保经常适用的方式包括以下内容②。

1. 由货方提供共同海损保证金

共同海损保证金，是由收货人在提货之前，向船方提供的保证履行共同海损分摊义务的现金担保。

共同海损保证金的处理方法是存入特定银行的特别账户，由共同海损理算人决定该保证金的使用。具体而言，根据 2016 年《约克—安特卫普规则》数字规则第 22 条的规定，该保证金应当汇给海损理算师，用理算师的名义存入特别账户，以便尽可能赚取利息。如经理算师书面证明，并经通知且获得保证金

---

① 参见 2016 年《约克—安特卫普规则》规则 G。
② 司玉琢主编：《海商法》（第五版），法律出版社 2023 年版，第 298－300 页。

提供方的批准，才可用保证金进行预付或者退还给支付者。《海商法》第202条第2款规定："以提供保证金方式进行共同海损担保的，保证金应当交由海损理算师以保管人名义存入银行。"

《海商法》第202条第3款规定："保证金的提供、使用或者退还，不影响各方最终的分摊责任。"当然，因保证金可能产生的利息也应列入履行分摊义务的范围，而超过最终确定的共同海损分摊金额的保证金及其利息部分，应当返还给交付者。

2. 由货物保险人提供的共同海损担保函

共同海损担保函，是指收货人在提货之前交付给船舶所有人的，由货物保险人出具的，以保证收货人履行分摊义务为内容的书面文件。

在海运实践中，收货人为了能够及时提取货物，可以要求其货物保险人向船舶所有人出具共同海损担保函。在该担保函中，货物保险人就收货人履行共同海损分摊义务的行为向船舶所有人提供担保责任。当然，货物保险人的该项担保责任是补充性的，只有在收货人拒不履行分摊义务时，船舶所有人作为共同海损分摊请求权人（债权人）才能够向货物保险人要求履行担保责任，否则不得依据担保函直接向货物保险人行使权利。

共同海损担保函，根据货物保险人所提供的担保责任的范围，分为限额担保函和无限额担保函。前者是货物保险人在货物保险金额范围内，向船舶所有人支付的收货人的共同海损分摊额，而超过货物保险金额的共同海损分摊部分，则由收货人自负。后者则是货物保险人对最终确定的收货人所承担的全部共同海损分摊额承担担保责任。因此，不论该分摊额是否大于货物保险金额，货物保险人均应向船舶所有人予以全额支付。不过，对于其所支付的超过货物保险金额的部分，货物保险人有权向收货人进行追索。而且，货物保险人通常会要求收货人提供反担保函，用以保证其追索权的实现。

3. 由船货双方签署共同海损协议书

共同海损协议书，是指共同海损中的船舶所有人与货物所有权人就共同海损的分摊和给付事宜签署的协议书。

共同海损协议书对于双方当事人具有法律约束力。各方当事人应当按照该协议书的约定内容予以履行。

4. 由船货双方签署不分离协议书

不分离协议书，是指在共同海损事故发生之后，涉及须转船运输货物时，由船货双方签署的，约定共同海损分摊的权利和义务不因货物的转运而受影响的协议书。

显然，不分离协议书适用于船舶所载运的货物，在共同海损事故发生后需要他船转运的情况，它用以避免转运货物的所有权人以船货分离、已不存在共同安全利益为由拒绝承担共同海损分摊义务，保护船舶所有人的利益。

鉴于海运船舶承运的货物可能涉及若干个货主，船舶所有人在共同海损发生后至货物转运前，很难与所有的货主签署不分离协议书。为了防止由此产生的争议，2016年《约克—安特卫普规则》规则G特别增加了如下规定：船舶在任何港口或地点停留，并且将发生共同海损补偿时，如果全部货物或者其中的一部分货物用其他运输方式运往目的地，并已尽可能地通知了货方，则共同海损的权利和义务，将尽可能地如同没有此转运，而是在运输合同和所适用的法律认为是合理的情况下，由原船继续原航程一样。[①] 当然，因此认作共同海损补偿而由货主分摊的部分，不应超过假如由货主承担把货物转运至目的港所应支付的费用。

5. 由船舶所有人行使留置权

当货方拒绝参加共同海损分摊，并拒不提供共同海损担保时，船舶所有权人有权对尚处于其控制之下的属于该货主的货物予以留置，并依法予以拍卖，以所得价款抵偿该货主所应当分摊的共同海损损失金额。

（三）共同海损的理算

船方在宣布共同海损之后，就会向海损理算人提出委托，由受委托的理算人按照共同海损的构成要件，通过对证据和所提供的材料审查，最终认定海损事故是否属于共同海损，若确定为共同海损，理算人就可以通过理算规则确定共同海损的损失金额，包括船舶、货物和运费的共同海损的损失金额。之后计算各受益人的分摊价值，确定应由各受益方按各自分摊价值比例分摊，最后编制共同海损理算书。其中，分摊价值是指由于共同海损措施而受益的财产（包括船舶、货物、运费等），以及遭受共同海损损失而获得补偿的财产金额。理算书的编制完成就意味着海损理算工作的结束。其内容包括共同海损事故情况概述、共同海损的损失和费用划分表、共同海损分摊表、共同海损收付结算表等，并应附有相应的证明文件。

四、共同海损分摊价值的计算

共同海损分摊价值是指由于共同海损措施而受益的财产价值，包括船舶、货物、运费等，与因遭受共同海损损失而将要获得补偿的财产金额的总和。共同海损分摊应以航程终止时财产的实际净值为基础，即以最终获救财产的价值

---

① 参见2016年《约克—安特卫普规则》规则G，第32页。

为基础。但这不同于海难救助，而是以救助成功时的获救财产作为计算救助报酬的基础。因此，凡是因共同海损措施而受益的财产，都应对其进行估价，并以此为基础来分摊他人的损失。

（一）船舶分摊价值的计算

船舶分摊价值是指可以参与共同海损分摊的船舶的价值。《海商法》第199条第1款规定："船舶共同海损分摊价值，按照船舶在航程终止时的完好价值，减除不属于共同海损的损失金额计算，或者按照船舶在航程终止时的实际价值，加上共同海损牺牲的金额计算。"根据本条规定，船舶分摊价值有两种计算方法：

（1）按照船舶在航程终止时的当地完好价值减去属于单独海损的损失金额；

（2）按照船舶在航程终止时的当地实际价值（残值）加上共同海损补偿额。

以上两种计算方法的结果是一样的。如果在发生共同海损以后，货物在中途港以其他方式被转运至目的港，则船舶的分摊价值应以其在中途港卸货完毕时的实际净值为基础来加以确定。

例如：船舶造价为100万元，2018年12月建成，2021年5月发生海上事故，2018年至2021年曾调换主机及部分钢板，使船舶增值。船舶2021年5月在目的港的完好价值应为100万元减除正常折旧的40%，加调换主机及部分钢板造成的增值25万元，等于85万元。海损损失共10万元，其中单独海损3万元。那么船舶的分摊价值为：85万-3万=82万（元）。

按照航程终止时的实际价值，加上共同海损的牺牲的金额计算出来的船舶分摊价值与上述方法计算的价值相同。在此案中，航程终止时的实际价值为85万元减海损损失10万元，等于75万元，共同海损的船舶牺牲为7万元，船舶的分摊价值为：75万+7万=82万（元）。

（二）货物分摊价值的计算

货物分摊价值是指因共同海损措施而获救的财产的价值，也就是可以参与共同海损分摊的货物的价值。《海商法》第199条第2款第（2）项规定："货物共同海损分摊价值，按照货物在装船时的价值加保险费加运费，减除不属于共同海损的损失金额和承运人承担风险的运费计算。货物在抵达目的港以前售出的，按照出售净得金额，加上共同海损牺牲的金额计算。"在1974年、1994年、2004年和2016年《约克—安特卫普规则》中，货物分摊价值以卸货时的价值为基础，扣减卸货前和卸货时所遭受的损失，再加上共同海损补偿额。这里之所以扣除卸货前和卸货时的损失，是因为参与共同海损分摊的货物价值，必须是货物的到岸价值，而只有经过这样扣除后的货物价值，才是真正的"货物到岸价值"。

（三）运费分摊价值的计算

运费分摊价值是指可以参与共同海损分摊的运费数额。《海商法》第199条第2款第（3）项规定："运费分摊价值，按照承运人承担风险并于航程终止时有权收取的运费，减除为取得该项运费而在共同海损事故发生后，为完成本航程所支付的营运费用，加上共同海损牺牲的金额计算。"具体地说，运费的分摊价值，应以航程终止时所应收取的净运费，加上作为共同海损即将获得补偿的数额。净运费则是指扣除了各种成本之后净得的运费收入。

（四）免除分摊义务的财产

下列财产免除分摊共同海损的义务。

1. 邮件

由于邮件本身的隐私性和易失性，从实践角度来看，将邮件进行价值评估和列入共同海损的范围并加以留置并不现实。因此在《约克—安特卫普规则》理算规则的每一个版本中，都将邮件作为免除分摊义务的财产。

2. 旅客行李和私人物件

同理，旅客随身携带的行李和私人物件，由于价值较小并具有一定的隐私性，不包括在共同海损理算规则所规定的财产范围之内，无须参与分摊。

如果旅客将行李和私人物件当作货物托运（不论是否签发提单），此类物品则属于财产范畴，应该参与共同海损分摊。另外，有判例显示，如果旅客请求船方承担赔偿责任或要求船方分摊自己的损失，则船方亦有权请求旅客参与共同海损分摊。

3. 随身携带的私人机动车辆

随身携带的机动车辆属于私人交通工具，如果拿来参与共同海损分摊，对旅客的行动将造成不便，加之在当今时代，私人机动车辆的价值与船货价值相比不成比例，令其参与共同海损分摊，在实践中并无太大的意义，故1994年、2004年和2016年《约克—安特卫普规则》均将其排除在共同海损分摊的范围之外。

（五）共同海损分摊金额的确定

共同海损分摊金额（俗称摊水费）是指由于共同海损措施而受益的船舶、货物和运费等应予分摊的共同海损数额。

共同海损理算的基本程序是：首先算出共同海损损失的总额，然后计算出共同海损分摊价值的总额，再用共同海损损失总额除以共同海损分摊价值的总额，得出共同海损百分率，最后以船舶、货物、运费等分摊价值，分别乘以共同海损百分率，即可得出各自的分摊金额。①

第五节　共同海损理算规则与共同海损制度的发展趋势

一、共同海损理算规则

共同海损制度的出现是为了方便船方与货方共同规避海上风险，其完整概念包括共同海损行为、损失和理算规则②。共同海损理算规则规定了共同海损的成立条件、共同海损损失和费用的范围以及分摊共同海损的标准。当前在国际上适用最广泛的理算规则是《约克—安特卫普规则》，各海运国家也有自己通行的理算规则。

（一）2016 年《约克—安特卫普规则》

2016 年 5 月 6 日，国际海事委员会在纽约举行的第 41 届大会上通过了 2016 年《约克—安特卫普规则》（YAR2016）。《约克—安特卫普规则》产生于共同海损实践，为海运国家对共同海损问题的认识和规定作出了贡献。纵向上看《约克—安特卫普规则》经历了规则形成期（1860—1924 年）——利益协调时期（1924—1949 年）——规则完善期（1950—1974 年）——变革期（1974—2004 年）。

19 世纪中叶以来，各海运国家在海运实践中逐渐形成了自己独特的共同海损理算规则。在海损认定范围、海损分摊价值的计算、分摊标准、理算时效等方面存在很大差异。这些差异带来的直接后果就是同样的共同海损案件在不同国家的审判结果有所不同。1860 年，由英国社会科学促进会发起，并联合欧洲各海运国家的航运、保险和理算等实务界人士共同讨论通过了《格拉斯哥决议》。之后，1864 年和 1877 年先后在英国约克城和比利时安特卫普召开会议，在对决议进行修改的基础上，形成了 1877 年《约克—安特卫普规则》，此后该规则虽然多次修改，但其名称一直沿用至今。最开始的规则缺乏系统性，只是以列举方式明确了共同海损的范围，没有对共同海损有明确的定义，难以适应复杂的海运实践。

---

① 司玉琢主编：《海商法》（第五版），法律出版社 2023 年版，第 301－306 页。
② 张永坚：《共同海损的成立基础》，载《地方立法研究》2018 年第 5 期，第 87－94 页。

之后在 1924 年第 33 届国际法协会会议上完善了规则，对共同海损行为的概念进行了明晰，即只有为了共同安全使同一航程中的财产脱离危险，有意而合理地作出特殊牺牲，或引起额外费用，才能构成共同海损行为。该规则受当时"共同安全派"[①]"共同利益派"[②]的影响，最终用字母规则与数字规则的形式将条文分为两部分，前者是受"共同安全派"的影响，后者则是受"共同利益派"的影响。"共同安全派"的代表国家就是英国，主张保护以保险人为主的利益，不承认脱离险境后的航行费用为共同海损。"共同利益派"代表国家是法国，主张保护船方的利益，将脱离险境之后的续航费用均列为共同海损。两大利益集团的冲突演化成两大理算规则的法律冲突，字母规则和数字规则的适用在优先级上出现了问题。为此 1950 年《约克—安特卫普规则》正式出台，该规则增设了解释性规定，规定了字母规则与数字规则的适用规则，即共同海损分摊优先适用数字规则，数字规则没有规定的才适用字母规则。

　　1974 年规则在上一代规则的基础上，简化了两项确定共同海损的方法。第一，火烤和烟熏造成的货物损失不得认作共同海损；第二，不论船舶是否注定搁浅，只要在采取搁浅措施的当时是为了共同安全的目的，其损失即可作为共同海损得到补偿。这两项修改使得理算手续大大简化。

　　为应对 1989 年《国际救助公约》的出台和国际社会对环境救助的特别补偿是否纳入共同海损范围的博弈，最终确定了 1990 年《约克—安特卫普规则》第 6 条的修正条文：第一，参与航海事业的关系方，因救助而发生的费用，不论此种救助是否根据契约进行，只要救助活动的目的是使同一航程中的财产幸免于难，便应认作共同海损受偿。作为共同海损的费用包括救助费用，而且该救助费用考虑了 1989 年《国际救助公约》第 13 条第 1 款第（6）项所规定的"救助人在防止或减轻对环境污染损害的技能和努力"。第二，根据 1989 年《国际救助公约》第 14 条第 4 款规定的或任何其他的类似规定，由船舶所有人向救助方所支付的"特别补偿"不得认作共同海损而得到受偿。于是根据防止或减轻环境污损的"技能和努力"所确立的救助报酬，被认作共同海损；而"特别补偿"从共同海损范围内排除，由船舶所有人单独承担。

　　在听取 44 个国家代表对共同海损制度废弃与改革的讨论意见后，国际海事委员会于 1994 年召开第 35 届大会通过了 1994 年《约克—安特卫普规则》。修

---

　　① 共同海损的范围只限于为了解除船、货的共同危险而作出的特殊牺牲和支付的费用。换言之，船舶和货物被解除共同危险以后所发生的一系列费用不能再认作共同海损。

　　② 在共同危险被暂时解除以后，为恢复船舶的安全续航能力而必须采取的某些措施（如修理船舶）所支付的有关费用也应认作共同海损。

改后的新规则更加适应海运的司法实践,缓和了规则之间不协调的问题。第一,增加了"首要规则",强调共同海损牺牲和费用的合理性。第二,明确了拖带作业中成立共同海运的要件:一是双方从事托运运输活动即处于同一航程内;二是两船遭遇共同危险;三是为解除共同危险而采取的脱离行为产生了牺牲和费用。第三,环境损害或者因同一航程中的财产漏出或污染物的排放而引起的损失或费用不得认作共同海损。

随后,国际海商保险联盟对日益扩大共同海损范围的《约克—安特卫普规则》表达了不满,并致函国际海事委员会要求修改1994年《约克—安特卫普规则》,最终在保险联盟和船东利益代表的博弈之间通过了2004年《约克—安特卫普规则》。

2016年《约克—安特卫普规则》的新变化是对2004年规则的矫正修改包括将救助报酬重新记作共同海损、将临时修理费记作共同海损进行了简化处理,确定了共同海损损失利息的计算办法、明确了共同海损保证金的处理方式等。新的《约克—安特卫普规则》的出台并不意味着旧的规则的失效,在实务中当事人可以决定适用哪一版本的规则[1]。

(二)《北京理算规则》

《北京理算规则》全称为《中国国际贸易促进委员会共同海损理算暂行规则》(已废止)。1975年1月1日施行,是中国开展共同海损理算工作的主要依据。内容包括11条和一个前言。其涵盖了共同海损的范围,共同海损理算的原则,共同海损损失金额的计算,共同海损的分摊、利息和手续费,共同海损担保,共同海损时限和共同海损理算的简化。

(三)《理算规则》

自党的十八大以来,我国加快建设海洋强国,海洋经济和航运事业也得到了迅猛发展。与此同时,相关的国际规则、海事海商法律制度和国际航运实践发生了很大变化。为适应新形势,促进航运经济健康与可持续发展,中国贸促会根据最新的海运实践和理算实务变化,在2019年启动了《北京理算规则》的修订工作,目前已完成规则修订的相关工作。新的《理算规则》于2022年9月1日起正式实施,原《北京理算规则》同时废止。

此次对《北京理算规则》的修订,对共同海损制度进行了重构和诠释,吸纳了国际上共同海损制度发展的最新成果和相关规定,有助于推动海事服务专业化、标准化和国际化,其内容更加简明、易懂,更加有利于推广实施。这既

---

[1] 傅廷中:《海商法》(第二版),法律出版社2017年版,第315-321页。

是我国建设海洋强国的客观需要，也是我国实现高水平对外开放的必然要求，将有助于推动共建"一带一路"高质量发展，助力企业"走出去"，更好服务中国特色自由贸易港建设。希望越来越多的企业在对外贸易运输及海上保险的相关合同中使用修订后的理算规则，高效解决可能发生的海运贸易纠纷，维护自身合法权益。

二、共同海损制度的发展展望

共同海损理算作为共同海损概念的有机组成部分，而理算规则的演变体现了国际社会对共同海损制度发展的要求。随着航运发展水平的提高，航运范围的扩大和国际贸易交流的密切，国际众多差异的海损制度将被国际经济贸易发展视为阻碍，求同存异将会成为国际航运界共同呼声。鉴于共同海损的理算比较烦琐，采用适当的措施对其加以简化，将是一个必然的趋势。目前保险单中有一项"小额共同海损条款"（Small Amount General Average Clause）或"共同海损吸收条款"（General Average Absorption Clause）的规定，即对共同海损金额较小的案件，船方可不向货主请求共同海损分摊，而是按照保险合同中的约定，由保险人在规定的限度内予以赔偿，从而简化烦琐的海损理算工作，缩短时间周期和减少相关的费用，使之符合经济、效益的原则。这一系列提高效率的措施包括：（1）增加共同海损的内容。现有《海商法》中规定的共同海损内容的是第194条的"费用"和第195条的"代替费用"，并没有确定具体的共同海损范围，当发生海损事故确定海损范围时，根据这两条法律规定确定海损范围时，对有些费用是否属于共同海损的范围还是会产生一些分歧，不利于纠纷的有效解决。在《海商法征求意见稿》中共同海损内容新增了"停留在挂靠港进行必要的修理后驶离避难港的费用"。（2）明确共同海损的理算范围。共同海损进行理算时首先必须明确共同海损的损失范围，其包括牺牲和费用两大类，牺牲包括船舶、货物和运费，应在法律条文中明确牺牲的具体内容；我国现行《海商法》中对费用的规定包括避难港费用、修理费和代替费，我国《海商法》应根据国际公约和《理算规则》的相关规定把救助费也纳入共同海损的费用中。（3）增加时效规定。发生共同海损事故后，理算师搜集资料需要花费不少的时间，而且又因为其他理算方的原因额外增加了理算时间，这大大降低了理算效率。同时我国《海商法》缺少时效的相关规定，导致我国处理海损事故的理算时间长，在获得赔偿前需要等待很长的时间，不利于损失方及时得到赔偿。

随着海上造船水平和运输技术的发展，国际航运关系势必发生变化，船货两方的海上风险责任比例将再次分配，承运人的责任和义务将随着运输事业的竞相发展而增加。而共同海损制度的基础就是过失责任的分配问题，在明晰过失责任人的情况下海损分摊将不复存在。随着智能船舶技术的进步，自动识别系统（AIS）、航海通信卫星技术、气象导航仪、全球海上遇险安全系统（GMDSS）、全球定位系统（GPS）、高速内燃机、无人机舱、高强度造船材料、电子导航设备、综合航行管理系统、最适合航线计划系统、自动靠离泊系统和海况检测系统等的广泛应用，航运安全性将大大提高，海上风险大为降低。风险降低下产业利益的博弈正发生变化，从中世纪的"不负责任"的承运人责任基础到不完全过失责任，再到完全过失责任，承运人责任日益加重。此外，智能化证据收集手段清晰留痕，责任分配问题将会更加明晰，损失将由责任人承担，不再需要共同海损制度，共同海损分摊的意义将得到进一步削弱，共同海损制度的实际调整范围将相应地减小。

在过去的三四十年里人类的行为已经成为海洋环境变化的主要原因，在共同海损案件中将会越来越体现绿色海洋的元素，制度的设定将更加注重对海洋环境的救助，鼓励救助人在船舶发生危险时对环境的救助和止损，从而明确共同海损的范围包含因防止或减轻环境损害而支出的任何费用，而不仅限于救助报酬。

【案例枚举】

台新海运有限公司与青山控股集团有限公司
共同海损纠纷案[①]

【基本案情】

青山控股集团有限公司（以下简称青山公司）系台新海运有限公司（以下简称台新公司）所有的"TAI HUNTER"轮所载货物的收货人。案涉运输货物提单背面记载"共同海损应当在伦敦根据1994年《约克—安特卫普规则》进行理算、陈述和解决"。2019年8月14日，该轮发生触礁，2019年8月16日，台新公司作出共同海损宣告，并明确委托霍海损理算所根据1994年《约克—安特卫普规则》进行理算。台新公司诉请青山公司分摊并支付"TAI HUNTER"轮共同海损牺牲与费用人民币1 487 546元。

【裁判结果】

厦门海事法院审理认为：案涉提单背面记载的共同海损理算条款符合航运

---

① 参见最高人民法院：《最高法发布涉外民商事案件适用国际条约和国际惯例典型案例》（2023年），载最高人民法院网，https://www.court.gov.cn/zixun/xiangqing/421932.html，访问时间：2024年1月28日。

实践惯例并具有可操作性，亦不存在加重青山公司责任或排除权利的情形，该条款合法有效。海事主管机关等采取的应急抢险作业具有救助遇险船舶、其他财产和防止、减轻油污损害的双重目的。依据 1994 年《约克—安特卫普规则》，台新公司未能证明为防止油污损害采取措施的直接目的系船货共同安全，故与清污有关的费用不应被认入共同海损；触礁后，为使船舶能够进港而必须采取的减载作业是出于船货共同安全考虑，故航行计划的咨询工作费、额外港口费用等均应计入共同海损；台新公司未能证明律师费发生的直接目的系船货共同安全，该费用不应被认入共同海损；台新公司因共同海损事故而发生的合理利息和手续费应认入共同海损。据此，判决青山公司向台新公司支付共同海损分摊人民币 1 038 013.15 元及利息损失。

【典型意义】

共同海损是海商法规中基于海上风险的特殊性而建立的一项特有的法律制度，在船货双方之间公平分摊风险与损失，对于保护和促进海上运输具有重要意义。《约克—安特卫普规则》目前已经成为国际航运中公认并被世界大多数航运国家广泛接受和遵守的国际惯例。《海商法》第 203 条规定，共同海损理算，适用合同约定的理算规则，合同未约定的，适用本章规定。该规定确立了理算规则的选择原则。本案提单背面共同海损条款记载根据 1994 年《约克—安特卫普规则》进行理算，应当视为双方当事人选择适用 1994 年《约克—安特卫普规则》进行理算，故本案适用该规则对共同海损应分摊的金额进行认定，对准确适用该规则审理共同海损案件具有积极意义。

【问题与思考】

1. 什么是共同海损？共同海损有哪些法律特征？
2. 共同海损的构成条件有哪些？
3. 什么是共同海损的损失（牺牲）？共同海损的损失包括什么内容？
4. 什么是共同海损的损失金额？如何确定共同海损的损失金额？
5. 什么是共同海损的分摊价值？如何确定共同海损的分摊价值？
6. 什么是共同海损的分摊金额？如何确定共同海损的分摊金额？
7. 什么是共同海损理算？
8. 什么是共同海损的时限？

第六章 海事赔偿责任限制制度

海事赔偿责任限制制度是海商法所特有的，是指对于船舶在营运过程中所造成的人身、货物、其他财产等各项损失，对责任人总的赔偿责任限制在一定限额内的责任限制制度。本章主要从海事赔偿责任限制的概述、海事赔偿责任限制制度的基本内容以及海事赔偿责任限制基金三个方面进行介绍。在对海事赔偿责任限制制度的概念、发展和意义进行简要介绍的基础上，对海事赔偿责任的内容、海事赔偿责任的主体、限制性债权、责任限额的计算以及责任限制基金的设立和分配等内容进行了详细的介绍。另外，对海事赔偿责任限制的国际公约也进行简要介绍，同时对我国海事赔偿任限制的内容作了详细解读。

第一节 海事赔偿责任限制概述

一、海事赔偿责任限制的概念和特点

(一) 海事赔偿责任限制的概念

海事赔偿责任限制 (Limitation of Liability for Maritime Claims) 是指在发生重大海损事故时，责任人根据法律的规定，将自己的赔偿责任限制在一定范围内的法律制度，该制度首先出现于"现代商人法的摇篮"意大利，然后传播至西班牙和法国等西欧沿海国家。现存船东享有责任限制权利的最早证据是《阿玛尔菲法典》(Amalphitan Table)。近代以后，各国海事立法逐步地确立了这一法律制度。

海事赔偿责任限制是相对于海上货物和旅客运输中的"单位（责任）限制"而言的。二者尽管有一定的联系，但分属海商法不同的法律制度。海事赔偿责任限制最初仅仅是为保护船舶所有人的利益而产生的，故称"船舶所有人责任限制"(Limitation of Liability of Shipowners)，后因其可享受责任限制的主体

不仅限于船舶所有人，还扩及船舶承租人、船舶经营人以及救助人①，因而1976年11月19日国际海事组织通过新的责任限制公约时，将船舶"所有人责任限制"更名为"海事赔偿责任限制"。

海事赔偿责任限制有狭义和广义之分。狭义的海事赔偿责任限制是我国《海商法》第十一章所指的"海事赔偿责任限制"，根据该章规定，"海事赔偿责任限制"仅指特定主体对特定的海事赔偿请求依据该章规定限制赔偿责任的制度。对于海上油污、危险有害物质、核物质等所造成损害的赔偿请求的责任限制，则排除在该章适用范围之外。就损害赔偿之债的发生基础而言，海事赔偿责任还可区分为海事侵权赔偿责任、海事违约赔偿责任及海事公法上的赔偿责任。狭义的海事赔偿责任限制指因海上事故产生的损害赔偿责任限制，又可称为海事侵权赔偿责任限制；广义的海事赔偿责任限制则是指因海上事务产生的损害赔偿责任限制，包括海事侵权赔偿责任限制、海事违约赔偿责任限制及海事公法上的赔偿责任限制，其在适用范围上显然大于前者。②

（二）海事赔偿责任限制的特点

海事赔偿责任限制具有下列特点。

（1）海事赔偿责任限制的存在以海事赔偿责任为前提。海事赔偿责任是国际海事实践中的一个特殊概念，我国《海商法》未对此从概念上下定义。从字面上看，海事赔偿责任是指海事赔偿请求权人按照国际海事实践或海商法的原则有权要求责任人承担的赔偿责任。如果不存在海事侵权或违约行为，就不会出现海事赔偿责任，也就无须对该责任进行限制。而这种责任限制对于责任人来说是一项法定的权利，但该权利不是独立存在的，是依附于海事赔偿责任的权利。

（2）海事赔偿责任限制是责任人享有的法定的权利。海事赔偿责任限制的内容、权利主体、责任限制的范围以及责任限额等内容都是由法律明确规定的，不能依据当事人双方的约定而存在。

（3）海事赔偿责任限制具有特殊性。它与民法上的赔偿责任和海上货物运输中的单位责任限制不同。海事赔偿责任限制是将责任人的赔偿按照船舶吨位或船价对每次事故或航次所引起的债务进行综合性的限制，使其在一定限额内受偿。而一般民事赔偿责任因要充分弥补受害人的所有损失，采用的是完全赔偿责任原则。单位责任限制是承运人对提单项下的每一件或每一单位货物提供的赔偿责任限制。

---

① 沈秋明：《船舶优先权与海事赔偿责任限制》，载《法学杂志》1994年2期，第7页。
② 何丽新：《海事赔偿责任限制研究》，厦门大学出版社2008年版，第51-52页。

二、海事赔偿责任限制制度的历史发展

(一) 制度源起阶段

最初确立船舶所有人责任限制制度（当代海事赔偿责任限制制度的前身）的法理基础，是罗马法中作为公平原则具体体现的特有产制度和损害投偿制度。

1. 船东违约赔偿责任限制与特有产制度

罗马法时期，以家庭为核心、以家父为财产权利主体的特有产制度下，家子或奴隶从家父或主人那里获得特有产（Peculium），对其进行管理、使用和处分，并且以此从事商业交易。但是，家子或奴隶在法律意义上不享有所有权。[①] 当时，船舶所有人在不随船航行的情形下，按照航运习惯，船舶所有人雇佣的船长无须事先征得船舶所有人同意，有权自行与第三人订立与该船舶有关的合同。由于订立契约是根据家父或主人的命令进行的，或者家父或主人从中获得了利益，因此第三人既可以提起船舶经营人之诉或总管之诉，也可以提起关于特有产或关于主人之利得的诉讼。提起特有产诉讼时，家子或奴隶以船舶这一特有产为限承担责任，而家父或主人应当承担全部责任，不以特有产为限。

2. 船舶侵权赔偿责任限制与损害投偿制度

损害投偿（Noxae Deditio）是将造成损害的不法行为人（家子或奴隶）或动物交给受害人以代为赔偿，从而免除家父或主人责任的责任承担形式。有学者提出，从法史学角度分析，船舶所有人责任限制制度可以追溯到古罗马的损害投偿制度。[②]

海事赔偿责任限制制度诞生初期，当船舶致第三人损害时，责任人所承担的侵权责任具有如下特点：(1) 船舶所有人对其雇员操纵和管理船舶时的侵害行为负责，这与损害投偿制度下家父或家主对家子、奴隶或动物的侵害行为负责的情形相同;[③] (2) 船舶往往由船舶所有人的雇员而非船舶所有人本人进行操纵和管理，船舶所有人难以直接控制船舶，与此类似，家父或家主也难以控制家子、奴隶或动物的行为；(3) 船舶所有人可以通过委付船舶或执行船舶来免除责任，这与家父或家主交出家子、奴隶或动物从而免除责任的情形相同。需要注意的是，船舶造成他人损害是由于雇员行为引起的，将雇员的行为归为

[①] 虞正平：《股东有限责任——现代公司法律之基石》，法律出版社2001年版，第22页。

[②] James J. Donovan, *The Origins and Development of Limitation of Ship Owners' Liability*, Tulane Law Review, Vol. 53, 1979 (6), pp. 1001 – 1002.

[③] 周枏：《罗马法原论（下）》，商务出版社1996年版，第805 – 810页。

船舶的行为，是对船舶的拟人化，这与损害投偿制度下由家子、奴隶或动物直接造成的损害有所不同。此外还有观点认为，船舶所有人责任限制制度源于对物诉讼制度。这一观点值得商榷。设立对物诉讼制度的最初目的是将"物"拟人化，以解决管辖权和无法送达等程序问题。[1]

（二）海事赔偿责任限制历史变化

海事赔偿责任限制制度历史悠久，经历了从委付制、执行制到吨位制（金额制）的漫长演变，同时也透露出该制度法理基础的历史嬗变。

1. 委付制、执行制及其法理基础

海事赔偿责任限制方式最初表现为委付制和执行制。在委付制下，船舶所有人对船长或船员造成的损害负责，但若将船舶及其收益（包括本航次运费及其他所得）等海上财产委付给受害人，则免除船舶所有人的其他赔偿责任。委付制和执行制均可称作"物的有限责任"，均以罗马法中的特有产和损害投偿制度为基础。委付制以船舶所有人为责任人，船舶所有人将肇事船舶（及相关收益）委付给受害人即可免除责任。执行制以船舶本身为责任主体，船舶所有人并无法律上的赔偿责任。因此，二者之间又存在着明显区别。

将肇事船舶交给受害人，既是委付制和执行制的共同特点，同时也彰显着这两项制度在保障当事人合法权益和维护良好经济秩序方面的共同缺陷，剥夺了船舶所有人继续使用船舶进行营运的可能，不利于航运业的健康发展，同时也难以保障受害人获得直接、基本和较为稳定的损害赔偿，不利于保护受害人的合法权益。

2. 船价制

在船价制下，船舶所有人的赔偿责任以船舶价值和运费为限。但是在赔偿方式上却不再固守肇事船舶本身，而是允许船舶所有人支付与船价（包括相应运费）金额相当的金钱，以继续保有肇事船舶。一方面，船价制给予船舶所有人选择权，使之得以在交纳与船舶价值相当的款项后，继续持有船舶从事航运经营。另一方面，将"实物"赔偿转换为金钱赔偿，可以使受害人直接获得金钱赔偿以弥补其实际损失，为受害人提供保护合法权益的合理途径。

可见，船价制弥补了委付制和执行制的缺陷，在秉承特有产制度和损害投偿制度立法精神的同时，兼顾了各方当事人的利益需求和航运发展的需要。船价制也是从物的有限责任向人的有限责任的过渡制度，对以后各国立法和责任限制公约的制定具有意义深远的导向性作用，特别是船价制为金额制或吨位制

---

[1] George B. Fraser, *Action in Rem*, Cornell Law Quarterly, 1948 – 1949, p. 30.

的产生创造了条件。不过船价制也存在缺陷,除了事故后船价制与委付制、执行制一样不利于保护受害人的合法权益,还表现为实践中事故前船舶价值的确定容易引发争议、船舶所有人为减少赔偿额而减少船上投资,这容易导致船舶海上航行的安全隐患,对航运业的发展造成一定阻碍。[1]

3. 吨位制

吨位制又称金额制,依据船舶吨位来确定船舶所有人(海事赔偿责任主体)的责任限额,这一制度得到了1957年《责任限制公约》、1976年《责任限制公约》以及包括我国在内的众多国家相关立法的普遍采用。吨位制的突出特点是将海事赔偿责任限额与船舶价值相脱离,改变了委付制、执行制、船价制中责任限额与船价之间的密切联系。不论事故发生前后的船舶价值如何,责任人均依该肇事船舶的吨位来计算该次海损事故所引起的损害赔偿责任限额。这种取决于船舶吨位,偏离船舶实际价值的限额确定方式,可以促使船东为提高船舶适航能力而加强船舶维修保养,更新、淘汰易发生事故的老旧船,加大对航运业的投入,保障航运安全。

(三) 现代海事赔偿责任限制制度的法理基础

作为现代海事赔偿责任限制制度的基本形式,吨位制除了可以使受害人获得稳定且可预见的损害赔偿,还体现为对源于罗马法特有产制度和损害投偿制度的公平原则在内涵上的极大丰富。

1. 体现航运国家的公共政策

航运业与国家的政治、经济乃至军事力量紧密相关,各国均为此采取了保持本国船队优势的相关政策。基于保护船舶所有人、鼓励航运、平衡各方利益等方面的考虑,海事赔偿责任限制之所以能够被各航运国家的立法普遍接受,各国鼓励航运的政策是一个重要因素。英国著名法官丹宁勋爵在"Bramley Moore"案[2]中指出"责任限制不是法律公平的问题,而是一项有其历史渊源和正当理由的社会公共政策"。因此,海事赔偿责任限制制度的形成,除国家的公共政策因素外,还有其沉淀的法理基础,而这主要源于对公平正义原则的遵循,以及对罗马法中特有产制度和损害投偿制度的继承与发扬。[3]

2. 遵循公平正义原则

在海上运输法律关系中,就船货双方而言,船方所享有的权利主要是收取

---

[1] 邬先江、陈海波:《海事赔偿责任限制制度的法理基础及其历史嬗变》,载《浙江社会科学》2010年第11期,第20页。

[2] Bramley Moore's Case [19641 P. 200 (C. A.), C1963] 2 Lloyd's Rep. 429, CA: 437.

[3] 邬先江:《海事赔偿责任限制制度研究》,大连海事大学2010年博士学位论文,第17页。

运费，与货物在生产流通领域所产生的使用价值和交换价值相比是微薄和有限的，但其承担的风险却是陆上企业所不能比的。在航运实践中，船长、船员实际占有和驾驶船舶。船舶启航后，船舶所有人、经营人就无法实施有效的监督管理，难以控制所雇船长和船员驾驶、管理船舶和管理货物的行为。发生海损事故后，如果仅让财力有限的船长、船员承担赔偿责任，对受害人来说并不公平。如果要求作为雇主的船舶所有人承担无限赔偿责任，尤其是对因船长、船员个人疏忽或过失所导致的损失承担无限赔偿责任，则过于苛刻，会使其权利义务失衡，导致不公正的利益分配结果，不符合公平正义原则。

海事赔偿责任限制主要是对船货双方与受害第三人之间的利益作出的分配与平衡的制度设计。适当减轻船舶所有人的责任和风险，可以真正体现各方利益上的实质公平，对于保护和促进海上运输业的发展无疑是必要的，且符合"自然公正"原则。[①] 可以说，责任限制制度不仅体现了上述鼓励航运的政策，更体现了法律公平和正义的价值。

三、海事赔偿责任限制制度的意义与价值

海事赔偿责任限制制度发展至今，为世界各国的海事立法所接受，其意义主要体现在以下几个方面。

第一，保障了海运业的发展。海运业不但需要巨额的投资，还承担着独特而巨大的海上风险。一旦发生海损事故如船舶碰撞、油污等，损失惨重，甚至损失往往超过船舶本身的价值。虽然在当今条件下，人类抗风险的能力大大增强，但由于船舶不断向大型化、专业化方向发展，一旦发生海难事故，造成的损失远远超过古代。所以，从总体上看，如今的航海风险并没有任何程度上的降低。出于保护航运经营者和发展国家航运业的需要，在海商法中保留海事赔偿责任限制制度，仍然具有重大的现实意义。

第二，体现公平正义。海事赔偿责任限制制度符合海上运输的实际情况，是公平原则的具体体现。尽管现今船舶配备了较为先进的通信设施，但船东照样难以监督船长、船员在精密仪器控制下的、技术性极强的海上细节活动。同时，船长、船员均经过严格的考试，船舶所有人即使在选任上并无过失，但在航海过程中，因船舶所有人指挥监督困难，也应适当修正其雇主责任。由于船长船员疏忽过失而致第三人损害时，如果要求船舶所有人承担全部赔偿责任，显然过于苛刻，也不符合公平原则。在海运业，船舶所有人投入巨资进行船舶

---

① Jill A. Schaar, *The Shipowners' Limitation of Liability Act: Still Afloat or Sinking Fast?*, Tulane Maritime Law Journal, 2000, p. 662.

经营活动，所收取的是极其有限的运费，以此等利益要求船舶所有人对其雇员或代理人在海上运输中所产生的民事损害承担无限责任，当然与公平原则相背离。因此平衡责任方和受害方的物质利益关系，才能真正反映公平原则的深刻内涵。[1]

第三，鼓励海难救助业的发展。海上救助是建立海上正常运输秩序的必要措施，它对于保护海上生命和财产安全具有重要意义。但海难救助本身同样面临危险，其中包括主观危险和客观危险。海事赔偿责任限制制度对海上救助方的责任予以限制，从而间接为保障海上运输业的健康顺利发展奠定法律基础。为了鼓励海上救助的实施，也必须建立相应的法律机制，对救助人的利益进行适度的保护。

第四，促进海上保险行业的发展。海上保险人在决定承保某种风险时，往往会对该风险造成的损失概率有一个基本的测算。海事赔偿责任限制制度的适用可将责任主体的赔偿责任限制在一定的范围内，这在一定程度上增加了保险人对海上财产责任承保的信心。另一方面责任保险方作为海事赔偿责任限制的主体，对受害人实现其索赔提供可靠的保障，实现了损害求偿的"双保险"。因此，海事赔偿责任限制对保险业和受害方两方而言均有益。此外，通过海上保险，船舶所有人或经营人能将海事赔偿责任转移给保险人，降低了自身的风险。

四、海事赔偿责任限制国际公约

（一）1957 年《责任限制公约》

由于 1924 年《关于统一海上船舶所有人责任限制若干规则的国际公约》（以下简称 1924 年《责任限制公约》），始终未能被大多数海运国家接受，因此，在此背景下，国际海事委员会于 1955 年在西班牙首都马德里起草了一份新公约草案，并于 1957 年 10 月在布鲁塞尔举行的第十届海洋法外交会议上得到通过，即 1957 年《责任限制公约》。该公约较之前的 1924 年《责任限制公约》，更进一步地体现了国际社会关于统一船舶所有人责任限制的立法目的和愿望。

1957 年《责任限制公约》较为全面地规定了具体的海事赔偿责任限制的内容。该公约对海事赔偿责任限制制度所适用的船舶、责任主体、责任限制条件、限制性债权、非限制性债权、责任限额、责任限制基金等均作出明确的规定。

---

[1] 何丽新：《海事赔偿责任限制研究》，厦门大学出版社 2008 年版，第 72—73 页。

该公约采用金额制度，按每一次事故确定其责任限额，计算单位为金法郎，是世界上第一部较有影响力的责任限制公约，它对统一责任限制的国际立法起到了积极有效的作用。

在该公约下，两类责任主体得以适用，一类是船舶所有人、承租人、经营人和管理人；第二类是船长、船员及其他受雇于第一类主体的其他人员。当以船舶为被告时，责任主体亦可适用公约。在享有责任限制的船舶方面，该公约也限定为海船，但是缔约国有权确定在该公约意义上，哪些其他类型的船舶可以与海船同等对待。

限制责任也有其条件，由于第一类主体的"实际过失或参与"所产生的损害事故，该类主体不得限制责任；当第二类主体存在这种过失时，责任主体才可限制其责任。若两类主体发生竞合，只有该责任主体的行为、疏忽或过失是以船长或船员的身份所为时，责任主体才能限制其责任。主张责任限制的人必须证明他对于损失没有实际的过失或私谋。同时，该公约接受英国的建议，采取单一的金额制，并且以与黄金挂钩的金法郎作为计算单位。当人身伤亡基金不能足额受偿人身损害赔偿时，不足部分与财产损害债权一起按比例从财产损害基金中受偿。

但由于海运业的发展和通货膨胀的影响，1979年12月21日国际海事委员会又通过了《修订1957年海船所有人责任限制国际公约的1979年议定书》，主要是将1957年《责任限制公约》所规定的责任限额予以提高，并将计算单位改为特别提款权（Special Drawing Right，SDR）。

（二）1976年《责任限制公约》

在国际航运界发生了一系列重大变故的背景下，国际海事委员会在1974年提出了新的海事赔偿责任限制公约草案，并提交给政府间海事协商组织审议，且于1976年在伦敦召开的外交大会上获得通过，即1976年《责任限制公约》。该公约现已在很大程度上取代了1957年《责任限制公约》，成为当今海事赔偿责任限制国际立法的主流，该公约于1986年12月开始生效。

与1957年的国际公约相比较，该公约的变化在于：

（1）将救助人和责任保险人纳入责任限制主体范围内。

（2）明确了对船长、船员或船舶经营人、承租人作为责任人的起诉，并规定其与船东一样享有责任限制，使船东责任限制制度演变为今天的海事赔偿责任限制制度。

（3）将1957年公约规定的责任限制构成条件中的"一般过失不享受责任限制"改为"重大过失或故意不享受责任限制"，更有利于保护船东。

(4) 采用特别提款权作为责任限额的计算单位以及采用按船舶吨位的"超额递减金额制度";但是,如果缔约国为非国际货币基金组织成员方而本国法又不允许使用特别提款权时,则仍可采用与金法郎等值的货币单位(即1957年公约中的计算单位)。

(5) 大幅度提高了责任限额。

该公约较之前的两个公约适应了国际海运市场的发展变化,使得海事赔偿责任限制制度更为完善。我国尽管不是该公约的缔约国,但我国《海商法》关于海事赔偿责任限制的规定基本借鉴了该公约的相关规定。

(三) 修正1976年《责任限制公约》的1996年议定书

1996年4月,国际海事组织外交大会通过了修正1976年《责任限制公约》的1996年议定书,并已于2004年5月生效。该1996年议定书的主要内容是对1976年《责任限制公约》第6条和第7条所规定的海事赔偿责任限额的修改。

具体表现为两点:第一,提高了1976年《责任限制公约》所适用的小型船舶的最高吨位,由500吨提高至2000吨,目的是提高赔偿限额,对人身伤亡提供更高的赔偿;不过,对于不从船舶进行救助或者在被救船上进行救助的救助人,责任限额仍按1500吨计算。第二,议定书以平均2.5倍的幅度提高了各项赔偿的责任限额,用以抵消通货膨胀和汇率波动造成的影响。此外,因存在非国际货币基金组织成员的缔约国,1996年议定书规定可按照1∶15的比率将特别提款权换算成代表黄金的货币单位,供缔约国采用。

第二节 海事赔偿责任限制制度基本内容

一、适用的船舶

目前,调整船舶法律关系的国际公约数量众多,但对于"船舶"这一法律概念仍未形成一个统一的观点。一些公约规定了"船舶"的概念,而另外一些公约并未作出规定。不同公约调整的对象也不尽相同,各有其侧重点。适用责任限制的船舶,即有关海事赔偿责任限制的法律规定所适用的船舶,根据1957年《责任限制公约》的规定,公约适用的船舶为海船,同时还规定300公约吨以下的船舶要以300公约吨为基数。公约允许缔约国对300公约吨以下的船舶以及其他种类的船舶是否适用本公约的责任限制制度予以保留,以国内法另行规定。1976年《责任限制公约》还有特别规定:

（1）不适用于气垫船及航空运输工具以及用于海床或底土的自然资源探测或开采的浮动平台；

（2）缔约国可以通过国内法规定，将赔偿责任限制制度扩大适用于航行于内陆水域的内河船及 300 总吨以下的船舶；

（3）若缔约国的国内法有关钻井船舶或用于从事钻井的船舶，其规定的责任限额高于本公约，或已加入有关此类船舶责任限制的国际公约，则本公约不适用于此类船舶。

根据我国《海商法》第 208 条、第 210 条和第 211 条的规定，海事赔偿责任限制制度适用于该法所规定的船舶（海船和其他海上移动式装置）范围内的 300 总吨以上的船舶，军事船舶、政府公务船舶和 20 吨以下的小型船艇不适用赔偿责任限制。造成海上油污损害和核能污染的船舶亦不属于《海商法》海事赔偿责任限制制度适用责任限制的船舶范围。

二、权利主体

海事赔偿责任限制的权利主体，一般是指对海损事故的受害人需要承担赔偿责任的人，同时也指根据海事赔偿责任限制的法律可以限制自己的赔偿责任的人。随着海上运输的情况不断变化，责任限制权利主体的范围也在不断扩大。对此，1924 年《责任限制公约》规定责任限制只适用于船舶所有人，而 1957 年《责任限制公约》则将责任限制适用的主体范围予以扩大并分为两类：第一类为船舶所有人、承租人、经理人或营运人；但是，有"实际过失或知情"的便不享受责任限制。第二类为船长、船员及其他为船舶所有人承租人、经理人或经营人服务的受雇人员，但限于执行职务时因其过失行为造成的损害，船舶所有人等享受责任限制。当以船舶为被告时，亦适用本公约的限制主体规定。1976 年《责任限制公约》规定的责任主体为船舶所有人、承租人、管理人、经营人、救助人和责任保险人。尽管具体规定不尽相同，但逐步扩大责任限制主体的范围是总体趋势。

我国《海商法》第 204 条、第 205 条和第 206 条规定，责任限制主体，包括船舶所有人、承租人和经营人、救助人；上述主体中对其行为、过失负有责任的人员在被提出请求时亦享受责任限制；责任保险人亦为责任限制主体。2020 年《中华人民共和国海商法（修改送审稿）》第 235 条将"船舶经营人"也纳入了船舶所有人的范围。

（一）船舶所有人

在发生海损事故后，先是由船舶所有人承担赔偿责任。在海上营运中，由船舶所有人作为承运人时,其船舶造成海损事故,船舶所有人作为船舶合法所有权人自然应当针对受害人的海事赔偿请求承担赔偿责任。故船舶所有人依法享受责任限制。

(二)船舶承租人和船舶经营人

在现代海运市场上,船舶所有权与船舶营运权相分离的情况普遍存在。船舶经营人和管理人(Ship's manager 或 Ship's operator)在法律上并无严格的界限,亦有人称为船舶经理人。船舶所有人并不直接从事海上营运,而是由船舶承租人或船舶经营人对船舶行使营运权,成为海上营运中的承运人。基于这一身份,船舶承租人或经营人应对其所经营或所承租的船舶造成的损害承担赔偿责任,故海商法确立其为责任限制主体。

(三)海难救助人

在1957年《责任限制公约》中,海难救助人未被作为一个单独的责任限制权利主体,因而,不论是专业或者非专业的救助人,首先必须证明其本人属于1957年《责任限制公约》规定的责任限制权利主体;其次还须证明其在救助作业中造成的损害可以纳入1957年《责任限制公约》规定的责任限制海事请求。海难救助人在海上对遇难船舶施行救助,有利于建立正常的海运秩序,但由于救助过程中的情况复杂,可能会因救助人的过失行为使得被救助船舶遭受更大的损失,为此,救助人应针对被救助人提出的赔偿请求,承担赔偿责任。为了鼓励海上救助行为,法律应当保护善意救助人的合法利益,将其列入责任限制的主体范围。而1976年《责任限制公约》加大了对救助人的保护力度。一方面,在公约第1条第3款中界定了救助人的概念,即"提供与救助作业直接相关的服务的任何人";另一方面,在公约第2条第1款中,明显地扩大了救助作业的范围,也扩大了可享有责任限制的权利主体的范围。[①]

(四)船舶所有人、承租人、经营人、救助人对其行为、过失负有责任的人员

上述人员具体包括船长、船员及其受雇于船舶所有人、承租人、经营人或救助人的其他服务人员,这些人直接参与海上营运或者海难救助,管理、操作船舶或者受托从事海商代理活动。其具体的管理、操作行为或者代理行为是否得当是决定航运安全或者海商秩序的重要因素。在制定1957年《责任限制公约》时,该公约虽然也注意到了现代私法制度的价值取向,但是它只规定了船长、船员和在船舶所有人、承租人、经营人或管理人的受雇范围内行事的其他

---

① 参见1976年《责任限制公约》第2条第1款第(d)(e)(f)项。

受雇人员可以享受责任限制，而没有考虑到船舶所有人等责任主体的履行辅助人。相比之下，1976年《责任限制公约》作出了比较完善的规定，赋予"船舶所有人或者救助人对其行为、疏忽或过失负有责任的人"责任限制的权利。从而，彻底避免了索赔方规避法律，剥夺船舶所有人或者救助人等相关责任主体本应享有的海事赔偿责任限制权利的现象。总的来说，此类人员包括两种①。其一，船长与船员。无论是名义上的船舶所有人还是受益的船舶所有人，必须依靠雇佣的船员来完成海上货物运输。其二，其他受雇人，指船舶所有人（含承租人和经营人）所雇佣的除船长、船员之外的其他在受雇范围内行事的人员，如装卸工人、搬运工人、修理工人等。鉴于海上运输中的新情况不断出现，1976年《责任限制公约》中不再采取列举的方式分别提及船长、船员和其他雇佣人员，而是使用了"船舶所有人或救助人对其行为、疏忽或过失负有责任的任何人"的概括性表述方法，避免了以偏概全，从而打消了有关责任主体的顾虑，维护了航运业的稳定经营，并在有关责任限制权利主体的立法方面开辟了新的道路。我国《海商法》借鉴了有关的国际公约和海运实践中经常适用的"喜马拉雅条款"，规定对于这些受雇人员或者代理人适用赔偿责任限制，使其有权与船舶所有人、承租人、经营人、救助人一样享受赔偿责任限制的权利。

（五）责任保险人

责任保险人，是指以收取保险费为条件而承保被保险人因违约或侵权行为引起的赔偿责任的人。自1969年《责任公约》通过以来，责任保险的"保险人"这一概念就频繁地出现在海事立法当中。然而，需要指出的是，1969年《责任公约》只适用于任何类型的实际载运散装持久性油类货物的海洋船舶和海上船艇，而对其他类型的船舶所造成的油污损害并不适用。为了鼓励责任保险业务的发展，以期为索赔方提供更加充分的保障，1976年《责任限制公约》第1条第6款将责任保险人认定为有权享受公约利益的人，有效地填补了1969年《责任公约》的空白。我国《海商法》第206条也明确规定："被保险人依照本章规定可以限制赔偿责任的，对该海事赔偿请求承担责任的保险人，有权依照本章规定享受相同的赔偿责任限制。"

三、限制性债权

责任限制的主体只有在法定范围内享有责任限制的权利，并非对所有的海

---

① 傅廷中：《海商法》（第二版），法律出版社2017年版，第341页。

事赔偿请求都能以责任限制为由予以对抗。海事赔偿请求权是否属于责任限制的适用范围取决于各国海商法或国际公约的规定。在此范围内，责任主体享有责任限制的海事赔偿请求权称为"限制性债权"。一般情况下，限制性债权是船舶在营运中因海损事故所造成的人身伤亡及财产损害的赔偿请求权。对此，各国海商立法及国际公约的规定不尽相同。

（一）1957年《责任限制公约》有关限制性债权的规定

公约规定的限制性债权具体包括三类：（1）船上所载任何人员的人身伤亡和船上所载任何财产的灭失或损坏；（2）非船上所载人员的人身伤亡和非船上所载财产的灭失或损坏，或任何权利的被侵犯；（3）依清除船舶残骸的法律规定以及因起浮、消除或销毁沉船、搁浅船或被弃船（包括船上任何物品）所产生的义务或责任，以及因对港口工程、港池、航道所造成的损坏而引起的义务或责任。

（二）1976年《责任限制公约》有关限制性债权的规定

1976年《责任限制公约》的范围较1957年《责任限制公约》有所扩大。具体包括：（1）因在船上发生的，或因船舶营运或救助作业直接造成的人身伤亡或财产的灭失和损坏（包括对港口工程、港池、航道及助航设施的损坏）及其由此引起的损失；（2）因海上货运、旅客运输及其行李运送的迟延所引起的损失；（3）因船舶营运或救助作业直接相关的侵权行为侵害合同以外的权利引起的损失；（4）为了使沉没、遇难、搁浅或被弃的船舶及其残骸得以起浮、消除、拆毁或使其变为无害而产生的请求；（5）为了使船上所载货物得以清除、销毁或使之变为无害而产生的请求；（6）（责任人以外的）非责任人为了避免或减少责任人按本公约规定可享受责任限制（属责任限制范围内）的损失而采取的措施，以及由此措施所造成的进一步损失的索赔。

就各国海事立法来看，对此问题的规定是各具特色的。在参加1976年《责任限制公约》之前，英国国内法将限制性债权分为两大类：第一类是船上任何人的人身伤亡和财产损害；第二类则是由于下列原因造成的船舶以外的人身伤亡和财产损害。1976年以后的英国立法在此制度上已按照1976年《责任限制公约》的规定予以相应修改。美国法律对于限制性债权规定的范围几乎涵盖了除船舶所有人的过失或明知可能产生损害的债权以外的一切债权。凡是在船上所运输或装载的财产，船舶所有人均可以其海上财产限制其责任。大陆法系国家规定的限制性债权的范围较广泛，究其原因是受委付制与执行制的影响较深。

（三）我国《海商法》有关限制性债权的规定

我国《海商法》第 207 条规定了四类限制性债权，明文规定此范围内的赔偿请求，除法律另有规定外（本法第 208 条和第 209 条），"无论赔偿责任的基础有何不同，责任人均可以依照本章规定限制其赔偿责任"。享有赔偿责任限制的权利的四类限制性债权包括：（1）在船上发生的或者与船舶营运、救助作业直接相关的人身伤亡或者财产的灭失损坏，包括对港口工程、港池、航道和助航设施造成的损坏，以及由此引起的相应损失的赔偿请求；（2）海上货物运输因迟延交付或者旅客及其行李运输因延迟到达造成损失的赔偿请求；（3）与船舶营运或者救助作业直接相关的，侵犯非合同权利的行为造成其他损失的赔偿请求；（4）责任人以外的其他人，为避免或者减少责任人依照本章规定可以限制赔偿责任的损失而采取措施的赔偿请求，以及因此措施造成进一步损失的赔偿请求。但是，上述第 4 项涉及责任人以合同约定支付的报酬，责任人的支付责任不得援用本条赔偿责任限制的规定。

四、非限制性债权

非限制性债权，是指不得适用海事赔偿责任限制的法律规定限制赔偿责任的海事请求。所谓非限制性债权，基本上都是对前述限制性债权所作的除外规定。在国际公约和各国海商法中，非限制性债权一般包括了救助报酬请求权、船方共同海损分摊请求权、船员工资给付请求权等。此外，对于因油污及核损害的索赔，一般也被列入非限制性债权的范围之内。

（一）1957 年《责任限制公约》有关非限制性债权的规定

1957 年《责任限制公约》还规定了两类非限制性债权：（1）因救助报酬及共同海损分摊的债权；（2）船长、船员、其他受雇人基于雇佣合同对船舶所有人享有的债权。由于油污及核损害的赔偿及责任限制的问题，均是在 1957 年《责任限制公约》通过之后才出现的新问题，目前国际上已开始制定并通过了有关核能事故和油污事故的责任限制公约，故 1957 年《责任限制公约》不适用于此类损害的赔偿责任限制。

（二）1976 年《责任限制公约》有关非限制性债权的规定

非限制性债权，依 1976 年《责任限制公约》的规定，包括以下几项：（1）有关救助报酬或共同海损分摊的请求；（2）1969 年《责任公约》及其议定书或修正案中所规定的油污损害的赔偿请求；（3）有关调整或禁止核能损害责任限制的国际公约或国内法规定的赔偿请求；（4）对核动力船舶所有人提出的核能损害的赔偿请求。（5）职责与船舶或救助作业有关的船舶所有人或救助人的受雇人员提出的赔偿请求。

（三）我国《海商法》有关非限制性债权的规定

我国《海商法》第208条规定的非限制性债权如下：（1）救助款项或者共同海损分摊的请求；（2）中国参加的1969年《责任公约》规定的油污损害的赔偿请求；（3）中国参加的《国际核能损害责任限制公约》规定的核能损害的赔偿请求；（4）核动力船舶造成的核能损害的赔偿请求；（5）船舶所有人或者救助人的受雇人提出的赔偿请求，根据调整劳务合同的法律，船舶所有人或者救助人对该类赔偿请求无权限制赔偿责任，或者该项法律作了高于本法第十一章规定的赔偿限额的规定。

五、责任限额

责任限额是指责任主体依法对限制性债权的最高赔偿额。我国《海商法》对于海事赔偿责任限额采用的是金额制，适用于特定场合发生的事故所引起的人身伤亡和财产损失的请求，即"一次事故，一个限额"。根据《海商法》的规定，在计算责任限额时，分为三种情况应对。

（一）总吨位300吨以上的船舶海事赔偿责任限额的规定

对于总吨位300吨以上的船舶，适用《海商法》第210—212条规定的责任限额。对于单纯的人身伤亡的赔偿请求，总吨位300～500吨的船舶，赔偿限额为333 000SDR；单纯的非人身伤亡的赔偿请求，300～500吨的船舶，赔偿限额为167 000SDR。总吨位超过500吨的船舶，其500吨以下部分适用上述规定，而500吨以上部分则分级增加数额：单纯人身伤亡的赔偿限额，501～3000吨的部分，每吨增加500SDR；3001～30 000吨的部分，每吨增加333SDR；30 001～70 000吨的部分，每吨增加250SDR；超过70 000吨的部分，每吨增加167SDR。单纯非人身伤亡的赔偿限额，501～30 000吨的部分，每吨增加167SDR；30 001～70 000吨的部分，每吨增加125SDR；70 000吨以上的部分，每吨增加83SDR。

值得注意的是，在同一事故中产生的人身伤亡和非人身伤亡赔偿请求，如果依人身伤亡的赔偿限额不足以支付全部人身伤亡请求的，其差额应当与非人身伤亡的赔偿请求并列，从非人身伤亡的赔偿数额中按比例受偿。在不影响人身伤亡赔偿请求的情况下，就港口、港池、航道和助航设施的损害提出的赔偿请求，非人身伤亡的其他赔偿请求应当优先受偿。

（二）不满300总吨的船舶及沿海作业、沿海运输海事赔偿责任限额的规定

总吨位不满300吨的船舶及沿海作业、沿海运输的船舶，依1994年施行的

原交通部《关于不满 300 总吨船舶及沿海运输、沿海作业船舶海事赔偿限额的规定》计算赔偿限额。该规定仅适用于超过 20 总吨、不满 300 总吨的船舶及 300 总吨以上的从事我国港口间运输或者沿海作业的船舶。

超过 20 总吨不满 21 总吨的船舶，人身伤亡的赔偿限额为 54 000SDR，非人身伤亡的赔偿限额为 27 500SDR；超过 21 总吨的，超过部分的人身伤亡赔偿限额每吨增加 1000SDR，非人身伤亡的赔偿限额每吨增加 500SDR。

从事我国港口之间货物运输或沿海作业的船舶，不满 300 总吨的，其海事赔偿限额依照上述规定的赔偿限额的 50% 计算；300 吨以上的船舶，赔偿限额依照《海商法》第 210 条第 1 款规定的赔偿限额的 50% 计算。

（三）海上旅客运输人身伤亡赔偿责任限额的规定

我国《海商法》第 211 条规定了海上旅客运输的赔偿限额问题。海上旅客运输的旅客人身伤亡赔偿责任限额，按照 46 666SDR 乘以船舶证书规定的载客定额计算赔偿限额，但最高不超过 25 000 000SDR。由此可知，船舶的规定载客不该超过 535 人，超过该人数的，也要在 25 000 000SDR 的范围内平均分摊受偿。

（四）我国港口之间海上旅客运输责任限额的规定

我国港口之间的海上旅客运输责任限额，适用 1994 年施行的原交通部《中华人民共和国港口间海上旅客运输赔偿责任限额规定》，具体规定如下：（1）旅客人身伤亡的，每名旅客不超过 4 万元人民币的，按照 4 万元人民币乘以船舶证书规定的载客定额计算赔偿限额，最高不超过 2100 万元人民币；（2）旅客自带行李灭失或损坏的，每名旅客不超过 800 元人民币；（3）旅客车辆，包括该车辆所载行李灭失或者损坏的，每一车辆不超过 3200 元人民币；（4）旅客其他行李灭失或损坏的，每千克不超过 20 元人民币；（5）如果承运人和旅客以书面约定高于上述赔偿责任限额的，该约定有效，当事人可不受上述规定的约束。

（五）救助人的赔偿限额

《海商法》第 210 条第 1 款第（5）项规定："对于不以船舶进行救助作业或者在被救助船舶上进行救助作业的救助人，其责任限额按照总吨位为 1500 吨的船舶来计算。"

（六）《中华人民共和国海商法（修改送审稿）》对责任限额的修改

第 242 条规定："海上旅客运输的旅客人身伤亡赔偿责任制度，按照 100000 计算单位乘以船舶证书规定的载客定额计算赔偿限额。"

六、丧失赔偿责任限制权利的情形

赔偿责任限制权利体现其享有者的一定利益,但责任主体享有赔偿责任限制权利并非无条件的。海事赔偿责任限制并非一项绝对的权利,此种权利在一定条件下也可能会丧失。如果出现《海商法》规定的事由时,责任主体就丧失了其本应享有的赔偿责任限制的权利。无论是国际公约还是各国的国内法,一般都规定了不得限制责任的具体条件,当责任主体的行为符合此类条件时,将使其责任限制的权利归于消灭,进而承担无限赔偿责任。

责任主体丧失赔偿责任限制权利的条件是与责任主体享有赔偿责任限制的权利相对应的。按照1957年《责任限制公约》的规定,责任主体丧失赔偿责任限制权利的条件是责任主体有过失(实际过失和私谋)。而根据1976年《责任限制公约》第4条的规定,责任主体"因故意或者明知可能造成损失而轻率地作为或者不作为"造成损害的,丧失赔偿责任限制的权利。[①] 我国《海商法》第209条规定:"经证明,引起赔偿请求的损失是由于责任人的故意或者明知可能造成损失而轻率地作为或者不作为造成的,责任人无权依照本章规定限制赔偿责任。"根据这一规定,责任人丧失责任限制的权利只有在下述两种情况下发生:一是责任人的故意,即行为人在预见到自己行为的结果或认识到损害发生危险的情况下,希望或者放任损害发生的主观心理状态;二是明知可能会造成损失而轻率地作为或不作为,这种表述相当于我国民法中所说的"重大过失"。这一规定主要是考虑到损害是责任人的故意行为造成的,并非行业的特殊风险所致,对此损害若给予责任限制保护,有悖于责任限制制度的宗旨和法律的公允。

第三节 海事赔偿责任限制基金

一、海事赔偿责任限制基金概述

海事赔偿责任限制基金,是海事赔偿责任人为了限制其海事赔偿责任而设立的,并依法分配给所有限制性债权人以偿付债务的一定款项。海事赔偿责任基金包括人身伤亡责任基金和财产损害责任基金。对于单纯的人身伤亡或财产

[①] 贾林青:《海商法》(第五版),中国人民大学出版社2017年版,第355页。

损害的索赔，责任人可以分别按有关赔偿限额设立责任基金。人身伤亡和财产损害同时发生的，责任人可以分别按有关的赔偿限额设立人身伤亡责任基金和财产损害责任基金。上述两种基金的数额分别为《海商法》规定的人身伤亡的赔偿限额和非人身伤亡的赔偿限额，加上自责任产生之日起至基金设立之日止的相应利息。

海事赔偿责任限制基金的使用，也就是责任基金的分配问题，各国一般都规定了相应的方式，如将责任基金分为两个部分：一个称为"人身基金"，专门用于有关人身伤亡索赔的偿付；另一个称为"财产基金"，专门用于有关财产损害索赔的偿付。我国《海商法》第210条第1款第（3）、（4）项不仅规定当"人身基金"不足以清偿全部人身伤亡的索赔时，不足部分可与非人身伤亡的赔偿请求按比例分配"财产基金"，同时还规定，在不影响人身伤亡的赔偿请求的情况下，就港口工程、港池、航道和助航设施的损害提出的赔偿请求，应当较其他财产赔偿请求优先受偿。只要某一责任人，如船舶所有人（含船舶承租人和船舶经营人）或救助人或责任保险人，依法设立了海事赔偿责任限制基金，则应视为是为上述所有责任人设立的，[①] 否则将出现重复设立基金的情况，违背责任限制制度的立法目的。

二、海事赔偿责任限制基金的设置程序

海事赔偿责任限制基金的设置程序，是指责任人向法院申请提交一笔与海事赔偿责任限额等值的款项作为分配给所有限制性债权的基金的法定过程。关于海事赔偿责任限制基金的设立和分配程序，我国《海事诉讼特别程序法》有专门规定。

（一）法定基本条件

设立海事赔偿责任限制基金首先需要申请人的申请，需要具备法定的基本条件：（1）申请人的主体应当适格。船舶海事赔偿责任限制基金的设立，应当由有权享受责任限制的责任人申请。依照我国《海事诉讼特别程序法》第101条的规定，主体适格是该类申请得以受理的条件之一。（2）设立基金的申请应在法定期间以内。申请人设立责任限制基金的申请有时间上的限制。（3）申请设立基金受法院管辖限制。（4）对设立基金的申请文件有特殊要求。按照法律规定，设立责任限制基金的申请应当是书面申请，并载明设立基金的数额、理由以及已知的利害关系人的名称、地址和通信方法，并附有关证据。

[①] 参见《海商法》第212条的规定，以及1976年《责任限制公约》第11条第3款的规定。

(二) 基金设立的法定程序

根据我国《海事诉讼特别程序法》第 104 条至第 108 条的规定，设立海事赔偿责任限制基金的程序如下。

(1) 申请人向海事法院申请设立海事赔偿责任限制基金，应当提交书面申请。申请书应当载明申请设立海事赔偿责任限制基金的数额、理由，以及已知的利害关系人的名称、地址和通信方法，并附有关证据。

(2) 海事法院受理设立海事赔偿责任限制基金的申请后，应当在 7 日内向已知的利害关系人发出通知，同时通过报纸或者其他新闻媒体发布公告。

(3) 利害关系人对申请人申请设立海事赔偿责任限制基金有异议的，应当在收到通知之日起 7 日内或者未收到通知的在公告之日起 30 日内，以书面形式向海事法院提出。海事法院收到利害关系人提出的书面异议后，应当进行审查，在 15 日内作出裁定。异议成立的，裁定驳回申请人的申请；异议不成立的，裁定准予申请人设立海事赔偿责任限制基金。当事人对裁定不服的，可以在收到裁定书之日起 7 日内提起上诉。第二审人民法院应当在收到上诉状之日起 15 日内作出裁定。

(4) 利害关系人在规定的期间内没有提出异议的，海事法院裁定准予申请人设立海事赔偿责任限制基金。

(5) 准予申请人设立海事赔偿责任限制基金的裁定生效后，申请人应当在海事法院设立海事赔偿责任限制基金。设立海事赔偿责任限制基金可以提供现金，也可以提供经海事法院认可的担保。海事赔偿责任限制基金的数额，为海事赔偿责任限额和自事故发生之日起至基金设立之日止的利息。以担保方式设立基金的，担保数额为基金数额及其在基金设立期间的利息。以现金设立基金的，基金到达海事法院指定账户之日为基金设立之日。以担保设立基金的，海事法院接受担保之日为基金设立之日。

(三) 海事赔偿责任限制基金程序与海事赔偿责任限制程序的关系

1. 海事赔偿责任限制的程序

按照我国《海事诉讼特别程序法》第九章的规定，申请海事赔偿责任限制的程序主要包括：申请、审查申请和受理、设立责任限制基金、法院公告及裁定、登记限制性债权、法院审理和裁判等。

(1) 申请。在实践中，发生海难事故后，申请人可以向有管辖权的海事法院提出责任限制的书面申请，并提供享有责任限制的有关证明。

(2) 审查与受理。法院通过审查申请人的申请，如果认为其具备限制责任的条件，即接受申请，否则驳回申请。

（3）通知与公告。法院受理责任人的责任限制申请的，责任人可以向法院申请设立责任限制基金；法院受理该申请后，应在 7 日内向利害关系人发出通知并发布公告。

（4）裁定和异议。利害关系人在规定期间内对申请人设立海事赔偿责任限制基金没有异议的，海事法院应当裁定准予申请人设立基金。利害关系人有异议的，应当在收到法院通知之日起 7 日内或未收到通知的在公告之日起 30 日内提出异议。

（5）设立基金。我国《海事诉讼特别程序法》第 101 条第 1 款规定："船舶所有人、承租人、经营人、救助人、保险人在发生海事事故后，依法申请责任限制的，可以向海事法院申请设立海事赔偿责任限制基金。"根据法律规定，申请人可以在申请责任限制的同时或其后申请设立责任限制基金，可在诉前或诉中申请设立基金。在诉讼中申请设立基金的应在一审判决作出前提出。法院发出通知及公告后，根据事实情况，可以裁定准许设立责任限制基金。

（6）债权登记及审理裁判。申请人开始设立基金后，法院进行债权登记，然后法院将审理海事赔偿责任限制的实体问题并进行裁判。

2. 海事赔偿责任限制基金程序与海事赔偿责任限制程序的关系

（1）责任限制程序是责任限制基金程序的前提，但责任限制基金程序并不是责任限制程序的后果。责任基金的设立必须是在责任主体按照相关法律规定向法院申请限制海事赔偿责任之后，由责任人选择是否向海事法院申请设立。责任人可以选择申请设立海事赔偿责任限制基金，也可以选择不申请设立责任限制基金，对此，责任人享有充分的自主权。

（2）两者在立法目的及作用上不同。责任限制程序是为了保障责任人享有责任限制的权利而进行的诉讼过程，其作用在于减轻责任人承担的实体法律义务，在责任限制程序中，当事人的责任划分、责任限制权利以及责任限额都将得到最终的确认。而责任限制基金程序的建立是为了防止责任人的财产被重复扣押，并以其财产对可能承担的责任提供担保，对具体的责任划分、责任承担方面没有任何影响。

（3）两者的审查对象不同。依照《最高人民法院关于适用〈中华人民共和国海事诉讼特别程序法〉若干问题的解释》第 83 条的规定，在基金设立程序中，既要审查申请人的主体资格、设立基金的数额等程序性问题，还要审查债权性质这一实体性问题。而在海事赔偿责任限制程序中，却应当全面审查主体资格、相关债权性质以及是否存在丧失责任限制的情况，并最终确定责任人是否享受责任限制以及限额，这种审查应属于实质性审查。

【案例枚举】
天津轮驳有限公司申请设立海事赔偿责任限制基金案[①]

【基本案情】

程远公司受华锐公司的委托自大连至汕头港运输岸桥、滚装工具等。程远公司将上述货物装载于烟台打捞局所有的"德浮15002"驳船，并期租了天津轮驳有限公司（以下简称"轮驳公司"）所有的"津港轮35"轮拖带"德浮15002"驳船。拖轮拖航至厦门港东南约25海里处，遭遇恶劣天气，拖缆断裂，发生海损事故。轮驳公司申请以"津港轮35"轮的总吨位作为设立海事赔偿责任限制基金的计算标准。华锐公司提出异议，认为案涉货物是以拖轮拖带驳船的方式进行运输，拖轮和驳船是一个整体，应当以拖轮和驳船的合计吨位计算基金数额。

【裁判结果】

大连海事法院审查认为，"津港轮35"轮和"德浮15002"轮分属不同企业所有，轮驳公司无权对驳船是否申请设立海事赔偿限制基金等事宜作出处分，亦无义务为他人的船舶设立海事赔偿责任限制基金。华锐公司以拖轮及驳船的总吨位计算海事赔偿责任基金的异议缺乏法律依据。一审裁定准许轮驳公司按"津港轮35"轮总吨位计算数额设立海事赔偿责任限制基金。辽宁省高级人民法院二审维持一审裁定。

【典型意义】

拖航运输是海上运输的重要形式之一，特别是在海洋工程设备等超限大件货物的运输中，发挥着不可替代的作用。拖带作业由拖轮和驳船等被拖物同时完成，其发生海事事故后还可能对外承担连带责任。承拖方与被拖方在发生海事事故后，申请设立海事赔偿责任限制基金时，以何标准设立基金，我国《海商法》未作出明确规定，司法实践中存在不同认识。本案明确了设立海事赔偿责任限制基金是法律规定的相关主体享有的权利，在拖轮与驳船并非同一船舶所有人，相关责任并未确定时，以拖轮及驳船的总吨位计算海事赔偿责任限制基金，缺乏法律依据。本案的处理有助于厘清相关法律适用争议，统一同类案件裁判尺度。

[①] 参见最高人民法院《2021年全国海事审判典型案例》（2022年），载最高人民法院网，https://www.court.gov.cn/zixun/xiangqing/361581.html，访问时间：2023年9月3日。

【问题与思考】

1. 简述海事赔偿责任限制的内容。
2. 试述海事赔偿责任限制的条件，以及海事赔偿责任权利丧失的情形。
3. 论述海事赔偿责任限制对海运承运人赔偿责任的影响。
4. 简述海事赔偿责任限制的概念。
5. 简述海事赔偿限制责任诉讼的特别程序。
6. 申请设立海事赔偿责任限制基金案件的条件是什么？
7. 根据 1976 年《责任限制公约》和我国《海商法》，责任主体可以依据海事赔偿责任限制其赔偿责任的内容是什么？
8. 1976 年《责任限制公约》及我国《海商法》确定海事赔偿责任限制制度的对象是什么？

第三编

海事行政法律制度

第七章　海事行政管理法律制度概述

　　海事行政管理法律制度是行政法部门下的法律制度，是调整海事行政管理机关所进行的水上交通安全监督、船舶污染预防、通航安全保障、行政执法等行政活动的法律制度。它依据我国法律法规和相关国际条约，调整海事行政主体与行政相对人之间的法律关系，遵循海事行政合法性、合理性与应急性原则，具有不同于普通行政管理法律制度的特征。此外，我国海事行政管理法律制度还涉及船舶管理和船员管理等诸多方面。由于我国海运行业整体起步较晚，研究船舶管理与船员管理的问题势必要参考发达国家的相关规定并遵守相关国际条约。当然，法律移植必须考虑到本国国情，并据此探索出一项突显中国特色的海事行政管理法律制度。

第一节　海事行政管理基本理论

一、海事行政管理的概念和特点

（一）海事行政管理的概念

　　行政管理是国家行政主体依法对国家和社会事务进行组织和管理并产生行政法律效果的活动。[①] 海事行政管理属于行政管理的范畴，是指海事管理机关为保障水上交通安全、防治船舶污染，依法所进行的水上交通安全监督、防治船舶污染水域环境、通航安全保障、行政执法等行政活动的总称。海事行政主体，即海事行政管理机关，指依法代表国家并以自己的名义实施国家行政管理权能的组织。

　　海事行政管理是海事行政主体进行的活动，是国家行政权在海事管理方面的体现。海事行政管理是各国政府的行政活动。各国海事管理机构依据法律、

---

① 胡建淼主编：《行政法学》，法律出版社 2015 年版，第 5 页。

行政法规的授权，监督和维护水上交通安全和水域环境。其活动的性质主要是海事行政许可、海事行政处罚等行政执法活动，也包括海事行政计划、指导、行政合同等非直接产生法律效果的活动。行政行为的特征使海事行政管理区别于航运企业、行业协会等非国家行政权所实施的船舶安全管理活动，也不同于军事性质的海上活动。①

（二）海事行政管理的特点

海事行政管理是海事行政管理机关作为特定的行政管理部门依法管理特定领域的特殊的行政管理活动，具有与一般行政管理不同的特点：

1. 技术性

海事行政管理的技术性，指海事行政管理的活动和方式通常需要专业的知识和技能。以船舶登记为例，海事机构是重要的行政执法机关，也是物权登记机关。船舶作为一种特殊的动产，其所有权转移、使用权变更、抵押权公示等都需要到海事部门进行登记。而在船舶登记的过程中，存在诸多的专业性、技术性问题，仅靠法律知识是难以全面解决的。② 此外，其他包括防止船舶污染、水上交通事故调查在内的职责的履行，不仅需要法律依据，还需要适用相关技术规范和标准，掌握专业知识技能。

2. 涉外性③

海事行政管理的涉外性，指海事管理相对人或管理内容具有涉外因素，涉及国家间事务。其主要体现在以下几个方面：

（1）海事管理机构代表国家通过对中国籍国际航行船舶的检验、发证、配员和中国籍海船船员适任考试、发证等工作，履行有关海上安全、防止污染等我国加入的相关海事公约规定的船旗国义务；

（2）海事管理机构代表国家作为港口国主管机关审批外国籍船舶进出我国内水和港口的申请、实施强制引航、进行安全和防污染监督检查，保障我国港口水域安全和防止船舶运行造成环境污染；

（3）海事管理机构代表沿海国政府对在我国内水、领海、专属经济区、大陆架等从事沉船沉物打捞、海上搜寻救助、勘探开发、敷设电缆和管道、海洋科研考察等水上、水下活动实施审批和监督，以维护国家主权和海洋权益。

---

① 任威、乔文明主编：《海事行政与实务（理论部分）》，大连海事大学出版社2016年版，第1页。

② 王世涛：《部门行政法的理论基础与体系建构——以海事行政法为视角》，载《中国海商法研究》2020年第4期，第6页。

③ 任威、乔文明主编：《海事行政与实务（理论部分）》，大连海事大学出版社2016年版，第2页。

3. 公益性

海事管理的公益性，指海事管理的目的是维护公共利益，而非某个组织或个人的利益，其主要体现在水上交通安全监督和船舶监督方面。海事行政管理机构对所有相关船舶和活动实施监督管理，对涉事船舶采取通航安全保障措施，提供船舶交通服务、水上搜救服务和进行协调工作，并向不特定的船舶、船员和水上遇险者提供救助。

二、海事行政管理法律关系

（一）海事行政管理法律关系的概念及特征

"法律关系"的观念，从历史渊源来看，最早源于罗马法"债"的描述。《法学阶梯》认为，债为法锁。《优帝法学纲要》也认为，债是依国法得使他人为一定给付的法锁。这形象地描述了债作为私法关系存在的约束力与强制力。之后，法律关系便一直依附于权利、义务等概念。[1] 法律调整的对象是社会关系，一旦社会关系超越日常生活，上升到需要法律调整的层面并受到相应的法律调整以后，便形成与之相应的法律关系。同理，海事行政相关的法律法规以海事行政关系为调整对象，海事行政关系经海事行政法调整以后，便上升为海事行政管理法律关系。

具体来讲，海事行政管理法律关系是指由海事行政法规范调整的，因实施国家海事行政权而发生在海事行政主体与海事行政相对人之间、海事行政主体之间、海事行政相对人之间的权利义务关系。其中，海事行政主体与海事行政相对人之间发生的是外部行政法律关系，其余则是内部行政法律关系。

海事行政管理法律关系是"法律化"的海事行政关系，除具有行政法律关系的一般特征外，还具有以下独有的特征。具体包括如下内容。[2]

1. 主体恒定性

即双方当事人中必有一方是海事行政主体。如果一个法律关系的主体中没有海事行政主体，那么可以确定该法律关系中就没有海事行政职权的参与，该法律关系也就不可能是海事行政法律关系。当然，即使是存在海事行政主体的情形，也不一定都是海事行政法律关系，也可能构成一般民事法律关系。

2. 内容特定性

行政法律关系的内容十分广泛，与其他行政法律关系相比，海事行政法律关系的内容是特定的，即海事行政主体的权利与义务。海事行政主体所享受的

---

[1] 张文显：《法学基本范畴研究》，中国政法大学出版社1993年版，第159页。
[2] 王世涛主编：《海事行政法》，大连海事大学出版社2015年版，第27页。

权利与承担的义务都与海事行政职权直接相关。如果一个法律关系的内容不是与海事行政职权相关的权利与义务，那么该法律关系不可能是海事行政法律关系。例如，某些船员因私怨攻击海事局办公楼，对海事局工作人员进行人身损害，由此建立的法律关系就不属于海事行政法律关系。

3. 制定依据广泛性

海事行政法律体系中相关法律法规的制定除了依据体现中国特色的宪法、行政法和其他相关的法律法规，还依据我国缔结、加入、承认的国际公约、条约、议定书、决议等。

4. 法律、法规专业性

海事行政法律体系中的法律法规是中华人民共和国海事局及其各级海事管理机构实施海事行政管理和进行海事行政执法工作的法律依据，这就体现了海事行政法律体系较强的专业性。只要是与水上交通安全和防止船舶污染等与海事行政管理相关的行政事务均受海事行政法律体系中相关法律法规的调整和规范。①

（二）海事行政管理法律关系的构成要素

海事行政管理法律关系由三个要素构成，即主体、客体和内容。

1. 主体

海事行政管理法律关系的主体，亦称海事行政法主体，是指在具体的海事行政法律关系中享受权利、承担义务的当事人。其确认标准在于它是否享受我国海事行政法规所规定的权利和是否承担相应的义务。海事行政管理法律关系的主体是海事行政法律关系的首要构成要素。如果没有主体，由海事行政管理法律关系客体反映出来的内容便无归属，海事行政法管理法律关系就无法成立。

根据这一标准，下列组织和个人都可以成为我国海事行政管理法律关系的主体：国家海事行政机关；其他国家机关；企、事业单位；社会团体和其他社会组织；公民；在我国境内的外国组织和外国人。上述不同主体，在行政法律关系中的地位是不同的。我们把可以代表国家实施行政管理权，处于管理一方的主体称为"海事行政主体"；没有行政管理权，处于被管理一方的主体称为"海事行政相对人"。

2. 客体

海事行政管理法律关系的客体，是指海事行政管理法律关系中行政主体与

---

① 郑忠义主编：《海事行政法》，人民交通出版社2013年版，第31页。

行政相对人的权利和义务所指向的对象。如果没有客体，双方当事人的权利义务就无所依附，海事行政法律关系也就不可能形成。海事行政管理法律关系的客体包括人身权、行为和物。

（1）人身权包括人格权与身份权，海事行政行为可以对人格权和身份权直接发生作用。海事行政法律关系主要涉及人格权，如海事局针对侵害法人名誉权等人格权作出的处罚或限制。

（2）行为，即海事行政法律关系主体为实现一定行政管理职能而进行的有意识的活动，包括作为和不作为。这也是影响海事行政法律关系主体产生、存在和变更的主要因素。例如，发生污染事故后，船舶应当立即向海事主管部门报告，报告义务的客体就是报告行为。又如，海事局负有不干涉船舶公司自由经营的义务，这一义务的客体就是不作为的行为。

（3）物，是指具有价值的且可为人所支配的物质资料。海事主体之间的各种权利义务关系是由"物"引起的，如船舶上所装载的货物、助航设施、导航标志、罚没的金钱等。

3. 内容

海事行政管理法律关系的内容，是指海事行政法律关系主体之间的权利、义务关系。内容是海事行政法律关系的核心，没有内容，海事行政法律关系只是徒有形式，不具有任何实际意义。依据海事行政法律关系主体的地位，它主要包括以下三种情况。[①]

（1）海事行政主体之间的权利、义务关系。海事行政主体之间的权利、义务关系又有纵向和横向两种。纵向法律关系主要体现在海事行政系统内部的上下级关系，大部分海事行政主体既处于领导地位，又处于被领导地位。横向法律关系主要体现为各同级海事行政主体之间的协助合作关系。

（2）海事行政主体与其公务员之间的权利、义务关系。公务员既是公民又是以海事行政主体的名义行使行政管理职能的国家工作人员，因此其具有双重身份，而此处的权利、义务关系主要是指其作为国家工作人员时与海事行政主体所发生的权利、义务关系。海事系统中公务员的行政行为是海事行政管理主体管理社会事务的具体体现，海事行政主体对其公务员的行为进行监督和指导并对其后果承担责任。

（3）海事行政主体与海事行政相对人之间的权利、义务关系。当海事行政主体代表国家以行政管理者的身份同相对人发生权利、义务关系时，相对人必须执行行政主体的决定、命令。此外，在不同的法律关系中海事行政主体也会

[①] 郑中义、李国平编著：《海事行政法》，大连海事大学出版社2007年版，第29页。

以服务主体、指导主体、赔偿主体等身份出现。但是，海事行政主体并不因其处于管理者的地位就只享有权利而不承担义务，行政相对人也不因其处于被管理的地位就只承担义务而不享受权利。

（三）海事行政法律关系的产生、变更与消灭

行政法律关系的产生、变更或消灭，以相应行政法律规范的存在为前提条件，以一定法律事实的出现为直接原因。相应行政法律规范的存在，为该行政法律关系的产生、变更或消灭提供了可能。[1] 而法律事实则直接导致行政法律关系的变化。

1. 海事行政法律关系的产生

海事行政法律关系的产生，是指海事行政主体与海事行政相对人之间在行政法上权利与义务的实际构成，是双方基于一定的法律事实建立起的特定的权利义务关系。海事行政法律关系的产生是海事行政法律关系变化的起点。例如：船舶所有人向船舶登记机构申请登记（义务）；海事局对海事行政许可的依法审批（权力）；公民依法申请海事行政复议（权利）；海事行政复议机关依法受理及处理（职责）。

2. 海事行政法律关系的变更

海事行政法律关系的变更，是指海事行政法律关系产生后、消灭前，一方当事人、对象或部分内容发生变化的情形，其包括主体、客体与内容的变更。主体的变更如在海事行政法律关系存续期间海事局进行了合并或者分立。客体的变更如海事局对行政相对人处以罚款以后，在该处罚消灭之前，又将其变更为警告，此时海事行政法律关系的客体就由"物"转变为"人身权"。内容的变更包括增加或者减少主体的权利与义务，如罚款数额的增高或降低。

3. 海事行政法律关系的消灭

海事行政法律关系的消灭，是指原行政法律关系的当事人之间权利和义务关系的消灭。海事行政法律关系的消灭是海事行政法律关系变化的终结。消灭主要有以下两种情形：

（1）当事人或法律关系客体的消失，如海事行政相对人死亡或被暂扣的船舶发生火灾而被焚毁；

（2）法律关系中权利与义务的内容全部消失，包括原法律关系内容由于海事行政相对人享受了权利或履行了义务而消失，以及原法律关系内容被海事行政主体撤销。

---

[1] 胡建淼主编：《行政法学》，法律出版社2015年版，第19页。

三、海事行政管理的分类

海事行政管理的类型十分繁复，大致可以划分为以下几类。

（一）船舶管理

船舶管理则是海事局最重要的管理职责，是海事部门履职的核心。船舶管理包括船舶登记管理、船舶检验管理、船舶签证管理和进出口岸管理、船舶安全检查、特殊船舶监督管理、航运公司安全管理体系审核等内容。我国上海海事局现开通外国籍船舶进入或临时进入非对外开放水域许可、船舶国籍证书核发、船舶进出港口审批（国际航行船舶进出口岸审批）三项便民服务项目。[①]

（二）船员管理

依据1983年通过、2016年修正、2021年修订的《海上交通安全法》，2002年公布，2011年、2017年、2019年三次修订的《内河交通安全管理条例》，2007年公布，第七次修订的《船员条例》以及我国政府缔结的1978年《海员培训、发证和值班标准国际公约》（以下简称《STCW公约》）及其议定书等法律法规和国际公约，中华人民共和国海事局是我国船员管理的主管机关，代表中华人民共和国政府履行相关管理职能。船员管理的主要内容涉及社会的多个方面，包括船员培训、考试、发证、就业、连续服务、船员的工资福利、社会保障、卫生医疗、职业安全、船舶配员、职业道德等内容，是一门综合性很强的管理学科。从狭义的日常管理来说，大致可以分为三个方面：一是船员的证书管理，海事管理机构按照授权，负责船员相关任职证书的培训、考试和发证，以及船员服务簿、海员出境证件的发证及管理；二是船员培训和派遣管理，包括船员教育培训机构和船员服务机构管理；三是船员任职管理，主要包含船员持证任职过程中的各项监督管理。

（三）航行管理

航行管理，指对航行中的船舶进行的管理活动，如通航环境管理、求助与打捞、通信与信号、水上交通事故调查处理等。安全的通航环境是船舶赖以安全航行、停泊和作业的基础，且受到船舶自身条件以外的客观因素及社会外部因素影响。这里所说的客观因素一般是指供船舶使用的水域及水域的自然条件和交通状况、航标、码头状况，以及妨碍和影响船舶航行、停泊和作业安全的各种因素；而社会因素具体是指为船舶提供的安全信息服务、航行作业的辅助

---

① 中华人民共和国上海海事局官网，https：//www.sh.msa.gov.cn/cbgl/index.jhtml，访问时间：2023年9月1日。

服务、科学合理的水上交通秩序的组织和管理以及指泊、调度、安全保障条件等。通航环境的外部因素又可以划分为正面因素和负面因素两种。正面因素对船舶安全起着积极的保障作用，负面因素会对船舶的安全造成不利影响。

(四) 避险管理

避险管理主要指发生海事危机时防范危险的管理活动，如对船载危险货物的管理、防止污染管理等。

经过多年的努力，我国逐步建立了一套涉及船舶载运危险货物的安全监管与应急反应体系。目前，沿海海事管理机构对船舶载运危险货物、污染危害性货物的监管主要依据《海上交通安全法》《海洋环境保护法》《危险化学品安全管理条例》《防治船舶污染海洋环境管理条例》《中华人民共和国船舶载运危险货物安全监督管理规定》《中华人民共和国船舶及其有关作业活动污染海洋环境防治管理规定》等法律法规；形成了政府统一领导，企业全面负责，部门依法监管，社会监督支持的船舶载运危险货物安全监督管理格局。但也存在着法规体系不完整、层次低、时效性不强和内外脱节等问题。现有的法律、法规、规章针对危险品应急，从事前预防、应急反应和事后控制等方面作了较为全面的规定。但是，危险品运输的安全监管水平不高、应急能力建设参差不齐，现有的应急处置机制难以适应危险品迅猛发展的新形势和新要求。[①]

(五) 其他管理

其他管理，指对在海上发生的其他活动的行政管理类型，如对航标、测绘的管理，水路运输许可的管理等。助航标志简称航标，是为帮助船舶安全、经济和便利航行而设置的以特定的标志、灯光、音响和无线电信号等供船舶确定船位、航向的助航设施。航标通常设置在我国的内河及沿海水域，起着船舶航行安全保障、海洋经济资源开发、海洋环境保护等作用。航标管理分为公用航标管理和专用航标管理。公用航标，是指由国家投资建设维护的大型的成熟商用港口助航标志，其服务对象为所有船舶和航海者。公用航标的维护费用由国家按照 2017 年公布、2018 年修正的《中华人民共和国船舶吨税法》收取的吨税提供。专用航标是指，由港口码头公司投资建设和维护的私有港口或码头的助航标志，其服务对象为行驶和靠泊在私有港口或码头的船舶及航海者。我国公益事业单位航标处对公用航标的管理包括建设、维护保养、升级改造等，对专用航标的管理包括建设审批、维护保养、监督检查和其他技术支持。

[①] 曹巍、王耀兵等：《船载危化品突发事故应急能力评价体系的建立》，载《中国海事》2010 年第 6 期，第 52 - 55 页。

四、海事行政管理的目的和意义

海洋对人类社会的生存和发展具有重要意义,我国是海洋大国,海洋问题关系到国家的根本利益。海事机构保障的海上交通服务是国家海洋事务的重要组成部分,是海洋自由论的核心内容,同时也是交通强国建设的重要一环。海事机构是国家发展海洋经济、维护海洋权益的重要行政力量。海事行政管理是连接海事行政机关与海事行政相对人的纽带,直接体现着我国海事行政法治化、专业化水平,是建设海洋强国和交通强国的基础。理解海事行政管理的目的和意义,与了解海事行政法的价值密不可分。① 如果海事法的均衡发展必须用两条腿走路的话,海事行政法就是海事法的一条腿,没有这条腿,海事法只能靠海商法跛足前行。

在海事实践中,人们对海事领域的行政法问题有很多困惑,由于海商法中没有规定,加之这方面的研究又异常薄弱,这种海事法"单腿跳"的发展模式极大地阻碍了自身的发展,使得中国的海商法只是在固有的领地内偏安自为,而不是开疆扩土争取属于自己的领地并有所建树,这样导致的结果是海事行政法成为渐渐淡出法学视野的一块"不毛之地"。不但传统的海商法很少涉猎,在其他法学科包括行政法学科也无人问津。

海事行政管理具有其特定的目的,即保障水上交通运输活动的安全性与高效性,从而为海商法的实施创造良好的社会环境。水上交通运输活动的安全性包括人身安全、财产安全以及环境安全,即通过海事行政组织的行政管理,减少和避免船舶在航行过程中发生碰撞、沉没、火灾、爆炸、搁浅等事故造成的人员伤亡、财产损失或者因燃油、船上装载的危险品泄露而导致的环境污染。其高效性主要是指在保证安全的前提下,降低水上交通运输行业运转的行政成本,避免烦琐冗余的行政手续,为水上交通运输行业发展提供便利、快捷的条件。②

建立健全完善的海事行政管理制度,有利于为各项海洋或内河经济活动提供良好的环境和安全保障,促进国民经济建设;有利于维护国家主权和海洋权益,维护领土主权;有利于监督海洋活动,最大限度减少海洋污染、保护海洋生态环境,实现经济效益与生态效益的统一;有利于保障海洋强国战略地有力推进,促进海洋强国梦的实现。

---

① 王世涛:《海事行政法的困境与出路》,载《大连海事大学学报(社会科学版)》2007 年第 6 期,第 1－2 页。
② 王世涛主编:《海事行政法学研究》,中国政法大学出版社 2013 年版,第 30 页。

五、海事行政管理基本原则

法律原则是法律的基础性真理、原理或为其他法的要素提供基础或本源的综合性原理或出发点。① 法的基本原则体现法的根本价值，是整个法律活动的指导思想和出发点，它构成法律体系的神经中枢，是法的灵魂所在。② 海事行政管理基本原则，反映着海事行政管理的基本价值观念，贯穿于海事行政的立法、执法、司法、监督等海事行政管理活动的各个环节，是海事行政管理的灵魂。我国海事行政管理的基本原则可归纳为三类：合法性原则、合理性原则和应急原则。

（一）合法性原则

合法性原则，指海事行政管理机构在实施海事行政管理行为时必须依照法律规定，不得与法律相违背，否则需要承担相应的法律责任。合法性原则是海事行政管理的首要原则，是合理性原则和应急原则的前提。它具体包括以下内容。

1. 职权法定原则

行政职权是一切行政行为的基础，职权法定原则要求海事行政主体行政职权来源法定，要求海事行政主体海事行政管理权的取得、分配、行使都要依照法律规定，越权则无效。具体包括：

（1）海事行政管理主体法定；

（2）海事行政管理主体的职权源于法律授予；

（3）海事行政管理主体行使海事行政管理职权必须受到法律的约束，越权行政行为无效且应承担相应的法律责任；

（4）海事行政管理主体的法定职权必须履行，不得怠于行政。

2. 法律优先原则

法律优先是指行政法规范对行政活动具有绝对的约束力和支配力，海事行政主体不得采取任何违反海事行政法规范的措施，该原则无条件地适用于一切行政领域。在现代，法律优先原则中的"法"，是广义的法，而不仅仅是立法机关所制定的法律。同时，在已有法律规定的情况下，其他规范性文件不得与法律相抵触。海事行政行为的内容、形式和程序必须符合法律要求。

海事行政行为受法律约束，首先表现为行政行为的内容要符合法律目的，要求行政主体不得作出与法律相悖的行政规定或决定，否则构成内容违法。其

---

① 张文显主编：《法理学》，高等教育出版社2018年版，第120页。
② 同上书，第122页。

次，行政行为还必须符合法定的形式，法律规定必须采用书面形式的，行政行为就不得以口头形式出现，否则构成形式违法。最后，行政行为的作出还必须符合法定程序。行政行为一经作出，不仅对行政相对人而且对行政主体本身也有约束力，非有法定事由，未经法定程序，不得变更或撤回。①

3. 法律保留原则

法律保留原则要求海事行政主体只有在得到法律允许的情况下才能实施相应的海事行政行为。我国的法律保留原则可以从立法和执法两个层面来认识。就立法层面上的法律保留而言，全国人民代表大会及其常务委员会制定的众多单行法律都规定了法律保留事项，其中 2000 年通过，2015 年、2023 年修订的《中华人民共和国立法法》（以下简称《立法法》）集中规定了我国的法律保留原则与制度，有关公民自由的立法为法律绝对保留的事项。从执法层面来看，法律保留原则的"法律"包括法律、法规和规章。法律缺位意味着法律未作或不作规定，即法律未赋予行政权力，因而就必须排除任何行政作用的存在，不得滥用行政权力。

4. 程序正当原则

程序正当原则即海事行政行为的作出必须符合法定程序。它主要包括以下三点。

（1）"自己不做自己的法官"，意味着海事行政机关和行政工作人员处理涉及与自己有利害关系的事务或裁决与自己有利害关系的争议时，应主动回避或应当事人申请回避。

（2）政务公开，即海事行政主体在行使行政权力的过程中，应当依法将行政权力运行的依据、过程和结果向行政相对人和社会公众公开，使其知悉并有效参与和监督行政权力的运行。

（3）听取陈述和申辩，海事行政机关作出任何行政行为，特别是作出对海事行政相对人不利的行政行为，必须听取海事相对人的陈述和申辩。②

（二）合理性原则

合理性原则，指海事管理机构的行为应当符合法律的意图或精神，符合公平正义等法律理性。这里的"理"指的是法的精神和本意。③ 其主要内容包括公平公正原则、比例原则、信赖保护原则。行政合理性的产生与行政自由裁量权的存在与扩大密不可分。它具体包括以下内容。

---

① 胡建淼主编：《行政法学》，法律出版社 2015 年版，第 50 页。
② 姜明安主编：《行政法与行政诉讼法》，北京大学出版社 2019 年版，第 78－79 页。
③ 高波：《海事行政法研究》，国防工业出版社 2010 年版，第 21 页。

1. 公平公正原则

公平公正原则是海事行政管理关系的一项基本原则，它要求海事行政主体及其工作人员办事公道，不徇私、不歧视，平等对待不同身份、民族、性别、宗教信仰的海事行政相对人。公平公正原则应当包括以下几层含义：

（1）行政主体在适用行政法规范时，应当平等地对待公民、法人和其他组织，不得歧视特定的行政相对人；

（2）针对同样的法律适用条件和同样的案情，应当作出同样的决定；

（3）在无法律标准的条件下，针对同样案情，以前的处理标准应当约束以后的处理决定，即"遵循先例原则"。①

2. 比例原则

比例原则，指在公共秩序、社会利益与个人权利之间寻求合理界限，海事行政机关通过下达与海事行政相对人违法行为相当的处罚决定，牺牲海事行政相对人最小的利益来实现实施海事行政管理的目的。

根据德国的法制经验，比例原则具体由以下三部分组成。

（1）适当性。这是从行政行为目的的角度所作的要求，即行政行为的作出要适合目的的实现，包括行政的一般目的，也包括法律授权的特定目的。

（2）必要性。这是从手段上对行政行为所作的要求，它是指行政行为不能超越实现目的之必要程度，即面对为达成目的的多种可能选择的手段，须尽可能采取对人民利益影响最轻微的手段。

（3）衡量性。又称狭义的比例原则或平衡原则。这是指手段应按目的加以衡量，即干涉措施所造成的损害轻于达成目的所获得的利益。②

3. 信赖保护原则

信赖保护原则的基本含义是政府对自己作出的行为或承诺应当守信，不得随意更改，不得反复无常。这一原则根植于依法治国原则的法定性要求，并据此衍生出"法不溯及既往"、行政行为的撤销与废止限制、行政机关承诺或者保证效力以及"行政计划担保责任"等原则③。信赖保护原则有以下要求：

（1）海事行政行为一经作出，非有法定事由并经法定程序不得随意撤销、废止或改变，此源于行政行为的确定力和公定力。

（2）行政机关对行政相对人作出授益行政行为后，事后即使发现有违法

---

① 胡建淼主编：《行政法学》，法律出版社2015年版，第55页。
② 应松年主编：《行政法与行政诉讼法学》，高等教育出版社2018年版，第32页。
③ ［德］哈特穆特·毛雷尔：《行政法学总论》，高家伟译，法律出版社2000年版，第277－278页。

情形，只要这种违法情形不是因相对人过错造成的，行政机关亦不得轻易撤销或改变，除非不撤销或改变此种违法行政行为会严重损害国家、社会公共利益。

（3）行政行为作出后，如果据以作出该行政行为的法律、法规、规章修改或废止，或者据以作出该行政行为的客观情况发生重大变化，为了公共利益的需要，行政机关可以撤回、废止或改变已经作出的行政行为，但是行政机关在作出撤回、废止或改变已经作出的行政行为的决定前，应进行利益衡量。

（4）行政机关撤销或改变其违法作出的行政行为时，如果这种违法情形不是因相对人过错造成的，要对相对人因此受到的损失予以赔偿。行政机关因公共利益的需要撤回、废止或改变其合法作出的行政行为时，如果这种撤回、废止或改变导致相对人损失，则要对相对人的损失予以补偿。[1]

（三）应急原则

海事行政应急制度是关于海事行政管理机构行使应急职权以控制和消除突发公共事件的制度。海事行政管理机构管理的行政事务，大体上可以分为正常社会状态下的行政事务和非常社会状态下的行政事务。海事行政应急制度是法律上为管理和控制非常状态下行政事务的制度，如《国家海上搜救应急预案》《中国海上船舶油污应急计划》《交通运输行业突发公共事件新闻宣传应急预案》等均有行政应急性的规定。[2]

海事行政的应急性赋予了海事行政管理机构较大的自主性，它是合法性原则的例外，但应急原则并不排斥行政合法性原则。为了防止这种行政应急发展成为行政专横而践踏法治，海事行政应急权力的行使应符合以下几个条件。

（1）法定条件，即只有在法定情形出现时才能适用该原则。这就要求在立法上对可适用行政应急原则的特殊情形作出相应的规定，例如：存在明确无误的紧急危险；非法定机构行使了紧急权力，事后应由有权机关予以确认；海事行政管理机构作出的应急行为受到有权机关的监督。

（2）公共利益，即行政决定必须以公共利益为依归，符合原有行政法律规范的立法目的和立法本意。海事行政应急权力的行使应当适当，应将负面损害控制在最小范围内。

（3）程序条件，即海事行政管理机构在适用行政应急原则前，应得到有权机关的审批。事前来不及报批的，事后应接受有权机关的审查、追认。

如果海事行政应急原则的适用不符合上述任何一个要求，则仍属违法行政。

---

[1] 姜明安主编：《行政法与行政诉讼法》，北京大学出版社2019年版，第76页。
[2] 高波：《海事行政法研究》，国防工业出版社2010年版，第22-23页。

第二节 海事行政管辖

一、海事行政管辖的主体

行政管辖主体，是行政法学主体论中的首要概念，是行政关系中的主动方。在法国，行政主体是指具有行政权能，并能负担由于行使职权而引起的权利和义务的主体。① 在日本，行政主体系指行政权的归属者，即行政法律关系中处于支配地位的管理者，它包括国家和公共团体。② 在韩国，有学者提出："在行政法系关系中，行政权的承担者被称为行政主体。行政主体可以是国家公共团体及被授权执行行政事务的私人。"③

海事行政主体，是海事行政法所调整的各种行政关系的参加人，包括组织和个人。在我国，海事行政管辖主体主要指各类海事行政机关，即负责国家水上安全监督、防止船舶污染、对船舶及水上设施进行检验、进行航海保障管理与行政执法，并履行交通安全生产等管理职能的国家行政机关。

（一）我国海事行政主体的历史演变

1. 中华人民共和国成立前典型意义的海事行政主体

（1）春秋战国的齐国赋予沿海政府海盐专卖管理职责。在齐国的桓公执政时期，实行"宦山海"政策，把海洋看作与内地的山林一样，是国家的重要资源，鼓励百姓对海域实施开发活动。④

（2）东汉时期开创保护海洋资源的先河，沿海地方政府把保护海域资源合理开采纳入自己的管辖范畴。在东汉时期，为了遏制社会分工和商业的发展所带来的滥采海域珍珠的现象，政府颁发了保护海域资源的法令，设立了对海域资源进行管理和保护的海上行政机构。

（3）唐宋时期开设海上航运管理机构。唐宋时期造船和航海技术也大大超过以前时期，通过海道的海外商业迅猛发展。唐代在沿海的港口设立了专职管理机构市舶司，作为专门直接收购从国外输入的重要商品的机构，从而有效地把海外贸易纳入管辖范畴。

---

① 王名扬主编：《法国行政法》，中国政法大学出版社1989年版，第38-41页。
② ［日］南博方：《日本行政法》，杨建顺等译，中国人民大学出版社1988年版，第13-14页。
③ ［韩］金东熙：《行政法》，赵峰译，中国人民大学出版社2008年版，第60页。
④ 管华诗主编：《海洋管理概论》，中国海洋大学出版社2003年版，第8-11页。

(4) 明清时期的"海禁"和"迁界"政策赋予沿海政府对海域的管理职责不是积极的开发疏导,而是消极的禁止和维护海域的静寂。因此,这一时期的海域管理走向了一个极端反面,它不是推动海域功能的积极发挥,而是使其拉回从前。这种极端反面的海域管理是极其荒谬的,它破坏了人们正常的生活,阻碍了海域产业的发展,也荒废了政府对海洋管理的探索。

(5) 北洋政府和国民党政府均专设海上渔业管理机构。我国古代的海洋渔业长期落后,辛亥革命后,北洋政府开始在实业部专设渔业局,后来又将其并入农商部。由于有专职的渔业管理机构,并且采取了护渔防盗措施,公海渔业和渔业技术都得到了较大的发展。后来的国民党政府也继承了北洋政府的渔业管理制度,并把沿海划分为四个渔区进行管理。

2. 中华人民共和国成立后海事行政主体的历史演变

(1) 萌芽期:20世纪六七十年代。1964年7月22日,经第二次全国人大审议批准,国家海洋局正式成立。国家海洋局的成立标志着中华人民共和国从此有了专门的海洋工作领导部门,标志着我国开始了专门的海洋管理,海洋工作体制开始走向一个新阶段。[1]

成立之初的国家海洋局,其职能包括:统一管理海洋资源和环境、资料收集整编和海洋性公益服务。这个阶段被称为海洋管理的行业管理阶段。海洋管理分散在各个涉海行业,海洋事业也逐步成为一类具有相对独立性的事业,由此国家海洋管理体系逐渐形成。

(2) 形成期:20世纪八九十年代。这一时期,我国海洋行政机构建设有两个特点。

一是地方海洋行政管理机构逐渐具备了成立基础。20世纪80年代初,当时的五部委联合在沿海省市开展了全国海岸带和海洋资源综合调查,沿海各省市都成立了"海岸带调查办公室",后改为管理本地海洋工作的海洋局(处、室)等机构,接受国家科委和海洋局的双重领导。我国地方海洋行政管理机构初步形成。

二是进一步加强了涉海行业管理。这一时期,我国的涉海行业管理在四个方面开始得到加强:

①海洋渔业管理。国家除了加强对海洋渔业的立法,在机构建设上,设立了主管渔业和渔政的渔业局,隶属原农业部。

②海洋港口和交通运输管理。原交通部下设港务系统、航道系统和港务监督系统,进行海上航运管理。成立了港务监督局,主管水上交通安全。

---

[1] 刘洋、高雪梅主编:《海洋行政管理》,东南大学出版社2017年版,第46-50页。

③海洋油气生产管理。形成了中国海洋石油总公司、中国石油天然气总公司两大系统。

④海盐生产管理。当时,我国将盐业生产统一归属到国家轻工业局进行管理,在全国成立了中国盐业协会和中国盐业总公司。在国家的统一规划下,开展盐业的生产与销售。

(3)成熟期:20世纪90年代至21世纪初。1998年,国务院进行机构改革,合并机构,精简人员,压缩部委的数量。国家海洋局被整合为隶属原国土资源部的独立局,其基本职能被确定为海洋立法、海洋规划和海洋管理三项,其基本职责发展为海域使用管理、海洋环境保护、海洋科技、海洋国际合作、海洋减灾、维护海洋权益六个方面。此外,中国海监总队于1999年成立,负责海洋监察执法,与国家海洋局合署办公。随后,国家海洋局的三个分局也分别成立了北海区海监总队、东海区海监总队、南海区海监总队。这一时期,地方海洋管理机构得到了进一步发展,其职能调整、机构隶属、人员配备等方面得到完善。

(4)发展期:2010年至今。这个时期最重大的事件就是国家海洋局的重组,这标志着我国海洋管理体制从半集中型向集中型过渡,我国的海洋行政管理体制进入新的发展阶段。在这个阶段"海洋强国"正式成为国家战略之一,随着海洋地位的不断上升,国家关于海洋的政策体现出不断完善海洋立法、推进海洋综合执法的特点。

(二)我国目前海事行政管辖主体及其职责

《海上交通安全法》第4条第2款规定:"国家海事管理机构统一负责海上交通安全监督管理工作,其他各级海事管理机构按照职责具体负责辖区内的海上交通安全监督管理工作。"第118条第3款和第4款规定:"渔业船员、渔业无线电、渔业航标的监督管理,渔业船舶的登记管理,渔港水域内的海上交通安全管理,渔业船舶(含外国籍渔业船舶)之间交通事故的调查处理,由县级以上人民政府渔业渔政主管部门负责。法律、行政法规或者国务院对渔业船舶之间交通事故的调查处理另有规定的,从其规定。除前款规定外,渔业船舶的海上交通安全管理由海事管理机构负责。渔业船舶的检验及其监督管理,由海事管理机构依照有关法律、行政法规的规定执行。"第119条第1款规定:"海上军事管辖区和军用船舶、海上设施的内部海上交通安全管理,军用航标的设立和管理,以及为军事目的进行作业或者水上水下活动的管理,由中央军事委员会另行制定管理办法。"

2021年公布的《中华人民共和国海上海事行政处罚规定》(以下简称《海

上海事行政处罚规定》）第 3 条，2015 年发布、2021 年第 3 次修正的《中华人民共和国内河海事行政处罚规定》（以下简称《内河海事行政处罚规定》）第 4 条规定："海事行政处罚，由海事管理机构依法实施。"

2021 年 1 月 22 日通过的《海警法》第 3 条规定："海警机构在中华人民共和国管辖海域（以下简称我国管辖海域）及其上空开展海上维权执法活动，适用本法。"可见，在我国，海事行政机关的组成包括海事管理机构、渔政管理机构、海警机构和其他国家有关主管机关。

1. 海事管理机构

我国海事管理机构的名称经历了从港务监督或港航监督，到海上安全监督局或水上安全监督局，再到海事局的变化过程。国务院交通主管部门现为交通运输部，国家海事管理机构为：交通运输部水运局、交通运输部部属行政机构海事局、长江航务管理局、珠江航务管理局。此外，省、自治区、直辖市人民政府在中央管理水域以外的其他水域设立的海事管理机构为省级地方海事局。

（1）交通运输部海事局。交通运输部海事局又称中华人民共和国海事局、国家海事局，为交通运输部直属机构，实行"一水一监，一港一监"的垂直管理体制，即将我国沿海海域（包括岛屿）和港口、对外开放水域和重要跨省通航内河干线和港口划为中央管理水域，由交通运输部设置直属海事管理机构实施垂直管理；在中央管理水域以外的内河湖泊和水库等水域，划为地方管理水域，由省、自治区、直辖市人民政府设立的地方海事管理机构实施管理。海事局主要履行水上交通安全监督管理、船舶及相关水上设施检验和登记、防止船舶污染和航海保障等行政管理和执法职责。[1]

（2）交通运输部水运局。交通运输部水运局主要负责水路建设和运输市场监管工作，拟定水路工程建设、维护、运营和水路运输、航政、港政相关政策、制度和技术标准并监督实施；国家重点水路工程设计审批、施工许可、实施监督和竣工验收工作；港口、航道及设施、通航建筑物、引航管理工作；船舶代理、理货、港口设施保安、无船承运、船舶交易等管理工作；国际和国内河流运输及航道管理工作；起草水路有关规费政策并监督实施；对台运输管理工作；组织协调国家重点物资运输和紧急客货水路运输；起草港口安全生产政策和应急预案，组织实施应急处置工作。[2] 其下设办公室、台湾事务处、法规协定处、

---

[1] 中华人民共和国海事局官网，https：//www.msa.gov.cn/html/xxgk/index.html?type=531631DD-852A-4B19-86E1-C6029A27ECA3，访问时间：2023 年 9 月 3 日。

[2] 中华人民共和国水运局官网，http：//zizhan.mot.gov.cn/sj2019/shuiyunj/201809/t20180920_3090972.html，访问时间：2023 年 9 月 3 日。

经济运行处、国内航运管理处、国际航运管理处、建设市场监管处、航道处（三峡处）、技术管理处、工程管理处、港口管理处等部门。

（3）交通运输部长江航务管理局。交通运输部长江航务管理局（以下简称"长航局"）是遵照国务院相关文件精神，根据"政企分开、港航分管"的原则，在原长江航运管理局的基础上于1984年组建的。2009年，经国务院批准定名为交通运输部长江航务管理局。

2016年，交通运输部领导实施深化长江航运管理体制改革，长江干线海事、航道实现了集中统一管理。目前，长航局下辖长江海事局（含江苏海事局）、长江航道局（含长江口航道管理局）、长江三峡通航管理局、中国水运报刊社和长航总医院等11个单位，还有66个基层局，遍布长江沿线大中城市。长航局主要负责长江干线航运的行政管理，贯彻国家水路交通行业发展战略、方针政策和法规，组织或参与长江干线航运有关规章草案的拟定工作，按法定程序批准后负责监督实施等工作①。

（4）交通运输部珠江航务管理局。交通运输部珠江航务管理局为交通运输部的派出机构，承担珠江水系航运行政管理职责。珠江航务管理局通过贯彻国家水路交通行业发展战略、方针政策和法律法规，开展珠江水系水运发展重大问题和体制改革研究，参与与珠江水系有关航运规章草案的拟订工作；组织拟定珠江水系水运发展战略、中长期规划，提出珠江水系水运建设五年规划和年度计划建议；受交通运输部委托，对珠江水系相关的规划、计划及建设项目前期工作提出初步意见，参与有关审查工作和工程竣工验收工作；组织开展珠江水系水运建设市场监督管理，维护平等竞争秩序；协调珠江水系水资源综合开发利用中航运有关工作等。

2. 渔政管理机构

我国渔政渔港监督管理机关曾是中华人民共和国渔政渔港监督管理局（原农业部渔业局），隶属于原农业部。自2008年10月20日始，原农业部渔业局更名为中华人民共和国渔业渔政管理局（以下简称原农业部渔政局）。其下辖的黄渤海区、东海区、南海区3个渔政局，业务工作都归于原农业部渔政局，原农业部渔政局主要负责各海区的渔政渔港监督管理工作。②

我国现渔政局主要负责起草渔业发展政策、规划；保护和合理开发利用渔业资源，指导水产健康养殖和水产品加工流通，组织水生动植物病害防控；承

---

① 参见交通运输部长江航务管理局官网，https：//cjhy.mot.gov.cn/xxgk/xxgkzl/jgzn/jbxx/201712/t20171215_73553.shtml，访问时间：2023年9月3日。

② 胡正良主编：《海事法》（第三版），北京大学出版社2016年版，第706页。

担重大涉外渔事纠纷处理工作；按分工维护国家海洋和淡水管辖水域渔业权益；组织渔业水域生态环境及水生野生动植物保护；监督执行国际渔业条约，监督管理远洋渔业和渔政渔港；指导渔业安全生产。①

3. 海警机构

中国人民武装警察部队海警总队，是中国人民武装警察部队下辖的总队，对外称为中国海警局，统一履行海上维权执法职责。2013年，国务院重新组建国家海洋局，国家海洋局以中国海警局名义开展海上维权执法，统一指挥调度海警队伍开展海上维权执法活动。2018年，第十三届全国人民代表大会常务委员会第三次会议决定，国家海洋局领导管理的海警队伍转隶武警部队，组建中国人民武装警察部队海警总队。

国家在沿海地区按照行政区划和任务区域编设中国海警局海区分局和直属局、省级海警局、市级海警局和海警工作站，分别负责所管辖区域的有关海上维权执法工作。海上维权执法工作的基本任务是开展海上安全保卫，维护海上治安秩序，打击海上走私、偷渡，在职责范围内对海洋资源开发利用、海洋生态环境保护、海洋渔业生产作业等活动进行监督检查，预防、制止和惩治海上违法犯罪活动。其具体职责为：

（1）在我国管辖海域开展巡航、警戒，值守重点岛礁，管护海上界线，预防、制止、排除危害国家主权、安全和海洋权益的行为；

（2）对海上重要目标和重大活动实施安全保卫，采取必要措施保护重点岛礁以及专属经济区和大陆架的人工岛屿、设施和结构安全；

（3）实施海上治安管理，查处海上违反治安管理、入境出境管理的行为，防范和处置海上恐怖活动，维护海上治安秩序；

（4）对海上有走私嫌疑的运输工具或者货物、物品、人员进行检查，查处海上走私违法行为；

（5）在职责范围内对海域使用、海岛保护以及无居民海岛开发利用、海洋矿产资源勘查开发、海底电（光）缆和管道铺设与保护、海洋调查测量、海洋基础测绘、涉外海洋科学研究等活动进行监督检查，查处违法行为；

（6）在职责范围内对海洋工程建设项目、海洋倾倒废弃物对海洋污染损害、自然保护地海岸线向海一侧保护利用等活动进行监督检查、查处违法行为，按照规定权限参与海洋环境污染事故的应急处置和调查处理；

（7）对机动渔船底拖网禁渔区线外侧海域和特定渔业资源渔场渔业生产作

---

① 农业农村部渔业渔政管理局官网，http：//www.yyj.moa.gov.cn/jgzn/，访问时间：2023年9月3日。

业、海洋野生动物保护等活动进行监督检查，查处违法行为，依法组织或者参与调查处理海上渔业生产安全事故和渔业生产纠纷；

（8）预防、制止和侦查海上犯罪活动；

（9）按照国家有关职责分工，处置海上突发事件；

（10）依照法律、法规和我国缔结、参加的国际条约，在我国管辖海域以外的区域承担相关执法任务；

（11）法律、法规规定的其他职责。

4. 其他国家有关主管部门

除以上介绍的一系列主管水上经营的行政机关外，还有其他行政机关在水上经营管理体系里占有一席之地，如国家海洋局、国家能源局等以及各省的相关机构。此外，在水上经营管理体系中，还存在多个行政机构重复管理的现象，这也是我国海事行政管理中亟待完善的地方。

二、海事行政相对人

（一）海事行政相对人的概念及特点

海事行政相对人，是指依据我国有关水上交通行政法律法规和规章的规定，受海事行政机关实施的行政行为约束和管辖的、与海事行政机关相对的一方，是海事行政主体依法行使行政执法权的作用对象，是海事行政行为的受领人。

由于在水上经营活动中的参与人较多，对海事行政相对人的认定具有复杂性和多样性的特征，正确区分相对人和参与人是开展行政处罚活动的前提与基础。[①] 海事行政相对人具有以下特点。

1. 主体特定

海事行政相对人必须是海事行政管理法律关系中的个人、组织，是海事行政管理法律关系的当事人。作为当事人，它是行政法律关系的主体，是行政法上权利与义务的享受者和承担者。海事行政管理法律关系包括整体海事行政管理法律关系和单个具体的海事行政管理法律关系。在整体海事行政管理法律关系中，所有处于国家行政管理之下的个人、组织均为行政相对人；而在单个具体的海事行政管理法律关系中，只有其权益受到行政主体相应行政行为影响的个人或组织，才在该海事行政管理法律关系中具有海事行政相对人的地位。

2. 种类较多

海事行政相对人是具备法定行为能力的公民、法人或者其他组织，也包括

---

① 颜晨广：《海事行政处罚中行政相对人的认定》，载《中国水运》2013年第6期，第36页。

外国组织和外国人。海事行政相对人既是海事行政法律关系的主体,也属于国家行政管理的范围,它体现了我国海事行政法律的约束范围。此外,海事行政相对人也必须由海事行政法律规定,具备法定行为能力,能够依法享有权利和承担义务。

3. 利益关联

海事行政相对人必须是在行政管理法律关系中权益受到行政主体行政行为影响的个人、组织。海事行政主体行政行为对相对人权益的影响可能是直接的,也可能是间接的;可能是有利的,也可能是不利的。仅仅将海事行政相对人界定为行政主体不利行政行为的直接对象的观点是不适当的,不利于保护公民个人和组织的合法权益。

(二) 海事行政相对人的权利

海事行政相对人的权利主要包括以下几种:

1. 参与权

海事行政相对人的参与权是公民、法人或其他组织在特定的行政法律关系中,作为当事人一方所享有的权利。海事行政主体享有以各种形式和渠道参与海事行政管理事务的权利。例如:通过信函、电子邮件、网上讨论以及座谈会、听证会、论证会等形式和途径参与海事行政法规、规章及海事行政政策的制定;船务公司享有对海上安全管理的协助权与建议权;当法律规定的情形出现时,海事行政相对人有权要求举行听证会等。

2. 平等权

平等权指海事相对人有平等地享有权利、承担义务和受海事行政主体平等保护的权利。该权利要求海事行政主体作出任何行政处理决定时,必须平等地对待每一个海事行政相对人。平等对待相对人也是行政法基本原则的重要内涵,在海事行政法律关系中也应予以坚持,如当事人在同等条件下提出海事行政许可申请,符合法定条件和标准的,都有获得准予许可的权利。

3. 请求权

海事请求权包括权利保护请求权和利益满足请求权两类。

(1) 权利保护请求权,指海事相对人请求行政主体保护其人身权和财产权等合法权益,排除违法侵害的权利。权利保护请求权可表现为海事复议申请权、海事行政赔偿(补偿)请求权等。如当事人对海事管理机构作出的不予行政许可的决定或认为其某项具体行政行为侵犯自己合法权益,有依法申请行政复议或向人民法院提起行政诉讼的权利。[1]

---

[1] 高波:《海事行政法研究》,国防工业出版社2010年版,第62-63页。

（2）利益满足请求权，指相对人请求行政主体作为或不作为，以满足其某种利益需求的权利。这类请求权包括请求颁发海事行政许可和执照等。如当事人提出海事行政许可申请，符合法定条件、标准的，有获得准予许可的权利。

4. 知情权

知情权是指海事行政相对人所具有的依法了解行政法规范和行政事务，获得有关信息的权利，包括各种规范性法律文件、会议决议、决定、制度、标准以及与行政相对人本人有关的各种档案材料。与相对人的知情权对应的是行政主体的公开义务或告知义务。当事人对海事管理机构拟作出的具体行政行为决定的事实、理由及依据，有了解和知情的权利。除法律、法规规定应予保密的外，相对人均有权查阅、复制和要求行政主体主动提供相应信息。

5. 正当程序权

海事行政相对人有权要求海事行政机关在实施海事行政行为时遵循正当程序，其中包括：当事人认为海事管理机构案件调查人员、检查人员或者听证主持人与案件有直接利害关系的，有权申请回避。行政相对人对行政主体及其工作人员作出的对自己不公正的行政行为有权申诉；对行政主体及其工作人员的违法、失职的行为有权控告或检举等。

6. 请求国家赔偿、补偿权

海事行政相对人在其合法权益被国家机关及其工作人员行使的职权行为侵犯并造成损失时，有权依法请求国家赔偿。海事行政相对人的财产因公共利益需要而被国家征收、征用，或其合法权益因国家机关及其工作人员合法行使职权行为而受到损害、损失时，有权依法请求补偿。

（三）海事行政相对人的义务

海事行政相对人义务主要包括以下几种。

1. 服从行政管理

这是海事行政管理法律关系中海事行政相对人的首要义务。包括自觉遵守有关水上交通安全、防止船舶污染水域等法律、法规、规章和我国批准加入的有关国际公约；维护海事行政主体各种行政权力正常行使；配合海事行政主体正常行使有关权力的义务。

2. 提供真实信息

海事行政相对人在向海事管理机构提出行政许可等申请时，应当向海事管理机构如实提交有关材料和反映真实情况，并对其提交材料的实质内容的真实性负责，如果相对人故意提供虚假信息，就要为之承担相应的法律责任。

3. 维护公共利益

海事行政相对人有义务维护国家和社会公共利益。在国家和社会公共利益正受到或可能受到损害或威胁时,海事行政相对人应采取措施,尽可能防止或减少损害的发生。行政相对人因维护公益致使本人财产或人身受到损失或伤害的,事后可以请求国家予以适当补偿。

三、海事行政管辖的范围

海事管理机构和渔政管理机构,根据职能分工不同,履行各自的职责。海事行政机关的管辖内容如下。

(1) 船舶。船舶管辖的内容主要包括船舶海上设施检验行业以及船舶适航和船舶技术的管理;管理船舶及海上设施法定检验及发证工作;审定船舶检验标准和验船师资质、审批外国验船组织在中国设立代表机构并对其进行监督管理;中国籍船舶的登记、发证、检查和进出港(境)签证;外国籍船舶出入境及在我国港口、水域的监督管理;船舶载运危险货物及其他货物的安全监督等工作。①

(2) 船员。船员管辖的内容主要包括船员、引航员适任资格培训、考试、发证管理;审核和监督管理船员、引航员培训机构资质及其质量体系;海员证件的管理工作;船舶校正员和海上设施检验人员适任资格标准、培训、考试、发证等工作。

(3) 通航环境及通航秩序。主要包括禁航区、航道(路)、交通管制区港外锚地和安全作业区等水域的划定;禁航区、航道(路)交通管制区、港外锚地和安全作业区等水域的监督管理,维护水上交通秩序;核定船舶靠泊安全条件;核准与通航安全有关的岸线使用和水上水下施工、作业;管理沉船沉物打捞和碍航物的清除;管理和公布全国航行警告或通告;审批外国籍船舶临时进入我国非开放水域;办理港口对外开放的有关审批工作;管理沿海航标、无线电导航和水上安全通信;管理海区港口航道测绘并组织编印相关航海图书资料;管理交通行业测绘工作;组织、协调和指导水上搜寻救助;水上安全通信和信息网络运行等工作。

(4) 船舶防污染和危险货物管辖。主要包括监督和管理船舶所有人安全生产的条件以及水运企业安全管理体系;调查处理水上交通事故、船舶污染事故以及其他水上交通违法行为;对船载危险货物实施安全监督;船舶污染水域的清除、监控和值班;防止船舶污染的监督管理等工作。

(5) 其他管辖事项。除上述四个方面的职责外,海事管理机构的主要职责还包括,拟定和组织实施国家水上安全监督管理和防止船舶污染、船舶及海上

---

① 胡正良主编:《海事法》(第三版),北京大学出版社 2016 年版,第 709 - 710 页。

设施检验、航海保障以及交通行业安全生产的方针、政策、法规和技术规范、标准；组织实施国际海事条约；履行"船旗国"及"港口国"监督管理义务，维护国家主权；负责有关海事业务，国际组织事务和有关国际合作、交流事宜；负责船舶港务费、船舶吨税；管理水上交通事故的报告、调查、处理、统计分析和跟踪结案等管理性工作。

第三节 船舶管理

一、船舶管理概述

（一）船舶及船舶管理的概念

1. 船舶

（1）国内法关于船舶的法律规定。《海上交通安全法》第117条规定："船舶，是指各类排水或者非排水的船、艇、筏、水上飞行器、潜水器、移动式平台以及其他移动式装置。"

《船舶登记条例》第56条规定："'船舶'系指各类机动、非机动船舶以及其他水上移动装置，但是船舶上装备的救生艇筏和长度小于5米的艇筏除外。"

《海警法》第78条规定："船舶，是指各类排水或者非排水的船、艇、筏、水上飞行器、潜水器等移动式装置，不包括海上石油、天然气等作业平台。"

《海商法》第3条规定："本法所称船舶，是指海船和其他海上移动式装置，但是用于军事的、政府公务的船舶和20总吨以下的小型船艇除外。"同时还规定："前款所称船舶，包括船舶属具。"对我国《海商法》关于船舶的规定，可从以下方面理解。

①从形态上讲，船舶包括海船和海上移动式装置。海船，是指具有海上航行能力并登记为海船的机动船和非机动船；海上移动式装置则是指由若干具有独立功能的设施组合而成并可在海上移动的构造物。如前所述《海商法》之所以在"船舶"的概念之外又使用"海上移动装置"的概念，是为未来可能出现的新型海上航行器预留一定的空间。

②从用途上来看，《海商法》所指的船舶仅限用于商业目的的船舶，而不包括用于政府公务和军事目的船舶。需要强调的是，《海商法》在船舶之前使用的限定词是"用于军事"和"政府公务"的字样，而没有使用"军用船舶"和"政府公务船"的概念，这是为了强调船舶的用途而不是船舶的性

质，故当这些船舶用于军事目的和执行公务时，可以不受《海商法》的调整；但是，若此类船舶被用于商业运输，则应按商船对待，并适用《海商法》的规定。

③从船舶构造的角度来说，海商法意义上的船舶是合成物，其中包括船体、船机以及船舶属具。船体即指船壳；船机是指船舶主机和辅机；而船舶属具则是指船舶附属设备和器具，通常来讲，应包括锚和锚链、救生艇、救生筏、索具以及驾驶台设备、医疗器具、厨房用具等。有的国家为了避免争议，在其海商法中明确划定了船舶属具的范畴，例如《德国商法典》海商编第478条规定："船用救生艇为船舶属具；如有争议，则以船舶财产清单所列的项目作为船舶属具。"①《韩国商法》海商编第742条也规定，将记载于船舶附属物品目录上的物品，推定为船舶属具。② 相比之下，《海商法》只是笼统地规定，船舶包括船舶属具，但没有明确船舶属具的项目和范围。有些教科书虽然罗列了一些船舶属具的项目，但并无确切的法律依据。在理论上之所以要强调船舶具有合成物的性质，其意义在于：当某种海事法律关系发生时，可以正确地确定此种关系的客体范围，从而明确执行的对象。最后，就船舶的规模而言，我国《海商法》中的船舶不适用于20总吨以下的船舶。按照船舶的建造规范，船舶吨位有载重吨和登记吨之分，载重吨代表着船舶的载重能力，而登记吨则是衡量船舶的舱容和营运能力的一种数值，该数值系按照吨位丈量规范对船舶进行丈量而得。③ 船舶的总登记吨是指船舶所有被遮蔽部分的容积，该项指标用于统计船舶保有量、计算造船费、保险费，收取吨位丈量费等；船舶净登记吨则是指在总登记吨中扣除不能载运旅客和货物的容积以后的有效空间，是计算船舶吨税、港口费、引水费、码头费和船舶代理费等费用的依据。各国对于总吨位小于一定数值的船舶，往往将其排除在海商法的适用范围之外，并单独制定管理办法，我国亦同。

（2）船舶的法律性质：①船舶本身是物，但可以作拟人化处理，船舶的这一性质体现在船舶管理上，即船舶建好后，需要到登记管理机关进行登记。船舶拟人化的做法来源于英美国家的对物诉讼制度，在这一制度下，原告在诉讼中可以省却对船舶所有人和责任人的复杂的调查程序而直接申请扣押船舶并对之提起诉讼，当船舶所有人应诉或提供担保以后，对物诉讼可以转为对人诉讼。如果船舶所有人拒绝提供担保或拒绝出庭应诉，原告可申请法院拍卖被扣押的

---

① 杜景林、卢湛译：《德国商法典》，法律出版社2010年版，第267页。
② 吴日焕译：《韩国商法》，中国政法大学出版社1999年版，第198页。
③ 1登记吨等于2.83立方米或100立方英尺。

船舶以清偿债务。①

②船舶是不可分物，但在特定的条件下可作例外处理。不可分物，是指按照物的性质不能对其实施分割，如果分割就会损坏其效用和价值，如房屋、牲畜等。从法律上讲，船舶也属于不可分物，无论是船壳还是船机抑或是其他航行设备，除却其中的某一部分就不能发挥船舶的功能。所以，在进行船舶所有权的转让时，若无特殊约定，须将船舶作为一个整体转移，而不得扣留船舶的某一部分。

③船舶是动产，但有时作不动产处理。《民法典》第225条规定："船舶、航空器和机动车等物权的设立、变更、转让和消灭，未经登记，不得对抗善意第三人。"船舶可以移动，其使用价值也是通过移动来实现的，故船舶属于动产是毋庸置疑的。按照担保制度的理论，对不动产可以设定抵押权，而对动产可以设定质权，但是对于包括船舶在内的一些交通运输工具来讲，如果对其设定担保物权，就须将其转移给质权人占有，由此便出现了无法克服的矛盾——作为基本常识，人们都知道，船舶所有人之所以要对船舶设定担保物权，无非是为了筹措资金以保持船舶的正常运营。而如果在担保期间内将船舶转移给债权人占有，船舶所有人将无法使用船舶，更谈不上船舶的运营，其融资行为将变得毫无意义。正是由于这个原因，各国在立法或司法实践中都普遍将船舶作为特殊的动产处理，可以对其设定抵押权，但不必转移船舶的占有。

2. 船舶管理

船舶管理，顾名思义，即海事行政主体对船舶进行的管理行为，既包括船舶作为财产所具备的所有权、留置权、抵押权、优先权，也包括船舶作为运输工具所产生的与运输相关的法律关系，还包括由于船舶而导致的侵权法律关系。

一艘船从建造开始，其管理流程通常是：建造图纸的审定—建造检验—注册登记—发证—营运—营运中的检验、监督检查。由此可以看出，其中的主流程是：建造检验—登记—营运—营运中的检验、检查。我国目前对船舶也按这一流程进行管理。

(二) 船舶管理范围及法律依据

船舶管理具体包括船舶登记管理、船舶检验管理、船舶安全管理、船舶防污染管理、通航管理、船舶进出港口管理等。

1. 船舶登记管理

船舶登记是一项法律行为，是一艘船舶为取得所有权、国籍和悬挂一国国

---

① 傅廷中主编：《海商法》（第二版），法律出版社2017年版，第20页。

旗航行必须办理的手续。船舶只有通过登记，才能确定其在法律上的地位，确认船舶所有人对船舶的所有权、取得航行权，并对船旗国明确其应有的权利和义务。船舶登记工作主要包括：船舶所有权登记、船舶国籍登记、船舶抵押权登记、船舶光船租赁登记、变更登记和注销登记、船舶标志和公司旗、无抵押登记等。

2. 船舶检验管理

船舶检验是指国家授权或国际上承认的船舶检验机构、组织等，按照国际公约、规范或规章的要求，对船舶设计、制造、材料、机电设备、安全设备、技术性能及营运条件等进行的审核测试、检查和鉴定。船舶只有通过检验证明、符合规定的条件后，才能取得相应的合格技术证书。[①] 它具体包括法定检验、入级检验、公证检验。

船舶检验由中国船级社、中国船舶检验局、中国渔业船舶检验局按照1993年发布，2019年修订的《船舶和海上设施检验条例》；2003年公布并实行的《中华人民共和国渔业船舶检验条例》；2019年通过，2020年实施的《渔业船舶船用产品检验管理规定》等对船舶进行相关检验。

3. 船舶安全检查

船舶安全检查是指各国水上安全主管机关，为保障水上人身财产安全和防止船舶污染水域，对船舶及其设备、船舶人员配备、操作、船员工作和生活条件等进行的监督检查。船舶安全检查可分两大类：

（1）各国主管机关依据本国的法规对在本国港口的本国船舶实施的安全检查，称船旗国监督检查；

（2）各国主管机关依据本国的法规以及所参加的国际公约对来到本国港口的外国籍船舶实施的安全检查，属于港口国监督检查。

船舶安全检查是各国主管机关的一种执法行为，是对船舶船员及其所有人、经营人守法状况的检查，它作为政府机关的一种法律行为，直接关系到行政相对人的利益。

4. 船舶污染管理

船舶污染管理主要是为了防止船舶造成海洋污染，包括防止船舶油类、散装有毒液体物质、海运包装有害物质、船舶生活污水、垃圾、压载水及柴油机排气等对海洋环境和大气的污染。[②] 经1978年议定书修订的1973年《国际防止船舶造成污染公约》是现行最著名的防止船舶造成海洋污染的公约，是目前

---

① 王庸凯主编：《航海概论（海上执法方向）》，大连海事大学出版社2018年版，第136页。
② 应业炬主编：《船舶检验与管理》，海洋出版社2015年版，第69-70页。

国际上影响最大、适用范围最广的国际公约之一。它对控制因海难事故以及人为因素造成的海洋污染，保护海洋环境起到了非常重要的作用。

此外，我国《海洋环境保护法》第七章涉及船舶及其有关作业活动对海洋环境的污染损害防治。2009 年公布、2018 年第 6 次修订的《防治船舶污染海洋环境管理条例》，2010 年发布、2017 年第 4 次修正的《中华人民共和国船舶及其有关作业活动污染海洋环境防治管理规定》也对船舶污染管理进行了相关规定。

5. 通航管理

通航管理一般是指水上交通安全主管机关或海事管理机构依据国家有关法律、法规和行政规章，在指定区域内对船舶运动、船舶行为、环境条件总体上实施的管理行为。从广义上讲，通航管理的内容包括与船舶交通相关的所有方面，按水域类型可分为海上通航管理、内河通航管理和水库及湖泊等封闭水域通航管理。狭义上讲，通航管理是对船舶交通活动产生影响的各种自然因素和社会因素的有效管理活动。其主要管理内容有通航环境、通航秩序，以及相关的人为活动。[①]

1974 年《国际海上人命安全公约》第五章"航行安全"，专门就航行中的危险、航行设备的配备要求、航行安全管理、船舶引航、船舶航线划定和船舶报告系统等方面作出了相应规定。1972 年《国际海上避碰规则公约》为确保船舶航行安全、预防和减少船舶碰撞，规定了在公海和连接于公海的一切通航水域内共同遵守的海上交通规则。

《海上交通安全法》第四章"航行、停泊、作业"和第五章"海上客货运输安全"专门就通航管理的内容进行了阐述。《内河交通安全管理条例》第三章"航行、停泊和作业"明确规定了船舶在内河航行和停泊时应遵守的交通规则。《中华人民共和国航道管理条例》对加强航道管理、改善通航条件、保证航道畅通和航行安全、充分发挥水上交通在国民经济和国防建设中的作用作出了规定。

6. 船舶进出口岸管理

船舶进出口岸管理是指海事部门、海关、检验检疫机关、边防检查机关对进出我国开放口岸的国际航行船舶及其所载船员、旅客、货物和其他物品所实施的监督检查。为了加强对国际航行船舶进出我国口岸的管理，便利船舶进出口岸，提高口岸效能，国务院于 1995 年发布了《国际航行船舶进出中华人民共和国口岸检查办法》，并于 2019 年 3 月予以修订，该办法适用于中华人民共和

---

① 李猛主编：《海事管理概论》，大连海事出版社 2018 年版，第 83 页。

国海事管理机构、中华人民共和国海关、中华人民共和国边防检查机关、中华人民共和国国境卫生检疫机关和中华人民共和国动植物检疫机关对进出中华人民共和国口岸的国际航行船舶及其所载船员、旅客、货物和其他物品的管理,包括船舶进出港报告管理、船舶进出渔港签证管理等。

二、船舶登记

(一) 船舶登记概念及分类

船舶登记,是指对船舶享有某种权利的人向国家授权的船舶登记机关提出申请并提交相应的文件,船舶登记机关经审查,对符合法定条件的予以注册并以国家的名义签发相应证书的法律事实。船舶登记在法律上具有双重功能:一是登记的公法功能,即船舶通过登记可以取得一国国籍、悬挂登记国的国旗航行,并受船旗国的管辖和约束;二是登记的私法功能,通过登记确定和公示船舶的所有权、抵押权、债务关系及光船租赁权等。[1] 船舶登记能使船舶获得登记国国籍,确认国家与船舶之间的法律联系,从而便于国家对船舶的监督和管理,以保障海上航行安全。同时,船舶登记也有利于保护与登记船舶有关的当事人的合法权益,使船舶享受登记国提供的各种优惠政策。船舶登记按照不同的标准可分为以下几类。

1. 严格登记、开放登记和半开放登记

按照登记条件的宽严,船舶登记可分为严格登记、开放登记以及处于两者之间的半开放登记。

严格登记指对船舶登记条件的某一方面内容作出了严格规定的登记制度。如我国的《船舶登记条例》第 2 条对在我国申请登记的船舶的范围进行了规定,如船舶所有人是公民的,应为在我国境内有住所或主要营业所的中国公民;船舶所有人是企业法人的,需依中国法律设立且在中国境内有主要营业所,而且企业注册资本如有外商出资,则中方投资人的出资额不得低于 50% 。《船舶登记条例》第 7 条规定,中国籍船舶上的船员应是由中国公民担任。像我国这种对船舶登记条件的三方面内容都作出了严格规定的登记制度,基本上排除了外国资本、船舶公司和船员进入本国航运市场的可能,因此,这种登记制度也被称为封闭登记制度。世界上绝大多数国家实行的都是严格登记制度,这种制度与《联合国海洋法公约》的原则一致,能够保证船旗国与船舶之间具有实质的联系。[2]

---

[1] 李猛主编:《海事管理概论》,大连海事出版社 2018 年版,第 26 页。
[2] 同上书,第 29 页。

开放登记是指一国船舶的登记机关对授予船舶国籍的条件较宽,在船舶资金参与经营管理和船员配备上不作限制的一种船舶登记制度。实施这种登记制度的国家通常称为开放登记国,在开放登记制度下登记的船舶通常称为方便旗船。开放登记制度主要表现为两种形式:一是船舶不受任何限制,只要船舶所有人在该国指定的船舶登记机关履行登记手续,便可取得该国国籍;二是在办理取得船舶国籍的登记之前,应在登记国是该船设立形式上的所有人,此时,船舶便具有了双重船东,即形式船东和实质船东。

半开放登记制度也称为第二船舶登记制度,是指一些国家在本国属地或者殖民地特别设置的,希望以此削减开放登记制度对本国船舶登记工作的影响的船舶登记制度,该制度多与本国传统的登记制度并行实施,主要类型有离岸登记制度和国际船舶登记制度。离岸登记制度,指在本土之外的属地开设境外登记处,实施一套新的船舶登记制度。国际船舶登记制度,指在本土开设主要针对本国国际航行船舶的国际船舶登记处,并实施一套新的船舶登记制度。

2. 船舶所有权登记、抵押权登记、光船租赁权登记

按照登记船舶的权利划分,船舶登记可以分为船舶所有权登记、抵押权登记和光船租赁权登记。船舶所有权登记是对船舶物权的取得、转移和消灭进行登记,通过登记公示权利,产生对抗第三方的效力。船舶抵押权登记是指将船舶作为担保物而被设定抵押权时,由抵押人和抵押权人共同向船舶登记机关申请办理的一种登记,船舶抵押权登记同样可以起到公示和对抗第三方的作用。船舶光船租赁权登记是对船舶所有人和承租人在租赁关系中各自权利和义务的登记。租赁权登记既是对抗第三方的要件,也是租赁法律关系成立的条件。光船租赁登记对船舶所有权基本不产生影响,主要指占有权和使用权的转移。

3. 取得登记、变更登记、注销登记

按照登记目的划分,船舶登记可分为取得登记、变更登记和注销登记。取得登记是指为取得或确认一定的权利而进行的登记,如船舶国籍登记、船舶所有权登记、船舶抵押权登记等。变更登记是指为变更原登记内容而进行的登记,如变更船籍港登记、变更船名登记等。注销登记是指为消灭一定的权利而进行的登记,如为消灭船舶所有权而进行的注销登记。

4. 通常登记和临时登记

按照登记的有效期限不同,船舶登记可分为通常登记和临时登记。船舶通常登记,即永久性登记,是指在通常情况下由国家船舶登记机关签发证书,且证书时效较长的一种船舶登记。如船舶所有权登记,通过船舶所有权登记取得的船舶所有权证书长期有效。临时船舶登记是指在一些特殊情况下进行的登记,

它可以由国家船舶登记机关签发证书，也可由国家驻外使、领馆签发，但签发的是临时证书，其有效期通常较短。①

（二）船舶登记制度的发展与困境

一直以来，中国都是采取严格的船舶登记制度。最早关于船舶登记的法规是原交通部 1960 年 9 月 6 日发布的《船舶登记章程》（以下简称"60 章程"）。但是随着航运市场的发展变化出现了新的需要，于是 1986 年原交通部发布了《中华人民共和国海船登记规则》（以下简称"86 规则"）。到了 1994 年 6 月 2 日，国务院颁布《船舶登记条例》，并于 1995 年 1 月 1 日起实施，2014 年国务院对其进行了修订。该法规颁布的层次由原来的部门规章上升到了行政法规，《船舶登记条例》也较"60 章程"和"86 规则"有了显著变化。其一就是将所有权和航行权分离，其证书一分为二，有关船舶国籍的规定有了实质性的内容；其二是设置了一些条件，例如，对境外出资的船舶提出了额度限制（外商出资额不得超过 50%）；《船舶登记条例》中 50% 资本额的限制，配备船员的限制，以及船舶不得具有双重国籍的规定；其三，对于船龄和航行区域有了限制，只有登记在中国的船，才能进行中国沿海或中国内水的航运和作业。不但如此，船舶登记程序非常复杂、严谨。这部《船舶登记条例》在当时我国国家登记的法律规范行列里，不管是理念还是规定内容，都是比较领先的，但中国船舶登记制度之严格也是相当突出的。

多年来，诸多限制让船东对船舶入中国籍讳莫如深，沉重的赋税让他们望而生畏。特别是 1994 年实施新的税制以来，船舶进口关税达 9%，增值税达 17%，两项共计税率为船价的 27.53%。也就是说，一艘船下来，注册方便旗，全部费用只需要一万到几万美元；而注册中国籍的船舶，根据船价的不同，船东交税高达几十万到几百万美金不等。2010 年前在中国大陆经营国际航运业务的船东还需要缴付运费或租金总额 3.3% 的营业及附加税，而在大多数的开放登记国或地区，船东的货运或租金收入是全部免税的。另外，船东在我国还要缴纳 25% 的所得税，这和营业税的情况一样，只有我国征收，而所有船舶开放登记国或地区，对船东的运费和租金收入全部免税，船舶本身仅须缴付"吨税"即可。除此之外，中国还有车船使用税、登记费、检查费，虽然每项数目不大，但是累积的总额确实让船东深感压力。这也成为我国各大航运企业在新造或购买二手船时，选择悬挂方便旗经营的一个重要原因。再者，由于从事国际海运的航运公司在国内融资困难，且得不到优惠，而在国外银行贷款订造或

---

① 任威、乔文明主编：《海事行政与实务（理论部分）》，大连海事出版社 2016 年版，第 47 页。

购买船舶时，合同要求其必须在该国进行船舶登记。而对一些中小船东而言，由于自身实力原因融资困难，无力在国内或国外造船，只能依靠在国外购买老旧二手船来增加运力，但是由于税收与船龄的严格限制以及审批计划的滞后，使他们不得不将所购船挂方便旗经营。在此背景下，中国船舶登记制度改革迫在眉睫。①

（三）方便旗制度

1. 方便旗问题的由来

方便旗的产生有一定的历史根源，它起源于16世纪，英国船东为方便与西班牙控制下的西印度群岛进行贸易，悬挂西班牙国旗在其海域航行。一开始，方便旗只是作为一种特别的运输手段，避免一些不必要的阻碍和袭击而人为地创造出来。到了20世纪20年代，美国政府出台了"禁酒法案"使得不少船东利益受损，出于经济上的考虑他们纷纷选择到巴拿马注册国籍，然后作为外国船舶回归美国海域贩卖酒品，至此，现代方便旗船由此产生。二战后，世界经济得以快速发展，海运业也出现了激烈的竞争，为了减少运营成本以在竞争中取得优势，越来越多的船舶加入了税费优惠的方便旗船队伍，方便旗船进入了发展的黄金期。经过这么多年的发展，如今的方便旗制度已成为一种专门的登记制度。开放登记的国家实行宽松的登记制度并因此逐渐形成一个商业化、专业化的经营模式。

我国《船舶登记条例》第3条规定："船舶经依法登记，取得中华人民共和国国籍，方可悬挂中华人民共和国国旗航行；未经登记的，不得悬挂中华人民共和国国旗航行。"第4条规定："船舶不得具有双重国籍。"由此可见，我国是不承认方便旗制度的。经国际运输业工人联合会（ITF）认定，方便旗国家和地区有：安提瓜和巴布达、巴哈马、百慕大群岛、开曼群岛、塞浦路斯、直布罗陀、洪都拉斯、黎巴嫩、利比里亚、马耳他、马绍尔群岛、荷属安的列斯群岛、巴拿马、圣文森特和格林纳丁斯、斯里兰卡、瓦努阿图等。

2. 方便旗的概念和特点

方便旗是开放登记制度下的产物，在开放登记制度下登记的船舶通常称为"方便旗船"。也就是说，方便旗船是一国的商船不在本国而在他国注册，不悬挂本国旗而悬挂注册国国旗。方便旗船，是指船舶所有者为逃避其本国的高额税收或其他原因，通过在费用和税收较低的"开放登记国家"登记注册，取得该国国籍并悬挂该国旗帆的船舶。方便旗登记有如下特点。

---

① 邢丹：《中国船舶登记制度之变》，载《中国船检》2013年第11期，第19页。

(1) 允许外国公民登记船舶，并拥有登记船舶的所有权及经营和管理权；

(2) 对船舶登记要求的限制性条件少，一般在驻外领事机构办理简单手续便可；

(3) 船舶登记公司注册成立便捷，且大多有税收减免，征税较低；

(4) 允许船舶只配备外国籍船员；

(5) 船舶登记公司不受船旗国控制，两者之间只存在象征性关系，并无"真正联系"；

(6) 有些国家允许登记船舶具有双重国籍；

(7) 船旗国的法律法规对登记船舶不强制实施，对其能否从事沿海运输的权利无限制，船旗国不需要也没有征用登记船舶的权利。

3. 方便旗制度的优劣及完善路径

方便旗制度的产生与流行背后有着巨大利益的推动。对船舶所有人来说，悬挂方便旗能够逃避本国较高的登记费、税金以及其他税收，使船舶逃避本国严格的安全检查，雇佣到更为廉价的劳动力，从而降低船舶的经营成本，增强船舶国际竞争力，提高经营核算。此外，悬挂方便旗还能减少船舶政治上的限制，同时更为容易地取得贷款。对开放登记国来说实施开放登记制度，允许方便旗船登记可以维持本国航运，使得本国国籍船舶的数量增加，保持相当吨位的国家船队，从而带动海运相关产业的发展，促进海洋贸易的发展。开放登记也可以确保本国船员的就业，获取更多外汇，增加国家的财政收入，从而保持国际收支的平衡，最终促进国民经济的发展。

方便旗船尽管确实具有某些优势，但也存在诸多弊端。中资船舶方便旗登记在很大程度上将对我国国民经济、航运事业、国防安全等各方面产生诸多影响，具体包括以下几方面。

(1) 遏制航运业发展。由于方便旗船对雇佣船员的资格限制较少，船队也被海运发达国家用于遏制发展中国家远洋船队的发展，抢夺发展中国家的货源。开放登记导致船队过剩，加剧航运市场竞争，使原有的航运业者难以持续发展而被迫从市场退出。

(2) 国有资产失控。方便旗船在法律意义上不受我国政府的直接控制和监督，因此国家无法确切了解这些船舶的资产变动及收益盈亏情况，这就使得一大批中资船舶所包含的国有资产在我国政府的交通、财政和税务等主管部门的监督制度之外进行"体外循环"，造成我国国有资产流失。

(3) 税源大量流失。船舶纳税是向船舶登记国纳税，船舶通过注册登记就可以从一国的纳税对象变成另一国的纳税对象。方便旗登记的结果将直接导致我国税源的大量流失。

（4）影响国防安全。中资船舶在开放登记国家注册登记，在国际法中属于外国籍船舶，在出现国防需要时，我国无法征用这些船舶，这将对国防安全构成重大影响。

（5）重复投资严重。由于缺乏相应的调控手段，方便旗船队可以随意组建和发展，使得中资方便旗登记船队和国内注册登记的国际航运船队的发展处于失调、失控和失衡的状态，造成严重的重复投资，导致航运资源配置不合理，并带来恶性竞争的不良后果。

（6）船舶、船员侵权纠纷激增。由于开放登记国对船舶监督较少，导致船舶的适航程度较低。以方便旗船为主的开放登记船队船舶技术条件相对较差，航海安全无保障，海洋事故和船舶污染频繁发生。由于缺少相关部门的监督，方便旗船员工资不高，社会福利方面没有保证，船东身份不易确定，海运欺诈常有发生。因此，从 1974 年起，联合国贸易和发展会议先后召开一系列的专门会议，讨论方便旗船给世界航运，特别是对发展中国家的航运带来的不利影响，并最终决定通过建立船舶与船旗国之间的"真正联系"，在合理时期内逐步取消方便旗船。

完善方便旗船相关管理，可以从以下方面进行。

（1）建立船旗国真正联系机制。联合国于 1986 年 2 月在日内瓦通过了《联合国船舶登记条件公约》，该公约的核心是通过在行政、技术、经济和社会事务等方面建立真正联系，使船旗国对其所属船舶施行确实有效的管辖和控制。

（2）强化港口国监督（PSC）的作用，将方便旗船作为重点目标。在港口国监督工作中，根据船龄、船舶种类和船旗等综合因素来确定检查目标和比例，重点检查方便旗船。

（3）加强船旗国对在其船上船员的管理。为确保船旗国能对船舶进行有效控制，应对船上关键船员加强管理，采取限制性措施或相关制度。

（4）充分发挥劳工组织的作用。国际运输工人联合会等劳工组织应从维护船员利益出发，对方便旗船舶采取抵制态度，支持船员对船东提起劳动争议诉讼。

（5）改革船舶登记制度。《联合国海洋法公约》第 91 条规定："1. 每个国家应确定对船舶给予国籍、船舶在其领土内登记及船舶悬挂该国旗帜的权利的条件。船舶具有其有权悬挂的旗帜所属国家的国籍。国家和船舶之间必须有真正联系。2. 每个国家应向其给予悬挂该国旗帜权利的船舶颁发给予该权利的文件。"第 91 条和第 94 条对"船旗国义务"的相关规定，把授予船舶国籍事项的权力排他性地留给国家。

4. 中国方便旗制度发展现状及存在问题

我国的中资船舶悬挂方便旗船始于20世纪50年代，发展于80年代，兴盛于90年代。据来自交通运输部的权威数据，截至2023年年底中资"方便旗船"总数量达31.6%；总载重吨位达1.79亿吨，占中国内地船东控制船舶总吨位数的59.3%。① 可以说，随着中国船队规模的不断扩大，中资船舶在境外注册、悬挂"方便旗"的比例呈不断上升之势。这影响了我国对这些船舶的实际控制力和紧急情况下的运力调整能力。

为解决方便旗外移问题，早在2007年6月，我国发布《关于实施中资国际航运船舶特案免税登记政策的公告》，宣布自2007年7月1日起，我国实施"特案免税登记政策"。在上海、天津、大连三个船籍港，对符合条件的中资外旗国际航线船舶进口免征关税和进口环节增值税，鼓励回国登记，悬挂五星红旗航行。为了使特案免税登记政策能够得到更好的实施，我国分别在2009年和2012年两次发出公告，延长特案免税登记政策的实施期限。

在2013年5月，以《天津东疆保税港区国际船舶登记制度创新试点方案》的获批为标志，天津东疆保税港区国际船舶登记制度正式开始实施，成为全国首个实施国际船舶登记制度的试点。而上海国际船舶登记制度的建设分为两个阶段：第一个阶段是在中国洋山港成立保税船舶登记制度，第二个阶段是中国（上海）自贸区开展国际船舶登记制度的试验工作。

2021年6月10日通过的《海南自由贸易港法》第43条规定："海南自由贸易港实施高度自由便利开放的运输政策，建立更加开放的航运制度和船舶管理制度，建设'中国洋浦港'船籍港，实行特殊的船舶登记制度；放宽空域管制和航路限制，优化航权资源配置，提升运输便利化和服务保障水平。"

海南这次不仅吸取了过往的经验教训，还借鉴了中国香港地区、新加坡的经验，在放宽登记条件、减免税费征收、优化融资条件、简化登记程序方面进行了一系列的制度改革与创新，推出海南自由贸易港专属的国际船舶登记程序规定、企业所得税优惠政策、高端紧缺人才个人所得税政策、"零关税"进口交通工具及《海南省游艇管理办法（试行）》。

中国国际船舶登记制度改革虽取得了一定成果，但与中国香港地区、新加坡等其他国际先进船舶登记制度的地方相比仍存在差距。中国国际船舶登记制度的构建和实施依旧存在障碍；市场自由开放程度、简政放权程度依旧不足；创新监管水平、优化服务水平、法治化程度仍待提高。

---

① 参见财新网《40名上海政协委员呼吁：出台政策吸引中资"方便旗船"回归》，https://companies.caixin.com/2024-01-24/102160117.html，访问时间：2023年9月3日。

5. 中资方便旗回归问题的创新解决

(1) 完善立法。制定《中资境外入籍船舶管理办法》和《国际船舶登记管理条例》，完善我国船舶登记相关工作。在制定《中资境外入籍船舶管理办法》时要切实贯彻"真正联系"原则、完善船舶经营人确认制度、加强对我国入港外籍老旧船舶的管理；在制定《国际船舶登记管理条例》时，要关注公平、效率、秩序、自由，从总则、具体规则、法律责任、附则等四部分进行具体设计；船舶登记相关工作的开展可以分两部分进行：一方面确立并完善我国船舶登记制度，适当放宽船舶出资来源中的中资比例，承认权威机构的船舶检验结果，加强船舶检验检查；另一方面优化我国现有船舶登记制度的登记程序，精简工作程序，提高登记工作的效率，将船舶登记的审查环节确定为"当事人申请""地方海事局初审""国家海事局复审""最终决定"这四步，并合理缩短船舶登记工作的办理期限，采用形式审查与实质审查相结合的方式，加强执行登记审查制度，并加以配套严密的追责制度。

(2) 完善配套税制，引入船舶吨税制，增加税收减免力度。针对我国国情进行船舶吨税制的制度设计，为我国船舶吨税制度提供相对准确又贴合我国航运业实际情况的船舶吨税优惠税率，并在试点城市出台一系列航运业税收优惠政策，改革航运企业企业所得税，完善配套制度设计。然后将成形的方案进行试点，检验方案实施效果。最后根据试点的效果反馈完善吨税制度，并在全国推广。

减免进口关税和增值税，对于船舶以及建船所需的原材料免除其增值税负担；对于具有一定技术性、创新性的造船行业新产品开发给予一定的投资减税优惠；对于在国内无法制造的高科技船舶设备、技术与材料，其进口可免征关税。

健全税收优惠机制，建立专门的基金作为航运企业延缓纳税的安全岛，对于存入基金的资金予以延缓纳税，并规定如果从基金中提款用于在本国造船、改建和更新船舶，可予以免税。

(3) 改善船舶融资环境。一方面提供更加优惠的信贷条件，降低我国当前的购船、造船贷款利率；适当放宽还款限制；面向航运、造船企业推行政策性补贴。另一方面完善金融机构建设，革新融资方式，推进在建船舶抵押担保、债券融资等新的融资方式，建议国家允许水运建设领域的债券发行工作；在国内尝试推行 ABS 融资模式（Asset Backed Securitization），以船舶建设项目所拥有的资产作为基础，以该项目的在未来预计取得的收入为保证，在国际资本市场发行债券、筹集资金，最终用于船舶建设。

三、船级管理

(一) 船级概述

船级是表示船舶技术状态的一种指标,是评定船舶技术状态的国际通用形式,它便于船舶所有人投保、索赔和处理海事纠纷。在国际航运界,凡注册总吨在 100 吨以上的海运船舶,必须在船级社或船舶检验机构的监督之下进行建造。在船舶开始建造之前,船舶各部分的规格须经船级社或船舶检验机构批准。每艘船建造完毕,由船级社或船舶检验局对船体、船上机器设备、吃水标志等项目和性能进行鉴定,发给船级证书。证书有效期一般为 4 年,期满后须重新予以鉴定。

船舶入级可保证船舶航行安全,有利于国家对船舶进行技术监督,便于租船人和托运人选择适当的船只来满足进出口货物运输的需要,便于保险公司决定船、货的保险费用。

(二) 船级管理机构及法律依据

世界上大多数国家包括船级检验在内的船舶检验工作由船级社来完成,第一个非政府组织——国际船级社协会(简称 IACS)于 1968 年在奥斯陆成立。IACS 致力于联合各船级社,利用技术支持、检测证明和开发研究,通过海事安全与海事规范,维持与追求全球船舶安全与海洋环境清洁,促进海上安全标准的提高。IACS 共有美国船舶检验局(ABS)、法国船级社(BV)、挪威船级社(DNV)、韩国船级社(KR)、英国劳氏船级社(LR)、德国劳氏船级社(GL)、日本海事协会(NK)、波兰船舶登记局(PRS)、意大利船级社(RINA)、中国船级社(CCS)、俄罗斯船级社(RS)、印度船级社(IRS)、克罗地亚船舶登记局(CRS)十三个正式成员。中国船级社(CCS)于 1988 年加入 IACS。

2019 年修订的《船舶和海上设施检验条例》第 13 条规定:"下列中国籍船舶,必须向中国船级社申请入级检验:(一)从事国际航行的船舶;(二)在海上航行的乘客定额一百人以上的客船;(三)载重量一千吨以上的油船;(四)滚装船、液化气体运输船和散装化学品运输船;(五)船舶所有人或者经营人要求入级的其他船舶。"由此可见,我国船级检验机构为中国船级社。中国船级社(以下简称 CCS)依据《船用产品检验规则》《内河小型船舶检验技术规则》《国际航行海船法定检验技术规则》《钢质海船入级与建造规范》及《国内航行海船建造规范》等,为船舶、海上设施及相关工业产品提供世界领先的技术规范和标准并提供入级检验服务,同时还依据国际公约、规则以及授权船旗国或地区的有关法规提供法定检验、鉴定检验、公证检验、认证认可等服务。

此外，由于我国从事营运的船舶管理主管机关为中华人民共和国海事局，对从事营运的船舶实施法定检验的机构为中华人民共和国船舶检验局，渔业船舶的法定检验机构为中华人民共和国农业农村部渔业船舶检验局。

（三）船舶入级检验条件

（1）凡申请入级的船舶应在船体（包括设备）、轮机（包括电气设备）和船舶稳性方面符合船级社入级规范的要求，才有可能进行船级检验并授予相应的入级符号和附加标志，签发入级证书并载入《船舶录》。

（2）已经批准入级的船舶，如果要求继续保持船级社授予的入级符号和附加标志，必须遵守船级社入级规范的有关规定并进行相关的检验，以确认船舶符合规范和规定。

（3）任何可能影响所授入级符号和附加标志或有效证书的损坏、故障、断裂、搁浅和修理，船东、经营公司和船长应及时向船级社报告，进行可能影响船级的改装应事先得到船级社的批准。

（4）船舶入级检验是船舶所有人申请船舶入级，船级社按照其规范要求对申请入级船舶的设计图纸进行审核，对船舶各种设施进行检验。[①]

从广义上讲，船舶入级过程由以下阶段组成：①规范的制定；②通过审图、建造中检验，确认其符合这些规范的要求；③当确认符合后，授予船级和签发入级证书；④通过建造后检验，确认其符合这些规范的要求，签署或签发入级证书；⑤信息的应用。

（四）船舶入级符号

船舶入级符号主要有"★CSA""★CSAD"两大类。

（1）入级符号"★CSA"表明该船舶的结构与设备由中国船级社审图和建造中检验，并符合中国船级社《钢质海船入级与建造规范》的规定。船舶根据经批准的航区以及满足相关国际公约和船旗国法定要求的情形，可航行于国际水域或航线，也可航行于适用的中国国内水域。《海船附加标志应用指南》有如下规定：

★CSA——表示船舶的结构与设备由 CCS 审图和建造中检验，并符合 CCS 规范的规定。特殊情况下，船舶在临近交船前，其结构和设备经 CCS 入级检验，认为其等效符合 CCS 规范的规定，则★用 $\overline{★}$ 替代。

★CSA——表示船舶的结构与设备不由 CCS 审图和建造中检验，其后经

[①] 应业炬主编：《船舶检验与管理》，海洋出版社 2015 年版，第 96 页。

CCS 进行入级检验，认为其符合 CCS 规范的规定。

★CSM——表示船舶推进机械和重要用途的辅助机械由 CCS 进行产品检验，而且船舶轮机和电气设备由 CCS 审图和建造中检验，并符合 CCS 规范的规定。特殊情况下，船舶在临近交船前，其机电设备经 CCS 入级检验，认为其等效符合 CCS 规范的规定，则★用$\overline{\bigstar}$替代。

★CSM——表示船舶推进机械和重要用途的辅助机械不由 CCS 进行产品检验，但船舶轮机和电气设备由 CCS 审图和建造中检验，并符合 CCS 规范的规定。

★CSM——表示船舶轮机和电气设备不是由 CCS 审图和建造中检验，其后经 CCS 进行入级检验，认为其符合 CCS 规范的规定。

（2）入级符号"★CSAD"表明该船舶的结构与设备由 CCS 审图和建造中检验，并符合 CCS《国内航行海船建造规范》及《国内航行海船入级规则》或符合 CCS《钢质内河船舶建造规范》及《内河船舶入级规则》的规定。船舶根据经批准的航区以及满足中华人民共和国海事局《国内航行海船法定检验技术规则》或《内河船舶法定检验技术规则》的情形，可且仅可航行于中国国内水域。《内河船舶入级规则》规定：

★CSAD——表示船舶的结构与设备由本社审图和建造中检验，并符合本社规范的规定。

★CSAD——表示船舶的结构与设备不由本社审图和建造中检验，其后经本社进行入级检验，认为其符合本社规范的规定。

★CSMD——表示船舶推进机械和重要用途的辅助机械由本社进行产品检验，而且船舶轮机和电气设备由本社审图和建造中检验，并符合本社规范的规定。

★CSMD——表示船舶推进机械和重要用途的辅助机械不由本社进行产品检验，但船舶轮机和电气设备由本社审图和建造中检验，并符合本社规范的规定。

★CSMD——表示船舶轮机和电气设备不是由本社审图和建造中检验，其后经本社进行入级检验，认为其符合本社规范的规定。

（五）船级暂停、取消及恢复

各船级社也都规定了船级暂停与取消的条件，如 CCS 规定：船舶超出入级符号与附加标志规定的限制，以及批准的其他附加条件进行营运，或船舶一旦发生任何可能使已授予的船级趋于失效的损坏、缺陷、故障或搁浅，且未在合理的第一时间向 CCS 报告，或者在预期的修理开始之前未提交 CCS 同意等情况，均可能导致船级暂停并使入级证书失效。①

CCS 规定，如发生下述情况之一，船级将被取消：

（1）应船东申请时；

（2）导致船级暂停的情况未在规定时间内纠正时；

（3）如果船舶在尚未完成要求其在开航前处理的遗留项目或船级条件时出海航行，船级将被立即取消；

（4）船舶的船体与设备、轮机包括电气设备遭受重大损坏或发生其他情况，经确认已无法继续营运时，如沉没、拆船等；

（5）未按时交纳检验费等。

船级过期后，如果完成了相应的检验项目，船级将恢复。从船级暂停到船级恢复期间船舶不具有船级。船级恢复后，船级社一般会以书面形式通知船东、船旗国政府主管机关，并在其官方网站上公布，以便保险商等相关利益方获悉。

四、船员管理

（一）船员管理概述

1. 船员与船员管理

船员传统意义上称为所有在船上工作的人员。广义的船员指包括船长在内的所有船上任职人员，包括不参与航行值班与货物操作的工作人员，如船上的厨师、客船上的乘务员、科考船上的科学家等。有些国家将引航平台上的工作人员也视为船员。有些国家对船员的定义不包括船长，而船长单独作为一个概念，体现了其重要性。狭义的船员指的是《STCW 公约》中定义的，按照公约的规定取得适任证书和培训合格证，负责或参与船舶航行值班与货物操作的船员，包括船长、轮机长、大副、大管轮等高级船员和通船员。② 2023 年修订的《船员条例》第 4 条第 1 款规定："本条例所称船员，是指依照本条例的规定取得船员适任证书的人员，包括船长、高级船员、普通船员。"

船员有广义与狭义之分因而船员管理也有广义与狭义之分。广义的船员管理指的是所有与船员有关的管理行为，包括主管机关对船员队伍的宏观规划、业务指导、政策执行以及船员劳动和社会保障；船员行业协会对船员的服务、监督与规范；公司对船员的培训、派遣、待遇与福利等。狭义的船员管理是"船员适任管理"的简称，是指海事部门依据本国相关法规和《STCW 公约》，针对船员培训、考试、发证、值班等的行政管理行为，目的是防止因船员的因

---

① 李猛主编：《海事管理概论》，大连海事大学出版社 2018 年版，第 20–21 页。

② 同上书，第 48 页。

素导致海上事故。

2. 船员管理机构

船员管理属于海事管理的一项内容，通常各国海事管理部门亦是本国的船员管理部门，如美国海岸警备队、日本海上保安厅、韩国海洋水产厅。我国的船员管理机构是交通运输部海事局及其直属海事机构，以及地方海事管理机构。

交通运输部海事局及其直属海事机构船员管理的职责主要为负责船员、引航员的适任资格培训、考试、发证管理审核；监督管理船员、引航员培训机构资质及其质量体系；负责海员证件的管理工作；负责船员发展和职业保障的管理工作；负责发布船员市场相关信息指导船员行业组织开展工作维护船员的合法权益；负责海船船员服务机构和海员外派机构的审核和监督管理；负责海船船员健康体检机构的报备等。

地方海事机构船员管理职责主要是（经授权）负责内河船员、引航员、渡工等培训考试和发证；核验和监督船员培训机构和中介机构资质；负责船员证件的管理。

3. 船员管理法规

船员管理的国际法律依据主要为《STCW 公约》马尼拉修正案和 2006 年《海事劳工公约》，我国已加入这两个公约，为履行公约的义务，我国相继出台了多部有关船员管理的法规。

1983 年通过，2021 年修订的《海上交通安全法》第 13 条规定："中国籍船员和海上设施上的工作人员应当接受海上交通安全以及相应岗位的专业教育、培训。中国籍船员应当依照有关船员管理的法律、行政法规的规定向海事管理机构申请取得船员适任证书，并取得健康证明。外国籍船员在中国籍船舶上工作的，按照有关船员管理的法律、行政法规的规定执行。船员在船舶上工作，应当符合船员适任证书载明的船舶、航区、职务的范围。"

2002 年发布，2019 年第 3 次修订的《内河交通安全管理条例》第 9 条规定："船员经水上交通安全专业培训，其中客船和载运危险货物船舶的船员还应当经相应的特殊培训，并经海事管理机构考试合格，取得相应的适任证书或者其他适任证件方可担任船员职务；严禁未取得适任证书或者其他适任证件的船员上岗。"

在 2006 年《海事劳工公约》出台的背景下，国务院于 2007 年 3 月 28 日通过了《船员条例》，对船员注册和任职资格、船员职责、船员职业保障、船员培训和船员服务监督检查等作出了规定。

2010 年，国际海事组织通过了《STCW 公约》马尼拉修正案，作为代表我国政府履行公约的主管机关，交通运输部陆续修改了相关配套规章，主要有：

（1）2004 年 8 月 1 日起实施的《中华人民共和国船舶最低安全配员规则》，经 2014 年修订；

（2）2009 年 10 月 1 日起实施的《中华人民共和国船员培训管理规则》（以下简称《管理规则》），经 2013 年、2017 年、2019 年三次修订；

（3）2020 年 11 月 1 日起实施的《海船船员适任考试和发证规则》，经 2022 年修正；

（4）2013 年 2 月 1 日起实施的《中华人民共和国海船船员值班规则》。

（二）船员资格培训、考试和发证管理

1. 船员资格培训

《STCW 公约》规定了船员应具备的知识和技能以及船员培训和发证的标准，[①] 各国主管机关据此对本国的船员进行培训、考试和发证。

（1）船员培训的种类。《STCW 公约》马尼拉修正案要求国际航行船舶的船员应持有主管机关签发的适任证书和培训合格证书（或对外国证书的承认签证），因此，各国的船员培训通常分为适任证书培训和专业技能培训。

根据交通运输部 2009 年发布，2019 年第 3 次修正的《培训规则》，我国的船员培训按照培训的内容可以分为船员基本安全培训、船员适任培训、特殊培训三类；按照培训对象可分为海船船员培训和内河船舶船员培训两类。

（2）船员培训许可。我国船员培训实行许可制度。培训机构应当按照《培训规则》的规定，针对不同的船员培训项目，申请并取得特定的船员培训许可，方可开展相应的船员培训业务。培训机构是指依法成立的院校、企事业单位或者社会团体。培训机构从事船员培训业务，根据其开展培训的类别和项目，要符合相应的许可条件。

（3）培训的实施。培训机构应当在每期培训班开班 3 日前以书面或者电子方式将培训计划报海事管理机构备案，备案内容应当包括培训规模、教学计划、日程安排和承担本期培训教学的教员情况及培训设施、设备、教材等准备情况。

培训机构应当按照交通运输部规定的船员培训大纲和水上交通安全、防治船舶污染等要求设置培训课程、制订培训计划并开展培训。培训机构开展培训的课程应当经过海事管理机构确认。

培训机构应当为在本机构参加培训的学员建立培训档案，并在培训结束后

---

① 李猛主编：《海事管理概论》，大连海事大学出版社 2018 年版，第 50 页。

出具相应的船员培训证明。

学员完成培训并取得培训证明后，可以向海事管理机构申请相应培训项目的考试、评估。对已按照规定完成培训并且考试、评估合格的学员，由海事管理机构依据相关规定签发相应的考试、评估的合格证明。

开展船上培训的航运公司和相关机构，应当将船上培训计划、学员名单、负责指导和训练学员的船长及高级船员的名单、资历等信息报送海事管理机构。

开展船上培训的航运公司和船舶，在保证船舶正常操作以及航行、作业安全的情况下，应当按照船上培训记录簿所载培训项目的目标和要求开展培训，并保证承担教学和指导任务的船长、高级船员有足够的时间和精力从事相应的船上培训工作。

2. 船员资格考试

船员资格考试是各国普遍适用的取得船员资格的方法，我国交通运输部根据《STCW 公约》的原则，并结合我国的具体情况，已于 2020 年 7 月 6 日通过了《海船船员适任考试和发证规则》，并于 2022 年进行修正，其对于船员在船上能够在相应的岗位从事工作的必备前提的船员适任考试、评估和发证事宜作出了规定。

（1）船员适任证书的类别。根据《海船船员适任考试和发证规则》的规定，船长、驾驶员、轮机长、轮机员适任证书分为：

①船长、大副、轮机长、大管轮无限航区适任证书分为二个等级：一等适任证书：适用于 3000 总吨及以上或者主推进动力装置 3000 千瓦及以上的船舶；二等适任证书适用于 500 总吨及以上至 3000 总吨或者主推进动力装置 750 千瓦及以上至 3000 千瓦的船舶。

②二副、三副、二管轮、三管轮无限航区适任证书适用于 500 总吨及以上或者主推进动力装置 750 千瓦及以上的船舶。

③船长、大副、轮机长、大管轮沿海航区适任证书分为三个等级：一等适任证书适用于 3000 总吨及以上或者主推进动力装置 3000 千瓦及以上的船舶；二等适任证书适用于 500 总吨及以上至 3000 总吨或者主推进动力装置 750 千瓦及以上至 3000 千瓦的船舶；三等适任证书适用于未满 500 总吨或者主推进动力装置未满 750 千瓦的船舶。

④二副、三副、二管轮、三管轮沿海航区适任证书分为二个等级：一等适任证书适用于 500 总吨及以上或者主推进动力装置 750 千瓦及以上的船舶；二等适任证书适用于未满 500 总吨或者主推进动力装置未满 750 千瓦的船舶。

⑤高级值班水手、高级值班机工适任证书适用于 500 总吨及以上或者主推

进动力装置750千瓦及以上的船舶。

⑥值班水手、值班机工适任证书等级分为：

A. 无限航区适任证书适用于500总吨及以上或者主推进动力装置750千瓦及以上的船舶；

B. 沿海航区适任证书分为二个等级：一等适任证书适用于500总吨及以上或者主推进动力装置750千瓦及以上的船舶；二等适任证书适用于未满500总吨或者主推进动力装置未满750千瓦的船舶。

⑦电子电气员和电子技工适任证书适用于主推进动力装置750千瓦及以上的船舶。

⑧在拖轮上任职的船长和甲板部船员所持适任证书等级与该拖轮的主推进动力装置功率的等级相对应。不参加航行和轮机值班的船员适任证书不分等级。

（2）船员适任证书的内容。船员适任证书的基本内容包括：持证人姓名、性别、出生日期、国籍、持证人签名及照片；证书编号；持证人适任的航区、职务；发证日期和有效期；签发机关名称和签发官员署名；规定需要载明的其他内容。参加航行和轮机值班的适任证书还应当包含证书等级、职能，有关国际公约的适用条款，持证人适任的船舶种类、主推进动力装置类型、特殊设备操作等内容。

（3）申请船员适任证书的基本条件。船员申请适任证书的基本条件包括年满18周岁（在船实习、见习人员年满16周岁）且初次申请不超过60周岁；符合船员任职岗位健康要求；经过船员基本安全培训；通过相应的适任考试。参加航行和轮机值班的船员还应当经过相应的船员适任培训、特殊培训，具备相应的船员任职资历，并且任职表现和安全记录良好。国际航行船舶的船员申请适任证书的，还应当通过船员专业外语考试。

3. 船员适任证书的发放

中华人民共和国交通运输部主管全国海船船员适任考试和发证工作。交通运输部海事局在交通运输部的领导下，对海船船员适任考试和发证工作进行统一管理。交通运输部海事局所属的各级海事管理机构按照交通运输部海事局确定的职责范围具体负责海船船员适任考试和发证工作。

根据《海船船员适任考试和发证规则》规定，海事管理机构对于发证申请，经审核符合本规则规定条件的，应当按照《中华人民共和国行政许可法》（以下简称《行政许可法》）、《交通行政许可实施程序规定》的要求签发相应的适任证书。

【案例枚举】
益利船务有限公司与施某某等光船租赁担保合同纠纷案[①]

【基本案情】

施某某等人作为连带保证人与船东益利船务有限公司签订《个人担保书》，其中管辖权条款约定，担保人同意香港法院拥有排他管辖权，同时还约定并不限制船东在其他法院提起诉讼。益利船务有限公司向厦门海事法院提起诉讼，请求判令施某某等承担连带保证责任。施某某以香港法院对本案具有专属管辖权为由，提出管辖权异议。

【裁判结果】

厦门海事法院一审认为，《个人担保书》有关管辖权的约定为非对称排他管辖权条款，即仅在债权人选择香港法院起诉时，香港法院享有排他管辖权，但不排除债权人选择向香港以外的其他法院起诉的权利。该条款应认定为有效。益利船务有限公司未选择香港法院起诉，而是选择厦门海事法院起诉，符合合同约定和内地法律规定。一审裁定驳回施某某的管辖权异议。福建省高级人民法院二审驳回施某某的上诉，维持一审裁定。

【典型意义】

协议确定管辖法院是意思自治原则在民事诉讼法领域的体现，当事人达成的管辖协议只要不违反法律强制性规定，且系双方当事人真实意思表示，原则上应认定有效。非对称管辖权条款（Asymmetric Jurisdiction Clause）允许一方（通常是债权人方）在多于一个司法管辖区内提起诉讼，但规定另一方（通常是债务人方）只可以在一个特定司法管辖区的法院提起诉讼。本案认定非对称管辖权条款有效，体现了对当事人意思自治的充分尊重，符合国际商事海事交往的发展趋势和实践需求。本案的我国香港地区当事人主动选择向厦门海事法院提起诉讼，充分体现了对内地海事司法的信任，也彰显了海事审判服务国家对外开放，积极营造稳定、公平、透明营商环境的不断探索和进步。

【问题与思考】

1. 海事行政合法性原则、合理性原则、应急原则之间的关系？
2. 研究海事行政管理的意义和价值是什么？

[①] 参见厦门市海事法院（2020）闽72民初239号民事判决书，（2020）闽民辖终114号民事判决书。参见最高人民法院《2020年全国海事审判典型案例》（2021年），载最高人民法院网，https://www.court.gov.cn/zixun/xiangqing/317811.html，访问时间：2023年9月3日。

3. 简述我国海事行政主体的历史演变。
4. 简述海事行政相对人的权利和义务。
5. 符合哪些条件才能进行船级的授予、保持、暂停、取消与恢复工作?
6. 如何认识方便旗问题及其利弊?
7. 船舶登记的种类。

第八章　海事行政行为

本章为行为论，旨在阐述"海事行政行为"的有关原理。海事行政行为是海事行政管理法律关系的客体，即双方当事人的权利义务指向的对象。作为行政法学理论的核心板块，海事行政行为的合法性与合理性直接关系到海事法的权威和海事行政机关的威信。行政权力是一把双刃剑，一方面，它是建立和维护社会秩序，保护公共利益的基础；另一方面，行政权力一旦违法行使，极有可能对相对人的合法权益造成难以弥补的损害。因此，海事行政主体在实施海事行政行为时，必须严格遵守海事行政法律规范，防患于未然，有效预防违法行政给相对人带来的危害，维护海事法律和海事行政机关权威。

第一节　海事行政行为概述

一、海事行政行为的概念及特点

（一）海事行政行为的概念

海事行政行为建立在行政行为的基础之上，因此其含义也与之相关。作为一个新兴的海事法概念，要理解海事行政行为，首先要明确什么是行政行为。关于海事行政行为的概念，有如下几种见解。

（1）行为主体说，又称行政行为的形式界定说，该学说以将国家机关划分成立法、行政、司法机关为前提。按照该学说，海事行政行为是指海事行政机关的一切行为，包括海事行政机关运用行政权所做的事实行为和非运用行政权所做的私法行为。

（2）行政权说，又称行政行为的实质界定说，该学说以对国家权力的划分以及对行政权的界定为前提。该学说认为，海事行政行为，就是海事行政机关行使海事行政权进行海事行政管理活动的总称，包括海事行政法律行为、海事行政事实行为、准海事法律行为三类，但不包括私法行为。

(3) 公法行为说，又称全部公法行为说，即行政行为应由主体要件、职权要件和法律要件三部分构成，且在概念外延上排除行政事实行为与私人行为。这种观点也是目前我国行政法学界的通说。按照该学说，海事行政行为是指海事行政主体依法代表国家，基于海事行政职权对行政相对人所作出的，直接或间接引起法律效果的公务行为。

基于以上学说，海事行政行为可被理解为海事行政主体或海事行政管理机构行使海事行政职权，在实施海事行政管理过程中作出的能引起法律效果的行为。海事行政行为应具备以下几个构成要件。

(1) 主体要件，即海事行政行为的实施主体必须是海事行政主体，包括海事行政机关和其他法律法规授权的各类海事组织。在我国，海事行政机关指依法代表国家行使海事行政管理职能的国家行政机关；法律法规授权的海事组织主要是根据我国有关水上安全监管的法律法规授权而设立的中华人民共和国海事局及其直属和分属的海事局。

(2) 职权要件，即海事行政行为是海事行政主体行使行政职权，进行行政管理的行为，它是一种公务行为。如果行为人有海事行政主体资格，却没有履行相应的职权，则因未满足职权要件的要求而不构成海事行政行为。目前我国的各类海事行政主体，依据《海上交通安全法》《海洋环境保护法》和《内河交通安全管理条例》等法律法规，依法对我国沿海水域和内河通航水域的交通安全及水域环境实施统一的监督管理职权。[①]

(3) 法律要件，即海事行政行为能够直接或间接地引起一定的法律效果，主要表现为海事行政行为对海事行政相对人的权利义务产生的影响。一般来说，抽象海事行政行为引起的法律效果是间接的，而具体的海事行政行为引起的法律效果是直接的。海事行政主体实施的不体现法效果意思的行为不属于海事行政行为。

(二) 海事行政行为的特点

海事行政行为的特点是指其与一般的行政行为及海事领域中的其他法律行为（如权力机关的海事立法行为、海事领域的民事行为）相比所具有的特殊性，[②] 具体包括：

1. 海事性

海事行政行为是海事行政主体在海事管理领域内实施的一种特定的行政行为。依据我国现行的海事法律法规，海事管理领域包括对我国的沿海水域、内

---

① 王世涛主编：《海事行政法》，大连海事大学出版社 2015 年版，第 70 页。
② 王世涛主编：《海事行政法学研究》，中国政法大学出版社 2013 年版，第 92 页。

河通航水域的交通安全及水域环境等特定社会关系进行的统一监督和管理。具体包括海事行政主体依职权对船舶、船员、航行安全、水域环境、水上经营、引航等问题实施的监管。因此，海事性是海事行政行为区别于一般行政行为的显著特征。

2. 执行性

与我国权力机关在海事领域中的立法行为相比，海事行政行为具有执行法律的功能。海事行政行为是执行法律的行为，这种执行性表明了海事行政主体实施的行政行为具有法律从属性，即要求海事行政主体必须依据海事行政法律法规来处理海事领域中的社会公共事务，不能任意行使其海事行政管理职权。此外，执行性也表明海事行政主体的受制约性，即海事行政主体的行政行为在遵照法律的同时，还将受到立法及司法审查的制约，以此确保海事行政管理职权的合理使用与海事行政行为的正当性。

3. 公益性

与海事领域中民事行为的私益性不同，海事行政行为是一种以内水及沿海海域的公共事务为管理对象的活动，其实施目的在于保障航运安全与维护水域环境。同时，海事行政相对人也因其在享有、取得自身利益的过程中涉及国家与社会公共利益而被纳入海事行政管理领域中。因此，海事行政相对人应当服从和遵守海事行政行为所确定的行政法律义务，以实现国家航运业的整体健康发展，最终确保相对人自身利益的实现。可见，公益性是海事行政行为的根本目标指向。①

4. 单方意志性

单方意志性，是指海事行政机关可以依据行政组织法或海事法律法规的授权范围，自行决定是否实施、实施何种、如何实施海事行政行为等事项，无须与行政相对人协商并征得其同意。海事行政行为的单方性不仅体现在海事行政主体依职权而为的行政行为中，还体现在其依申请而为的行政行为中。即使是在行政合同的行为中，海事行政主体在海事行政合同的缔结、变更、解除与履行等诸方面，均具有与民事合同不同的单方意志性。②

5. 强制性

不同于海事领域中的民事行为以意思自治为原则，海事行政行为是以国家强制力保障实施的，带有强制性，行政相对人必须服从并配合。海事行政行为的强制性与单方意志性是紧密联系在一起的，没有海事行政行为的强制性，就

---

① 王世涛主编：《海事行政法》，大连海事大学出版社2015年版，第70－71页。
② 高波：《海事行政法研究》，国防工业出版社2010年版，第66页。

无法实现行政行为的单方意志性。由于海事行政行为意在维护国家航运的整体利益，因而海事行政相对人必须服从并予以配合，否则将受到海事行政主体的依法制裁或强制执行。强制性是确保海事行政行为得以顺利实施而不可或缺的重要保障。

6. 无偿性

海事行政行为以无偿为原则，以有偿为例外。海事行政行为虽是海事行政主体法提供的一种公共服务，但由于海事行政相对人已经在接受这种公共服务前承担了必要的公共负担，且海事行政主体所追求的是国家和社会的公共利益，故而其对公共利益的集合、维护和分配，应当是无偿的。但是，当特定海事行政相对人承担了特别公共负担，或者分享了特殊公共利益时，则应当秉承法律的公平原则对其实施有偿性的公共服务。

7. 裁量性

海事行政行为的裁量性是指法律在行政行为的范围、方式、程度等方面的规定留有一定的余地，海事行政主体可以结合具体情况，斟酌、选择并作出行为。同普通行政行为一样，由于海事立法技术本身的局限性和海事行政管理的广泛性、变动性、应变性，海事行政行为只有具有一定的裁量性，才能赋予海事行政管理人员充分的自由裁量权，才能更好地应对复杂多变的海事行政执法环境。此外，海事行政行为的裁量性也要求海事行政机关按照适当比例，处理好海事行政行为合法性与合理性的关系。

二、海事行政行为的分类

由于海事行政行为种类繁多，内部庞杂，为进一步理解、研究各类海事行政行为的具体特征，也为了确定海事行政行为是否合法有效以及如何提供相应的行政司法救济，有必要依据一定的标准对海事行政行为作出科学分类。依不同的划分标准，海事行政行为可作如下划分。

（一）依照作用对象是否确定分类

依据海事行政行为作用对象的确定性，海事行为可被分为抽象海事行为和具体海事行为。所谓抽象海事行政行为是指海事行政主体针对不特定的人或管理事项所作出的具有普遍约束力的海事行政行为，一般表现为海事行政主体制定各种海事行政规则的行为。与具体行政行为相比较，抽象海事行政行为具有准立法性、不可诉性，行为对象具有普遍性，行为效力具有普遍性和持续性。以行政行为的规范程度与效力等级为标准，抽象海事行政行为又可分为海事行政立法行为和海事行政主体制定海事行政规范性文件的行为。

具体海事行政行为，是海事行政管理机构为保障国家行政权的正常运作，在行政管理活动中行使行政职权，针对特定行政相对人，就特定的具体事项，作出的有关该相对人的权利、义务的单方行为。如海事行政许可、海事行政处罚、海事行政强制、海事行政调查，以及海事行政复议、海事诉讼等行政司法行为。[1]

（二）依照效力范围和对象的不同分类

根据海事行政行为所指向的对象和效力范围，海事行政行为可分为内部海事行政行为和外部海事行政行为。内部海事行政行为是海事行政主体代表国家对隶属于自身的组织、人员和财物的一种管理。内部海事行政主体所作出的海事行政行为是针对下级海事行政机关或海事行政公务人员而实施的行政行为。外部海事行政行为是海事行政主体为管理自身之外的海事行政事务而实施的行政行为，如国务院、海事局、海警局等海事行政主体为规范船舶登记管理、维护海上行政秩序，针对海事行政相对人（普通公民、法人、非法人组织）所作出的行为。

（三）依照启动海事行政行为方式的不同分类

根据海事行政主体启动行政行为是否依据海事行政职权这一标准，海事行政行为可以分为依职权的海事行政行为和依申请的海事行政行为。依职权的海事行政行为是指海事行政主体依据其自身享有的海事行政管理职权，不需要行政相对人的申请就能主动实施的海事行政行为，包括海事行政处罚、海事行政强制等。依申请的海事行政行为是指海事行政主体只能依据海事行政相对人的申请才可作出的海事行政行为，如海事行政许可。

这种分类可为行政职权启动的合法性判断提供参考。依职权的海事行政行为是海事行政主体以作为方式实施的，而被诉的依申请的海事行政行为常常是以不作为方式作出的。需要注意的是，依申请的行政行为，相对人的申请只是行政职权启动的原因，但对行政决定的作出并不产生影响，依申请的行政行为仍然是行政主体的单方行为。[2]

（四）依照海事行政行为约束程度的不同分类

依海事行政行为所依据的规范或行使的权力是否具有裁量性，海事行政行为可被分为海事羁束行政行为与海事自由裁量行政行为。海事羁束行政行为是指海事行政主体严格遵照海事行政法律法规的明确性规定所作出的海事行政行

---

[1] 高波：《海事行政法研究》，国防工业出版社2010年版，第71页。
[2] 杨建顺主编：《行政法总论》，北京大学出版社2016年版，第178页。

为。此时，海事行政主体的行为受到了海事行政法律法规的严格约束，无法加入海事行政主体的主观意志。但是，法律不可能对所有的海事行政行为都作出详细规定，故有时法律只规定一种行为原则，或规定一种行为的幅度，在这种条件下海事行政主体可在海事行政法律法规规定的权限范围内作出一定享有自由裁量的海事行政行为，即海事裁量行政行为。虽然海事裁量行政行为原则上不受司法审查，但它仍必须遵守法治原则，受海事行政法律法规的调整。

（五）依是否具备海事行政行为的法定形式分类

基于海事行政行为是否需要具备法定形式，海事行政行为可分为要式的海事行政行为与非要式的海事行政行为。要式海事行政行为，是指必须具备海事行政法规范要求的特定形式或者必须遵守特定程序，才能产生法律效果的海事行政行为。非要式海事行政行为，是指不需要具备特定形式或者遵守特定程序，只需海事行政主体自由选择适当的方式将意思表示公布于外部即可产生法律效果的海事行政行为。非要式行政行为可以增加行政的弹性和机动性，适用于较不重要的或者须紧急处置的事项，如海事行政主体在紧急情况下采取的即时性强制措施。①

（六）海事行政行为的其他分类

在海事行政法学界，除上述五种分类外，对于海事行政行为还有其他一些常见分类，如：以是否具有法律效果为标准，可分为海事行政法律行为和海事行政事实行为；以单方意志还是双方意志为标准，可分为单方海事行政行为和双方海事行政行为；以行为是否以作为方式作出为标准，可分为作为的海事行政行为与不作为的海事行政行为；以行为内容对相对人是否有利为标准，可分为授益性海事行政行为与负担性海事行政行为；以行政行为的独立性不同为标准，可分为海事主行政行为与海事从行政行为等。

第二节　海事行政调查

一、海事行政调查的含义及性质

（一）海事行政调查的含义

海事行政调查本质上应是一种证据与事实认定调查。《海上交通安全法》

---

① 王世涛主编：《海事行政法学研究》，中国政法大学出版社2013年版，第98页。

第七章（海上交通事故调查处理）第 80 条规定："船舶、海上设施发生海上交通事故，应当及时向海事管理机构报告，并接受调查。"由此可见，海事行政调查目的是"查明原因，判明责任"，进而及时化解纠纷，提升管理水平，维护社会稳定。① 因此，在我国，海事行政调查可认定为船舶、设施发生海损事故后，我国海事行政机关依据《海上交通安全法》等法律、法规和规章，为查明事故的原因、判明事故的责任而进行的调查。②

关于海事行政调查的主体，《国务院办公厅关于印发交通部直属海事机构设置方案的通知》规定，海事局（分支局）主要职责为"依法具体实施水上安全、防止船舶污染的管理工作，执行直属局赋予的其他任务"。《海上交通安全法》第 4 条第 2 款规定："国家海事管理机构统一负责海上交通安全监督管理工作，其他各级海事管理机构按照职责具体负责辖区内的海上交通安全监督管理工作。"《中华人民共和国海上交通事故调查处理条例》第 10 条第 1 款规定："在港区水域内发生的海上交通事故，由港区地的港务监督进行调查。"有些国家与我国相同，海事行政调查和处理统一由海事行政机关负责。也有些国家海事行政调查与处理相分离，成立专门的调查机构对相关海事问题进行调查，如英国等。③

在我国，对特定事件的调查成立调查组，调查组的成员往往不限于行政主体的工作人员。为加强海事调查队伍建设和管理，充分利用和合理配置海事调查人力资源，提高海事调查的业务水平，保证海事调查工作质量，海事局设立了海事调查官，专门从事水上交通事故调查。④ 海事调查官分为高级海事调查官、中级海事调查官和助理海事调查官三级，持有海事调查官证的人员可以参加对应等级事故的调查组工作，每一级分为涉外和非涉外两种，并按照《海事调查官管理规定》进行培训、考试、考核、注册。

（二）海事行政调查的性质

在我国，海事行政调查和处理统一由海事行政机关负责，我国有关海事法律、法规和规章均采用"海事调查和处理"这一术语。有些国家采用与我国一致的做法，有的国家则将海事行政调查与海事行政处理分成两项独立的工作，由不同的部门进行。⑤ 海事行政调查的性质如下：

---

① 刁雪松：《关于我国海事调查体制改革方向的思考》，载《中国海事》2019 年第 2 期，第 35－36 页。
② 胡正良主编：《海事法》（第三版），北京大学出版社 2016 年版，第 710 页。
③ 付玉慧主编：《海事调查与分析》，大连海事大学出版社 2010 年版，第 32－33 页。
④ 高波：《海事行政法研究》，国防工业出版社 2010 年版，第 150 页。
⑤ 吴兆麟：《海事调查与分析》，大连海运学院出版社 1993 年版，第 32－33 页。

1. 从属性

海事行政调查是行政调查在海事领域的体现，其本质仍是行政调查。① 行政调查本身并不是目的，它是行政主体获取信息、收集证据材料以作出行政处罚、许可、强制、征收等行政行为的手段，通常被认为是其他行政行为的一个准备阶段，是其他行政行为不可或缺的一部分。② 也就是说，海事行政调查不是独立的海事行政行为，而是依附于其他海事行政行为的"中间行政行为"或"过程行政行为"。

2. 准行政行为

准行政行为主要有下列几种情况：
（1）对行政行为的生效起辅助作用的行为；
（2）对行政行为表达意见，以此影响行政行为的行为；
（3）为即将作出的行政行为作准备的行为。

海事行政调查是通过获得信息，为海事行政机关将采取何种海事行政行为提供材料和依据的一种行为，其自身并不直接产生法律的效力和后果，但是，其结果将对海事处理等海事行政行为产生直接影响。③

3. 准司法性

在海事诉讼程序中，有关海事证据的调查分析是由海事行政主管机关（海事局）来完成的，海事主管机关提供的专业性、技术性调查分析经法院的证据审查也可被采用并作为海事诉讼的证据来使用。④ 2006 年，最高人民法院民事审判第四庭、中国海事局《关于规范海上交通事故调查与海事案件审理工作的指导意见》规定："海事调查报告及其结论意见可以作为海事法院在案件审理中的诉讼证据，除非有充分事实证据和理由足以推翻海事调查报告及其结论意见。"

二、海事行政调查的原则

（一）海员不自证其罪和沉默权

2010 年实施的国际海事组织《海上事故和事件安全调查国际标准和推荐做法规则》（以下简称《国际海事调查规则》）第十二章规定，海员在被调查时，

---

① 韩立新、吴珊珊：《海事调查及其责任认定的法律属性探析》，载《法学杂志》2014 年第 1 期，第 81 页。
② 应松年主编：《行政法与行政诉讼法学》，高等教育出版社 2018 年版，第 198 页。
③ 付玉慧主编：《海事调查与分析》，大连海事大学出版社 2010 年版，第 38 页。
④ 高波：《海事行政法研究》，国防工业出版社 2010 年版，第 146 页。

享有不自证其罪和保持沉默的权利。"沉默权"曾被认为是"人类在通向文明斗争中最重要的里程碑之一"。这一规定体现了对海员权益的保护，同时也能使海员在被调查的过程中放下思想包袱，从而有助于全面彻底地进行海事调查。[①]

我国当前的海事调查制度尚无关于"不自证其罪和沉默权"的规定，有关的法律法规均要求被调查人员必须如实回答询问。《中华人民共和国海上交通事故调查处理条例》第 12 条第 1 款规定："被调查人必须接受调查，如实陈述事故的有关情节，并提供真实的文书资料。"由此可见，我国当前的海事调查制度不承认"不自证其罪和沉默权"这一法律原则。但从《国际海事调查规则》规定和有关国际公约的导向来看，此项法律原则的制定应是保护海员权益的必然趋势。

（二）依法调查原则

依法调查原则要求行政调查主体无论是依职权调查，还是依申请调查，都必须依法进行，包括权限合法、方法合法、程序合法。[②] 具体来讲，作为行政调查首要原则的依法调查原则主要包括以下三项内容。

（1）海事行政调查主体法定。我国仅海事行政机关有权进行海事行政调查，这是依法调查原则的核心。

（2）海事行政调查主体只能在其法定职权范围内采用合法调查手段行使相应的海事行政调查权，不得采取非人道对待、暴力威胁、不间断询问等不适当方法，以及许诺好处、利益等诱使方法实施行政调查。

（3）海事行政调查主体必须严格依照法定程序进行海事行政调查。

（三）程序公正原则

海事行政调查的目的是了解实情、收集证据，以便准确地认定事实，明确当事人相关责任，作出相应的行政行为。这就需要海事行政主体客观全面地收集相关信息资料，包括有利于海事行政相对人的证据材料，禁止片面收集证据。同时，海事行政主体实施海事行政调查还必须符合正当程序的要求，保证调查不受各种偏见或偏私的影响。

英国著名公法学家威廉·韦德（William Wade）认为，之所以如此强调自然公正在行政调查制度中的作用，是因为"法定调查的种种优越性必须建立在

[①] 郭庆永、陈秋妹、李志玉：《〈海上事故和事件安全调查国际标准和推荐做法规则〉对我国海事调查制度的影响》，载《水运管理》2009 年第 10 期，第 35—36 页。

[②] 黄学贤：《行政调查及其程序原则》，载《政治与法律》2015 年第 6 期，第 24 页。

基本的程序公正这个基础上,而这种程序公正则是靠自然公正原则来维护的"。在行政调查中,"如果法定程序某个部分未得到适当遵守,或者有违反自然公正原则的情形,那么就导致调查和随后据此制定的任何命令归于无效,倘若有人在法定期限内向法院起诉表示异议,它们就会被法院宣告撤销"。①

(四) 调查保密原则

调查保密原则要求海事行政主体应当保护海事行政调查过程中所接触或获取的国家秘密、个人隐私和商业秘密。除此之外,由于海事行政调查还涉及海事行政相对人的社会形象、声誉等,因此需要对公开调查予以必要的限制。同时,对海事行政调查所获得的信息和证据,必须加以合理保存和利用。②

海事调查信息的保护,在《国际海事调查规则》中也体现为调查保密原则,即海事调查是为安全需要、从纯技术角度出发展开的全面事故调查。调查信息仅在为运输安全的需要或法律允许的其他情况下才能公开,且调查得到的所有证据应尽可能避免用于刑事、民事、纪律或行政程序。③

三、海事行政调查的法律依据

(一) 国内有关海事行政调查的立法

在我国,规范海事行政调查与处理的法律、法规和规章主要有:
(1) 1983 年《海上交通安全法》(2021 年修订);
(2) 1989 年《中华人民共和国渔港水域交通安全管理条例》(2019 年修订);
(3) 1990 年《中华人民共和国海上交通事故调查处理条例》;
(4) 2000 年《中华人民共和国交通行政复议规定》(2015 年修订);
(5) 2000 年《中华人民共和国渔业港航监督行政处罚规定》;
(6) 2002 年《内河交通安全管理条例》(2019 年修订);
(7) 2006 年《中华人民共和国内河交通事故调查处理规定》(2012 年修订);
(8) 2012 年《中华人民共和国渔业船舶水上安全事故报告和调查处理规定》;
(9) 2014 年《中华人民共和国水上交通事故统计办法》(2021 年修订);
(10) 2015 年《内河海事行政处罚规定》(2021 年修订)。

---

① [英] 韦德:《行政法》,徐炳等译,中国大百科全书出版社 1997 年版,第 700、703、711 页。
② 应松年主编:《行政法与行政诉讼法学》,高等教育出版社 2018 年版,第 201 页。
③ 郭庆永、陈秋妹、李志玉:《〈海上事故和事件安全调查国际标准和推荐做法规则〉对我国海事调查制度的影响》,载《水运管理》2009 年第 1 期,第 36 页。

（二）有关海事行政调查的国际条约与协议

1. 在国际海事条约中，我国参加的涉及海事行政调查的有以下内容。①

（1）1982 年《联合国海洋法公约》（United Nations Convention on the Law of the Sea, 1982, 简称 UNCLOS）。

（2）1974 年《国际海上人命安全公约》（International Convention for the Safety of Life at Sea, 1974, 简称《SOLAS 公约》）及其修正案。

（3）1977 年《托雷莫利诺斯国际渔船安全公约》（Torremolinos International Convention for the Safety of Fishing Vessels, 1977）及其 1993 年议定书。

（4）1966 年《国际船舶载重线公约》（International Convention on Load Lines, 1966）。

（5）1978 年《国际海员培训发证和值班标准公约》（International Convention on Standards of Training, Certification and Watchkeeping for Seafarers, 1978, 简称《STCW78/95 公约》）及其 1995 年修正案。

（6）1973 年《国际防止船舶污染公约》（International Convention for the Prevention of Pollution from Ships, 简称 MARPOL73/78）及其 1978 年议定书。

（7）1970 年《防止海员工伤事故公约》[Prevention of Accidents (Seafarers) Convention, 1970]。

2. 国际海事组织针对海事行政调查，通过以下决议。

（1）1968 年 11 月 28 日 A.173（FS.Ⅳ）号决议"参与正式的海事调查"（Participation in Official Inquiries into Maritime Casualties）。

（2）1975 年 11 月 12 日 A.322（Ⅸ）号决议"海事调查的行动"（The Conduet of Investigation into Casualties）。

（3）1979 年 11 月 15 日 A.440（Ⅺ）号决议"海事调查资料的交换"（Exchange of Information for Investigations into Marine Casualties）。

（4）1979 年 11 月 15 日 A.442（Ⅺ）号决议"政府机关对海事和违反公约事件进行调查的人力和物力需要"（Personnel and Material Resource Needs of Administrations for the Investigation of Casualties and Contraventions of Conventions）。

《国际海事调查规则》是首份也是目前唯一的一份由国际海事组织批准并随《SOLAS 公约》强制实施的海事调查方面的法律文件，它具有非常重要的意义，并为海事调查的开展提供了一个通用做法。我国作为国际海事组织的 A 类理事国，同时也是一个航运大国，在各方面理应与国际通行原则接轨。但是，

---

① 胡正良主编：《海事法》，北京大学出版社 2016 年版，第 713-714 页。

我国在海事调查方面的规定与《国际海事调查规则》有着较大差异，也存在一些不合理之处。

四、海事行政调查的内容

（一）海事行政调查的范围

1. 国际海事组织《国际海事调查规则》的规定

《国际海事调查规则》适用于一个或多个利益国在涉及其管辖船舶发生的海上事故中具有重大利益关系的海难或事故调查。[①] 其中，海难事故系指与船舶营运有关并造成有关人员伤亡、船舶灭失、搁浅、碰撞以及船体材料损坏或者造成环境影响等后果的事故，而海上事故系指由船舶营运造成或船舶营运有关而引起的事故，危及船舶或任何人员，或者可能造成船舶或结构或环境的严重损害。该规则在第三部分的十七章还规定调查的范围包括海上事件。因此，规则中的海事调查范围可大致分三类——人员伤亡、船舶事故、海上事件，不仅包括海上交通事故、工伤事故，还包括海上发生的任何安全事故和险情。

2. 国内法对海事行政调查范围的规定

《海上交通安全法》和《中华人民共和国海上交通事故调查处理条例》就沿海水域的交通事故调查处理进行规定，并明确海上交通事故是指船舶、设施发生的下列事故：（1）碰撞、触碰或浪损；（2）触礁或搁浅；（3）火灾或爆炸；（4）沉没；（5）在航行中发生影响适航性能的机件或重要属具的损坏或灭失；（6）其他引起财产损失和人身伤亡的海上交通事故。

同时，《中华人民共和国安全生产法》规定，负有安全生产监督管理职责的部门开展安全生产事故调查处理时，应准确地查清事故原因，查明事故性质和责任，总结事故教训，提出整改措施，并对事故责任者提出处理意见。

《海洋环境保护法》规定，国务院交通运输主管部门负责所辖港区水域内非军事船舶和港区水域外非渔业、非军事船舶污染海洋环境的监督管理，组织、协调、指挥重大海上溢油应急处置，海事管理机构具体负责上述水域内相关船舶污染的监督管理，并负责污染事故的调查处理；对在中华人民共和国管辖海域航行、停泊和作业的外国籍船舶造成的污染事故登轮检查处理。船舶污染事故给渔业造成损害的，应当吸收渔业行政主管部门参与调查处理。因此，我国的海事调查范围限于海上交通事故和污染事故，不包括工伤事故和船舶靠泊码头后的人员伤亡。

---

① 杨慧平、潘玥：《我国海事调查面临的四个履约问题》，载中国航油学会编：《中国航海科技优秀论文集》，人民交通出版社2009年版，第344页。

（二）海事行政调查的内容

海事调查的内容直接关系到事实确认和原因查找，而大部分事故往往由人为因素造成，为此，IMO将海事调查的重点由船舶和环境的因素转变到人为因素，《国际海事调查规则》也明确了海事调查要注重从人为因素方面进行调查。

人为因素可分为人的失误行为和影响失误行为的因素。参照国内外学者的研究结果，并经过统计分析和对人的因素的识别，初步将人为失误即不安全行为分为12种，包括未使用安全航速、避让行动迟误、通信交流不良以及船舶操纵不当等；将影响这些失误行为的因素分为个人因素、组织管理因素、船舶因素、自然环境因素等4类，每类中又包括若干种具体因素，如自然环境因素包括天气、能见度、限制水域、潮流、通航密度、背景灯光等。[①]

五、海事行政调查的程序

（一）海事行政调查的法律程序

开展行政调查时，行政主体应遵循法定程序。根据2021年最新修订的《中华人民共和国行政处罚法》（以下简称《行政处罚法》）第42、55条的相关规定，行政机关在调查或者进行检查时，执法人员不得少于两人，并应当主动向当事人或者有关人员出示执法证件。

根据交通运输部《海事调查官管理规定》第四章"事故调查组工作"相关规定，一般等级及以上的水上交通事故由负有管辖权的海事管理机构成立相应事故调查组，指定调查组组长。事故调查组应独立开展事故调查工作。事故调查实行组长负责制。事故调查组组长应持有相应等级的海事调查官证。海事调查官进行事故调查取证时，应出示海事调查官证。事故调查取证工作应不少于2人，且至少有1人应持有海事调查官证。

参加一般等级事故调查组的海事调查官不得超过7人；参加大事故等级调查组的海事调查官不得超过9人；参加重大等级事故调查组的海事调查官不得超过11人，其中参加死亡、失踪10人以上（包括10人）、30人以下重大事故调查组的海事调查官，原则上不得超过20人。

事故调查组成员应遵守相关保密规定，不得对外发表或透露任何与事故相关的信息，事故调查组组长可向海事机构指定的新闻发言人提供事故调查信息。部海事局管辖的事故调查，可抽调非事故辖区的海事调查官组成事故调查组。

[①] 刘正江、吴兆麟：《基于船舶碰撞事故调查报告的人的因素数据挖掘》，载《中国航海》2004年第2期，第3页。

抽调海事调查官时应遵循以下原则：
(1) 抽调高级海事调查官或有经验的中级海事调查官；
(2) 与被抽调单位进行充分沟通；
(3) 考虑海事调查官专长和技能；
(4) 执行回避制度。

(二) 海事行政调查的管辖

1. 国际法框架下的海事行政调查管辖权[①]

(1) 船旗国的海事调查管辖权。《联合国海洋法公约》(UNCLOS) 第92条第1款[②]、第94条第1款[③]、第94条第7款[④]、第217条第4款[⑤]均对船旗国的海事调查管辖权作出规定，即船舶不管在世界任何角落发生事故，其船旗国均具有海事调查的管辖权。

然而，当前有些国家允许船舶进行双重登记，也就是说事故船还可能是经过双重登记的船舶。仅从船旗国这一身份而言，两个登记国在国际法规定下所享有的权利应是一致的。但双重登记的基础是两个登记国的国内法规定，如果缺少两国法律的共同授权，船舶是不可能进行双重登记的。因此，双重登记船舶的两个船旗国对船舶的海事调查管辖权将完全取决于两国国内法规定或两国之间的双边协议。

(2) 沿海国的海事调查管辖权。对于外国籍船舶在沿海国沿海发生事故的情况，其管辖权限也会随事故发生地的不同而变化。

如果事故发生在内水，沿海国对该区域享有绝对主权，可根据本国法律规定对外国籍船舶实施海事调查。

如果事故发生在领海内，按照《联合国海洋法公约》第2条规定，沿海国的主权及于其陆地领土及其内水以外连接的领海水域。这一管辖权赋予沿海国

---

① 朱志强、谭振宏：《海事调查的管辖权》，载《水运管理》2008年第10期，第27—30页。
② 船舶航行应仅悬挂一国的旗帜，而且除国际条约或本公约明文规定的例外情形外，在公海上应受该国的专属管辖。除所有权确实转移或变更登记的情形外，船舶在航程中或停泊港内不得更换其旗帜。
③ 每个国家应对悬挂该国旗帜的船舶有效地行使行政、技术及社会事项上的管辖和控制。
④ 每一国家对涉及悬挂该国旗帜船舶在公海上因海难或航行事故对另一国国民造成死亡或严重伤害，或对另一国船舶或设施、海洋环境造成严重损害的任一事件，都应由适当的合格人士一人或数人，或在有这种人士在场的情况下进行调查。对于该另一国就任何这种海难或航行事故进行的任何调查，船旗国应与该另一国合作。
⑤ 如果船舶只违反主管国际组织或一般外交会议制定的规则和标准，船旗国在不妨碍港口国和沿海国执行的情形下应立即进行调查，并在适当情形下应对被指控的违反行为提起司法程序，不论违反行为发生在何处，也不论这种违反行为所造成的污染在何处发生或发现。

对发生在其领海水域的海难事故或海上事故实施调查的权限。

如果事故发生在专属经济区，根据《联合国海洋法公约》第 56 条规定，沿海国只能在专属经济区内享有保护和保全其海洋环境的有限权利。故沿海国在专属经济区内所拥有的海事调查权仅限于对环境造成（或可能造成）损害（或损害威胁）的特定事故。

如果事故发生在公海，根据《联合国海洋法公约》的规定，沿海国对在公海航行的船舶不具有管辖权。但《联合国海洋法公约》第 221 条和 1969 年《国际干预公海油污事故公约》第 1 条允许他们对在公海航行的外国籍船舶采取措施，以防止、减轻或消除根据合理预期可能造成严重后果的油污或其他物质污染的海难事故。即沿海国也可按此规定对公海发生的特定污染事故享有调查的权利。

此外，还需特别指出的是，除事故船和船上人员外，沿海国还可根据需要对引航、船舶交通管理中心和其他岸基部门的相关人员实施调查。船旗国和其他利益相关国如需对上述人员实施调查，只能依照《国际海事调查规则》第 7.1 和 7.2 条的规定与沿海国达成协议方能实现。

（3）港口国的海事调查管辖权。如果船舶自愿进入一个国家的港口或岸外设施，该港口国可对其在公海产生的任何排放（也仅限于排放）享有调查权，而应另一国请求时，这种权利的范围可扩展到发生在该请求国内水、领海或专属经济区的排放事故，并且，如该请求国为船旗国，这种权利可扩展至任意水域的排放事故。

2. 我国关于海事调查管辖问题分析

（1）船旗国的职责得不到充分体现。《海上交通安全法》和《海洋环境保护法》均只适用于我国管辖水域，并未涉及我国管辖水域之外的中国籍船舶发生的事故，《中华人民共和国渔业海上交通事故调查处理规则》第三章也只规定中国籍船舶在我国管辖水域之外发生事故应向主管机关提交事故报告，并未规定主管机关应主动采取调查手段了解事故原因。而《联合国海洋法公约》规定船旗国对悬挂其国旗的船舶具有有效地行使行政、技术及社会事项上的管辖和控制的义务，而且应对本国籍船舶在公海发生的每一件事故进行调查。《海上交通安全法》对于船旗国履行职责的规定不够充分，难以有效履行对本国籍船舶实施管理和控制的国际义务。

（2）海事调查权限没有明确界定。目前，《海上交通安全法》和《海洋环境保护法》虽然都规定了适用的水域范围，但在涉及海事调查规定中，并未对不同区域发生的海事事故明确与国际法规定相一致的调查管辖权，很容易造成海事调查管辖执行上的越权。此外，上述两部法律所规定的适用范围均未超出专属经济区,对于发生在公海上且可能给我国海洋环境造成严重损害或威胁的事故的调查管辖权并未涉及。

(3) 船舶事故调查分类管辖规定不够清晰。目前,根据我国法律规定,军用船舶的事故由军方负责调查,但对于商船与军用船舶之间发生碰撞事故是由军方还是由海事局负责调查无明确规定。《中华人民共和国渔业法实施细则》第6条规定:"国务院渔业行政主管部门的渔政渔港监督管理机构,代表国家行使渔政渔港监督管理权。国务院渔业行政主管部门在黄渤海、东海、南海三个海区设渔政监督管理机构;在重要渔港、边境水域和跨省、自治区、直辖市的大型江河,根据需要设渔政渔港监督管理机构。"事实上,《中华人民共和国渔业海上交通事故调查处理规则》对此规定的诠释就出现了偏差,该规则第2条规定:"渔业船舶在中华人民共和国渔港水域及沿海水域发生的交通事故。"按此规定,在以渔业为主的渔港水域以外发生商船与渔船碰撞事故,渔政渔监也有事故调查权。但渔政渔监负责调查涉及商船的事故在专业性方面存在欠缺。此外,在有关国际公约中,船舶交通事故和污染事故统称为"海难事故"或"海上事故",而我国却未对此进行明确划分。而且,到目前为止污染事故的调查尚未制定下位法和相应的操作指南,实际操作中尚有很多需要解决的问题。

(4) 对船舶和船员权益的保护不足。我国关于海事调查的相关规定中,只有《中华人民共和国内河交通事故调查处理规定》第20条明确要求海事主管机关应当尽量避免调查对船舶造成不适当延误,并为此制定明确的时间标准。其他法律法规只规定当船舶发生交通事故时主管机关有采取限制当事船舶自由措施的权力,而未对事故调查人员履行职责进行有效的限制,没有体现出对船舶航期的考虑和对船员权益的保护。考虑到海事调查中保护海员的特殊需要,国际海事组织在2005年也通过了《关于发生海事时公平对待海员的指南》,对港口国、沿海国船旗国和海员所在国的行动提出明确建议,而且,目前国际航运界已开始关注船员静默权问题。

3. 完善海事行政调查管辖权制度

(1) 创新海事行政法律制度,完善海事调查国内法体系。有关部门应切实加强海事调查的有关国际和国内法研究,尽快按照国际法原则对国内有关海事调查的法律和制度进行修改和完善,进一步明确我国以船旗国、沿海国、港口国和利益相关国等不同角色开展海事调查的权利和义务。同时,在修改有关法律时应注意理顺海事调查管辖中内部分工的关系,尽可能采用统一标准进行分类。如果要保留现行管辖模式,应在对现有问题进行全面分析和综合考虑的基础上,通过修改相关规定予以一一明确,以防止海事调查管辖中的交叉管辖或执行过程中的推诿等现象的发生。

（2）完善海事调查机制，适应履约需要。有关海事调查的国内法律制度建设完善后，最直接的一个问题是如何有效地履行我国所享有的这些海事调查管辖权。为此，应努力加强我国海事调查官队伍的培训，特别是在污染事故调查方面的知识和技能的培训，切实增进海事调查官对海事管辖权问题的认识和了解，进一步提高海事调查官的履约水平和调查技巧，以适应国际需求。并且，要积极研究建立一套完善的海事调查管理体制，为海事调查官的顺利出行和开展事故调查提供便利和保障，推动《国际海事调查规则》有关海事调查职责和义务的有效履行，保障我国航运企业的利益。

第三节　海事行政许可

一、海事行政许可概述

（一）海事行政许可的概念及特征

海事行政许可是海事行政管理部门根据行政管理相对人的申请，经审查依法赋予其从事法律规范所限制的特定活动的权力和资格的行为。更具体地说，海事行政许可，是指海事管理机构根据船舶、船员、船舶所有人或经营人等海事管理相对人提出的申请，经依法审查，准予其从事特定活动、认可其资格资质或者确立其特定主体资格、特定身份的行为，包括设定行为和许可行为。[1]

海事行政许可作为海事行政行为最基本的表现形式之一，它是海事行政主体实现海事管理目标最基本和最重要的手段。海事行政许可既体现海事部门的社会管理职能，也体现其对行政相对人的公共服务理念。[2]

行政许可本质上是对特定的活动或事项进行事前控制。[3] 海事行政许可的特征包括：

1. 法定性

海事行政许可作为一项重要的海事行政行为，直接关系到海事相对人的合法权益，必须依法进行。[4] 具体包括以下内容。

（1）实施主体和权限法定。海事行政许可的实施主体和权限要通过立法性

---

[1] 李林主编：《中国海上行政法学探究》，浙江大学出版社2013年版，第136页。
[2] 王世涛主编：《海事行政法》，大连海事大学出版社2015年版，第132页。
[3] 张兰：《海事行政许可应注意的几个问题》，载《中国水运》2003年第12期，第19页。
[4] 王世涛主编：《海事行政法学研究》，中国政法大学出版社2013年版，第189页。

文件予以规定，海事行政主体在实施行政许可时必须严格在法定权限的范围内进行，不能越权许可。

（2）程序法定。海事行政许可应遵循一定的法定程序，并应采用正规的文书形式，必要时还应附加相应的辅助性文件。《行政许可法》实施以后，原交通部于2004年发布了《交通行政许可实施程序规定》，明确了实施交通行政许可的程序。海事行政许可属于交通行政许可的一种，其程序也应当按照《交通行政许可实施程序规定》执行。

（3）内容法定。海事行政主体在实施行政许可时，必须依法对许可受理的材料、条件等进行审核，审核事项是否属于法律、法规、规章规定的许可范围，申请人是否符合行政许可的法定条件，并严格依照法律作出是否准予许可的决定。

2. 赋权性与解禁性

"行政许可是一种赋权行为，申请人本没有这项权利，只是因为行政许可机关的允诺和赋予，才获得该一般人不能享有的特权。"[1] 海事行政许可是一种行政赋权行为，它是赋予特定海事行政相对人从事某种活动的权利和资格，如为符合条件的船员核发船员证书，使其获得从事船员职务的资格。

海事行政许可的内容是国家一般禁止的活动，这些一般禁止的活动的内容由海事法律法规来设定。《海上交通安全法》第46条第2款规定："外国籍船舶临时进入非对外开放水域，应当依照国务院关于船舶进出口岸的规定取得许可。"当法律已有禁止规定的条件下，海事行政许可属于解禁行为，即在国家一般禁止的活动的前提下，对符合特定条件的行政相对方解除对该活动的禁止，从而使其享有特定的资格或权利，能够实施某项特定的行为。

3. 依申请性

海事行政许可不同于海事行政主体依职权主动赋予海事行政相对人权利和免除海事行政相对人义务的行为，其特征是海事行政行为的作出须以海事行政相对人的申请为前提，海事行政主体不得主动实施海事行政许可行为。进行申请的海事行政相对人具有广泛性，可以是公民，也可以是法人或其他组织，或其代理人。

4. 受益性

海事行政许可是受益性行政行为，该行为存在的前提是存在法律一般禁止的领域，而解禁无疑意味着相对人获得了某种"特权"。[2] 所以，海事行政许可

---

[1] ［美］伯纳德·施瓦茨：《行政法》，徐炳译，群众出版社1986年版，第7页。
[2] 姜明安主编：《行政法与行政诉讼法》，北京大学出版社2019年版，第219－220页。

不同于对行政相对人科以义务或者处以惩罚的海事行为，而是赋予行政相对人某种权利和资格的行为。从这个意义上讲，海事行政许可是赋予海事行政相对人某种权利和资格的受益性行政行为。

5. 涉外性

当前，国际海事运输活动频繁，国际船舶买卖、船舶承租、国际海上运输业务等不断发展，涉及多方面的行政管理，因此海事行政许可涉外性较其他行业显著。另外，海事行政许可适用的法律依据还有国际公约，至于是直接适用还是间接适用，还存在着争议。

（二）海事行政许可的基本原则

1. 合法原则

合法原则也称许可法定原则，包括设定许可法定和实施许可法定，是指海事行政许可要由法定的实施主体在法定的权限内作出，海事行政许可的实施必须有法律依据，在内容和程序上均须遵守法律法规的规定。[1]

设定许可法定原则包括：（1）海事行政许可由法律法规、省级政府规章和国务院的决定设定；（2）有权设定海事行政许可的机关，应当按照《立法法》规定的权限和《行政许可法》等相关法律的规定设定海事行政许可；（3）没有海事行政许可设定权的机关和组织，一律不得设定海事行政许可。

实施许可法定原则包括：（1）海事行政主体遵守法定的权限，不得越权实施海事行政许可，否则许可无效，且作出许可的海事行政主体要承担相应的法律责任；（2）海事行政主体实施海事行政许可应当依照《行政许可法》和其他法律、法规和规章规定的条件；（3）海事行政主体实施海事行政许可应当严格遵守法定的程序。

2. 公开、公平、公正原则

公开、公平、公正的原则，是现代行政程序法的重要原则。海事行政许可的设定过程是开放的，从设定海事行政许可的必要性、可行性到海事行政许可可能产生效果的评估，都要广泛听取公众的意见，允许并鼓励公众评论。在海事行政许可领域，公开原则要求海事行政许可的事项、条件和标准、程序和费用、结果等有关海事行政许可管理的所有信息，除涉及国家秘密、商业秘密和个人隐私外，都应当予以公布。公开、公平、公正原则是公民参政议政的具体体现和可靠保证，贯彻实施这一原则，有利于增强公民对海事行政机关的信任，有利于公民监督海事行政机关依法行使许可权，切实保障相对人的合法权益。

---

[1] 杨建顺主编：《行政法总论》，北京大学出版社2016年版，第220页。

此外，在海事行政许可管理过程中必须充分反映公共利益和个人利益以及个人利益之间的均衡，实现公平、公正的目的和价值。同时，在海事行政许可的设定和实施过程中，许可申请人的法律地位平等，平等地接受海事行政主体的审查，公平地开展竞争；海事行政许可机关要积极听取对方当事人的意见，允许利益关系人提出异议，同时严格坚持回避制度，保障行政许可结果公平公正。

3. 便民、高效、优质服务原则

《行政许可法》第6条规定："实施行政许可，应当遵循便民的原则，提高办事效率，提供优质服务。"便民原则即"精简、统一、效能"原则，即指相对集中地行使海事行政许可权，整合资源，为许可申请人提供便利。便民是我国法律制度的价值取向，也是海事行政机关履行其行政职责，行使行政权力应当恪守的基本准则。该原则不仅被明确规定为实施海事行政许可应当遵循的原则，而且贯穿于行政许可的全过程，包括设定海事行政许可和实施海事行政许可的各个环节。

高效原则是指实施海事行政许可应当按照法定程序在规定时间内积极办理，保证行政效率，建设高效政府。海事行政许可在程序设置上必须体现方便申请人办理、提高行政效率的要求。优质服务原则贯穿于海事行政机构实施海事行政许可的全过程，是党执政为民、为人民服务理念的具体体现。

二、海事行政许可的分类

（一）理论分类

1. 海事行为许可与海事资格许可

海事行为许可是指海事行政主体根据申请人的申请，允许其从事某种活动、采取某种行为的许可形式；海事资格许可是指海事行政主体根据相对人的申请，通过考核核发一定的证明文书，赋予证件持有人从事某一职业的资格或资质。[1]二者都是海事行政许可的重要形式。海事行为许可如船舶进出口岸、沉船打捞、危险品运输等，主要体现在船舶管理、通航管理及危险品管理、污染防治管理领域。海事资格许可如船员证书核发、外国籍船员在中国籍船舶上的任职审批等，主要体现在船员管理领域。

2. 海事权利性许可与海事附义务许可

根据海事行政许可是否附加义务可以分为海事权利性许可与海事附义务许可。所谓海事权利性许可，是指被许可人可以自由放弃行使该项许可所赋予的

---

[1] 王世涛主编：《海事行政法》，大连海事大学出版社2015年版，第136－139页。

权利，而他本人并不需要为此承担某些法律责任和后果；所谓海事附义务许可是指被许可的申请人在获得许可的同时，便承担了在一定期限内从事该项活动的义务。大部分的海事行政许可属于权利性许可，如船舶进出口岸许可、船员证书许可等。但是，有的海事行政许可在许可对象上具有特定性、独占性，如果被许可人不行使该项活动，则会影响公共利益。如对于妨碍船舶航行、航道整治或者工程建筑的沉船打捞许可，如果船舶所有人在获得打捞许可后不按期进行打捞，海事行政主体可以进行打捞或者予以解体清除；如果在打捞期限届满而没有完成打捞，即丧失该沉船的所有权（特殊情况申请延期并经核准的除外）。

3. 海事长期许可与海事短期（临时）许可

海事行政许可按有效期的长短可以分为海事长期许可与海事短期（临时）许可。海事长期许可是指海事行政主体赋予申请人许可期限较长的许可，海事资格许可一般属于长期许可，如海员证、引航员证书的核发等；海事短期（临时）许可是指海事行政主体依据申请人的条件和法律规定赋予申请人许可期限较短的一种许可，一般为海事行为许可。

（二）法律分类

根据《行政许可法》及海事法律、法规及规章的规定，从性质、功能和适用条件的角度，海事行政许可可以分为普通许可、特许、认可、核准、登记五类。

1. 海事普通许可

海事普通许可是准许符合法定条件的船舶所有人经营人、船舶、船员等海事行政相对人行使某种权利的行为，其性质是确定海事相对人行使现有权利的条件，是运用范围最广的一种海事行政许可，如船舶进出港许可、危险品适装许可、港内防污染作业许可等。海事普通许可因其性质和内容具有附条件性、无限性、约束性的特征。

2. 海事特许

海事特许即海事特别许可，是指海事行政主体在特定或紧急情况下或者由于不可抗力，为海上人命安全或避免更大的财产损失，而给予海事行政相对人从事某项活动的一种特别许可。[①] 海事特许的特征：一是针对特殊情况而作出

---

① 此处所指"海事特许"与一般行政许可理论所指"特许"存在根本不同：一般"特许"多指行政机关依法向相对人转让某种特定权利或者配置有限资源，其性质是授予权利，主要功能是配置有限资源。参见汪永清：《中华人民共和国行政许可法释义》，中国法制出版社2003年版，第28－60页。

的许可行为，一般情况下这种特殊情况是由不可抗力造成的；二是特许的目的是海上人命安全或者避免更大的损失；三是许可的性质是一种特殊赋权。例如，穿越禁航区许可的条件之一是"有因人命安全、防污染、保安等特殊需要进入和穿越禁航区的明确事实和必要理由"。①

3. 海事认可

海事认可是指海事管理机构对海事相对人是否具备某种资格、资质的认定，如船员及引航员证书的核发等。海事认可有四个特征：一是基于公共利益与安全的需要，对具有特殊信誉、特殊条件或特殊技能的自然人、法人或者其他非法人组织的资格、资质的认定；二是一般要通过考试的方式并根据考核结果决定是否认可；三是资格、资质是对特定人的许可，与人的身份相联系，不能继承、转让；四是没有数量的限制。海事认可的主要功能是提高相关领域从业者的从业水平或技术、信誉，优化海事管理结构。

4. 海事核准

海事核准是海事行政主体依据技术标准、规范，对船舶公司船舶是否符合特定标准、规范的判断。海事核准主要表现为船舶防污染作业许可，航运公司安全营运与防污染能力符合证明的签发，船舶保安计划的批准，船舶安全与防污染证书文书的核发等。海事核准主要针对危险防治等涉及海上人命财产安全的问题，主要特征有技术性、实践性、无限性和约束性。

5. 海事登记

海事登记是对特定海事行政法律关系的确认，它对确认特定的主体资格起到证明作用，比如船舶登记。《船舶登记条例》第3条规定："船舶经依法登记，取得中华人民共和国国籍，方可悬挂中华人民共和国国旗航行；未经登记的，不得悬挂中华人民共和国国旗航行。"海事登记的功能在于其证明性价值，其特征有法定性、无限性、约束性。

（三）实务分类

根据海事行政管理具体内容的不同，海事行政许可可以作以下实务分类。

（1）通航管理类行政许可。具体包括：通航水域岸线安全使用许可，通航水域水上水下施工作业许可，在港口水域内进行采掘、爆破等活动许可，通航水域内沉船沉物打捞作业许可，通航水域禁航区、航道（路）交通管制区、锚地和安全作业区划定许可，船舶进入或者穿越禁航区许可，水上拖带大型设施和移动式平台许可，外国籍船舶或飞机入境从事海上搜救许可，航标管理机关

---

① 《中华人民共和国海事行政许可条件规定》第10条。

以外的单位设置、撤除沿海航标许可。

（2）船舶管理类行政许可。具体包括：外国船舶进入非对外开放水域许可，船舶进出港口许可，船舶国籍证书核发，国际船舶保安证书核发，船舶安全与防污染证书、文书核发。

（3）船员管理类行政许可。具体包括：船员适任证书核发，外国籍船员在中国籍船舶上任职许可，海员出入境证书核发。

（4）危险品与防污染类行政许可。具体包括：防止船舶污染港区水域作业许可，船舶载运危险货物的适装许可，船舶液体危险货物水上过驳作业许可。

（5）其他海事行政管理类行政许可。具体包括：航运公司安全营运与防污染能力符合证明核发，设立验船机构审批。

三、海事行政许可的形式

海事行政许可的决定形式，依照法律、法规、规章的规定，包括下列五种。

（1）签发证书、证件。例如：船舶证书（国籍证书、高速船操作安全证书等）的签发及船员证件（船员适任证书、海员证、特免证明等）的核发。

（2）发布批准文件。例如：通航水域禁航区、航道（路）交通管制区、锚地和安全作业区划定审批，通航水域岸线安全使用许可，外国籍船舶或飞机入境从事海上搜救审批等，海事行政主体经依法审查批准后，要以书面形式予以批复。

（3）签发统一格式的决定文书。例如：对于通航水域水上水下施工作业许可，通航水域内沉船沉物打捞作业审批，港口水域内进行采掘、爆破等活动的许可等，海事行政主体经依法审查批准后要核发"水上水下施工作业许可证"。

（4）在一份规定的证书、证件、文书上签证或者签批。此种行政许可决定方式是海事行政许可最普遍使用的方式。例如：国际航行船舶进入口岸审批，国内航行船舶进港签证，船舶保安计划批准等，海事行政主体经依法审查批准后作出予以批准的签注并加盖印章。

（5）口头宣布。行政许可作为要式行政行为，一般不可以采用口头形式。但对于船舶、码头、海上设施使用化学消油剂的许可，在紧急情况下可以口头答复。

四、海事行政许可的程序

海事行政许可的实施程序，是对海事行政许可的实施机关实施海事行政许可的步骤、方式和时限的总称，是保证行政许可权力合法有效行使的关键。《行政许可法》依照公开、高效、便民、监督的原则对行政许可的申请、受理、审查、决定等程序和时限作了明确规定。海事行政许可的实施程序可分为一般程序和特别程序。一般程序是申请、受理、审查、听证（符合听证条件的）、决定、变更与延续。特别程序是为了严格规范行政许可的实施，适应各类许可的性质、功能、适用条件而作出的，是关于行政许可实施程序的特别规定，是对行政许可一般程序的补充。

（一）海事行政许可的一般程序

1. 申请、报备与受理

受理员应依法受理行政相对人提出的行政许可申请、行政审批申请和行政报备，并依法主动向申请人提供申请的格式文本。[①] 受理员在收到行政相对人提出的申请报备及有关材料后，应从以下方面进行审查：

（1）申请事项是否属于依法需要取得行政许可、行政审批的事项；报备事项是否属于依法需要报备的事项；

（2）申请、报备事项是否由本海事管理机构管辖；

（3）申请人、报备人是否按照法律、法规和规章的规定提交了符合规定数量、种类的申请材料或报备材料；

（4）申请人、报备人提供的申请材料、报备材料是否符合规定的格式；

（5）其他需要审查的内容（如申请人资格、申请材料是否存在明显的书面错误等）。

受理员在进行审查后应按照下列要求进行处理：

（1）行政许可、行政审批的申请事项或行政报备的事项不属于本海事管理机构管辖或依法不须取得（不须报备）的，应当场作出不予受理的决定，签发《海事行政许可（审批、报备）不予受理通知书》，加盖受理专用章，并送达申请（报备）人。

（2）对属于本海事管理机构管辖且依法须取得行政许可、行政审批的申请事项或依法应当报备的事项，若申请材料存在可以当场更正的错误，受理员应当提示申请（报备）人当场更正。

（3）对属于本海事管理机构管辖且依法须取得行政许可、行政审批的申请事项或依法应当报备的事项，但申请（报备）材料不齐全或不符合法定形式的，且申请（报备）人不能当场更正的，受理员应当场一次性告知申请（报备）人需要补正的全部内容，并签发《海事行政许可（审批、报备）补正通知书》并加盖受理专用章，送达申请（报备）人。

---

① 高波：《海事行政法研究》，国防工业出版社 2010 年版，第 96－98 页。

（4）申请人提交原件（相关证书）有困难或提交原件会给申请人带来不便，可在申请时一并提交复印件，复印件上应有申请人关于复印件与原件一致性的声明。经受理员核对原件后，在复印件上加盖"与原件核对无误"的印章，受理员签署姓名和日期，将原件退回给申请人。申请人委托他人申请的，应提交委托书和委托人、被委托人的身份证明。

（5）受理员受理申请后，对非当场行政许可、审批的应即时填写《海事业务审批单》，连同有关材料转交相关的审核员进行审查。当场可以作出行政许可或行政审批决定的，由受理员直接作出决定。受理员应将行政许可申请、行政审批申请和行政报备的受理情况在《海事行政许可类办理登记簿》中予以登记。

2. 海事行政许可审核与批准

审核与批准的权限按照具体海事业务项目的程序与标准规定执行。审核员接受有关材料后，应按照要求进行审核，在初审意见栏里填写审核意见（不同意的还应说明理由），按规定应报送复审（二审）人或审批人审核的，应及时报送。复审人（二审）接受有关材料后，应按照要求进行复审，在复审意见栏里填写审核意见（不同意的还应说明理由），按规定应报送审批人审核的，应及时报送。审批人接受有关材料后，应按照具体要求进行审核，在审批人意见栏里填写审批意见（不同意的还应说明理由）。对法律、法规、规章规定的实施海事行政许可（审批）前，应当举行听证的事项，海事管理机构应按照举行听证的相关要求组织听证。对法律、法规、规章规定的实施海事行政许可（审批）前，应当进行现场核查的事项，审核员应进行核查或指定核查。

海事管理机构经对申请人递交的申请材料及其实际情况进行审查后，以具体海事业务项目程序规定的审核（审批）人的最终意见为准，作出行政许可决定。

（二）海事行政许可的特别程序

海事行政许可特别程序是关于海事许可实施程序的特别规定，是对许可实施一般程序的补充；海事机构实施许可时，有特别程序的，适用特别程序，没有特别程序的，适用一般程序。事实上，特别程序主要是对作出许可决定环节的规范，至于实施许可的其他环节，还须适用海事许可规定的一般程序。[①] 特别程序主要包括以下三个方面。

（1）认可程序。即实施赋予公民特定资格，赋予法人、其他非法人组织特

[①] 郑中义、李国平编著：《海事行政法》，大连海事大学出版社2007年版，第176页。

定资格、资质等海事许可应遵循的特别程序。认可程序的核心是海事机构根据考试或者考核的结果作出许可决定。

（2）核准程序。指海事管理机构对某些事项是否达到特定技术标准、技术规范进行审定等许可应遵循的特别程序，其核心是海事机构依据对设备、设施、产品进行检验、检测的结果作出许可决定。海事机构只能以事前公布的技术标准、技术规范为依据，并根据检验结果决定是否准予许可。

（3）登记程序。通常情况下，海事机构只对申请人提供的材料进行形式审查，只要申请材料齐全，符合法定形式，海事机构就应当予以登记。

五、海事行政许可的监督检查

海事行政许可的监督检查，是指海事行政机构对实施海事行政许可和被许可人从事海事行政许可事项的活动进行监督检查。它包括两大类：一是上级海事行政机构对下级海事行政机构实施海事行政许可活动的监督，属于内部海事行政活动的范畴；二是作出海事行政许可的海事行政主体对被许可人从事海事行政许可事项的活动的监督检查，属于外部海事行政活动的范畴。[1]

（一）海事行政许可监督检查制度

上级海事管理机构应当加强对下级海事管理机构实施行政许可的监督检查，应当及时纠正行政许可实施中的违法行为。针对"重事前审批、轻事后监督"的现象，应对实施行政许可之后的监督检查有以下四个方面的制度要求。

（1）书面监督检查制度。海事管理机构对被许可人的监督，原则上应当采取书面监督的方式。

（2）实地监督检查制度。海事管理机构对于通过书面监督方式难以达到监督效果，需要进行实地检查、核验、检测的，应当进行实地检测。

（3）属地管辖制度。一般来说，作出行政许可的海事管理机构负有对被许可人从事行政许可事项的活动进行监督检查的责任，也就是通常所说的"谁审批、谁负责、谁监管"。但是，如果被许可人在作出许可决定的海事管理机构管辖区域外从事行政许可事项的活动，作出行政许可的海事管理机构就不便对其直接进行监督。《行政许可法》针对这种情况明确规定，被许可人在作出行政许可决定的海事管理机构管辖区域外违法从事行政许可事项活动的，违法行为发生地的有关海事管理机构应当依法查处，并将被许可人的违法事实、处理结果抄告至作出行政许可决定的海事管理机构。

---

[1] 高波：《海事行政法研究》，国防工业出版社2010年版，第98－100页。

（4）举报制度。个人和组织如果发现违法从事行政许可事项的活动，有权向海事管理机构举报，海事管理机构应当及时核实、处理。

（二）海事行政许可主体对被许可人的监督

（1）各级海事机构不论是否负责有关海事行政许可项目的受理、审核、批准，都应当按照法律、法规、原交通部规章和中华人民共和国海事局的相关规定，加强对被许可行为的监督管理，落实各项监管措施。对于尚未形成统一监督管理规定的，各海事局应当根据辖区水上安全和防污染的管理要求，采取相应的监管措施。

（2）对许可的审核过程中，需要对被许可的相对人或者活动进行实质性核查的，应当由两个以上的执法人员依照有关规定到现场进行核查。

（3）各级海事机构在日常监督检查中发现的涉及海事行政许可的违法行为或者其他违法情形，应当及时通报、沟通和研究，并依法采取相应的措施。

（4）各级海事机构不得擅自改变已经生效的行政许可，但有下列情形之一的，有关海事机构可以依法撤销相应的海事行政许可：①行政许可所依据的法律、法规、规章修改或废止，或者准予行政许可所依据的客观情况发生重大变化，且为了公共利益的需要；②行政机关工作人员滥用职权、玩忽职守作出准予行政许可决定；③超越法定职权、违反法定程序、对不具备申请资格或不符合法定条件的申请人准予行政许可；④被许可人未履行规定的责任、义务，有关的被许可活动已经不具备法定的条件。

（5）对有下列情形之一的，有关海事局（处）应当依法采取相应的行政强制措施、进行行政处罚等行政决定：①被许可人或者相应的被许可活动，存在不符合法定的条件的情形；②被许可人未落实相应的安全、防污染措施。

（6）对违反海事行政许可管理秩序的行为，由实施许可地或者违法行为发生、发现地的海事机构依照职责权限进行查处。违法行为发生、发现地的海事机构应当将有关查处情况及时通报实施许可的海事机构。

（三）海事行政法许可法律责任制度

（1）违法设定行政许可的法律责任。海事管理机构违法设定行政许可的，有关机关应当责令设定该行政许可的海事管理机构改正，或者依法予以撤销。

（2）违法实施行政许可的法律责任。对于海事管理机构违反法定程序实施行政许可和办理行政许可，实施监督检查索取、收受他人财物或者谋取其他利益；违反法定条件实施行政许可，该许可的不许可，对不该许可的乱许可；违反规定乱收费等违法行为，应由其上级海事管理机构或者监察机关责令改正，对直接负责的主管人员和其他的直接责任人员依法给予行政处分；构成犯罪的，依法追究其刑事责任。同时，海事管理机构违法实施行政许可，给当事人的合法权益造成损失的，还应当依法承担赔偿责任。

（3）实施许可后不履行监督职责的法律责任。海事管理机构不依法履行监督职责或者监督不力，造成严重后果的，由其上级海事管理机构或者监察机关责令改正，对直接负责的主管人员和其他直接责任人员依法给予行政处分；构成犯罪的，依法追究其刑事责任。

第四节 海事行政强制——以海警行政强制为核心

一、海事行政强制概述

（一）海事行政强制的概念和性质

有学者将行政强制定义为行政主体在行政过程中出现的行政相对人违反义务或者义务不履行的情况，为了确保行政的实效性，维护和实现公共利益，由行政主体或者行政主体向人民法院申请，对行政相对人的财产以及人身、自由等予以强制而采取的措施。[①] 而《行政强制法》并未给出专门的行政强制概念，而是将其分解为行政强制措施和行政强制执行并对其分别定义。[②]

海事行政强制是行政强制的一个特定领域，其法律性质是一种可诉的具体行政行为。[③] 根据《行政强制法》的立法精神，可以将海事行政强制分为海事行政强制措施和海事行政强制执行。其中，海事行政强制措施是指海事机构在海事管理过程中，为实现制止违法行为、防止证据毁损、避免危害发生、控制危险扩大等目的，依法对相对人的财务实施暂时性控制的行为；海事行政强制执行是指海事机构或海事机构向人民法院申请，对不履行海事行政决定的海事行政相对人依法强制履行义务的行为。

海事行政强制的主体主要包括海警、海关、海监、海事、渔政等，它们

---

① [日]南博方：《行政法》，杨建顺译，中国人民大学出版社2009年版，第121页。
② 《行政强制法》第2条规定："本法所称行政强制，包括行政强制措施和行政强制执行。行政强制措施，是指行政机关在行政管理过程中，为制止违法行为、防止证据损毁、避免危害发生、控制危险扩大等情形，依法对公民的人身自由实施暂时性限制，或者对公民、法人或者其他组织的财物实施暂时性控制的行为。行政强制执行，是指行政机关或者行政机关申请人民法院，对不履行行政决定的公民、法人或者其他组织，依法强制履行义务的行为。"
③ 郑钰：《实施海事行政强制存在的问题及有关建议》，载《珠江水运》2003年第3期，第20页。

各自分管海上行政管理的一个方面。从自主实施行政强制这个角度来看,海警应当是最主要的海上行政强制的实施主体,其他几个主体虽拥有少量规范性文件赋予其即时的、对财物方面的行政强制措施权,但主要还是申请人民法院强制执行。[1]

(二) 海事行政强制的特点

海事行政强制作为一种具体行政行为,除了具有行政行为的一般特点,还具有以下独特的法律特征。

1. 行政性

海事行政强制是行政机关为实现行政权力而依法定职权实施的单方的具体行政行为,具有明显的行政性,这是海事行政强制的首要特征。海事行政强制发生于海事行政管理的过程中,海事行政机构的职责是维护水上交通安全秩序、保护水上人命和财产安全、保护水域不受污染,为了达到这一要求,海事行政机关必须监督海事行政相对人履行海事行政规范性文件中为其设定的义务。

2. 强制性

海事行政强制以国家强制力为后盾保障实施,强制性是行政强制最明显的特征。由于海事行政行为将法律具体化、现实化,是法律在海事管理领域或海事管理事项上的具体表现,因此,作为海事行政行为之一的海事行政强制措施必然体现出法律的强制性。就海事管理机构而言,海事行政强制措施的强制性表现为海事管理机构作出意思表示的法定性;就海事管理相对人而言,其强制性表现为对海事行政行为的施行必须服从和配合。如果海事管理相对人不予服从和配合,就会导致海事行政措施的强制执行。[2]

3. 从属性

所谓从属性行为,系指为另外一种行政行为服务的辅助性行为,具有预防性、保障性的特点。[3] 如《行政强制法》第 2 条第 2 款规定的"为制止违法行为、防止证据损毁、避免危害发生、控制危险扩大等情形",意味着在水上交通安全受到危害或有受到危害的威胁时,便可实施海事行政强制措施。

虽然海事行政强制措施和强制执行具有上述共同特点,但两者之间也有一定区别,主要包括以下内容。

(1) 实施法定理由不同。海事行政强制措施是为了制止违法行为、防止证据损毁、避免危害发生、控制危险扩大等情形,而海事行政强制执行是基于相

---

[1] 李林、吕吉海主编:《中国海上行政法学探究》,浙江大学出版社 2013 年版,第 263 页。
[2] 高波:《海事行政法研究》,国防工业出版社 2010 年版,第 164 页。
[3] 应松年主编:《行政法与行政诉讼法学》,高等教育出版社 2018 年版,第 161 页。

对人拒绝履行行政决定设定的义务。

（2）行政相对人受影响的程度不同。海事行政强制措施是对相对人权利的限制，而海事行政强制执行是对相对人权利的剥夺，后者比前者严重得多。

（3）处于行政程序的阶段不同。海事行政强制措施具有中间性、程序性、临时性的特点，它往往处在行政程序的中间环节，而海事行政强制执行则通常处在行政程序的最后一个阶段。①

二、海事行政强制基本原则

（一）法定原则

《行政强制法》第4条规定："行政强制的设定和实施，应当依照法定的权限、范围、条件、程序。"这是海事行政强制的首要原则，要求海事行政强制必须依法作出，在法定职权范围内实施。法定原则包含依法设定行政强制和依法施行行政强制。依法设定行政强制即海事行政强制权必须都来自法律、法规的特别设定，来自法律、法规的特殊授权。

依法强制原则是依法行政原则的自然延伸。与一般的行政管理权不同，行政强制权不能来自一般授权，必须来自法律、法规的特殊授权，严禁行政强制主体自己给自己创设行政强制权。海事行政管理机构实施海事行政强制，必须依据法律的规定或授权，法律规定能够实施海事行政强制的，海事行政管理机构方可实施，且必须按照法律规定的条件、措施、程序进行；法律没有规定的，即使行政相对人没有履行义务，海事行政管理机构原则上也不能实施海事行政强制。

法定原则必须贯穿海事行政权的始终。第一，海事行政强制必须有法律依据，目前我国尚无专门的海事行政强制法，不同级次的法律文件在海事强制方面的权限和关系不甚明确，这是今后立法必须重视、研究和解决的问题；第二，海事行政强制必须由有权的海事行政管理机构实施，即主体必须合法，海事行政管理机构的内设机构不得以自己的名义实施海事行政强制，更不能越权代为行使权力；第三，实施海事行政强制的条件、措施、程序、手续等必须符合法律规定；第四，必须有完备的事后补救途径，确保违法的海事行政强制行为能够得以撤销或变更。

（二）比例原则

《行政强制法》第5条规定："行政强制的设定和实施，应当适当。采用非

---

① 王世涛主编：《海事行政法学研究》，中国政法大学出版社2013年版，第250页。

强制手段可以达到行政管理目的的，不得设定和实施行政强制。"这一原则综合了理论界长期争议的比例原则和适当原则，该原则要求海事行政机构在保证行政目的能够实现的前提下，应当从海事行政强制的设定和实施两个层面对手段和目的进行衡量，选择最为适当的强制措施，迫使海事行政管理相对人履行义务，以确保行政管理目的的达成。显然，这一原则不仅要求海事行政强制要正确使用法律，也要求实现海事行政相对人利益最大化。

在保证目的实现的前提下，海事管理机构要尽可能地保护当事人的合法权益，确保海事行政相对人的损害最小，不能为了达到目的而不择手段。比例原则是多数国家行政强制立法和司法中掌握的一项原则。这种执行方式对公民的自由和财产带来极大的危害，所以法律只在极有限的范围内，而且必须是出于公共利益的迫切需要时，才允许这种执行方式存在。

比例原则要求海事行政管理机构做到以下几点。

（1）海事管理机构必须公正地行使自由裁量权，采取的措施应当由轻到重。从实体上说，行政主体依法实施行政强制，应当以实现行政管理所要求的目标为限。

（2）实施海事强制，要保障海事行政相对人的基本权益，特别当被执行的对象是公民时，应当保留被执行人及其所抚养家属生活必需的费用和生活必需品。在工作和实践中，经常会遇到一些"三无"船舶，全家人都住在船上，一旦没收船舶，必然居无定所。因此，根据具体情况，海事行政管理机构应允许其在一定期限内使其船舶状况达到法定要求，且该限期内不可实施海事行政强制措施。

（三）教育和强制相结合原则

《行政强制法》第 6 条规定："实施行政强制，应当坚持教育与强制相结合。"这是我国行政法长期坚持的原则。实施海事行政强制执行，应该是在穷尽了包括催告在内的教育手段后，依然不能实现行政目的时才不得已而采取的手段。比如在解决上述"三无"船舶问题时，进行行政强制必然要考虑船民的利益，尽量以教育说服为主，穷尽教育手段后，仍无法实现保障水上交通安全的目的才可以实施强制手段。

教育和强制相结合原则要求海事行政强制要与说服教育密切结合，体现"惩前毖后，治病救人"的方针。因时因地地综合运用这两种手段，既保证行政目的的实现，也保障相对人的合法权益。[①]

[①] 高波：《海事行政法研究》，国防工业出版社 2010 年版，第 168 页。

(四) 禁止滥用原则

《行政强制法》第 7 条规定:"行政机关及其工作人员不得利用行政强制权为单位或者个人谋取利益。"海事行政强制禁止滥用的原则,与以行政强制"目的适当手段必要、价值取向均衡"为内容的比例原则存在交叉且互为促进、补充的关系,其强调的是必要性、最小侵害和过度禁止。不过,这里所说的海事行政强制禁止滥用原则,不是从"方式手段选择"的角度来评价海事行政强制,而是从目的和价值取向的角度来阐述其核心内容——不得利用行政强制权为单位或者个人谋取利益。这也是行政强制法定原则、适当原则的内在要求。

三、海事行政强制的种类

(一) 海事行政强制措施的种类

经过对现行海事法律、行政法规和规章的梳理,将具有强制性质的行政手段归纳为以下四类形态:"责令作为或不作为"类、"证据保全"类、"强制与法律事实"类(如强制卸载)和"扣押"类[①],具体含义如下。

1. "责令作为或不作为"类

海事法规体系中有多达 30 余种关于责令的不同表述,从法律属性来看,这些依法要求行政相对人为一定行为或不为一定行为而实施的责令行为,属于具有终局性的行政处理决定,是结论性或目的性的行政行为。

从实施力度来看,责令行为本质上是一种意思表示,其实施有赖于行政相对人的主动配合,若相对人不配合,责令失效,此时海事管理机构只能依法对行政相对人进行处罚或强制执行来达到行政管理的目的。从实施前提来看,责令行为的实施以行政相对人确实存在"违反本法或本条例规定"中的违法行为为前提,并要求行政相对人主动履行法定义务,只要行政相对人按照要求履行完毕,责令的目的就达到了。而部分海事行政强制措施并不以行政相对人存在违法行为为前提,只要相对人可能产生危害后果或者涉嫌违法即可依法实施。

2. "证据保全"类

《行政处罚法》第 56 条规定:"行政机关在收集证据时,可以采取抽样取证的方法;在证据可能灭失或者以后难以取得的情况下,经行政机关负责人批准,可以先行登记保存,并应当在七日内及时作出处理决定,在此期间,当事人或者有关人员不得销毁或者转移证据。"根据《行政处罚法》,证据先行登记保存和抽样取证可统称为"证据保全"类行为。证据先行登记保存是海事管理

---

① 张越:《海事行政强制措施具体形态探讨》,载《中国海事》2013 年第 4 期,第 31-32 页。

机构在案件查处过程中，为了查清案件事实或避免违法行为继续构成危害，防止证据隐匿、转移、销毁或防止证据灭失，经海事管理机构负责人批准，通过法定程序采取的收集证据的一种方式。证据先行登记保存是海事管理机构为防止证据损毁而对证据的暂时性控制，是一种强制性和临时性的措施。因此，在调查取证阶段，可按《行政强制法》规定，将证据先行登记保存理解为"其他行政强制措施"的一种形态。抽样取证是海事管理机构在调查取证时，对涉案物品抽样检验、鉴定，以此认定行政相对人是否存在违法行为的活动。它具有预防性、制止性、临时性、强制性等特征，特别是在强制性上，抽样取证是不以行政相对人的意志为转移的，无论行政相对人是否同意，海事执法人员都可以采取该措施。

3. "强制与法律事实"类

我国海事管理法律、法规中赋予了海事管理机构一定的"强制"权，如《海上交通安全法》中规定的"强制打捞清除"、《港口法》中的"强制拆除"、《防治船舶污染海洋环境管理条例》规定的"强制卸载"等。本书将由海事管理机构应用于具体法律事实的带有"强制"字眼的强制性行政行为统称为"强制与法律事实"类行政行为。针对这些行为的性质与类属，或认为是行政强制执行，具体是行政强制执行中的代履行；或认为是行政强制措施。因此，针对不同情况该类行政行为的法律属性也不完全相同，应区别情况对待，不能一概而论。

4. "扣押"类

扣押财物是《行政强制法》已经明确规定的强制措施形态，海事法规中主要用"暂扣"一词表达。其中《防治船舶污染海洋环境管理条例》第 46 条规定："组织事故调查处理的机关或者海事管理机构根据事故调查处理的需要，可以暂扣相应的证书、文书、资料；必要时，可以禁止船舶驶离港口或者责令停航、改航、停止作业直至暂扣船舶。"《内河交通安全管理条例》第 64 条规定了海事行政机关"暂扣船舶、浮动设施"的权力。

通过以上分析得知，虽然海事管理机构可以采取的行政强制性手段繁杂多样，但当前海事法律体系中允许适用的海事行政强制措施并不多，具体形态包括证据先行登记保存和抽样取证、禁止进港（离港）、暂扣船舶（设施）、暂扣证书（文书、资料）、限制船舶航行（停泊、作业）、拆除动力装置、强制卸载以及一些即时性行政强制措施。

（二）海事行政强制执行的种类

《行政强制法》第 2 条第 3 款规定："行政强制执行是指行政机关或者行政

机关申请人民法院,对不履行行政决定的公民、法人或者其他组织,依法强制履行义务的行为。"同时,第12条规定了行政强制执行方式:"(一)加处罚款或者滞纳金;(二)划拨存款、汇款;(三)拍卖或者依法处理查封、扣押的场所、设施或者财物;(四)排除妨碍、恢复原状;(五)代履行;(六)其他强制执行方式。第13条第1款规定:"行政强制执行由法律设定。"①

对于海事行政强制执行的规定,除《行政强制法》外,主要还有《交通运输行政执法程序规定》《中华人民共和国海事行政强制实施程序规定》等部门规章和海事局规范性文件。对于海事行政强制执行种类,上述两项规定均没有进行明确。在2018年交通运输部下发的《直属海事系统权责清单》中对"海事行政强制"部分列明了7种行政强制权力:"内河暂扣船舶(浮动设施),内河拆除动力装置,内河强制卸载,扣押违法运输危险化学品及运输工具,查封、扣押不符合保障安全生产的国家标准或者行业标准的设施、设备、器材,沉船沉物强制打捞(清除),强制清污。"

经对相关法律规定的梳理和总结,海事行政强制执行的种类如下:一是加处罚款或者滞纳金;二是排除妨碍、恢复原状下的沉船沉物强制打捞、强制清污;三是代履行下的沉船沉物强制打捞、强制清污;四是罚款或加处罚款、代履行费用的申请人民法院强制执行。从现行法律规定和法院受理申请执行裁定的案例看,前三项属于行政机关强制执行,第四项属于向人民法院申请强制执行。

四、海事行政强制的程序

程序公正是实体公正的保证,对实体公正有着保障和促进作用。海事行政强制是海事行政管理机构在特殊情况下采取的较为严厉的执法措施,关系到海事行政管理机构和海事行政相对人双方的重大权利义务,因此,必须依一定程序和逻辑进行。② 依据行政程序的有关理论,以及《中华人民共和国海事行政强制实施程序规定》的规定,海事行政强制的程序包括海事行政强制措施和海事行政强制执行程序。

(一)海事行政强制的决定

行政强制决定是海事行政管理机构依法作出的,决定对海事行政相对人采取海事行政强制的具体行政行为。它是实施海事行政强制的直接依据,也是海

---

① 高宁:《海事行政强制执行种类、期限及程序等问题探讨》,载《世界海运》2020年第11期,第37-38页。
② 高波:《海事行政法研究》,国防工业出版社2010年版,第174-179页。

事行政强制的基本环节。由于海事行政强制关系到海事行政相对人的人身或者财产权利，海事行政强制决定的作出必须严格依据法律法规的规定。

1. 决定前的调查

这是作出行政强制决定的必要环节。《中华人民共和国海事行政强制实施程序规定》规定："执法人员发现需对行政管理相对人采取海事行政强制措施的情形时，应当立即调查取证，提出处理意见，制作《海事行政强制调查报告》，连同有关案卷材料经本海事机构的法制部门或者法规员审核后，报送海事管理机构负责人审查决定。"在调查过程中，应当认真听取行政相对人的陈述和辩解，全面了解其违反水上安全管理规定的原因。海事管理机构实施海事行政强制措施时，应当制作《海事行政强制现场笔录》，将当事人陈述申辩的理由和强制实施的情况予以记录，并由当事人或者见证人和海事执法人员签名（盖章）。当事人进行陈述和申辩的，应当充分听取当事人的意见。海事管理机构执法人员认为当事人的陈述、申辩理由成立的，暂停实施海事行政强制措施，经补充调查并按照海事行政强制措施决定作出的程序，报送海事管理机构负责人审查决定。

海事管理机构一旦发现当事人有未履行法定义务或违反海事行政法律、法规规定的行为，符合立案条件的应立案，应同时依法进行调查，并制作《海事违法行为调查报告》，以《海事违法行为通知书》的形式通知当事人。当事人收到通知后，享有陈述权与申辩权。《海事违法行为通知书》发出后的适当时间内，当事人主动纠正违法行为或履行法定义务的，纠偏过程即可终止（但依法应该受到行政处罚的，则应适用行政处罚程序）。根据海事行政管理的实际，此处的"适当时间"不宜太长，同时违法调查报告的建议也以基层海事管理机构的行政首长批准为宜。上述过程主要确定当事人是否违法或有无未履行法定义务的行为发生，它是海事管理机构实施行政强制执行行政处罚或者其他具体行政行为的共同基础，所以宜以《海事违法行为调查报告》和《海事违法行为通知书》的形式作出。

2. 作出行政处理决定并告诫当事人

在调查过程中还要注意取证工作，以证据证明采取行政强制的合法性和合理性。进入批准程序后，要按照规定由有权决定海事行政强制的海事行政管理机构负责人批准并作出海事行政强制决定。因情况紧急，当事人的行为可能严重影响水上交通安全，或者可能造成严重水域污染事故，或者可能造成违法行为证据灭失的，在有法定依据和证据确凿，或者有明确理由的情况下，执法人员可以在经口头报请海事管理机构负责人同意后，当场采取海事行政强制措施。当场采取海事行政强制措施，应当收集有关证据，当场制作并送达《海事行政强制措施决定书》。

海事管理机构向当事人签发《海事违法行为通知书》后的适当时间内，当事人未陈述或申辩，或行使上述权利后不影响行政决定作出的，海事管理机构应以《海事行政强制执行告诫书》的形式，作出行政处理决定，并告诫当事人自行纠正违法行为或履行法定义务。《海事行政强制执行告诫书》的内容主要包括以下三个方面。

（1）海事管理机构作出的行政处理决定，主要目的在于督促当事人履行法定义务，同时又为当事人设定了处理行政决定的义务。

（2）告诫当事人在规定的时间内履行行政处理决定规定的义务。

（3）告知相对人，若在规定的期限内不履行行政处理决定规定的义务，海事管理机构将依法对其行为或财产实施强制执行。告知的内容有拟强制执行的机关、强制执行的标的和强制执行的法律依据，同时还应告知当事人依法所享有的申请行政复议和提起行政诉讼的权利。

《海事行政强制执行告诫书》规定的期限可根据具体情况的轻重缓急，由海事管理机构合理确定。海事行政相对人在告诫书规定的期限内自行纠正或履行的，行政强制程序终止；反之，则意味着对有关人、物的处分主体已自动由当事人过渡为海事管理机构。

3. 按照法律规定的形式作出符合规定的海事行政强制决定书

经审查，须采取海事行政强制措施的，执法人员应当制作《海事行政强制措施决定书》。在对当事人未按规定履行行政处理决定的事实进行确认后，按照法律规定可以实施行政强制执行的，有权作出行政强制决定的海事管理机构应向当事人下达《海事行政强制执行决定书》。

《海事行政强制执行决定书》应至少包含下列内容：当事人的违法（或不履行法定义务）事实、当事人拒不履行告诫书作出的行政处理决定的事实（理由）、强制执行的法律依据、执行标的、执行机关、协助执行机关、代履行人、签署时间等。考虑到行政强制执行一旦被错误实施，对当事人带来的损失将难以弥补，因此该决定书应由直属或分支的海事管理机构的行政首长签发。

当事人对强制执行决定可否申请行政复议或提起行政诉讼，目前尚有争议。但一般情况下，无论当事人在法定期限内是否申请行政复议或提起行政诉讼，都不应影响行政强制决定的执行。这与行政处罚的罚款决定作出后，尽管相对人可能会提起行政诉讼或申请行政复议，但在原先的决定未撤销或变更前，每日仍须交纳3%罚款金额的滞纳金，这与强制执行的原理是一致的。

对于行政强制执行是否具有可诉性，有不少学者依据行政强制执行执行的是具体行政行为（即行政处理决定）所确定的义务，提出既然当事人对行政处理决定没有起诉，就不能再对执行该决定起诉。除非是执行机关在执行过程中确有错误，才可以提起新的诉讼。

海事行政强制措施应当由两名以上的海事执法人员实施，并向当事人出示海事行政执法证，送达《海事行政强制措施决定书》，并当场告知采取行政强制措施的理由、依据及当事人依法享有的陈述、申辩等权利。当场实施行政强制措施的，应当在（返回岸上后）24小时内补办相关手续。对当事人实施海事行政强制措施的原因消除后，需要解除强制措施的应当报请海事管理机构负责人审查同意后，及时制作并向当事人送达《解除海事行政强制措施通知书》。

（二）海事行政强制的送达

送达是指海事行政管理机构在作出海事行政强制前，将《海事行政强制执行决定书》送交海事行政相对人的法律行为。送达虽然只是一种通知行为，但从作用和功能上看，应当将送达视为行政强制的必经程序。

对无法查明所有人的财物采取海事行政强制措施的，应当将《海事行政强制措施决定书》在强制实施的现场或者在当地媒体进行公告。因情况紧急，当事人的行为可能严重影响水上交通安全，或者可能造成严重水域污染事故、造成违法行为证据灭失的，在有法定依据和确凿证据，或者有明确理由的情况下，执法人员可以在口头报请海事管理机构负责人同意后，当场采取海事行政强制措施。当场采取海事行政强制措施后，不能当场送达或者通过无线电话等未使用送达回证方式送达《海事行政强制措施决定书》的，应当在《海事行政强制措施决定书》上载明原因。

（三）海事行政强制的实施

1. 准备执行

（1）依法确定代履行人（适用于间接强制）；

（2）通知协助执行机关；

（3）执行部门进一步审查强制执行决定；

（4）必要时，可将有关情况通知当事人所在地的基层组织代表，并请其协助执行；

（5）组织执行人员。

2. 实施强制执行

海事管理机构执行部门依据《海事行政强制执行决定书》，对当事人实施行政强制执行，具体步骤如下。

（1）通知被执行人或其代表到场，不能到场的，执行部门应注明理由，并通知基层代表到场。

（2）海事行政强制执行人员执行前应出示证件表明身份，验明执行标的，必要时也可要求被执行人出示证件。

（3）海事行政强制执行部门负责人向被执行人宣读《海事行政强制执行决定书》的有关内容，并宣布开始强制执行。

（4）执行过程中，海事管理机构执行部门应制作强制执行记录，执行部门、协助执行机关以及被执行人或有关代表应在执行记录上签字；不签字的应注明理由。

（5）执行完毕后，执行部门应制作海事行政强制执行报告。

3. 海事行政强制措施的实施

海事行政强制措施的实施，大致与作出行政处理决定的程序相似，但作出海事行政强制措施决定的情况往往比较紧急，有时甚至为保障行政处理决定的顺利作出，可能在调查前或调查中，就须作出行政强制措施决定。因此，就程序上来讲，施行行政强制措施应比强制执行简单。虽然一般程序也为立案、调查、决定，但在决定权的行使上而言，较低级别的行政首长（如基层海事处处长）即可决定。在异常紧急的情况下，海事现场执法人员即可行使，如为及时制止施工船舶未在规定的区域抛泥而令其停止作业，为调查水上交通事故而令事故船驶向指定地点等。此时，如果再像海事行政强制执行决定一样履行层层审批手续，违法行为就不可能得到有效制止，调查取证也无法及时展开，行政效率将大打折扣。当然，对此类情况应要求现场执法人员边汇报边决定，或在事后规定的时间内履行报告义务。

第五节 海事行政处罚

一、海事行政处罚概述

（一）海事行政处罚概念与特征

海事行政处罚是指享有行政处罚权的各级海事管理机构依照法律、法规和规章的规定，并依照行政处罚法规定的程序，对公民、法人或其他组织违反海事行政管理秩序的违法行为所给予制裁的海事行政行为。

行政处罚的本质是权利义务关系。海事行政处罚的直接目的并不是使行政法律上义务得到实现，而是通过处罚使违法者精神、自由和经济利益受到限制或损害，从而使违法者吸取教训，杜绝再犯。可以说，处罚施于违法者的不利后果，应等于违法行为对社会或他人已造成或可能造成的危害，体现过罚相当的原则，达到教育海事行政相对人不再发生违法行为的目的。[①]《海上海事行政处罚规定》和《内河海事行政处罚规定》第 1 条均规定，海事行政处罚法目的在于"规范海事行政处罚行为，保护当事人的合法权益，保障和监督海上（水上）海事行政管理，维护海上（水上）交通秩序，防止船舶污染水域"。

海事行政处罚包含以下特征。

1. 处罚实施主体是海事行政主体

处罚权作为一种公权力，主要用于惩戒违反海事行政管理秩序的海事行政相对人。行政处罚的结果是导致海事行政相对人权利被剥夺，因此它必须依法设定，依法行使。不同级别的海事行政主体必须严格按照自身权限实施海事行政处罚，其越权行为无效且必须承担相应的法律责任。

2. 处罚的对象是海事行政相对人

海事行政处罚是违反海事行政管理秩序的海事行政相对人的一种法律责任，而不是所有海事行政主体的法律责任。从处罚行为的角度看，海事行政处罚的适用对象是违反海事行政法律规范的海事行政相对人；从法律责任的角度看，海事行政处罚责任的承担者是海事行政相对人。[②] 而一项行为是否属于海事违法行为，要依据海事法律、法规、规章的规定来确定，不能主观臆断。因此，海事行政处罚的对象只能是海事行政相对人，且必须是违反了海事行政法律规范的海事行政相对人，而不能是普通的公民、法人或组织，也不能是作为海事行政主体的海事行政机构或其行政工作人员。

3. 处罚的客体是海事违法行为

海事行政处罚是对违反海事行政管理秩序行为人的一种惩戒措施，处罚的客体是海事管理领域内的违法行为。[③] 海事违法行为包括违反船员管理秩序、违反船舶检验管理秩序、违反船舶登记管理秩序、违反通航管理秩序、违反危险品及防污染管理秩序等的行为。一项行为是否属于海事违法行为，要依据海事法律、法规、规章的规定来确定。

4. 处罚的属性是追究行政法律责任

海事行政法律责任包括行政处罚责任与行政处分责任，行政处罚是对海事

[①] 郭江主编：《海事行政处罚》，大连海事大学出版社 2007 年版，第 14 页。
[②] 郑中义、李国平编著：《海事行政法》，大连海事大学出版社 2007 年版，第 195 页。
[③] 王世涛主编：《海事行政法学研究》，中国政法大学出版社 2013 年版，第 221 页。

行政相对人行政法律责任的追究,行政处分是对海事内部工作人员的纪律处分。① 行政处罚是对犯有一般违法行为,尚未构成犯罪的相对人依法所作的一种制裁,与违反刑事、民事法律规范所承担的刑事、民事法律责任不同。行政、刑事、民事这三种法律责任不能相互替代。在防治船舶污染领域,特别要区分船舶污染的行政处罚责任、民事赔偿责任及重大污染环境罪的刑事责任。

5. 处罚的目的是制裁违法行为人

行政处罚以行政相对人违反行政管理秩序行为的存在为前提,它是行政主体对犯有违反行政法律规范行为当事人的一种惩罚,因而具有行政制裁性。② 海事行政处罚是一种制裁性的行政行为,海事行政相对人对自己的违法行为承担相应的法律责任,承担其不利的后果,在以后的行为中就可以避免再犯类似的错误,从而达到预防、警戒和制止违法行为的目的。它区别于行政许可、行政奖励等赋权性行政行为。

(二) 海事行政处罚基本原则

《海上海事行政处罚规定》第 2 条、《内河海事行政处罚规定》第 3 条规定:"实施海事行政处罚,应当遵循合法、公开、公正、处罚与教育相结合的原则。"《行政处罚法》第 4 条至第 7 条也明确规定了行政处罚的基本原则。

1. 海事行政处罚法定原则

这是行政法行政合法性原则在海事行政处罚领域的具体体现,它要求海上行政处罚必须依法进行,即具有法定的依据,严格符合法定的要求。《行政处罚法》第 4 条规定:"公民、法人或者其他组织违反行政管理秩序的行为,应当给予行政处罚的,依照本法由法律、法规、规章规定,并由行政机关依照本法规定的程序实施。"其具体要求包括:

(1) 实施处罚的主体必须是法定的享有海事行政处罚权限的行政主体,且必须在法定的海事行政处罚权限范围内行事;

(2) 海事行政处罚的依据法定,"法无明文规定不得处罚",法定依据的范围包括法律、行政法规、地方性法规、行政规章;

(3) 处罚的种类、内容法定,对于法定应予处罚的行为,必须对之施以法定种类和内容的处罚;

(4) 处罚的程序合法,海事行政管理机构实施海事行政处罚必须遵循法律法规设定的严格程序,不遵循法定程序而实施海事行政处罚,则该海事行政处罚不具有法律效力。

---

① 王世涛主编:《海事行政法》,大连海事大学出版社 2015 年版,第 152 - 153 页。
② 胡建淼主编:《行政法学》,法律出版社 2015 年版,第 223 页。

2. 公开、公正原则

《行政处罚法》第 5 条规定："行政处罚遵循公正、公开的原则。设定和实施行政处罚必须以事实为依据,与违法行为的事实、性质、情节以及社会危害程度相当。对违法行为给予行政处罚的规定必须公布;未经公布的,不得作为行政处罚的依据。"这是行政合法性原则和行政合理性原则在海事行政处罚领域中的具体体现,它要求海上行政处罚的设定和实施必须做到客观、公平、合理。"阳光是最好的防腐剂",要保证海事行政处罚的正确、合法,就必须贯彻公开、公正的原则。[1]

所谓公正,就是公平正直,没有偏私。处罚要公正,就必须做到:(1)实施海事行政处罚必须以事实为依据,坚持实事求是;(2)实施海事行政处罚应当"过罚相当",即行政处罚决定必须与违法行为的事实、性质、情节以及社会危害程度相当,不能畸轻畸重;(3)正确行使行政裁量权。坚持公正原则,最重要、最关键的是要求享有海事行政处罚权限的行政主体在行使自由裁量权时要公正、平等、没有偏差,对受处罚者要平等对待、一视同仁。

行政处罚的公开原则系指行政处罚的依据及处罚中的有关内容必须公开。具体表现为:(1)作为海事行政处罚依据的法律、法规和规章必须事先公布,否则不能成为海事行政处罚的依据;(2)海事行政主体在作出处罚决定之前,必须向被处罚人公开处罚决定的事实、理由及依据,并告知当事人依法享有的权利;(3)处罚的程序要公开。在海事行政处罚实施的过程中,要保证海事行政相对人的申辩权和了解情况的权利;要坚持各项处罚公开的制度,如表明身份制度、告知制度、听取意见制度、听证制度等。

3. 行政处罚与教育相结合原则

《行政处罚法》第 6 条规定:"实施行政处罚,纠正违法行为,应当坚持处罚与教育相结合,教育公民、法人或者其他组织自觉守法。"处罚与教育相结合的原则,即海事行政主体在实施海事行政处罚时,不能单纯以处罚为目的,为了处罚而处罚,一罚了之,而应在实施处罚的同时加强对海事行政相对人的法治教育,教育公民、法人或者其他非法人组织自觉守法。行政处罚是行政机关管理国家和社会的一种手段,而不是目的,因此应教育先行。发生违反行政管理秩序行为后,行政机关应当先进行教育,教育公民、法人或者其他非法人组织自觉守法,而不能动辄加以处罚。对于行政相对人有违反行政管理秩序行为的,能教育而不处罚的,应该坚持教育而不是处罚。对于应当处罚的,也应

---

[1] 李林主编:《中国海上行政法学探究》,浙江大学出版社 2013 年版,第 160 页。

同时给予教育。① 因此，在实施海事行政处罚的过程中，必须坚持处罚与教育相结合，做到惩戒、教育并重。

4. 保障相对人救济权利原则

保障相对人救济权利原则实质上是由保障相对人陈述权、申辩权的原则和无救济便无处罚的原则构成。②《行政处罚法》第 7 条规定："公民、法人或者其他组织对行政机关所给予的行政处罚，享有陈述权、申辩权；对行政处罚不服的，有权依法申请行政复议或者提起行政诉讼。公民、法人或者其他组织因行政机关违法给予行政处罚受到损害的，有权依法提出赔偿要求。"无救济便无处罚的原则包括两层内容：其一，在立法阶段，不设立救济途径，就不得设立海事行政处罚；其二，在执行阶段，不提供救济途径，即不得实施海事行政处罚，并且在实施海事行政处罚之前或者在实施海事行政处罚过程中，必须告知海事行政相对人有关权利救济的途径。

5. 一事不再罚原则

海事行政处罚的一事不再罚原则，即对当事人的同一个违法行为，禁止给予两次以上的海事行政处罚。《海上海事行政处罚规定》第 8 条规定："对当事人的同一个海事行政违法行为，不得给予两次以上罚款的行政处罚。同一违法行为违反多个法律规范应当给予罚款处罚的，按照罚款数额高的规定处罚。"该原则包括两个方面：第一，针对一个违法行为，不能给予两次或两次以上的同一种类的行政处罚。这具体包含两层意思，首先，针对一个违法行为，一个处罚主体或者多个处罚主体不能根据同一个法律规范再次作出处罚；其次，针对一个违法行为，一个处罚主体或者多个处罚主体不能根据不同的法律规范作出同一种类的处罚。第二，违法行为构成犯罪的，人民法院在判处罚金时，行政机关已经实施罚款的，应当用罚款折抵相应罚金。

二、海事行政处罚的种类

（一）行政法理论上的分类

在行政法学理论上，一般把行政处罚划分为四类：

1. 人身罚

人身罚亦称自由罚，系指行政主体在一定期限内限制或剥夺违法当事人人身自由的行政处罚。由于人身权是宪法规定的公民各种权利得以存在的基础，对公民人身权的限制一定要严格遵守相关法律的规定。限制人身自由的行政处

---

① 胡建淼主编：《行政法学》，法律出版社 2015 年版，第 229 页。
② 姜明安主编：《行政法与行政诉讼法》，北京大学出版社 2019 年版，第 269 页。

罚，只能由法律设立，人身罚的行使也仅限于公安机关。人身罚包括行政拘留、驱逐出境、禁止出境或入境、限期出境等。

2. 行为罚

行为罚亦称能力罚，系指行政主体限制或剥夺违法当事人某些特定行为能力和资格的处罚，其严厉程度仅次于限制人身自由的处罚。责令停产停业和吊扣许可证、营业执照等行政处罚便属此类。责令停产停业有如下几个特点：其一，责令停产停业是限制违法者行为能力的处罚，其不同于财产罚的是，它并不直接限制或剥夺违法者的财产权，而是通过限制其行为能力，间接影响财产权；其二，责令停产停业是对违法者不作为义务的处罚，即禁止行政相对人继续从事相应的生产经营活动；其三，责令停产停业是附条件的行政处罚，只是在一定时间内限制或剥夺行政相对人的生产经营权，并不剥夺其从事生产经营的资格，一般附有限期限改进或整顿的要求，当行政相对人纠正了违法状态后，行为能力或资格仍可得到恢复；其四，一般性的责令停产停业是对较为严重的违法行为适用的处罚。[①]

3. 财产罚

财产罚系指行政主体剥夺违法当事人某些财产所有权的行政处罚，是应用最广的行政处罚类型。其主要形式有：

（1）罚款。指海事行政主体强制违法者承担一定金钱给付义务，要求违法者在一定期限内交纳一定数量货币的处罚。

（2）没收财物。是指海事行政主体依法将违法行为人的部分或全部违法所得、非法财物或实施违法行为的工具收归国有的处罚方式，如海事行政处罚中的没收违法所得、没收船舶等。

4. 申诫罚

申诫罚亦称精神罚或影响声誉罚，系指行政主体向违法当事人发出警戒，申明其有违法行为，通过对其名誉、荣誉、信誉等施加影响，引起其精神上的警惕，使其不再违法的处罚形式。申诫罚是行政处罚中最轻的种类，警告是其主要形式。

（二）海事行政处罚法律分类

根据我国《行政处罚法》《海上海事行政处罚规定》《内河海事行政处罚规定》等法律、法规及规章的规定，海事行政处罚可分为以下共计 11 类。

[①] 应松年：《行政法与行政诉讼法》，法律出版社 2005 年版，第 227 页。

1. 警告

警告是指行政处罚主体对违法行为人所作的谴责与告诫处罚。警告是以损害被处罚人名誉权为内容的处罚形式，并不涉及被处罚人的其他权益，其目的是通过对违法行为人予以精神上的惩戒，申明其有违法行为，使其不再违法。警告是海事行政主体使用的最经常、最普遍的行政处罚形式之一，既可适用于公民，也可适用于法人或其他组织。警告作为一种行政处罚，应当以书面形式作出，而不能仅仅进行口头警告。

2. 罚款

罚款系指海事行政主体强制违法行为人交纳一定钱币的处罚，是海事行政主体对实施海事行政违法行为的海事行政相对人的一种经济制裁。罚款是海事行政处罚实践中另一种最常用的处罚方式。需要注意的是，罚款与罚金虽然都造成行政相对人的财产损失，但是两者性质不同：罚款是行政处罚；而罚金属于刑事处罚，行为人承担的是刑事责任。

3. 撤销船舶检验资格

为了规范船舶检验行为，2019年《船舶和海上设施检验条例》第28条规定："船舶检验机构的检验人员滥用职权、徇私舞弊、玩忽职守、严重失职的，由所在单位或者上级机关给予行政处分或者撤销其检验资格……"

4. 吊销船舶国籍证书或临时船舶国籍证书

《联合国海洋法公约》第91条规定："1. 每个国家应确定对船舶给予国籍、船舶在其领土内登记及船舶悬挂该国旗帜的条件。船舶具有其有权悬挂的旗帜所属国家的国籍。国家和船舶之间必须有真正联系。2. 每个国家应向其给予悬挂该国旗帜权利的船舶颁发给予该权利的文件。"可见，船舶国籍证书或临时国籍证书是船舶航行的必备文书，船舶无国籍证书意味着船舶航行权的丧失。根据《船舶登记条例》第51、53条的规定，吊销国籍证书有以下情形：一是在办理登记手续时隐瞒真实情况、弄虚作假的；隐瞒登记事实，造成重复登记的；伪造、涂改船舶登记证书的。二是使用他人业经登记的船舶烟囱标志、公司旗的，由船籍港船舶登记机关责令其改正后拒不改正且情节严重的。

5. 没收船舶登记证书

船舶登记是国家的船舶登记机关按照国家的法律或规章，对该国国家、法人、自然人所拥有的船舶和该国法律准予接受的船舶所进行的注册登记。此处所指船舶登记证书包括：船舶所有权登记证书、国籍登记证书、抵押权登记证书、光船租赁证书等。根据《船舶登记条例》第51条的规定，可能造成没收登记证书的情形包括以下三种：一是在办理登记手续时隐瞒真实情况、弄虚作假的；二是隐瞒登记事实，造成重复登记的；三是伪造、涂改船舶登记证书的。船舶登记证书被没收后，经过整改可重新申请再次获得。

6. 扣留船员职务证书

船员职务证书是船员任职资格的证明，扣留船员职务证书是暂时限制海事行政相对人从事被许可活动的权能，是海事行政主体对其发放证书的持有者违反证书使用要求或出现法规规定的其他扣留证书的情况时所给予的行政处罚。船员职务证书，包括船员培训合格证、船员服务簿、船员适任证书及其他适任证件。扣留证书一般不单独适用（除海上交通事故外），其往往作为罚款的一种并罚措施。

7. 吊销船员职务证书、吊销验船人员注册证书

吊销船员职务证书和吊销验船人员注册证书是使海事行政相对人丧失从事所许可的活动的资格或权能。对船员来说，吊销船员职务证书是最严厉的处罚，一般对于情节特别恶劣的或者造成严重后果的海事违法行为才能适用。比如持采取弄虚作假的方式取得的船员职务证书；持转让、买卖或者租借的船员职务证书等。船舶检验机构的检验人员违反《船舶和海上设施检验条例》的规定，有下列行为且情节严重的，吊销验船人员注册证书的处罚：超越职权范围进行船舶、设施检验；未按照规定的检验规范、项目、程序进行船舶、设施检验；所签发的船舶检验证书或者检验报告与船舶、设施的实际情况不符。

8. 责令停业整顿

这是海事行政主体强制违反海事行政法律规范的海事行政相对人在一定期限内停止经营、整改整顿的处罚形式。责令停业整顿并不是直接限制或者剥夺违法者的财产权，而是责令违法者暂时停止其所从事的生产经营活动，一旦违法者在一定期限内及时纠正了违法行为，按期履行了法定义务，则仍可继续从事曾被停止的生产经营活动，无须重新申请领取有关许可证和执照。《海上海事行政处罚规定》中"责令"类的表述还有责令改正、责令停航、责令改航、责令停止作业、责令停航、责令停业整顿、责令停航整顿、责令限期改正和采取补救措施等。

9. 没收违法所得

所谓违法所得，是指公民、法人及其他组织因行为不符合法律所规定的要求而得到的收入。没收违法所得系指海事行政主体依法将违法行为人取得的违法所得财物，运用国家法律法规赋予的强制措施，对其所有权予以强制性剥夺的处罚方式。

10. 没收船舶

没收船舶是海事行政主体最严厉的行政处罚手段,《船舶登记条例》第49条规定:"假冒中华人民共和国国籍,悬挂中华人民共和国国旗航行的,由船舶登记机关依法没收该船舶。中国籍船舶假冒外国国籍,悬挂外国国旗航行的,适用前款规定。"

11. 法律、行政法规规定的其他海事行政处罚

这是行政处罚种类的一种授权式规定。因为社会的发展不是停顿的,新生事物总会层出不穷,任何一部法律都不能穷尽所有的行政处罚。"法律、行政法规规定的其他海事行政处罚"作为行政处罚措施的一个兜底性条款,为以后可能出现的处罚形式留下了空间。

三、海事行政处罚的管辖及适用

(一) 海事行政处罚的管辖

行政处罚的管辖是确定某个行政违法案件由哪一个行政机关受理和实施处罚的法律制度。[1] 它旨在解决三个问题:由哪一地的行政机关管辖,此为地域管辖;由哪一级的行政机关管辖,此为级别管辖;由哪一个行政机关管辖,此为职能管辖。[2]

海事行政处罚的管辖问题是正确实施海事行政处罚的根本,是海事行政主体作出合法有效处罚的前提和基础。《行政处罚法》第22条规定:"行政处罚由违法行为发生地的行政机关管辖。法律、行政法规、部门规章另有规定的,从其规定。"第23条规定:"行政处罚由县级以上地方人民政府具有行政处罚权的行政机关管辖。法律、行政法规另有规定的除外。"第25条第2款规定:"对管辖发生争议的,应当协商解决,协商不成的,报请共同的上一级行政机关指定管辖;也可以直接由共同的上一级行政机关指定管辖。"可见,海事行政处罚的管辖主要包括地域管辖、指定管辖两种。

1. 地域管辖

海事行政处罚的地域管辖,是指根据海事行政主体的管辖区域确定其实施行政处罚权的地域范围,是横向划分同级海事行政主体在各自管辖区内实施行政处罚的权限分工。海事行政违法行为发生地包括海事行政违法行为的初始发生地、过程经过地、结果发生地。

---

[1] 王世涛主编:《海事行政法学研究》,中国政法大学出版社2013年版,第238-241页。
[2] 胡建淼:《行政法学》(第三版),法律出版社2010年版,第298页。

结合《行政处罚法》与《海上海事行政处罚规定》的立法精神，确定地域管辖的主要原因有以下几个方面。

（1）海事行政管理体制实行中央垂直管理与地方区域管理相结合，以垂直管理为主的管理体制，直属海事机构及其所属分支海事机构在各自管辖区域内实施海事行政管理职责，其对本辖区内发生的海事违法行为进行管辖，是其应有的职权和责任。

（2）实行地域管辖，有利于当地海事机构对违法事实进行快速、充分的调查，可以有效地节省人力、物力，提高工作效率。由于船舶的流动性及违法的连续性，为了及时有效地打击违法行为，《海上海事行政处罚规定》又规定了违法行为地包括初始发生地、过程经过地、结果发生地。上述三地海事机构都有权实施地域管辖。

（3）有利于海事违法当事人的权利保护。海事相对人实施违法行为后，其违法事实、违法证据只有违法行为发生地的海事机构才能更充分、便捷地调查并搜集。海事行政处罚应当"以事实为依据，以法律为准绳"，非违法行为地的海事机构在不能充分掌握充足证据的前提下，对海事行政相对人实施处罚容易造成对海事行政相对人权利的侵犯。海事机构在缺少物证、人证、音像资料等证据的情况下，单凭当事人陈述作为处罚依据，也容易出现"以权压法"的现象。

2. 指定管辖

指定管辖是指上级海事行政主体以决定的方式指定下一级海事行政主体对某一行政处罚案件行使管辖权。指定管辖的实质是赋予行政机关在处罚管辖上一定的自由裁量权，以适应各种错综复杂的处罚情况。交通运输部《交通运输行政执法程序规定》第7条规定："两个以上执法部门因管辖权发生争议的，应当协商解决。协商不一致的，报请共同的上一级部门指定管辖。""管辖发生争议"是指两个以上的海事行政主体在实施某一处罚上，发生互相推诿或者互相争夺管辖权，经各方协商达不成协议等情形。

指定管辖还可能产生于移送案件过程中。根据规定，海事管理机构对不属其管辖的海事行政处罚案件，应当移送有管辖权的海事管理机构；受移送的海事管理机构如果认为移送不当，应当报请共同的上一级海事管理机构进行指定管辖。

（二）海事行政处罚的适用

行政处罚的适用是指行政机关在认定行政相对人违法的基础上，依照行政法律规范规定的原则和具体方法，决定对行政相对人是否给予行政处罚和如何加以行政处罚，将行政法律规范运用到各种具体的行政违法案件中的一种行政执法活动。行政处罚的适用实际上是解决行政处罚的具体运用问题，它包括了对于行政违法行为的认定、评价以及运用法律进行处罚的具体过程。在这个过程中，一方面要研究行政相对人实施违反行政管理秩序的行为是否构成违法——违法行为是否具备了法律规定的主客观要件，另一方面则是要研究行为人在实施违法行为时的主客观状态。

1. 海事行政处罚的适用条件

海事行政处罚的适用应当满足以下四个条件。

（1）海事行政相对人已经实施了违法行为。对于计划实施而未实施的行为不能构成违法行为。

（2）海事行政相对人具有责任能力。不满14周岁有违法行为的人，不予行政处罚；精神病人在不能辨认或者不能控制自己行为时有违法行为，不予行政处罚；间歇性病人在精神正常时有违法行为的应当给予行政处罚。

（3）海事行政相对人的违法行为依法应当受到处罚。行为人的行为虽然违反了海事行政管理秩序，但是如果法律没有明确规定应当予以处罚，则不能施以处罚。对违法当事人进行处罚只是其可能的后果之一，而不是必然后果。

（4）海事违法行为未超过追究时效。海事违法行为在2年内未被发现的，不再给予行政处罚。上述期限从违法行为发生之日起计算；违法行为有连续或者继续状态的，从行为终了之日起计算。

2. 海事行政处罚的适用方式。

（1）不予处罚。根据《行政处罚法》及《海上海事行政处罚规定》，海事行政相对人虽然实施了违法行为，但是由于法定情节的存在而不予处罚。不予处罚不等于免除处罚。免予处罚是因为法定的特殊情况的存在，对本应给予处罚的违法行为人免除对其适用的行政处罚。

根据法律规定，不予处罚的情形有：①不满14周岁有违法行为的，不予行政处罚；②精神病人在不能辨认或控制自己行为时有违法行为的，不予行政处罚；③违法行为轻微并及时纠正，没有造成危害后果的，不予行政处罚；④违法行为在2年内未被发现的，除法律另有规定外，不再给予行政处罚。

（2）从轻或减轻处罚。从轻处罚，是指在行政处罚的法定种类和法定幅度内，适用较轻的种类或者依照处罚的下限或者略高于处罚的下限给予处罚，但不能低于法定处罚幅度的最低限度。减轻处罚，是指在法定处罚幅度的最低限以下给予处罚。

根据《行政处罚法》第32条的规定，应当从轻或减轻处罚的情形包括：

①主动消除或者减轻违法行为危害后果的;②受他人胁迫或者诱骗实施违法行为的;③主动供述行政机关尚未掌握的违法行为的;④配合行政机关查处违法行为有立功表现的;⑤法律、法规、规章规定其他应当从轻或者减轻行政处罚的。

(3) 从重处罚。《行政处罚法》没有列明应当从重处罚的情形,但无论从轻还是从重情节,都是行政主体对行政处罚的合理运用。设置"从重情节",能使立法更加规范,使处罚适用周延,使处罚制度均衡,使处罚操作科学。从重情节的具体内容构造可包括共同实施行政违法行为;组织并教唆实施违法行为;实施违法行为有暴力或其他恶劣倾向、表现;多次实施违法行为;同时实施多种违法行为;实施违法行为有严重后果;对违法行为尚未有悔改表现;其他应当依法从重处罚的行为八类。在进行具体的立法设置时,同时考虑行政处罚与公民基本权利的关系问题、与行政相对人的尊严问题、与行政相对人的承受能力问题、处罚效果问题等。①

四、海事行政处罚的程序

《海上海事行政处罚规定》规定:"海上海事行政处罚程序适用《交通运输行政执法程序规定》",《内河海事行政处罚规定》第39条规定:"内河海事行政处罚程序适用《交通运输行政执法程序规定》"。因此,目前海事行政机关作出海事行政处罚,依据的是《交通运输行政执法程序规定》以及《海事行政处罚程序实施细则》。《交通运输行政执法程序规定》和《海事行政处罚程序实施细则》没有明确规定时,应当适用《行政处罚法》。海事行政处罚程序主要包括简易程序、一般程序、听证程序、执行程序和监督程序。

(一) 简易程序

简易程序也称当场处罚程序,是指海事行政处罚主体对于事实清楚、情节简单、后果轻微的海事违法行为,当场给予处罚的程序。设定简易程序的目的在于对行政便宜的考虑,对一些不需要立案调查且影响不大,在被发现后即可认定事实的海事行政违法行为直接给予处罚,从而在不影响违法当事人合法权益的前提下,确保海事行政的效率。

海事行政处罚可以适用简易程序的条件为以下内容。

(1) 违法事实确凿,即海事违法行为事实清楚、情节简单,且证据充分,当事人没有异议。

---

① 张淑芳:《行政处罚应当设置"从重情节"》,载《法学》2018年第4期,第48-56页。

（2）有法定的处罚依据。海事法律、法规或规章对该项违法行为有明确的处罚依据。

（3）处罚较轻，即对自然人处以警告或 50 元以下罚款，对法人或其他组织处以警告或 1000 元以下罚款的海事行政处罚。

需要注意的是，在上述三个条件满足时，才可以适用简易程序。虽然简易程序在海事行政处罚中简单、便捷，在很大程度上提高了海事行政执法效率，减少了对船舶的延误。但是，海事行政执法人员在实施当场处罚时，也应当遵守相应的程序。作出海事行政处罚决定，应当遵守下列程序。

（1）表明身份。海事执法人员当场作出处罚决定的，应当向当事人出示海事行政执法证件。

（2）确认违法事实，说明处罚理由和依据，听取当事人的意见。海事执法人员对事实清楚、情节简单的案件，且当事人对违法事实无异议的，可以当场处罚，并说明作出海事行政处罚决定的事实、理由和依据，并保证当事人依法享有的陈述与申辩的权利。执法人员应当认真听取当事人的意见，对当事人提出的事实、理由和证据作出复核。不得因为当事人的陈述和申辩而加重处罚。

（3）填写《海事行政处罚决定书》。即使是对海事违法当事人处以警告的海事处罚，也应以书面形式作出，填写预定格式、统一编号的《海事行政处罚决定书》。《海事行政处罚决定书》应当载明法定事项，并由执法人员签名并加盖处罚机关的印章。处罚决定书应当告知违法当事人申请复议和诉讼的权利及时效。

（4）《海事行政处罚决定书》的送达及备案。海事行政执法人员将当场处罚决定书当场交付海事违法行为当事人，当事人在《海事行政处罚决定书》副本上签字。海事行政执法人员应当在 3 日内将《海事行政处罚决定书》副本报所属海事管理机构备案。

（二）一般程序

一般程序是海事行政处罚的通用程序，是"行政处罚的标准程序"。[1] 根据《行政处罚法》《交通行政处罚程序规定》《海上海事行政处罚规定》的相关规定，海事行政处罚的一般程序包括以下内容。

（1）立案。海事行政主体对于属于本部门管辖范围内并在追究时效内的行政违法行为，认为有调查必要的，应当立案调查。立案的目的是对违法行为进

---

[1] 应松年：《行政法与行政诉讼法》，法律出版社 2005 年版，第 231 页。

行追究，通过调查取证工作，证明违法嫌疑人是否实施了违法行为，从而决定是否对其实施处罚。除依法可以当场作出的海事行政处罚外，海事管理机构发现自然人、法人或其他组织有依法应当处以海事行政处罚的海事行政违法行为，应当自发现之日起7日内填写海事行政处罚立案呈批表，报本海事管理机构负责人批准。发生海上交通事故应当处以海事行政处罚的，应当自海上交通事故调查完结之日起7日内填写海事行政处罚立案呈批表，报本海事管理机构负责人批准。

（2）调查、取证。海事行政主体在立案后，应当对案件进行全面调查，对主要事实、情节和证据进行查对核实，取得必要证据。

①调查的形式及要求。调查的基本要求是：进行海事行政处罚案件的调查或检查，由海事管理机构负责人指定2名以上海事行政执法人员担任调查人员。调查人员与本案有直接利害关系的，应当回避。海事管理机构对海事行政处罚案件，应当全面、客观、公正地进行调查，收集有关证据；必要时，可以依法进行检查。调查开始前，调查人员应当出示海事行政执法证件。调查的具体形式及要求包括：

A. 摘录或复制。调查人员、检查人员查阅、调取与海事行政处罚案件有关的资料时，可以对有关内容进行摘录或复制，并注明来源。

B. 制作笔录。对与案件有关的物品或场所进行勘验或检查，应当通知当事人到场，制作勘验笔录或检查笔录。当事人拒不到场或暂时难以确定当事人的，可以请在场的其他人作证。

C. 抽样取证。对需要抽样取证的，应当通知当事人到场，并制作抽样取证清单。当事人拒不到场或暂时难以确定当事人的，可以请在场的其他人作证。

D. 技术鉴定。为查明海事行政处罚案件事实需要进行技术鉴定的专门性问题，海事管理机构应当聘请有关技术鉴定机构或具有专门技术的人员进行鉴定，并制作鉴定结论，由技术鉴定机构和人员签名或盖章。

E. 证据保全。海事行政处罚案件的证据可能灭失或以后难以取得的，经海事管理机构负责人批准，可以通知当事人或有关人员到场，先行登记保存证据，并制作证据登记保存清单。当事人或有关人员拒不到场或暂时难以确定当事人、有关人员的，可以请在场的其他人作证。

②证据的种类及要求。海事行政处罚案件的证据种类包括：书证、物证、视听资料、证人证言、当事人的陈述、鉴定结论、勘验笔录、现场笔录。其要求分别是：

A. 询问笔录或检查笔录。经被询问人、被检查人确认无误后，由被询问人、被检查人在询问笔录或检查笔录签名或盖章。拒绝签名或盖章的，调查人员应在笔录上注明情况。对涉及国家机密、商业秘密和个人隐私的，海事管理机构和调查人员、检查人员应当为其保守秘密。

B. 书证、物证和视听资料。书证、物证和视听资料应当是原件、原物。收集原件、原物确有困难的，可由提交证据的自然人、法人或其他组织在复制品、照片等物件上签名或盖章，并注明"与原件（物）相同"字样。在收集该证据的过程中，海事管理机构可以使用照相、录音、录像以及法律允许的其他调查手段。

C. 勘验笔录或检查笔录。应当由当事人或证人签名或盖章；拒绝签名或盖章的，调查人员应当在勘验笔录或检查笔录上注明情况。

D. 抽样取证清单。应当由调查人员、当事人或证人签名或盖章。海事管理机构应当妥善保管抽样取证物品；需要退还的，应当及时退还。

E. 证据登记保存清单。应当由调查人员、检查人员当事人或有关人员、证人签名或盖章。拒绝签名、盖章的，调查人员应当在证据登记保存清单上注明情况。海事管理机构对登记保存的物品，应当在7日内作出下列处理决定：需要进行技术鉴定的，依照有关规定送交鉴定；对不应当处以海事行政处罚的，应当解除先行登记保存，并将先行登记保存的物品及时退还；法律、法规、规章规定应当作其他处理的，依法作其他处理。

（3）预审及审查。海事行政处罚案件调查结束后，应当制作海事行政处罚案件调查报告，连同海事行政违法案件立案呈批表和证据材料，移送本海事管理机构负责法制工作的内设机构进行预审。本海事管理机构负责法制工作的内设机构预审海事行政处罚案件采取书面形式进行，主要内容包括：

①案件是否属于本海事管理机构管辖；
②当事人的基本情况是否清楚；
③案件事实是否清楚，证据是否确实、充分；
④定性是否准确；
⑤适用法律、法规、规章是否准确；
⑥行政处罚是否适当；
⑦办案程序是否合法。

海事管理机构负责法制工作的内设机构预审完毕后，应当根据下列规定提出书面意见，报本海事管理机构负责人审查：

①违法事实清楚，证据确实、充分。行政处罚适当、办案程序合法，按规定不需要听证或当事人放弃听证的，同意负责行政执法调查的内设机构的意见，

建议报批后告知当事人；

②违法事实清楚，证据确实、充分，行政处罚适当、办案程序合法，按规定应当听证的，同意调查人员意见，建议报批后举行听证，并告知当事人；

③违法事实清楚，证据确实、充分，但定性不准确、适用法律不当、行政处罚不当的，建议调查人员修改；

④违法事实不清，证据不足的，建议调查人员补正；

⑤办案程序不合法的，建议调查人员纠正；

⑥不属于本海事管理机构管辖的，建议移送其他有管辖权的机关处理。

（4）当事人陈述和申辩。海事管理机构负责人对海事违法行为调查报告审查后，认为应当处以行政处罚的，海事管理机构应当制作海事违法行为通知书送达当事人，告知拟处以的行政处罚的事实、理由和证据，并告知当事人有权在收到该通知书之日起 7 日内进行陈述和申辩，有权在收到该通知书之日起 3 日内提出听证要求。当事人提出陈述和申辩的，海事管理机构应当充分听取，并对当事人提出的事实、理由和证据进行复核；当事人提出的事实、理由或证据成立的，海事管理机构应当采纳。当事人要求组织听证的，海事管理机构应当按《海上海事行政处罚规定》组织听证。

（5）决定。海事管理机构负责人审查完毕后，根据《行政处罚法》第39—45 条的规定分情况作出不同的决定：

①行政处罚的实施机关、立案依据、实施程序和救济渠道等信息应当公示；

②公民、法人或者其他组织违反行政管理秩序的行为，依法应当给予行政处罚的，行政机关必须查明事实；违法事实不清、证据不足的，不得给予行政处罚；

③行政机关应当及时告知当事人违法事实，并采取信息化手段或者其他措施，为当事人查询、陈述和申辩提供便利；不得限制或者变相限制当事人享有的陈述权、申辩权；

④当事人有权进行陈述和申辩，行政机关必须充分听取当事人的意见，对当事人提出的事实、理由和证据，应当进行复核；当事人提出的事实、理由或者证据成立的，行政机关应当采纳。

（6）处罚文书的制作及送达。海事管理机构依法作出海事行政处罚决定的。应当制作海事行政处罚决定书，载明当事人的姓名（或名称）地址、违法的事实与证据、处罚的依据及种类、履行方式及期限、申请复议及诉讼的途径及期限、处罚机关的名称和日期。处罚决定书须加盖本海事管理机构的印章。

海事行政处罚决定书应当在海事管理机构宣告后当场交付当事人，并将告知情况记入送达证，由当事人在送达证上签名或盖章；当事人不在场的，应当在7日内依照《民事诉讼法》规定的有关方式送达当事人。处罚决定书的具体送达方式有六种：①直接送达；②留置送达；③委托送达；④邮寄送达；⑤转交送达；⑥公告送达。

（三）听证程序

听证程序是指海事行政处罚主体在作出海事行政处罚决定之前，在非本案调查人员的主持下，举行由该案的调查人员和拟被处罚的当事人参加的，以供当事人陈述、申辩及与调查人员论辩的听证会。听证程序是一般程序的一个环节。

1. 海事行政处罚听证程序适用条件

《交通运输行政执法程序规定》规定，启动行政处罚案件听证程序，应当具备以下两个条件。

（1）执法部门作出下列行政处罚决定之前，应当在送达《违法行为通知书》时告知当事人有要求举行听证的权利：①责令停产停业；②吊销许可证或执照；③较大数额罚款（海事执法部门按照对自然人处1万元以上、对法人或其他组织10万元以上执行）；④法律、法规和规章规定的当事人可以要求举行听证的其他情形。

（2）当事人提出了听证要求。当事人要求听证的，应当自收到《违法行为通知书》之日起3日内以书面或口头形式提出。当事人以口头形式提出的，执法部门应当将情况记入笔录，并由当事人在笔录上签名或盖章。

2. 海事行政处罚听证申请与通知

（1）对行政机关告知当事人有听证权利的处罚事项，当事人要求听证的，可以在签收听证告知文书的送达回执上签署意见，也可以在收到行政处罚听证告知文书后的3日内，以书面或者口头形式提出。

（2）对以上依法告知听证的案件，当事人提出听证申请的，实施行政处罚的行政机关应将听证举行确定的时间、地点，在举行听证7日前通知当事人。

3. 海事行政处罚听证过程要求

（1）海事管理机构的听证人员包括听证主持人、听证员和书记员。听证主持人由海事管理机构负责人指定本海事管理机构负责法制工作的非本案调查人员担任。听证员由海事管理机构负责人指定1—2名本海事管理机构的非本案调查人员担任，协助听证主持人组织听证。书记员由海事管理机构负责人指定1名非本案调查人员担任，负责听证笔录的制作和其他事务。

（2）当事人可以委托代理人参加听证会。当事人委托代理人参加听证会的，应当向海事管理机构提交当事人签署的授权委托书。

（3）海事行政处罚听证按规定的程序进行。

（4）有下列情形之一的，主持人可以决定延期举行听证：当事人因不可抗拒的事由无法到场的；当事人临时申请回避的；其他应当延期的情形。

（5）有下列情形之一的，主持人可以宣布中止听证：证据需要重新鉴定、勘验的；当事人或其代理人提出新的事实、理由和证据，需要由本案调查人员调查核实的；作为听证申请人的法人或其他组织突然解散，尚未确定权利、义务承受人的；当事人因不可抗拒的事由，不能继续参加听证的；听证过程中，当事人或其代理人违反听证纪律致使听证无法进行的；其他应当中止听证的情形。中止听证，应当在听证笔录中写明情况，由主持人签名。

（6）有下列情形之一的，应当终止听证：当事人或其代理人撤回听证要求的；当事人或其代理人接到参加听证的通知，无正当理由不参加听证的；当事人或其代理人未经听证主持人允许，中途退出听证的；其他应当终止听证的情形。听证终止，应当在听证笔录中写明情况，由主持人签名。

4. 听证报告

听证会举行完毕，听证主持人应当在5个工作日内写出听证报告，连同听证笔录一并上报本机关负责人进行审核；行政处罚实施机关应当根据听证所确认的事实和证据，依照《行政处罚法》作出是否给予处罚、应给予何种处罚的决定。

（四）执行程序

海事行政处罚的执行程序包括自觉履行程序和强制履行程序。

1. 自觉履行

自觉履行，指海事违法当事人按照海事行政处罚决定书的要求，在规定的期限内履行处罚决定的行为。自觉履行包括自觉作为履行和自觉不作为履行。自觉作为履行是当事人履行作为义务，如缴纳罚款、将证书上缴等；自觉不作为履行是当事人自行履行不作为义务，如停产停业。

海事行政处罚的表现行为主要是罚款。当事人自觉履行罚款处罚有两种方式：一是当事人向指定银行缴纳。根据规定，被处罚的当事人应当在规定的时间内（15日内）到作出处罚决定的海事机构指定的银行缴纳罚款。二是海事行政处罚主体当场收缴罚款。上述两种方式中，向指定银行缴纳罚款是原则，当场收缴罚款是例外。一般情况下，除非法定情形出现，否则执法人员不能当场收缴罚款。

2. 强制履行

强制履行，指当事人逾期不履行行政处罚决定时，行政机关依照法律规定采取有力措施来保证行政处罚决定的执行。如果没有完善的强制履行程序，就不能给违法当事人构成一定的威慑力，也不利于自觉履行的实现。根据《行政处罚法》和《海上海事行政处罚规定》，海事行政处罚的强制执行措施有三种：迟延加罚、公告作废、申请法院强制执行。

（1）延迟加罚，是适用于罚款处罚的一种强制执行措施。当事人不按照处罚决定书规定的时间缴纳罚款，将按延迟时间加处罚款。

（2）公告作废。当事人被处以扣留、吊销证书，当事人拒不送交被扣留、被吊销的证书的，海事管理机构应当公告该证书作废。

（3）申请人民法院执行。当事人在法定期限内不申请复议或提起诉讼，又不履行海事行政处罚决定的，海事管理机构依法申请人民法院强制执行。

（五）监督程序

自然人、法人或其他组织对海事管理机构作出的行政处罚有权申诉或检举。自然人、法人或其他组织的申诉或检举，由本海事管理机构负责法制审核的部门受理和审查，认为海事行政处罚有下列情形之一的，应当提出建议，经海事管理机构负责人同意后，予以改正。

上级海事管理机构发现下级海事管理机构作出的海事行政处罚有下列情形之一的，应当责令其改正：

（1）主要事实不清、证据不足的；
（2）适用法律依据错误的；
（3）违反法定程序的；
（4）超越或滥用职权的；
（5）具体行政行为明显不当的。

即使没有自然人、法人或其他组织的申诉或检举，海事管理机构负责法制工作的内设机构，发现本海事管理机构作出的海事行政处罚有上述情形之一时，也应当向海事管理机构负责人提出建议，予以改正。

此外，上级海事管理机构发现下级海事管理机构作出的海事行政处罚有上述情形之一时，应当责令其改正。

海事管理机构和海事行政执法人员违法实施行政处罚的，按照《行政处罚法》的有关规定追究其法律责任。

【案例枚举】

陈某某诉中国海监渔政宁波支队、宁波市海洋与渔业局渔业行政处罚与行政赔偿案[①]

【基本案情】

中国海监渔政宁波支队于 2017 年 7 月 16 日作出行政处罚决定,认定陈某某未依法取得捕捞许可证从事捕捞;擅自涂刷他船船名;随船携带网具 139 顶,并装载 35 吨冰,其行为系捕捞的准备实施阶段,属于渔业捕捞活动;提供捕捞许可证属无效证书;无有效渔业船舶检验证书;所持捕捞许可证的持证人非陈某某,陈某某买卖捕捞许可证。依据《中华人民共和国渔业法》(以下简称《渔业法》) 第 41 条,对陈某某罚款 5 万元,没收陈某某所有的涉渔"三无"船舶 1 艘、网具 139 顶。陈某某不服,向宁波市海洋与渔业局申请行政复议,该局于 2018 年 1 月 4 日作出行政复议决定,维持上述行政处罚决定。

陈某某起诉称,两被告认定其"船上带网和冰,系捕捞的准备实施阶段,属于渔业捕捞活动",证据不足;适用《渔业捕捞许可管理规定》对捕捞活动进行解释,认定其行为系捕捞从而对其进行处罚,法律适用错误。请求撤销行政处罚决定、返还渔船及网具以及赔偿损失等。

【裁判结果】

宁波海事法院一审认为:行政处罚具有教育功能及预防违法功能。渔业执法环境显著区别于陆上,执法难度较大。渔业捕捞包括捕捞准备行为、实施行为,前者系后者必经阶段。从维护公共利益和社会秩序角度出发,通过实施行政处罚将违法行为遏制在捕捞准备阶段,更利于保护海洋渔业资源。渔政宁波支队认定陈某某属于"非法捕捞"并无不当。结合陈某某具有未取得捕捞许可证、冒用他船船名、船证不符、买卖捕捞许可证等多项违法情形,渔政宁波支队没收其渔船及网具,证据确凿,适用法律正确,符合法定程序。判决驳回陈某某的诉讼请求。浙江省高级人民法院二审认为:原审法院结合行政处罚的目的、渔业执法实际,认定陈某某具有从事捕捞准备行为,具有事实基础,符合法律规定。陈某某具有《最高人民法院关于审理发生在我国管辖海域相关案件若干问题的规定(二)》第 10 条规定的多项违法情形,依法应认定为"未依法取得捕捞许可证擅自进行捕捞情节严重"。判决驳回上诉,维持原判。

[①] 参见最高人民法院《2019 年全国海事审判典型案例》(2020 年),载最高人民法院网,https://www.court.gov.cn/zixun/xiangqing/252691.html,访问时间:2023 年 2 月 1 日。

【典型意义】

当前,我国渔业资源接近枯竭,非法捕捞猖獗是一个重要原因。渔业执法活动中,常会出现相对人未取得捕捞许可证,已实施捕捞准备并存在多项违反渔业法律法规行为的情形,是否可根据《渔业法》第 41 条没收渔船,争议较大。结合行政处罚的目的及渔业执法实际,一、二审法院认定捕捞准备行为属于捕捞行为,具有《最高人民法院关于审理发生在我国管辖海域相关案件若干问题的规定(二)》第 10 条规定的多项违法情形的,应认定为"未依法取得捕捞许可证擅自进行捕捞情节严重"行为,可处以没收渔船的行政处罚,以充分保护海洋渔业资源,持续加强水域生态文明建设。该案典型意义在于以下三方面:第一,准确适用法律,依法保障渔政部门正当履行渔业管理职责。本案根据相关司法解释的规定,准确解释了《渔业法》规定的并处没收渔具、渔船行政处罚的构成要件,依法保障渔政部门正当履行渔业管理职责。第二,拓展海事审判范围,积极行使海事审判职能作用。本案一、二审判决准确适用最高人民法院为审理发生在我国管辖海域内相关案件(包括民事、行政、刑事)而制定的司法解释,有力彰显了海事司法积极维护海洋生态环境资源的职能作用。第三,关注海上执法环境,发挥裁判的指引、规范和教育功能。海上执法活动囿于其执法环境,难以与陆上执法适用统一标准。为保护海洋渔业资源,加强海洋生态文明建设,应适度放宽海上执法活动证明标准,对捕捞行为作适度宽松解释,以客观公正的裁判指引、教育渔业从业人员规范捕捞行为。

【问题与思考】

1. 如何理解海事行政行为的概念和特征?
2. 海事行政行为与普通陆上行政行为相比有何特殊之处?
3. 试比较抽象海事行政行为与具体海事行政行为之异同?
4. 如何理解海事行政调查报告的可诉性?
5. 如何理解海事调查及其责任认定的法律属性?
6. 如何理解海事行政机关在进行海事行政许可审批时的审查义务?
7. 如何理解实施海事强制措施和海事强制执行的区别?
8. 分析海事行政处罚法定原则与海事行政机关自由裁量权的关系?

第四编

海事救济法律制度

第四篇

地图出版发行史

第九章 海事诉讼法律制度

海事诉讼法律制度是处理海事争议问题的法律制度。海事诉讼案件不同于传统的民商事案件，其具有十分强烈的涉外属性和专业属性。我国海事诉讼立法起步较晚，1999年通过的《海事诉讼特别程序法》是针对海事诉讼问题的首部专门性法律规范，该法对海事案件的诉讼程序和案件受理流程作了较为详细的规定。当前我国海运市场不断扩大，海事案件的数量和种类不断增多，已有的海事诉讼法律规范在一些方面亟待更新完善。本章注重论述海事诉讼的基础知识，主要介绍了海事诉讼的含义、历史发展、渊源、基本原则、管辖及强制措施，通过本章学习，能使学生对海事诉讼法律制度建立框架性认识，引导学生对比学习海事诉讼和民事诉讼，激发学生对我国海事诉讼法律的研究热情。

第一节 海事诉讼法概述

一、海事诉讼的概念及特点

（一）海事诉讼的概念

从语义上分析，海事诉讼由"海事"与"诉讼"两个词构成。"诉讼"即为请求第三者解决争议的意思。与仲裁等其他解决争议的方式不同的是，这里的第三者专指国家，具体而言，即代表国家行使司法权的法院，是一种公力救济机制。在我国，海事争议解决的重要方式就是海事诉讼，即海事争议当事人在发生纠纷后将争议诉诸海事法院这一国家公权力机构予以解决的方式。究其含义，海事诉讼是指海事争议的当事人向法院提出诉讼请求，法院在双方当事人和其他诉讼参与人的参加下，依法审理和解决海事争议的程序和制度。

根据我国1999年出台的《海事诉讼特别程序法》第4条规定："海事法院受理当事人因海事侵权纠纷、海商合同纠纷以及法律规定的其他海事纠纷提起的诉讼。"由此可见,我国海事诉讼的实质,就是当事人将海事合同纠纷、海事侵权纠纷以及符合法律规定的其他类型的海事纠纷诉至专门的海事法院,然后海事法院依法对这些纠纷进行审理和裁决的过程。

(二) 海事诉讼的特点

海事诉讼作为民事诉讼的一种,与刑事诉讼、行政诉讼在诉讼主体、审理主体、审理程序、处理结果等方面有着很大的不同。同时,海事诉讼虽然内含于民事诉讼,但也有着不同于一般民事诉讼的特殊之处。

1. 海事诉讼具有较强的涉外性

虽然在一国范围内也会存在内河运输和沿海运输,但从发生海事纠纷的数量、规模来看,都远远少于或低于跨国海上运输。国际海上运输通常发生在不同国家的港口之间,这就决定了海事诉讼具有较强的涉外因素,主要表现为诉讼主体可能是不同国家的当事人,标的物具有跨国移动性,以及主体之间权利义务关系的产生、变更或消灭具有跨国性等。海事诉讼的涉外性还表现为:诉讼法院可能在当事人所属国以外的国家;法院所适用的法律是外国法或者是国际公约、国际惯例;诉讼文书的送达、证据的调查和取得需要依照特别的程序跨国进行;判决可能需要得到另一国法院的承认与执行等。

2. 海事诉讼具有较强的专业性

海事诉讼用来解决当事人之间的海事纠纷,海事纠纷涉及造船技术、航行规则、货物搭载和运输等,具有特殊的技术规则。同民事诉讼相比,海事诉讼中要适用很多航行方面的专业规则,并与航海技术和航运业务紧密相连,因此,专家鉴定在海事诉讼中是常用的方法。海事诉讼的专业性还表现为在海商实体法中的共同海损理算、海事赔偿责任限制、海上保险等纠纷具有专业性,因而海事诉讼在证据认定上也具有专业性的特点。

3. 海事诉讼具有对物诉讼性

对物诉讼与对人诉讼相对,对物诉讼中的债权人可以对船舶等财产直接提起诉讼,这是英美法系非常具有特色的制度。该制度是从英国的海事诉讼中发展起来的,后成为制定1952年《统一海船扣押某些规定的国际公约》的基础。在海商法中,船舶具有重要的地位,它对确定诉讼主体具有重要意义,但船舶的权利人有时却难以确定,因此,赋予债权人直接向船舶等财产提起诉讼的权利,目的是逼迫船舶的所有人或债务人现身,出庭应诉。

二、我国海事诉讼法律制度的发展历程

我国海事诉讼法律制度随着改革开放以后海上运输和对外贸易的发展而发

展，其显著标志是具有独立性的海事法院的建立。长期以来，我国海事诉讼所依据的主要是《民事诉讼法》和最高人民法院自 1984 年以来发布的司法解释性文件。

中华人民共和国成立以来，我国曾颁布的民事诉讼方面的法律有两部：一部是 1982 年 3 月 8 日通过的《中华人民共和国民事诉讼法（试行）》，现已废止。另一部是 1991 年 4 月 9 日公布实施的现行《民事诉讼法》。该法是在 1982 年《民事诉讼法》的基础上修改制定的，包括总则、审判程序、执行程序和涉外民事诉讼程序的特别规定，共 27 章 284 条。为了进一步贯彻实施这部程序法，最高人民法院于 1992 年 7 月 14 日又发布了《关于适用〈中华人民共和国民事诉讼法〉若干问题的意见》（以下简称《民诉意见》），共 320 条，为各级法院的司法审判所适用。《民事诉讼法》后续经历了 2007 年、2012 年、2017 年、2021 年和 2023 年 5 次修正，最新修正版本自 2024 年 1 月 1 日起施行，共四编 27 章 306 条。另外，2015 年最高人民法院发布《最高人民法院关于适用〈中华人民共和国民事诉讼法〉的解释》，取代了最高人民法院 1992 年发布的《关于适用〈中华人民共和国民事诉讼法〉若干问题的意见》，本解释经过 2020 年和 2022 年两次修正，共 23 部分 550 条。

海事诉讼是民事诉讼的组成部分，《民事诉讼法》及其司法解释中的基本诉讼原则和制度都适用于海事诉讼，但由于海事诉讼具有更加专业性和技术性的特点，在遵循民事诉讼基本原则和制度的基础上，还需要有专门的程序性规范。《民事诉讼法》中有关海事问题的专门规定显然过于原则性和简单，不能满足海事审判的实际需要。为此，最高人民法院针对海事审判中的诸多专门性问题通过司法解释加以规定，以弥补立法规定之不足。这些规定对于海事法院审理海事案件发挥了重大作用。例如，在海事法院受案范围方面，最高人民法院发布的司法解释就包括：1984 年 11 月 28 日发布的《最高人民法院关于设立海事法院几个问题的决定》[①]、1986 年 1 月 31 日通过的《最高人民法院关于涉外海事诉讼管辖的具体规定》[②]、1989 年 5 月 13 日通过的《最高人民法院关于海事法院收案范围的规定》[③]、1989 年 12 月 13 日通过的《最高人民法院关于进一步贯彻执行海事法院收案范围的通知》[④]、2001 年 9 月 11 日颁布的《最高人

---

① 已被 1989 年 5 月 13 日实施的《最高人民法院关于海事法院收案范围的规定》废止。
② 已被 2013 年 1 月 18 日实施的《最高人民法院关于废止 1980 年 1 月 1 日至 1997 年 6 月 30 日期间发布的部分司法解释和司法解释性质的文件的决定》废止。
③ 已被 2001 年 9 月 11 日实施的《最高人民法院关于海事法院受理案件范围的若干规定》废止。
④ 已被 2001 年 9 月 11 日实施的《最高人民法院关于海事法院受理案件范围的若干规定》废止。

民法院关于海事法院受理案件范围的若干规定》[1]、2016 年 2 月 24 日通过的《最高人民法院关于海事法院受理案件范围的规定》等。

由于司法解释受其自身效力层级的限制而显然缺乏应有的稳定性、统一性与权威性，且海事案件涉外性强，因此将我国海事法院管辖权的行使通过司法解释来加以规范，既不利于我国法院积极地行使海事管辖权，也不利于我国法院作出的海事判决在国外的承认与执行。随着我国法院受理的涉外海事案件逐年增多，作出的裁决需要外国承认与执行的比例不断提升，这就需要我国及时出台相应的法律。

1999 年，第九届全国人大常委会第十三次会议通过了《海事诉讼特别程序法》，2000 年 7 月 1 日开始实施。根据该法第 2 条和第 5 条的规定，海事法院审理海事案件时，适用《海事诉讼特别程序法》，《海事诉讼特别程序法》没有规定的，适用《民事诉讼法》。据此，我国初步形成了以《海事诉讼特别程序法》为主干、《民事诉讼法》为必要补充的中国特色海事司法制度。自此，中国海事审判进入了全面有法可依的新阶段。

为正确实施《海事诉讼特别程序法》，依法准确审理海事案件，最高人民法院又于 2002 年颁布了《关于适用〈海事诉讼特别程序法〉若干问题的解释》，对《海事诉讼特别程序法》作了进一步细化，增强了该法的可操作性。最高人民法院于 2007 年颁布的《民事案件案由规定》则进一步对海事案件案由进行细化、补充和完善，该规定经 2011 年和 2020 年两次修正。

随着"一带一路"建设及海洋强国战略的实施，我国海上活动日益频繁，海洋经济迅猛发展，新类型海事海商纠纷不断增加。同时，为维护国家海洋主权，加强海洋事务综合治理，涉海行政部门的海上执法力度不断增强，海事行政诉讼案件数量随之不断增加。在此背景下，原有的海事诉讼管辖体系已不能完全适应国际、国内经济发展对海事审判工作的司法需求，需要进一步调整和完善。2016 年 2 月 24 日发布的《最高人民法院关于海事法院受理案件范围的规定》和《最高人民法院关于海事诉讼管辖问题的规定》，对我国海事法院受案范围和部分海事法院的管辖范围进行了调整，并明确了海事行政案件管辖、海商纠纷管辖权异议案件的审理等问题，这两个司法解释已于 2016 年 3 月 1 日起正式施行。

三、海事诉讼法的渊源

从我国目前的情况看，海事诉讼法的法律渊源主要包括以下几种：

---

[1] 已被 2016 年 3 月 1 日实施的《最高人民法院关于海事法院受理案件范围的规定》废止。

(一) 宪法

宪法是我国的根本大法，在法律体系中处于基本法地位，是其他法制定的依据。《中华人民共和国宪法》中涉及程序方面的规定是海事诉讼法的立法依据。如第 130 条、第 131 条分别规定："人民法院审理案件，除法律规定的特别情况外，一律公开进行。被告人有权获得辩护。""人民法院依照法律规定独立行使审判权，不受行政机关、社会团体和个人的干涉。"这些规定为海事诉讼法的立法提供了依据。

(二) 法律

这里的法律主要是指全国人民代表大会及其常务委员会制定的程序法，如《民事诉讼法》《海事诉讼特别程序法》这两部法律是我国海事诉讼的主要程序法律渊源。但这两部程序法不可能穷尽我国海事诉讼的所有程序规范，有些程序性规范是体现在有关海事诉讼的其他法律中，甚至是实体法中的程序性规范。如《民法典》合同编中关于债权人提起代位诉讼的问题，其中规定了因债务人怠于行使其到期权，对债权人造成损害的，债权人可以向人民法院请求以自己的名义代位行使债务人的债权，但该债权专属于债务人自身的除外。代位权的行使范围以债权人的债权为限。债权人行使代位权的必要费用，由债务人负担。

(三) 最高人民法院发布的有关海事诉讼的司法解释

在《海事诉讼特别程序法》未通过之前，海事诉讼关系主要受《民事诉讼法》的调整，但海事诉讼毕竟有其特殊性，为了解决海事诉讼的一些专门问题，最高人民法院出台了许多司法解释。最高人民法院发布的司法解释的表现形式为解释、规定、意见、批复等，这些司法解释在海事法院审理海事案件的过程中起到了重要作用，主要包括以下三种形式。[1]

(1) 对海事诉讼法律的全面解释，如 2002 年发布的《最高人民法院关于适用〈海事诉讼特别程序法〉若干问题的解释》，该解释是我国关于海事诉讼程序性规定的最重要的综合性司法解释。

(2) 对海事诉讼某一领域、某一具体法律制度所做的解释，主要包括以下内容。

---

[1] 韩立新、袁绍春、尹伟民编著：《海事诉讼与仲裁》（第二版），大连海事大学出版社 2016 年版，第 8—9 页。

①1986年2月26日《最高人民法院关于涉外海事诉讼管辖的具体规定》[①]。该规定专门针对涉外海事诉讼管辖问题规定了17项内容，较《民事诉讼法》有关海事诉讼管辖的规定更加具体。

②1989年5月13日《最高人民法院关于海事法院受案范围规定》[②]。该规定指出了海事法院受理的案件包括海事侵权案件、海商合同纠纷案件、其他海事海商案件、海事执行案件及海事请求保全案件。

③1989年12月23日《最高人民法院关于进一步贯彻执行海事法院收案范围的通知》[③]。该通知进一步明确海事法院是受理海事案件的专门法院，地方各级法院不得继续受理海事法院管辖的案件；远离海事法院所在地发生的简易的、争议不大的海事海商案件，当事人向地方法院起诉的，地方法院在征得有管辖权的海事法院同意后可予以受理。此外，还规定了有关解决管辖权争议海事法院与地方法院部分管辖区域划分等问题。

④1994年7月6日《最高人民法院关于海事法院拍卖被扣押船舶清偿债务的规定》。根据该规定，1987年8月29日最高人民法院发布的《关于强制变卖被扣押船舶清偿债务的具体规定》废止。

⑤值得一提的是，在《海事诉讼特别程序法》实施以前，1994年《最高人民法院诉前扣船规定》和1994年《最高人民法院拍卖被扣押船舶清偿债务的规定》在海事法院受理海事请求保全案件中起着重要作用。即使在《海事诉讼特别程序法》实施后，最高人民法院的司法解释也发挥了很大的作用。

⑥2001年8月9日《最高人民法院关于海事法院受理案件范围的若干规定》。根据该规定，1989年5月13日《最高人民法院关于海事法院收案范围的规定》和1989年12月23日《最高人民法院关于进一步贯彻执行海事法院收案范围的通知》废止。

⑦2016年2月24日《最高人民法院关于海事法院受理案件范围的规定》，本规定自2016年3月1日起施行。根据该规定，最高人民法院于2001年9月11日公布的《最高人民法院关于海事法院受理案件范围的若干规定》同时废止。

（3）对具体个案涉及的相关问题的解释，如2014年10月27日《最高人民法院关于海上保险合同的保险人行使代位请求赔偿权利的诉讼时效期间起算日

---

① 已被2013年1月18日实施的《最高人民法院关于废止1980年1月1日至1997年6月30日期间发布的部分司法解释和司法解释性质的文件的决定》废止。
② 已被2001年9月11日实施的《最高人民法院关于海事法院受理案件范围的若干规定》废止。
③ 已被2001年9月11日实施的《最高人民法院关于海事法院受理案件范围的若干规定》废止。

的批复》、2013 年 5 月 27 日《最高人民法院关于海事法院可否适用小额诉讼程序问题的批复》等。

（四）国际公约

如前所述，海事诉讼具有涉外性的特点，我国缔结或加入的国际公约是海事诉讼的重要法律渊源。包括与双边司法协助有关程序问题的多边国际公约以及实体性国际公约，如 1958 年《承认及执行外国仲裁裁决国际公约》、《关于向国外送达民商事司法文书和司法外文书公约》、1969 年《责任公约》及其议定书中关于成员国判决的承认与执行部分的规定、1999 年《国际扣船公约》等都属于我国海事诉讼法的渊源。

对于其他的法律渊源，如判例和学者的学说，在我国并不是法律渊源。虽然它们可以弥补成文法的不足，但在我国并无法律拘束力，只具有参考作用。这一点在海事诉讼法律制度中同样适用。

四、海事诉讼法的基本原则

海事诉讼法的基本原则是能反映海事诉讼法本质特征的价值准则，它是指在海事诉讼的整个过程或各个阶段里，能够指导海事诉讼活动正常进行的基本原理和基本规则。虽然海事诉讼属于民事诉讼的范畴，但海事诉讼具有不同于民事诉讼的特点，因此海事诉法的基本原则除了包含民事诉讼法的基本原则还有自己的特别原则。

1. 公正与效率原则

2000 年《最高人民法院工作报告》曾明确指出，"公正与效率是新世纪人民法院的工作主题。"[①] 在现代法治社会，诉讼活动应当以公正作为基本价值取向，然而，由于现实社会具有法律预测之外的复杂性，在具体司法活动过程中，司法者价值观的确立与适用又呈现多元化的趋势[②]。有学者明确提出了诉讼效益问题，认为"解决执法中的效益问题，实现诉讼经济的价值目标，势在必行，是客观所须。"[③]《海事诉讼特别程序法》第 1 条规定："为维护海事诉讼当事人的诉讼权利，保证人民法院查明事实，分清责任，正确适用法律，及时审理海事案件，制定本法。"这一条可以说是《海事诉讼特别程序法》的立法目的，同时也指明了《海事诉讼特别程序法》的任务，其中也蕴含着公正与效率

[①] 《中华人民共和国最高人民法院公报》2000 年第 2 期，第 44 页。

[②] 李晓明、辛军：《诉讼效益公正与效率的最佳平衡点》，载《中国刑事法杂志》2004 年第 1 期，第 3－12 页。

[③] 樊崇义：《论刑事诉讼法律观的转变》，载《政法论坛》2001 年第 2 期，第 47－56 页。

的内涵。海事诉讼的公正原则表现在维护海事诉讼当事人的权利和法院适用法律应具有公正性两个方面，效率原则表现在法院应当"及时审理海事案件"，注重办案效率，及时处理和解决海事纠纷。

（二）特别法优于普通法原则

由于海事案件具有专业性、技术性、涉外性强等特点，《民事诉讼法》不能完全解决海事诉讼中的程序问题，例如，因海事请求保全扣押船舶、海事赔偿责任限制、海事证据保全等程序。如果将《海事诉讼特别程序法》纳入《民事诉讼法》，则会使《民事诉讼法》繁缛冗长，并可能破坏《民事诉讼法》现有的体例结构。所以，依据《民事诉讼法》的基本原则，制定独立的《海事诉讼特别程序法》，形成了以《民事诉讼法》为基本程序法，以《海事诉讼特别程序法》为特别程序法的相互协调的法律构架。特别法优于普通法原则体现在，在解决海事纠纷时，优先适用《海事诉讼特别程序法》的规定，如果该法没有规定，则适用《民事诉讼法》或其他有关的法律规定。

（三）国际条约优先适用原则

一国应当遵守和执行其缔结或者参加的国际条约，这是《维也纳条约法公约》所设定的义务，各缔约国必须服从，并且也广为国际社会所接受。在如何处理国际条约与国内法的关系上，长期以来存在较多的争议。主要的观点有一元论和二元论。一元论认为国际条约和国内法同属一个法律体系，国内法院可以直接适用国际条约；二元论则认为国际条约不能直接为国内个人或组织创设任何权利和义务，国内法院如要适用国际条约，须经国内有权机关将国际条约整体或部分地纳入或转化为国内法之后方得施行。

《海事诉讼特别程序法》采行的是一元论，当《海事诉讼特别程序法》与中国缔结或参加的国际条约有不同规定时，除了中国已经声明保留的条款外，可直接适用国际条约的规定[①]。

（四）专门管辖原则

《海事诉讼特别程序法》是《民事诉讼法》的特别法，海事诉讼也属于民事诉讼的一个分支，但是海事案件往往具有不同于一般民商事案件的特征，同时专业性也非常高。因此，海事诉讼通常是由专门的法院进行管辖，如美国的联邦地区法院、日本的海事审判厅等。我国《海事诉讼特别程序法》第4条明

---

① 《海事诉讼特别程序法》第3条规定："中华人民共和国缔结或参加的国际条约与《中华人民共和国民事诉讼法》和本法对涉外民事诉讼有不同规定的，适用该国际条约的规定，但中华人民共和国声明保留的条款除外。"

确规定:"海事法院受理当事人因海事侵权纠纷、海商合同纠纷以及法律规定的其他海事纠纷提起的诉讼。"该法第 5 条同时规定:"海事法院及其所在地的高级人民法院和最高人民法院审理海事案件的,适用本法。"海事法院的受案范围由最高人民法院规定,现行属于海事法院专门管辖范围的案件由 2016 年 2 月 24 日公布并于 2016 年 3 月 1 日起施行的《最高人民法院关于海事法院受理案件范围的规定》加以明确。

第二节 海事诉讼管辖

一、海事诉讼管辖的概念

海事诉讼管辖,是指海事法院和其他人民法院之间以及各个海事法院相互之间,受理一审海商海事案件的分工权限。明确海事诉讼管辖,可以确定哪些一审海商海事案件由海事法院或者上级人民法院受理,以及何种范围的一审海商海事案件由哪一个海事法院受理。我国《民事诉讼法》《海事诉讼特别程序法》以及最高人民法院《关于涉外海事诉讼管辖的具体规定》等法律和司法解释对海事诉讼管辖问题进行了详细规定。

海事诉讼的地域管辖与其他类型的民事诉讼一样,适用"原告就被告"原则。依照《民事诉讼法》的有关规定,对公民提起的海事诉讼,由被告住所地海事法院管辖,被告住所地与经常居住地不一致的,由经常居住地海事法院管辖,对法人或者其他组织提起的海事诉讼,由被告住所地海事法院管辖。虽然《民事诉讼法》和《海事诉讼特别程序法》是衔接在一起的,但是海事案件是一类特殊的民事案件,《民事诉讼法》第二章中规定的级别管辖、地域管辖、移送管辖和指定管辖制度均适用于海事案件审判,对海事案件来说大多是原则性的规定,仅仅依靠《民事诉讼法》已明显不能适应目前我国海事审判实践的需要。《海事诉讼特别程序法》作为《民事诉讼法》的特别法,是对《民事诉讼法》的补充,针对专业性较强的海事、海商案件,在一些海商法特有的制度上规定了不同于《民事诉讼法》的特殊规则,如海事诉讼管辖制度、海事请求保全制度、海事强制令制度、海事担保制度、海事赔偿责任限制制度等。而且随着航运市场和航运技术的发展,新类型案件出现的频率越来越高,如船舶代理、与海上运输有关的货代合同纠纷案件,船舶属具、海运集装箱租赁、保管合同纠纷案件、船员劳务合同纠纷案件等,《海事诉讼特别程序法》对上述案件的管辖均作出了明确的规定,有利于法院依法保护当事人的合法权益。

二、海事诉讼管辖的特点

国家对海事诉讼管辖问题制定专门法律规范的原因在于海事诉讼案件的特殊性,海事诉讼管辖的主要特点有:

(一) 海事诉讼管辖具有较强的涉外性

海事诉讼案件主要因海事侵权或海事合同纠纷所致,主要涉及海上运输关系、船舶关系等,船舶是海上运输及船舶关系的必要载体,而船舶又具有极强的流动性和不稳定性,这就使大多数的海事诉讼纠纷具有跨越国境的特征。对涉外案件的管辖权是国家主权在司法领域的具体体现。

(二) 海事诉讼管辖具有专属性

海事诉讼管辖的专属性主要指海事法院对海事案件具有专门的管辖权。我国《海事诉讼特别程序法》第4条规定:"海事法院受理当事人因海事侵权纠纷、海商合同纠纷以及法律规定的其他海事纠纷提起的诉讼。"各地的海事法院对海事案件进行专门管辖,且不得受理地方法院管辖的案件,当然地方法院也不得受理海事案件。

(三) 海事诉讼管辖适用普通地域管辖原则的较少

普通地域管辖是指根据当事人住所地确定管辖法院的一种管辖,对此的通行原则是"原告就被告"的原则,即管辖权属于被告所在地法院。"原告就被告"原则不仅是我国普通地域管辖的一般原则,也是世界各国民事诉讼中普遍采用的民事案件的管辖原则,但这一原则一般适用于大多数的民事案件。在海事诉讼案件中,适用普通地域管辖原则的较少,原因在于作为海事纠纷主要标的的船舶具有特殊性,在一般法律规范中将其视为不动产,因此在解决海事诉讼案件中就较少采用"原告就被告"的原则,而是规定了大量的特殊地域管辖。而且我国海事诉讼的管辖法院也主要集中在我国的沿海流域及长江流域,设立在大连、青岛、厦门、武汉、北海、天津、宁波、海口、广州、上海、南京等地,目前我国设置海事法院共11个,派出法庭42个。①

三、海事诉讼管辖的分类

(一) 级别管辖

海事诉讼级别管辖,是指海事法院与上级法院之间受理第一审海事案件的

---

① 《中国海事审判(2018—2021)》,载最高人民法院网,https://www.court.gov.cn/hudong-xiangqing-382851.html,访问时间:2023年9月3日。

分工和权限。它解决的是法院内部受理第一审海事案件的纵向分工。与一般民事案件的"四级两审终审制"不同,海事案件的审级为"三级两审终审制",三级分别为各海事法院、海事法院所在地高级人民法院和最高人民法院。海事法院只管辖第一审海事案件,其所在地的高级人民法院管辖该海事法院辖区内有重大影响的第一审海事案件和不服该海事法院一审的上诉审案件。根据海事案件的性质、标的以及社会影响程度,海事法院所在地的高级人民法院和最高人民法院可以受理第一审海事案件。为方便当事人诉讼和解决海事纠纷,各海事法院陆续在沿海各大港口设立了派出机构,即派出法庭。

（二）地域管辖

海事诉讼地域管辖,是指各海事法院之间受理第一审海事案件的分工和权限,它解决的是各海事法院之间受理第一审海事案件的横向分工。海事诉讼地域管辖可以分为普通地域管辖和特殊地域管辖,也可以分为因海商合同纠纷产生的地域管辖、因海事侵权产生的地域管辖以及其他原因确定的地域管辖。对于海事诉讼中的普通地域管辖,《海事诉讼特别程序法》第6条第1款明确规定参照《民事诉讼法》的有关规定。《最高人民法院关于适用〈中华人民共和国海事诉讼特别程序法〉若干问题的解释》第2条规定："涉外海事侵权纠纷案件和海上运输合同纠纷案件的管辖,适用民事诉讼法第二十五章的规定;民事诉讼法第二十五章没有规定的,适用《海事诉讼特别程序法》第6条第2款（1）、（2）项的规定和《民事诉讼法》的其他有关规定。"

（三）专属管辖

专属管辖是指根据法律的强制性规定而取得管辖权的管辖,当事人不能通过协议的方式排除该管辖权,海事法院行使专属管辖权不依据于当事人的意思表示一致而是根据案件标的的特殊性及其与海事法院的密切联系,排他地行使管辖权。专属管辖不同于专门管辖,专门管辖是法律规定由专门法院管辖某一类型的案件,是专门法院与普通法院的职能划分。如海事法院对特定海事案件进行管辖。专属管辖可以排除外国法院的管辖,以维护国家的利益。《民事诉讼法》第34条对港口作业纠纷作了专属管辖的规定,港口作业纠纷由港口所在地人民法院管辖。结合海事审判实践,为了维护国家主权和国家利益,《海事诉讼特别程序法》第7条进一步规定："下列海事诉讼,由本条规定的海事法院专属管辖：（一）因沿海港口作业纠纷提起的诉讼,由港口所在地海事法院管辖；（二）因船舶排放、泄漏、倾倒油类或者其他有害物质,海上生产、作业或者拆船、修船作业造成海域污染损害提起的诉讼,由污染发生地、损害结果地或者采取预防污染措施地海事法院管辖；（三）因在中华人民共和国领域和有管辖权的海域履行的海洋勘探开发合同纠纷提起的诉讼，由合同履行地海事法院管辖。"

因为船舶污染水域及在我国领域和有管辖权的海域进行的海洋勘探开发海事诉讼案件涉及重大国家利益，因此《海事诉讼特别程序法》作了专属管辖的规定。

（四）协议管辖

协议管辖是国际上普遍承认的管辖原则之一，是指当事人在法律规定的范围内自行约定对双方所争议的案件确定管辖的法院，以排除其他法院的管辖。协议管辖的主要目的是方便双方当事人进行诉讼，这也是国际上通行的惯例。当事人可以以书面协议的形式选择海事法院对某些案件进行管辖，体现了法律对当事人意思自治原则的贯彻。

协议管辖可以分为明示的协议管辖和默示的协议管辖，明示的协议管辖是当事人以书面的形式明确约定案件的管辖法院，而默示的协议管辖则是指如果一方当事人对对方当事人所起诉的法院未提出异议并且应诉和答辩的，推定该海事法院为双方当事人默示协议选择的管辖法院。双方协议选择的条款可以体现在合同中，作为其中的条款出现，也可以单独就该事项达成补充协议。双方当事人可以协议选择我国的海事法院，也可以协议选择外国法院。各国法律在赋予当事人协议选择管辖法院的同时，有的国家法律也作出了限制，如有的国家法律规定，双方协议选择的法院应与案件有实际联系。如《民事诉讼法》第35条规定："合同或者其他财产权益纠纷的当事人可以书面协议选择被告住所地、合同履行地、合同签订地、原告住所地、标的物所在地等与争议有实际联系的地点的人民法院管辖，但不得违反本法对级别管辖和专属管辖的规定。"针对海事争议具有涉外性特点，《海事诉讼特别程序法》第8条规定："海事纠纷的当事人都是外国人、无国籍人、外国企业或者组织，当事人书面协议选择中华人民共和国海事法院管辖的，即使与纠纷有实际联系的地点不在中华人民共和国领域内，中华人民共和国海事法院对该纠纷也具有管辖权。"这说明即使海事争议的双方当事人都是外国人、无国籍人等，而且争议的发生与我国没有实际联系，当事人协议由我国海事法院管辖的案件，我国海事法院对其仍然具有管辖权。

（五）指定管辖

指定管辖是指海事法院的上级法院以指定的形式来确定案件管辖法院的管辖。《民事诉讼法》第38条规定："有管辖权的人民法院由于特殊原因，不能行使管辖权的，由上级人民法院指定管辖。人民法院之间因管辖权发生争议，由争议双方协商解决；协商解决不了的，报请它们的共同上级人民法院指定管辖。"《海事诉讼特别程序法》第10条也同样对指定管辖作出了规定："海事法院与地方人民法院之间因管辖权发生争议，由争议双方协商解决；协商解决不了的，报请他们的共同上级人民法院指定管辖。"《最高人民法院关于适用〈中华人民共和国海事诉讼特别程序法〉若干问题的解释》第17条规定："海事法院之间因管辖权发生争议，由争议双方协商解决；协商解决不了的，报请最高人民法院指定管辖。"

第三节　海事诉讼中的强制措施

一、海事请求保全

（一）海事请求保全的概念

我国《海事诉讼特别程序法》第12条规定："海事请求保全是指海事法院根据海事请求人的申请，为保障其海事请求的实现，对被请求人的财产所采取的强制措施。"根据《最高人民法院关于适用〈中华人民共和国海事诉讼特别程序法〉若干问题的解释》第18条规定："《海事诉讼特别程序法》第12条规定的被请求人的财产包括船舶、船载货物、船用燃油以及船用物料。对其他财产的海事请求保全适用民事诉讼法有关财产保全的规定。"海事请求保全属于财产保全的范畴，保全的目的是保障海事请求人海事请求的实现。

（二）海事请求保全的特点

海事诉讼保全与一般的民事诉讼保全，二者都是法院依法定程序对被申请人的财产所采取的强制性措施。但是二者也有明显的区别：一般的民事诉讼中的财产保全，是为了保证诉讼的顺利进行和裁判的实际执行，在当事人起诉时，案件受理后直到判决前，都可以提出申请，根据《民事诉讼法》第103条至第106条的规定，其保全措施主要有查封、扣押、冻结以及提供担保金、担保函等，而且只能向受理案件的有管辖权的法院提出。

而海事请求担保的直接目的是保障其海事请求的实现，对被请求人的财产所采取的强制措施，并非一定要通过扣押使被扣船舶成为之后执行法院判决的对象。海事请求保全措施的实施，一般是在诉讼前，而且采取该项措施后，也不一定提起诉讼。具有海事请求权的当事人可以在自己认为最合适的地方申请扣船乃至进行诉讼，因而使对案件无管辖权的法院取得管辖权。

（三）海事请求保全的分类

海事请求保全根据请求强制执行的对象不同，可以分为：扣押船舶、扣押船载货物、扣押与海事请求有关的船用物料、冻结运费或租金以及其他保全措施等。另外，根据海事法院或者仲裁机构是否受理案件的不同，海事请求保全又可分为诉前保全和诉中保全，以及仲裁前保全和仲裁中保全。海事请求保全可以在诉讼之前或之中进行。如果海事请求人因情况紧急，不立即申请海事请求保全将会使其合法权益受到难以弥补的损害的，可在起诉或仲裁前向海事法院申请海事保全。

二、海事强制令

（一）海事强制令的概念

海事强制令制度是我国海商法专家在总结以往海事诉讼司法实践经验的基础上，并在参考借鉴其他国家相关法律制度的前提下而创设的一种全新的海事诉讼法律制度。我国《海事诉讼特别程序法》第51条规定："海事强制令是指海事法院根据海事请求人的申请，为使其合法权益免受侵害，责令被请求人作为或者不作为的强制措施。"

（二）海事强制令的申请条件

海事强制令是在情况紧急的情况下，经海事请求人的申请，由海事法院作出的裁定强制被请求人作为或者不作为的制度，海事法院的裁定一经作出即得以执行。《海事诉讼特别程序法》第56条规定，作出海事强制令应当具备以下条件。

1. 请求人有具体的海事请求

海事请求人有具体的海事请求是海事法院作出海事强制令裁定的首要条件。海事请求人提出海事强制令申请的目的是请求海事法院强制要求被请求人作为或者不作为，从而避免或者减少损失的产生。海事强制令是基于一定的海事纠纷而发起的，必须是被请求人的行为导致了请求人权益受到损害或者受到损害的威胁。如果没有被请求人的可能或者已经导致请求人权益受到损害的行为，请求人当然没有必要也没有理由向海事法院请求要求强制被请求人为或者不为一定行为。如果海事请求人仅仅向法院提出抽象的海事请求，即请求海事法院维护其某种抽象的权利，该请求显然是不恰当的。

2. 需要纠正被请求人违反法律规定或者合同约定的行为

在合同争议中，作出海事强制令，必须符合《海事诉讼特别程序法》第56条规定的条件。如果确认当事人之间的纠纷关系到合同是否成立或者是否生效，或确认当事人之间的合同尚未成立或生效，则被申请人根本不存在违反合同约定的行为，不符合申请强制令的条件。

在以全面履行和实际履行为首要救济的理论前提下，我国民法对"有效益违约"持反对态度。与此原则相应，在海事强制令案件中，应该考虑采用海事强制令等强制性方式来保证合同的完全与继续履行，不应该考虑中止或终止履行合同可能会带来的"效益"①。

3. 情况紧急，不立即作出海事强制令将造成损害或者使损害扩大

海事强制令是海事法院尚未最终确定海事请求人具有相应的海事请求时所作出的裁定，并通过强制被请求人作为或者不作为来实现，其后果具有不可逆转性，很难进行执行回转，即使能够回转也会带来大量的损失，因此必须在情况紧急的特殊情况下，才有作出海事强制令的必要。

通过以上三个条件可以看出，作出海事强制令裁决有严格的条件限制。作为一项全新的海事诉讼法律制度，我们必须在实践中严格执行这些标准，以防止海事强制令被滥用，从而导致海事司法实践的混乱。同时，我们也必须注意到，如果对海事强制令课以过分严格的条件，又会导致这一制度难以实现其立法意图。毕竟，海事法院在进行实体案件审理以前，很难要求海事请求人完全证明被请求人行为的违法或者违约性，在实际上其往往只能得出一个初步的结论，显然这可能导致作出错误的海事强制令，因此，《海事诉讼特别程序法》第60条和第66条还规定了申请错误的赔偿机制以及责令海事请求人提供担保的制度。

三、海事证据保全

（一）海事证据保全的概念

海事证据保全，是指海事法院根据海事请求权人申请，在海事诉讼程序中依法采取证据保全的强制措施。海事证据保全既可以在诉前进行，也可以在诉讼中进行。海事证据保全制度在我国《海事诉讼特别程序法》中得以明确规定，突破了以往我国只能在诉讼进行过程中采取证据保全措施的规定。相对于一般意义上的民事诉讼证据来说，海事纠纷诉讼的证据往往比较复杂，专业性较强，调查难度有时也比较大。海事诉讼实践中，对海事纠纷事实的认定一直是案件审理的重点和难点所在。在《海事诉讼特别程序法》颁布之前，由于没有完备的海事诉讼证据保全制度，在很大程度上限制了海事纠纷案件事实的查

---

① 杨树明主编：《民事诉讼法·海事诉讼特别程序篇》，厦门大学出版社2008年版，第103页。

明,直接影响了法院对案件的公正裁判。

(二) 海事证据保全的特征

1. 海事证据保全因海事请求人的申请而提起,海事法院不能主动依职权采取证据保全措施

《海事诉讼特别程序法》的这一规定与《民事诉讼法》第84条的规定不尽相同,按照《民事诉讼法》的规定,证据保全既可以因诉讼当事人提出申请而采取,也可以由法院依职权主动采取。海事证据保全则取消了海事法院主动依职权采取证据保全的规定,从而减少法院对当事人诉讼行为的干预,保持法院在诉讼中的中立地位,符合民事审判方式改革的要求。

2. 加以保全的证据是有关海事请求的证据

所谓"有关海事请求的证据"是指能够证明海事请求存在与否的证据,即所保全的证据应当与海事请求具有关联性,这种关联性可以表现为直接的关联,也可以表现为间接的关联。只有加以保全的证据同海事请求存在一定程度的关联,才有进行保全的必要。

3. 证据保全既可以发生在诉讼过程中,也可以发生在提起诉讼之前

《海事诉讼特别程序法》第63条明确规定了当事人可以在诉讼前提起证据保全。这一规定与现行《民事诉讼法》的立法一致,充分考虑到海事证据的特殊性和复杂性,有利于增强海事请求人搜集证据的能力,从而保护其合法权益。同时,海事证据保全除了包括诉讼中和诉讼前的保全,还包括仲裁中和仲裁前的证据保全。

4. 海事证据保全的具体措施为提取、保存或者封存

海事法院采取证据保全措施,可以根据具体情况对证据予以封存,也可以提取复制件、副本,或者进行拍照、录像,制作节录本、调查笔录等,确有必要的,也可以提取证据原件。在海事司法实践中,还出现了公正性检验的保全方法。不论采取哪一种方法,应当做到客观、真实地反映证据情况,达到证明案件事实的目的。

(三) 海事证据保全的条件

我国《海事诉讼特别程序法》第65条至第67条是关于证据保全申请要件的规定。其中第65—66条是形式要件,第67条是实质要件。《海事诉讼特别程序法》第67条从申请人的主体、申请保全的对象、与被申请人的关系以及所要求的特定情形几个方面,对实质要件作出如下规范:"采取海事证据保全,应当具备下列条件:(一) 请求人是海事请求的当事人;(二) 海事请求保全的证据对该海事请求具有证明作用;(三) 被请求人是与请求保全的证据有关的人;

(四)情况紧急,不立即采取证据保全就会使海事请求的证据灭失或者难以取得。"另外,一方当事人申请保全可能给相对方当事人或者其他利害关系人的财产权益带来损害,所以《海事诉讼特别程序法》第 66 条规定:"海事法院受理海事证据保全申请,可以责令海事请求人提供担保,海事请求人不提供的,驳回其申请。"

《海事诉讼特别程序法》的上述规定表明,因海事证据保全(无论是诉讼前还是诉讼中)均属司法行为,故应具备一定条件,法院在立案时就应依法予以严格审查。

【案例枚举】

德国航运贷款银行与 SPV 萨姆莱恩有限公司船舶抵押借款合同纠纷案[1]

【基本案情】

2020 年 4 月 30 日以来,先后有德国、瑞典等 7 家外国当事人和 1 家我国香港地区公司向青岛海事法院申请扣押利比里亚籍"SAM LION"轮,船东未在法定时间内提供担保,并最终弃船。德国航运贷款银行向青岛海事法院提起诉讼并申请拍卖船舶,上述 8 家当事人和"SAM LION"轮 21 名外籍船员,向青岛海事法院申请海事债权登记并提起诉讼,涉案标的超过 2000 万美元。

【裁判结果】

青岛海事法院一审判决,萨姆莱恩有限公司偿还德国航运贷款银行欠款本金、利息、罚息共计 17 134 455.69 美元;确认德国航运贷款银行对"SAM LION"轮享有抵押权,并有权从该轮拍卖变卖价款中优先受偿。判决作出后,双方当事人均未上诉。其余涉及保险合同、船舶物料与备品供应合同和 21 名船员工资确权案件,均依法进行了债权确认。21 名船员的工资属于船舶优先权,有权从船舶拍卖价款中优先受偿。案涉船舶通过司法拍卖网成功溢价拍卖。

【典型意义】

该系列案的所有当事人均为外国或者我国香港地区当事人,案件争议本身与中国内地亦没有连结点,但所有的原告方均向青岛海事法院提出扣押船舶申请并提起诉讼。新冠疫情的持续发展对全球航运业和船员群体均产生了重大影响,安排船员换班或遣返成为航运业面临的最大挑战之一。"SAM LION"轮系列案件的妥善处理,得到乌克兰和菲律宾两国使馆的高度评价,充分体现外方

---

[1] 参见最高人民法院《2020 年全国海事审判典型案例》(2021 年),载最高人民法院网,https://www.court.gov.cn/zixun/xiangqing/317811.html,访问时间:2023 年 1 月 27 日。

当事人对我国海事司法的认可和信任。海事法院对 21 名外籍船员积极展开人道主义援助，在疫情防控的同时采取合理可行措施将外籍船员安全、高效遣返，既充分保障了船员的合法权益，也有助于船舶买受人尽快开展正常生产经营。本案的处理体现了我国作为船舶和船员大国的担当，为妥善处置疫情防控期间全球性海员换班或遣返难题、帮助航运企业有序复工复产提供了"中国方案"。

【问题与思考】

1. 简述海事诉讼的受案范围。
2. 简述海事诉讼与一般诉讼的不同之处。
3. 根据《海事诉讼特别程序法》的规定，因船舶租用合同纠纷、船舶抵押纠纷以及船舶优先权纠纷提起的诉讼，如何确定管辖法院？
4. 简述海事法院的管辖范围。
5. 简述海事诉讼中时效中断的法定理由。
6. 试述我国海事请求保全——诉前扣船的目的及申请条件。
7. 简述海事请求保全的具体措施及内容。
8. 简述海事诉讼的原则与程序。

第十章　海事仲裁法律制度

由于海事法律关系的复杂性，其不同于一般的民商事法律关系。所以，当事人在遇到海事纠纷时，选择仲裁解决方式可在较短时间内解决争议。本章第一节介绍了海事纠纷仲裁的概念、特点与制度发展历史，第二节主要介绍了海事仲裁协议的概念、特征、类型、内容、效力、性质等内容，使学生学习和了解海事仲裁协议的独立性特点及其作为海事仲裁纠纷解决的基础和依据，第三节主要介绍海事仲裁裁决的主要制度，包括海事仲裁裁决的概念、特征、种类、效力、承认与执行等内容。

第一节　海事仲裁概述

一、海事仲裁的概念和特点

(一) 海事仲裁的概念

仲裁也称"公断"，是当事人通过协议授权仲裁员解决争议的活动，仲裁制度是现代法治精神以及市场经济中主体意思自治、行为自主、纠纷自决原则的体现。

国际商事仲裁是指国际民商事交往中不同国家的当事人通过协议自愿将他们之间的争议提交某一临时仲裁庭或某一涉外常设仲裁机构审理，由仲裁庭或仲裁机构依据有关法律或公平原则作出裁决，并约定自觉履行该裁决所确定的义务的一种制度。

海事仲裁是国际商事仲裁在海事、海商领域的应用，是双方当事人约定以仲裁方式，处理海事、海商、物流争议以及其他契约性或非契约性争议。[1]

---

[1] 韩立新、袁绍春、尹伟民编著：《海事诉讼与仲裁》（第二版），大连海事大学出版社 2016 年版，第 207 页。

从定义中可以看出，海事仲裁的核心在于，双方当事人以订立仲裁协议的形式将争议提交仲裁，这是仲裁发生的基础和前提条件。海事仲裁协议主要有两种形式。第一种是仲裁条款，是指双方当事人在争议发生之前，将有关仲裁的协议以合同条款的形式订立在合同中，以备将来发生争议时，作为提交仲裁机构解决的依据。仲裁条款出现于19世纪，由于其更符合交易的需要，因此得到商业界的普遍运用，自此，仲裁条款成为仲裁协议的最主要和最常见的方式。海事仲裁条款必须以海事合同为载体，所以其只能适用于契约性关系争议或者与契约有关的侵权争议。对于单纯因侵权或者其他非契约性财产权益引起的争议，不可能以仲裁条款形式达成仲裁协议。第二种是仲裁协议，是指在争议发生之前或之后，双方当事人专门订立的将争议交付仲裁的一种单独协议。由此可见，与订立在合同中的仲裁条款相比，仲裁协议适用的范围更加广泛，在时间上可以适用于争议发生之前，也可在争议发生之后另行订约，在内容上，不仅适用于契约性争议，也可适用于涉及侵权纠纷等非契约性争议。

双方订立了有效的仲裁协议，在发生争议后，将会进入海事仲裁程序中。海事仲裁审理程序是指海事仲裁机构受理、审理并裁决海事争议所依据的操作流程，也是当事人及其他仲裁参与人参加海事仲裁活动的基本行为规则。在经过一系列的仲裁程序后，最终仲裁机构会作出一个仲裁裁决。对于仲裁裁决，国际上并没有任何一个法定文件对此作出一个确切的定义，1958年《关于承认及执行外国仲裁裁决公约》（简称《纽约公约》）规定："仲裁裁决不仅包括由所选定的临时仲裁员为个别案件所做的裁决，而且也包括由常设仲裁机构经当事人提请而做出的裁决。"从这个定义分析，该公约仅是对仲裁裁决的范围作了规定。海事仲裁裁决是指海事仲裁机构就双方当事人提交仲裁的争议事项进行审理后作出的对双方当事人均具有约束力的终局性的决定。

（二）海事仲裁的特点

海事仲裁作为广义的国际商事仲裁的组成部分，既具有一般商事仲裁的特点，也具有自己的特点，与海事诉讼相比也具有自身明显的特点。

1. 专业性

海事仲裁是解决广义的海事争议的主要方式之一，仲裁员审理案件主要的法律依据就是各国的海商立法和国际海事公约以及国际航运惯例。由于海商法具有极强的专业性，因此，海事仲裁与海事诉讼一样，在解决海事纠纷过程中也必须由具有专业知识的专业人士审理。几乎大部分海事案件都存在着对专业性问题的界定，如船舶碰撞损害赔偿案件中碰撞责任的划分以及碰撞事实的认定、船舶污染案件中污染海域的位置、面积的确定以及油污损失额度和范围的认定、海难救助纠纷救助人采取的救助措施是否合理和及时等，这些专业领域涉及国际贸易、海运专业知识，而这也是海商法与其他部门法最主要的区别，因此海事仲裁案件解决过程中需要由具有较权威海事专业知识的仲裁员审理。

2. 国际性

海商法具有的国际性特点决定了海事争议的国际性，从而在海事争议解决中也具有较强的国际性。[①] 海事仲裁作为海事争议解决的主要解决方式之一，仲裁员应当对有关海商法、国际贸易方面的国内立法和国际条约、国际惯例非常熟悉。海商法与国内其他部门法相比，一个最显著的特点就是国际性强，我国现行《海商法》中的很多内容都是参考有关海上运输、海难救助、海事赔偿责任限制、船舶碰撞、共同海损等国际公约和国际惯例的内容，如海上货物运输合同部分是在《海牙规则》《维斯比规则》和《汉堡规则》的基础上制定的；海难救助部分是参考 1989 年《国际救助公约》制定的；海上旅客运输合同是参考 1974 年《海上旅客及其行李运输雅典公约》制定的……因此，我国《海商法》具有较强的与国际立法接轨的特点。

3. 海事仲裁机构民间性、独立性

我国审理海事仲裁案件的机构是总部设在北京的中国海事仲裁委员会，其与国内其他仲裁机构之间是独立的，没有隶属关系，也不存在地域管辖的限制。这一点与海事法院不同，我国海事法院是国家司法机关的组成部分，与中级人民法院同级，与所在省、自治区和直辖市高级人民法院之间具有上下级关系。海事仲裁机构与其他仲裁机构一样，性质上属于民间团体[②]。

4. 管辖权的非强制性

海事仲裁的核心在于，双方当事人以订立仲裁协议或合同中订立仲裁条款的形式确定将争议提交仲裁，这是仲裁发生的基础和前提条件。这是当事人意思自治原则在海事仲裁中的体现，当事人的合意完全决定了海事仲裁机构是否具有管辖权，因此纠纷当事人的仲裁协议或仲裁条款是海事仲裁机构行使海事案件管辖权的基础。

5. 一裁终局性

就审级而言，海事仲裁与其他类型的仲裁一样，实行一裁终局制，当事人不得就已经有生效的仲裁裁决的海事案件再向海事法院提起诉讼。而海事法院的审级实行的是"三级两审终审制"。

[①] 屈广清主编：《海事诉讼与海事仲裁法》，法律出版社 2007 年版，第 138－139 页。
[②] 金彭年、董玉鹏：《海事诉讼特别程序与海事仲裁规则》，法律出版社 2015 年版，第 139－140 页。

(三) 海事仲裁与海事诉讼相比的优越性

海事诉讼是指国家司法机关按照一定的程序和方式解决纠纷的活动,主要特点在于参与解决纠纷的主体是具有国家强制力的司法机关,凭借的是审判权力对争议进行解决,这一特点也决定了海事诉讼是各种争议解决机制中最正规、最权威和最严格的方式;海事仲裁是指双方当事人根据书面仲裁协议,将争议提交仲裁机构进行裁决。两者都是海事争议解决实践中常用的海事争议解决机制,但海事仲裁相对于海事诉讼有以下几大优越性。

1. 秘密性

就审理程序的公开性而言,海事仲裁一般都不公开审理,即使双方当事人要求公开审理,也仍然由仲裁庭作出是否公开审理的决定。而海事法院审理海事案件,除了极少数涉及国家利益以及当事人隐私的情况,一般原则上必须公开审理。[①] 此外,一般情况下,除涉及国家秘密和当事人隐私的情况,海事诉讼案件的法院判决书将当事人双方所有信息都予以公开,而中国海事仲裁委员会的案例集将相关信息都予以隐藏。

2. 灵活性

海事诉讼的表现形式是海事诉讼制度和海事诉讼程序,海事诉讼制度决定海事诉讼程序,海事诉讼程序服务于海事诉讼制度,两者共同构成完整、统一的海事诉讼。而不论是海事诉讼制度还是海事诉讼程序,都是国家制定的当事人必须遵守的、没有任何商量余地的规定。对于海事仲裁来说,它不像海事诉讼那样需要受到各种法律规范和程序的制约,也不需要拘泥于任何法定的形式。海事仲裁当事人可以基于仲裁协议,自主选择仲裁员,约定仲裁程序,并约定适用法律,甚至仲裁庭会依据当事人授权采用公平原则对争议进行审理和作出裁决。而海事诉讼中,海事法院必须适用本国的诉讼程序法,当事人不得随意选择审理案件的法官,而且必须严格遵循本国诉讼程序法规定的程序。

3. 经济性

我国海事法院实行的是"三级两审终审制",虽然一审诉讼费用低于仲裁费用,但仲裁实行一裁终局制,而诉讼是两审终审,加上再审费用,事实上仲裁费用比诉讼费用更为低廉。海事仲裁实行一裁终局,即经过一次裁决后,该裁决即为终局裁决,对双方当事人都具有约束力,任何一方当事人均不得向法院起诉,也不得向其他任何机构提出变更裁决的请求。此外,当事人可以按照其意思自治选择仲裁程序,这有利于仲裁效率的提高。因此从仲裁程序开始至

---

① 金彭年、董玉鹏:《海事诉讼特别程序与海事仲裁规则》,法律出版社 2015 年版,第 139 – 140 页。

结束，耗时较短，当事人可以节省大量的财力和人力，避免因时间的拖延而产生进一步的经济耗费。

4. 专业性

仲裁与诉讼相比，一个突出的好处就是可以找到专业性强的仲裁员，往往可以由专家来作出裁判，这种做法在海事仲裁中相当普遍。复杂的商事仲裁尤其是海事仲裁，许多案件涉及非常复杂的专业知识，需要海事仲裁员具备海商海事、国际贸易、海运等方面的专业技能，具有较高的专业素质和良好的道德素质，才能够保证海事仲裁争议的公平公正解决。①

5. 涉外性

与法院判决相比，国际商事仲裁的仲裁裁决如果需要在国外得到承认和执行，具有更大的优势。对于此点要一分为二地看待。虽然就理论而言，仲裁裁决一经作出，当事人便负有自觉积极履行仲裁裁决的义务，因为当事人双方协议提交仲裁时就已经约定应诚实有信地自觉执行裁决，但这种约定毕竟属于契约性质，而违约的情形常常发生。因此，在当事人违背约定而拒不执行裁决时，胜诉方当事人谋求法院的帮助，提请法院强制执行仲裁裁决就势在必行了。从这一点看，仲裁对于仲裁裁决的强制执行没有保障。但是，因为海事仲裁具有涉外性，根据《纽约公约》的规定，缔约国作出的仲裁裁决将会得到执行。截至2023年年初，《纽约公约》缔约国已经达到172个，覆盖了全球大多数国家。而对于法院判决来说，当前并没有普遍生效的关于相互承认与执行外国法院判决的国际公约，而这通常需要这两个国家或地区有关于承认和执行判决的双边或多边司法协助协定，因此法院作出的判决在国外获得承认与执行就显得尤其困难。因此仅从海事仲裁这一点来看，海事仲裁裁决的执行比诉讼判决的执行阻力更小一些。

二、海事仲裁制度的历史沿革

（一）海事仲裁制度的产生和发展

仲裁制度有着悠久的历史，它起源于古罗马，形成、发展于英国、瑞典等欧洲国家，进而普及于世界各国②。而它开始运用于海事领域，最早可以追溯到13—14世纪意大利各城邦林立的时候。当时地中海港口所采用的海事法典中

---

① 韩立新、袁绍春、尹伟民编著：《海事诉讼与仲裁》（第二版），大连海事大学出版社2016年版，第190－192页。

② 中国海事仲裁委员会秘书处编著：《海事仲裁入门指南》，中国政法大学出版社2001年版，第7页。

已经出现了以仲裁方式解决海事争议的记载。海事仲裁以其专业性、技术性和国际性的独特优势，逐渐为广大海运界人士所接受。作为商事仲裁的重要组成部分，海事仲裁随着海上运输的发展而产生并逐步发展起来，并反过来促进了海运业的稳步发展。

从广义上来看，海事仲裁制度不仅包括各个国家在海事仲裁方面的法律规范和一国的海事仲裁机构根据该国海事仲裁立法制度制定的仲裁规则，还包括国家之间达成的以及国际组织制定的有关仲裁和海事仲裁的国际公约。

自 14 世纪仲裁产生以来，各国的仲裁立法就向着规范化、条例化、法典化的方向发展。许多国家将仲裁立法从民商法中分离出来，形成了专门的、系统的仲裁法典，而且这些国家的仲裁立法都普遍适用于海事仲裁领域，或者对海事仲裁领域进行专章的规定。然而，由于各国都有自己的仲裁立法和仲裁规则，因而在仲裁程序、仲裁协议和仲裁裁决的效力以及对外国仲裁裁决的承认和执行等方面存在较大的差异。20 世纪以来，随着国际经贸、海事案件的大量增加，国际社会通过了许多国际公约，试图尽可能地统一国际商事仲裁的有关立法和仲裁规则。在国际联盟的主持下，16 个欧洲国家在日内瓦先后签订了《关于承认仲裁条款的日内瓦议定书》和《关于执行外国仲裁裁决的日内瓦公约》，但由于这两个条约存在明显缺陷，1958 年 6 月 10 日，联合国在纽约召开的联合国国际商事仲裁会议上通过了《纽约公约》①，以替代前两个公约。截至 2015 年年底，已有 156 个国家参加了《纽约公约》。该公约已成为国际民事诉讼与仲裁领域中参加国最多、适用范围最广、影响最大的国际性公约。此后，又出现了 1961 年《关于国际商事仲裁的欧洲公约》、1965 年《关于解决各国和其他国家的国民之间的投资争端公约》、1966 年《统一仲裁的欧洲公约》、1975 年《美洲国家关于国际商事仲裁的公约》、1976 年联合国国际贸易法委员会向各国推荐使用的《联合国国际贸易法委员会仲裁规则》等。1985 年 6 月 21 日联合国贸易法委员会制定并向世界各国推荐使用的《联合国国际商事仲裁示范法》是 20 世纪的另一个具有国际影响力的国际性规则。

除此之外，世界各国还制定了有关海事仲裁的国内法律、法规。如进入 20 世纪后，英国分别制定了 1934 年、1950 年、1975 年、1979 年、1996 年《英国仲裁法》，以及 1924 年《英国仲裁条款（议定书）法》[*Arbitration Clauses（Protocol）Act 1924*] 及 1930 年《英国仲裁（外国仲裁）法》[*Arbitration（Foreign Award）Act 1930*] 等。其中 1996 年《英国仲裁法》作为当今世界上最完备的仲裁法典之

---

① 该公约的目的是促进仲裁裁决的承认和执行，除非有该公约所列举的有限度的拒绝执行裁决的理由，不然各缔约国主管机关和执行法院都有义务承认和执行外国仲裁裁决。

一，不仅具有深刻的理论基础，而且具有广泛、丰富的实践经验，它的出台是英国仲裁制度日益完善和成熟的标志。①

20 世纪初的海事仲裁还只是以租约、海上运输合同、保险合同等契约性纠纷为主要受案类型，到现在已发展成为以租约为主，同时涉及船舶碰撞、油污损害等非契约性争议，并且数量逐年增多。

英国的海事仲裁一直走在世界前列，伦敦作为海事仲裁中心的历史悠久。但随着英国和世界各国经济的发展，尤其是在二战后，亚太地区航运力量得到显著增强，这时其他各国的航运公司控制了世界上 40% 之多的船舶吨位，伦敦作为世界海事仲裁中心的地位略有削弱。伴随其他一些主要海运国家海事仲裁业的崛起，纽约、香港、汉堡正成为新的仲裁中心。前者主要仲裁油船租约争议，后两者则日益成为散货船租约争议的海事仲裁中心。目前国际海事仲裁业的竞争虽然日趋紧张和激烈，但伦敦作为世界上最重要的海事仲裁中心的地位仍然是全球公认的。这一点从其每年受理的海事仲裁案件的数量就可见一斑。

（二）我国海事仲裁制度的产生和发展

中国海事仲裁的仲裁机构是中国海事仲裁委员会。中国海事仲裁委员会（China Maritime Arbitration Commission，以下简称 CMAC）于 1959 年 1 月 22 日在北京成立，其根据是 1958 年 11 月 21 日国务院全体会议第 82 次会议通过的《中华人民共和国国务院关于在中国国际贸易促进委员会内设立海事仲裁委员会的决定》，因此，当时称为"中国国际贸易促进委员会海事仲裁委员会"，以解决远洋、沿海与海相通的水域运输争议，是中国第一家仲裁机构，也是专业性最强的仲裁机构，同时是我国唯一以解决海事海商、交通物流争议为特色并涵盖其他所有商事争议的全国性、国际化仲裁机构。1988 年改为现在名称。中国海事仲裁委员会位于北京，在上海、天津、重庆、深圳、舟山、海口、大连、青岛、厦门设有分会或仲裁中心，在香港特别行政区设有香港仲裁中心，在宁波、广州、南宁等国内主要港口城市设有办事处。为满足行业仲裁和多元化服务的需要，中国海事仲裁委员会下设航空争议仲裁中心、计量争议仲裁中心、建设工程争议仲裁中心、海事调解中心、航空争议调解中心、救助打捞争议调解中心、物流争议解决中心、渔业争议解决中心等业务中心。②

中国海事贸易仲裁委员会由中国国际贸易促进委员会中国国际商会组织设立。仲裁委员会设名誉主任一人、顾问若干人。仲裁委员会由主任一人、副主

---

① 邓杰：《伦敦海事仲裁制度研究》，法律出版社 2002 年版，第 32 页。
② 海仲简介，载中国海事仲裁委员会官网，https: //www. cmac. org. cn/index. php? catid = 10，访问时间：2023 年 9 月 3 日。

任若干人和委员若干人组成。主任履行仲裁委员会的有关职责，副主任受主任委托可以履行主任的职责。仲裁委员会设秘书处，在仲裁委员会秘书长的领导下负责处理仲裁委员会的日常事务。仲裁委员会分会可以受理并处理案件。仲裁委员会制定仲裁规则。仲裁委员会设立仲裁员名册，供当事人选择指定仲裁员。仲裁员由仲裁委员会从对航海、保险、法律等方面具有专门知识和实际经验的中外人士中聘任。

1984年11月，全国人大常委会作出了《关于在沿海港口城市设立海事法院的决定》，首次明确了海事法院的法律地位。最高人民法院根据这一决定，先后在大连、天津、青岛、上海、广州、武汉、海口、厦门、宁波、北海和南京等地设立了11个专门审理海事海商纠纷案件的海事法院。

中国海事仲裁委员会比海事法院早成立了25年，历史更为久远，但是中国海事仲裁委员会受案量较我国的海事法院少很多。相比于国际上主要海事仲裁机构，中国海事仲裁委员会受理案件在数量和种类上也相去甚远。我国海事仲裁委员会每年受案数量少，与我国作为航运大国的地位极不相称，而且由于我国海事仲裁制度起步较晚，有些制度不太成熟，以国际海事仲裁实践的要求和海事仲裁制度的国际发展趋势和动态衡量，我国海事仲裁制度在很多方面还不够完善，甚至不能满足我国海事仲裁实践的需要，这在一定程度上阻碍了我国海事仲裁制度的国际化发展。

为充分发挥"民间调解"及"海事调解与仲裁相结合"以解决海上事故纠纷的重要作用，以及在渔业争议和物流争议解决中推行仲裁制度，进一步扩大中国海事仲裁委员会的受理案件的范围，中国海事仲裁委员会下设海事调解中心、物流争议解决中心和渔业争议解决中心。

2006年8月22日，中国海事仲裁委员会上海海事调解中心成立。2012年8月3日，中国海事仲裁委员会天津海事调解中心成立。2015年9月21日，中国海事仲裁委员会长江海事调解中心在重庆成立。海事调解中心通过"海事调解"及"调解与仲裁相结合"的方式充分发挥海事调解的灵活性、独立性、公正性，突出一线专业人士办案的技术性，鼓励当事人以仲裁裁决书的形式赋予海事调解以法律约束力，以求更快捷、方便、有效地解决争议，维持航运的正常秩序，并为海上事故纠纷当事人提供了一种快速解决争议的新选择。为了在物流业推行仲裁制度，方便物流当事人采用仲裁方式解决物流争议，促进物流行业快速、规范发展，中国海事仲裁委员会于2004年2月1日成立物流争议解决中心。该中心是海事仲裁委员会解决物流争议的平台，向物流企业及行业内其他部门提供物流专业的仲裁、物流争议的协调、物流法律研究与咨询服务。为了便于以仲裁的方式，公正快速地解决渔业争议，促进渔业生产持续稳定发展，2003 年 1 月，中国海事仲裁法委员会成立了渔业争议解决中心，并陆续在福建、山东、浙江等地的渔政渔港监督管理机构设立中国海事仲裁委员会渔业争议解决中心（地方）办事处。

2017 年 5 月 3 日，中国国际贸易促进委员会在北京举办中国海事仲裁委员会独立运营揭牌仪式，这也意味着原来与中国国际经济贸易仲裁委员会合署运营并实行一体化管理的中国海事仲裁委员会将正式独立运营。

中国海事仲裁委员会在 1959 年成立之初就制定了暂行仲裁规则，在 1988 年更名时对仲裁规则进行了修订，而后随着《中华人民共和国仲裁法》（以下简称《仲裁法》）和《民事诉讼法》的制定，在 1995 年 9 月修订并通过了《中国海事仲裁委员会仲裁规则》，此后，该规则在 2001 年和 2004 年、2014 年、2018 年和 2021 年经过了几次修订，当前 2021 年版本的《中国海事仲裁委员会仲裁规则》于 2021 年 10 月 1 日起施行。

由于中国海事仲裁委员会受案范围的限制以及我国海事法院在处理海事争议中的重要地位，中国海事仲裁委员会实际受理的案件要比中国国际经济贸易仲裁委员会少得多。但是，和国际上其他一些受理海事案件的仲裁法机构相比，中国海事仲裁委员会的受案数量仍旧非常可观，在国际上具有一定的地位。

第二节　海事仲裁协议

一、海事仲裁协议的概念及特征

（一）海事仲裁协议的概念

海事仲裁（Maritime Arbitration）作为仲裁的一种，是指海事仲裁员或海事仲裁机构根据当事人的仲裁协议，对当事人之间的海事纠纷进行审理并作出裁决的制度。作为海事仲裁基础的海事仲裁协议是指海事、海商案件当事人自愿将特定的海事、海商案件提交海事仲裁解决而不寻求法院管辖的意思表示。海事仲裁协议在海事仲裁中发挥着十分重要的作用，它是海事仲裁的基础，是海事仲裁得以展开的前提条件，也被视为仲裁员的权利来源之一，同时也是海事仲裁程序得以完成，海事案件当事人受海事仲裁约束的基础，是海事仲裁裁决得到法院承认和强制执行的依据。

（二）海事仲裁协议的特征

1. 海事仲裁协议是双方当事人一致的意思表示

仲裁协议是双方当事人共同的意思表示，因此，其必须建立在双方当事人自愿、平等和协商一致的基础上。海事仲裁协议属于仲裁协议的一种，同样是双方当事人意思自治的体现，这是其本质特征，没有任何变化。海事仲裁协议作为双方当事人同意将海事、海商争议提交海事仲裁的一种书面形式，性质上属于在当事人意思自治下订立的合同，其必须体现双方当事人的真实意思表示。

2. 海事仲裁协议以书面形式存在

《国际商事仲裁示范法》第7条第2款规定："仲裁协议应是书面的。"《纽约公约》第2条规定仲裁协议须采用书面形式。1996年《英国仲裁法》同样要求以书面形式表现仲裁条款。根据我国《仲裁法》的规定，我国只承认书面仲裁协议的法律效力。因此，海事仲裁协议必须以书面形式存在，不存在双方当事人之间的书面形式以外的海事仲裁协议形式。因此，多数国家和公约仲裁立法对仲裁协议要求必须具备书面形式，但是它们对书面形式的理解却并不完全一致。《纽约公约》认为书面形式的仲裁协议指，"当事人所签订或在互换函电中所载明之契约仲裁条款或仲裁协议。"《联合国国际商事仲裁示范法》照顾到各个国家的不同规定，对仲裁协议的书面形式规定得颇为宽松。它除了规定仲裁可载于当事人各方签字的文件、往来的书信、电传电报、提供协议记录的其他电信手段以及合同中规定参照载有仲裁条款的文件、书面仲裁协议之外，还规定在申诉书和答辩书的交换当中，当事人一方声称有仲裁协议而当事人其他方不否认即视为有书面仲裁协议。这实际上已是变相确认了口头仲裁协议。1996年《英国仲裁法》也放宽了"书面形式"的要求，即仲裁协议本身可以不必是书面的，但只要其存在有书面证据证实即可，而且任何可录制信息的方式均被视为书面形式。我国对海事仲裁协议的书面形式区别国内海事仲裁和涉外海事仲裁而有不同的要求，国内海事仲裁要求具备严格的书面形式要件，涉外海事仲裁则根据仲裁协议的约定内容加以区别对待，并不完全适用我国《仲裁法》中的仲裁协议书面形式要件的法律规定。

3. 海事仲裁协议不直接规定双方当事人的实体权利义务

当事人约定的海事仲裁协议内容是将已经发生的或者将来可能发生的海事、海商争议提交海事仲裁，在海事仲裁协议中并未确定双方当事人之间的实体权利与义务，仅仅是对争议解决的事项进行了程序性约定。在国际海事仲裁的实践中，通常仅仅简单地在仲裁协议中表明"某地仲裁"，但是，这种国际海事仲裁的习惯做法由于没有在仲裁协议中指明仲裁机构，根据《仲裁法》的规定是无效的。因此，我国海事仲裁实践与国际海事仲裁习惯并不完全相同。

4. 海事仲裁协议的效力具有广延性

海事仲裁协议的效力不仅约束双方当事人而且还延及仲裁机构、仲裁员和法院。双方当事人根据自己的真实意思表示通过海事仲裁协议的约定将争议提交海事仲裁，排除国家司法管辖权的适用；仲裁员或仲裁机构根据海事仲裁协议约定的内容对当事人提交的争议进行仲裁，但不能超出双方当事人在海事仲裁协议中约定的范围；法院则根据相关的国家法律或有关国家之间的条约对仲裁协议进行合法性审查以确定海事仲裁协议是否具有合法性，并据此对海事仲裁裁决的作出是否具有可得承认和执行的效力的裁定。

5. 海事仲裁协议具有独立性

海事仲裁协议一经有效订立，即具有独立性，不受主合同无效、失效、终止等情形的影响。海事仲裁协议与主合同是两个不同的单独的协议，是两个相互独立的合同。虽然海事仲裁协议属于次要的或从属的合同，但是海事仲裁协议独立于主合同而存在，其得以实施的前提条件是双方当事人之间发生了主合同约定的特定争议，因此海事仲裁协议不因主合同条款的无效而无效，亦不因主合同本身的存在与否而受到任何影响。即只要海事仲裁协议本身是有效存在的，仲裁庭或仲裁员据此而享有的管辖案件的权力就存在，可以按照约定的程序并依据可适用的法律或公平原则裁定双方当事人在主合同中的权利义务，不因主合同其他条款无效或主合同无效或不存在而受到影响，除非仲裁庭或仲裁员发现导致主合同无效的理由同样影响到海事仲裁协议本身。

二、海事仲裁协议的类型

（一）海事仲裁条款、海事仲裁协议书以及其他海事仲裁文件

根据海事仲裁协议的表现形式，可以将海事仲裁协议区分为海事仲裁条款、海事仲裁协议书以及其他海事仲裁文件。

所谓海事仲裁条款（Arbitration Clause）是指双方当事人在争议发生之前，将有关仲裁的协议以合同条款的形式订立在合同中，以此作为未来发生争议时，将争议提交海事仲裁解决的依据。海事仲裁条款是海事仲裁协议的一种最常见和最重要的形式。海事仲裁条款成立于包含该条款的合同订立之时，以海事合同为载体，其只能适用于契约性关系争议或者与契约有关的侵权争议，不能适用于单纯因侵权或其他非契约性财产权益争议。这种订立海事仲裁协议的方式已经在海事仲裁实践中广为接受，许多著名的国际海事标准格式合同均有明确完整的仲裁条款。一般的海运提单、租船合同、救助打捞合同、海上保险合同中都可能包含仲裁条款。尽管其中不少条款的效力仍然存在争议，但是这些仲裁条款的存在无疑为当事人在事后及早解决争议起到了很好的作用。

海事仲裁协议书（Submission to Arbitration）是指双方当事人在争议发生之前或之后，由双方当事人专门订立的将争议提交海事仲裁的一种单独的、专门

的协议。这种仲裁协议是在合同中没有仲裁条款或者该条款不明确导致无法执行因而需要重新签订仲裁协议的情况下,当事人自愿签订的约定仲裁事项的协议书。仲裁协议书可以看作对原合同的一个补充文件,因此,形式上看它是一个单独的文件。海事仲裁协议书不仅适用于契约争议,也适用于非契约性争议,当事人如果希望通过海事仲裁来解决非契约性争议,签订海事仲裁协议书是其最佳选择。由于现在绝大多数的合同在订立的时候就已经包括了解决争议的仲裁或者其他解决争端的法律手段,因此,争议发生前签订的仲裁协议书在实践中已经不多见。争议发生后,双方当事人同意将该争议提交仲裁解决的仲裁协议,一般又称为"对现有争议的仲裁协议"。然而,事实上,由于争议发生后当事人往往处于比较对立的状态,因此,要求双方当事人达成一致的仲裁意见比较困难,实践中根据争议发生后的仲裁协议书提交仲裁的案件并不多见。

其他海事仲裁文件是指海事仲裁条款、海事仲裁协议书以外被仲裁员或仲裁机构依照国际惯例或国际法认定为具有双方当事人提交海事仲裁意思表示的其他文件。因具体表现形式的不同,可以具体分为其他书面文件中所包含的仲裁协议、对含有仲裁条款书面文件的援引而达成的仲裁协议以及提出仲裁申请书或答辩书后形成的仲裁协议。其他书面文件中所包含的仲裁协议是指双方当事人针对有关合同关系或其他关系通过相互往来信函、电传、传真、电子数据交换、电子邮件等书面材料,约定将他们已经发生或可能发生的争议提交仲裁的意思表示。这种协议的表现形式并不反映在某一合同的有关条款或者某一单独的协议中,而是分散、个别地表述存在于往来的函件中。对含有仲裁条款书面文件的援引而达成的仲裁协议,则是以 2006 年修订的《联合国商事仲裁示范法》第 7 条的规定为法律依据作出的。该条规定:"在合同中提及载有仲裁条款的任何文件的,只要该援引可使该仲裁条款成为合同的一部分,即构成书面形式的仲裁协议。"美国明尼苏达州联邦法院作出过类似的判例。提出仲裁申请书或答辩书后形成的"仲裁协议"是指并非一定要书面形式做成仲裁协议,只要当事人事实上参加了仲裁案件实质性问题的讨论,如进行实体问题的答辩,即证明当事人之间存在着仲裁协议。

(二)明示的海事仲裁协议和默示的海事仲裁协议

根据当事人订立海事仲裁协议的方式,可以将海事仲裁协议区分为明示的海事仲裁协议和默示的海事仲裁协议。

明示的海事仲裁协议是指当事人以明确的意思表示将双方之间的海事或海商纠纷提交仲裁解决。在海事领域中,绝大多数仲裁协议都是订立在租约、销售合同和提单中的仲裁条款,因而是明示的。签订明示的仲裁协议有利于争议发生后能得到迅速、及时的处理。默示的海事仲裁协议指当事人之间的往来文件并不含有海事仲裁的意思表示，但是根据商事惯例和相关法律可以认定其中含有提交海事仲裁的意思表示，并以此为依据将纠纷提交海事仲裁。默示的海事仲裁协议是通过当事人之间不加抗辩地、实质性地参与和推进仲裁程序的行为而推定存在的。默示的海事仲裁协议相比明示的海事仲裁协议，需要更多的间接证据来对其是否含有海事仲裁意思表示进行证明。

（三）国内海事仲裁协议和涉外海事仲裁协议

根据海事仲裁协议是否含有涉外因素，可以将海事仲裁协议区分为国内海事仲裁协议和涉外海事仲裁协议。

涉外海事仲裁协议是指仲裁地点、当事人的国籍或适用的实体或程序法等含有涉外因素的海事仲裁协议。国内海事仲裁协议是针对一国国内沿海运输中将来可能发生或已经发生的争议而达成的仲裁协议，它不具有涉外因素。涉外海事仲裁协议与国内海事仲裁协议的区别在于，具有相同内容的海事仲裁协议根据中国的法律可能会出现无效与有效两种不同的法律情形。

（四）临时海事仲裁协议和常规海事仲裁协议

根据海事仲裁协议选择仲裁机构的性质，可以将海事仲裁协议区分为临时海事仲裁协议和常规海事仲裁协议。

临时海事仲裁协议是指当事人双方并未事先选定固定的仲裁机构，而是在争议发生后由当事人选定的仲裁员组成临时的仲裁组织，以解决争议，争议解决后，该临时仲裁组织即告解散不复存在，这种在争议发生后当事人就海事仲裁事项达成的协议称为"临时海事仲裁协议"。常规海事仲裁协议是指海事、海商案件当事人在争议发生之前或之后自愿将特定的海事、海商案件提交海事仲裁机构解决而达成的一致的意思表示。

三、海事仲裁协议的内容

（一）请求仲裁的意思表示

当事人在仲裁协议或仲裁条款中一定要有明确地将争议提交仲裁的意思表示，否则该协议或条款即因缺乏有效的成立要件而失去效力。当事人在争议发生后，仍然可以向人民法院提起诉讼或寻求其他解决争议的方法。请求仲裁的意思表示一般可以通过"提请仲裁"的文字形式予以表达。

（二）仲裁事项

仲裁事项是指双方当事人约定提交海事仲裁的未来可能发生的争议和纠纷。

有关国际公约及各国仲裁立法一般规定提交仲裁的争议事项必须是法律允许采用仲裁方式解决的争议，即可仲裁事项，但是关于哪些事项属于可仲裁事项则没有统一标准。《仲裁法》第 17 条规定："约定的仲裁事项超出法律规定的仲裁范围的，仲裁协议无效。"而"法律规定的仲裁范围"则主要参照《仲裁法》第 2 条、第 3 条的规定。提交海事仲裁的争议只能是平等主体的公民、法人和其他组织之间发生的合同纠纷和其他财产权益纠纷，但是与身份关系有关的婚姻、收养、监护、扶养、继承纠纷以及依法应当由行政机关处理的行政争议不能提交海事仲裁。

根据 2021 年 10 月 1 日起施行的《中国海事仲裁委员会仲裁规则》第 3 条"受案范围"规定，中国海事仲裁委员会的仲裁事项包括四方面：

（1）海事、海商争议案件；
（2）航空、铁路、公路等交通运输争议案件；
（3）贸易、投资、金融、保险、建设工程争议案件；
（4）当事人协议由仲裁委员会仲裁的其他争议案件。

（三）选定的仲裁委员会

选定的仲裁委员会即要求明确的仲裁机构，包括明确的仲裁机构名称和地点。"请求仲裁的意思表示"和"仲裁事项"这两项是世界各国仲裁制度公认的仲裁协议的必备内容。然而，关于"选定的仲裁委员会"的要求，中国仲裁制度中有特殊性的规定。《仲裁法》之所以对此作出如此严格的特殊规定，就在于我国《仲裁法》不承认临时仲裁，只规定了机构仲裁，而全国各地设立了多个仲裁委员会，如果当事人在仲裁协议中不约定某一具体的仲裁机构，一旦发生纠纷，就无法确定应由哪个仲裁机构受理案件，因此必须明确仲裁机构方能进行正确的仲裁。但是，在实践中海事仲裁与一般仲裁有着明显的区别，是否明确约定了仲裁机构往往引起争议，这导致实践中许多仲裁协议的内容因《仲裁法》的相关规定而存在瑕疵，进而影响仲裁协议的效力。主要表现为：仲裁地中"程序管理地""开庭审理地""仲裁裁决作出地"相分离；仲裁协议中没有指明的机构；具体的仲裁机构约定不明确；仲裁机构名称不准确；"浮动仲裁条款"——选择一个以上的仲裁机构。这些原本按照海事仲裁惯例能够得以成功解决的问题，因不符合我国的法律规定而成为影响仲裁协议效力的因素。

四、海事仲裁协议的效力

（一）对双方当事人的约束力

这是海事仲裁协议效力的首要表现，海事仲裁协议一旦有效订立，任何一方当事人不得单方解除、变更、撤销仲裁协议。首先,海事仲裁协议约定的特定争议发生后,当事人就该争议的起诉权受到限制,只能将争议提交仲裁解决,不得单方撤销协议而向法院起诉,如果一方当事人就协议规定范围内的事项向法院提起诉讼,另一方当事人则有权依据海事仲裁协议要求法院终止司法程序,将争议提交海事仲裁解决;其次,在我国,当事人必须依海事仲裁协议所确定的仲裁范围、仲裁地点、仲裁机构等内容进行仲裁,不得随意更改;最后,在海事仲裁机构根据当事人的约定或适用的规则作出终局裁决后,当事人应履行海事仲裁委员会依法作出的裁决,任何一方当事人不得向法院上诉或申诉。

(二) 对仲裁机构的约束力

有效的海事仲裁协议是海事仲裁机构行使管辖权,受理案件的唯一依据。首先,有效的海事仲裁协议是海事仲裁机构受理争议案件的依据,是对海事仲裁机构和仲裁员的授权。如果当事人之间没有签订将争议提交海事仲裁机构仲裁解决的协议,则有关海事仲裁机构就不具有管辖其争议的管辖权。其次,海事仲裁协议对海事仲裁管辖权有限制的效力,海事仲裁机构只能受理仲裁协议范围内的争议,而对于超出海事仲裁协议范围内的争议,则无管辖权。最后,海事仲裁协议对海事仲裁机构行使仲裁权的方式有制约效力,在整个海事仲裁程序中,从开始到终结必须按照海事仲裁协议所约定的仲裁规则进行,海事仲裁规则可以是当事人一方国家的国内法,也可以是协议指定的某常设海事仲裁机构的海事仲裁规则。当然,海事仲裁机构对海事仲裁协议的存在、效力及范围也有裁决权。

(三) 对法院的约束力

海事仲裁协议对法院的效力是海事仲裁协议法律效力最主要和最直接的表现。其主要表现为"确认仲裁,排除诉讼"和强制执行海事仲裁裁决两个方面。

首先,海事仲裁协议排除了法院的司法管辖权,也称"妨诉抗辩权",这一表现已经得到了世界各国商事仲裁立法与仲裁实践以及国际商事仲裁立法的普遍认可。该效力意味着即使一方当事人已将有关争议诉诸法院,或者法院已经就该项争议开始诉讼程序,也应该基于另一方当事人的请求而终止诉讼程序。需要注意的是,在一方当事人有关争议诉诸法院后,另一方当事人在第一审法院未提出管辖权异议的抗辩并要求终止诉讼程序,法院没有义务主动命令当事人撤诉。若另一方当事人就争议进行辩论或在诉讼程序中就实质问题进行了陈述的情况下,仲裁条款就不能排除法院的管辖权,应被认为当事人放弃了要求仲裁的权利,法院对该项争议才具有管辖权。

其次，有效的海事仲裁协议是法院强制执行海事仲裁裁决的依据。对海事仲裁机构基于有效海事仲裁协议作出的海事仲裁裁决，法院负有执行职责，这体现了法院对仲裁的支持，然而有效的海事仲裁协议是申请执行海事仲裁裁决时必须提供的文件。据1958年《纽约公约》的规定，为了使裁决能在另一国得到承认和执行，胜诉的一方应在申请时提交仲裁裁决的正本或正式副本和仲裁协议的正本或正式副本。在执行外国仲裁裁决时，仲裁协议是否有效，是法院审查的重要内容之一。同时，各国仲裁立法及有关的国际公约都规定在无效的仲裁协议下或者在无仲裁协议的情况下作出的仲裁裁决是不能够得到承认和执行的。

第三节　海事仲裁裁决

一、海事仲裁裁决的概念与特征

（一）海事仲裁裁决的概念

当事人之所以将其利益攸关的争议提交海事仲裁，是因为他们期望仲裁程序最终能以达成仲裁裁决而告终，而且该仲裁裁决应该是终局的、对双方当事人有约束力的法律文件。由此可见，仲裁裁决在海事仲裁中的重要性。然而，目前国际社会尚无一个统一的有关"裁决"的定义，有关仲裁的国际公约包括1958年的《纽约公约》均未给仲裁裁决下一个定义。1958年《纽约公约》仅对公约所适用的裁决作出了解释，其第1条第2款规定："仲裁裁决"一词不仅指专案选派之仲裁员所作裁决，亦指当事人提请仲裁之常设仲裁机关所作裁决。显而易见，这段话并未给仲裁裁决下一个确切的定义，而仅仅对公约所适用的裁决的范围作了限定。在联合国贸易法委员会起草1985年《国际商事仲裁示范法》时，人们已经意识到给仲裁裁决下一个定义的重要性，因此在起草前期有学者提出了有关裁决的定义："'仲裁裁决'是指为解决提交仲裁庭的所有事项而作出的最终裁决，以及仲裁庭就任何实体问题或其本身的管辖问题或任何程序问题所作出的最后决定，但是对于后者，只有在仲裁庭将其称为裁决时才能视其为'仲裁裁决'。"这一定义虽然较明确，但是由于区分裁决是不是终局较为困难，因而《国际商事仲裁示范法》最终未加采用。

从人们期望裁决是终局的这一点，我们似乎可以得出这样一个推定：仅有一个裁决应该是仲裁追求的目标。然而，仲裁实践却有所不同。例如，在海事仲裁过程中，当事人可能要求仲裁庭先就某些程序问题作出指示或指令；或者先就争议的某些问题作出裁决，而将其他问题留待以后再做出裁决，《国际商事仲裁示范法》在这个问题上有所突破，明确了在仲裁过程中可以有多个裁决。例如，有的仲裁庭存在有无管辖权的问题，仲裁庭可以将其作为一个初步问题裁定其有管辖权，任何一方当事人均可在收到通知后30天内提请有管辖权的法院对此作出决定。然而，并非仲裁庭在仲裁过程中的所有指令都可以称为裁决，裁决应该是根据有关国内法或国际公约能够得以承认和执行的根据。仲裁庭就某些问题作出指示或指令往往涉及书面证据的交换、文件的出示以及仲裁审理程序的安排等，这些程序上的指示或指令虽然有助于推动仲裁的进行，但是却不具有裁决的地位，不可以成为承认和执行的根据。因此，我们可以给海事仲裁裁决这样一个界定，海事仲裁裁决是指海事仲裁庭就双方当事人提交仲裁的争议事项审理后作出的对双方当事人均有约束力的终局性决定。

（二）海事仲裁裁决的特征

1. 自主性和灵活性

仲裁程序中的自主性和灵活性，是仲裁区别于诉讼的重要特点之一。当事人的意思自治是仲裁制度的核心与基础，以仲裁的方式来解决当事人之间的纠纷须出于双方当事人的自愿，仲裁庭必须充分尊重双方当事人的意愿，当事人的合意制约仲裁程序，只要不违反法律和仲裁机构仲裁规则的强制性规定即可。也就是说，双方当事人是否将他们之间的纠纷提交仲裁，交由哪个仲裁机构仲裁，选谁担任仲裁员以及选用何种程序规则和实体规则都由当事人协商确定或体现于仲裁协议之中。有学者将仲裁概括为一项高度自治的解决国际商事、海事争议的法律制度。法国学者尼布耶那认为仲裁裁决具有契约性质，这是因为仲裁员的权力的取得不是来自法律或司法机构，而是来自当事人之间的协议。仲裁员是按照当事人在协议中的意愿去裁定争议的。当事人让仲裁员以公断人的身份作出裁决是一种真正的委托，因此，裁决才被注入"契约性"。

2. 专业性和技术性

海事法律关系通常由承运人、保险人、托运人等多种主体之间产生的提单、保险单、运单等运输单据所体现，具有很强的专业性和技术性，以仲裁方式解决海事纠纷，不仅涉及法律问题，而且常常涉及复杂的专业技术问题。因此就需要有一批公正、廉洁、正直，具有专业法律知识和丰富实践经验的仲裁员来保证案件的公正审理。中国海事仲裁委员会仲裁员都是从国内外航运界和海商法律界等方面的知名专家、学者、律师、教授中挑选出来的权威人士。仲裁员的专业覆盖面广，当事人可根据案件的性质选择熟悉有关方面业务的专家担任仲裁员。

3. 保密性

海事仲裁往往涉及商业信誉、商业秘密和当事人以后的商业交往，所以当事人通常不愿"家丑外扬"，不乐意公开其所卷入的纠纷。仲裁以不公开审理为原则，案情不公开，裁决不公开，并且各国有关的仲裁法律和仲裁规则都规定了仲裁员以及仲裁秘书人员的保密义务。除需要当事人、代理人、证人和鉴定人出席以外，任何无关人员不得出席仲裁庭审理同仲裁庭以及当事人和任何有关人员不得向外界泄露案件的任何实体及程序问题。仲裁的保密性充分体现了保护当事人商业秘密，维护商业信誉的原则，同时又避免了伤害当事人的情感，从而有利于今后的商业往来与继续合作。

4. 裁决的终局性

仲裁裁决是终局的，裁决一旦作出，便对双方具有约束力。这是仲裁不同于诉讼的另一个特点。仲裁裁决"一锤定音"可节省当事人的时间和费用。我国《仲裁法》和《中国海事仲裁委员会仲裁规则》对裁决的终局性都作了规定。《仲裁法》第57条规定："裁决自作出之日起发生法律效力。"《中国海事仲裁委员会仲裁规则》第9条规定，"裁决是终局的，对双方当事人均有约束力。任何一方当事人均不得就已裁决事项向法院起诉，也不得向任何机构提出变更裁决的请求。"

5. 裁决执行的国际便利性

海事仲裁裁决的域外执行具有法院判决不可比拟的便利性。截至2023年，1958年《纽约公约》有172个缔约方，我国于1987年加入。据此，中国涉外仲裁裁决可以在世界上100多个该公约的成员国内得到承认和执行，同时，其他缔约国的仲裁裁决也可以在我国得到承认和执行。此外，当事人可以直接向公约成员国有管辖权的法院申请强制执行仲裁裁决。而关于法院判决的执行，国际上还没有一个统一的国际公约，其承认和执行，需要依赖国家之间双边的司法协助协定。

二、海事仲裁裁决的种类

在海事仲裁过程中，仲裁庭可以作出多个不同的仲裁裁决，依照不同的分类标准，可以对这些裁决作出多种分类。

（一）按海事仲裁裁决的内容和效力分类

按裁决的内容和效力分类，海事仲裁裁决可分为海事仲裁最终裁决、海事仲裁部分裁决、海事仲裁临时裁决和海事仲裁中间裁决，其中除海事仲裁最终裁决的定义较为明确外，其他几种裁决的界定较为模糊，没有统一的标准。

1. 海事仲裁最终裁决

海事仲裁最终裁决，又称为海事仲裁最后裁决或海事仲裁终局裁决，是指海事仲裁庭就当事人提交仲裁的争议事项所作出的对双方当事人均有约束力的法律文件，它标志着仲裁庭审理任务的完成和海事仲裁程序的终结。海事仲裁庭在确认其全部任务已经全部完成之前不可以作出最后裁决，海事仲裁最终裁决一旦作出则仲裁庭对当事人之间的争议就不再享有管辖权。海事仲裁最终裁决的重要意义还在于对裁决提出异议的时效是从最后裁决作出之时开始计算。在此期间，任何一方当事人均可以对裁决提出异议，他们可以主张海事仲裁最后裁决不符合双方约定的程序规则或者不符合仲裁应适用的法律或者与裁决执行地法律中的特定要求不符，因为该裁决是不能强制执行的；而且如果一方当事人不履行海事仲裁最终裁决中确定的义务，另一方当事人可以申请有管辖权的法院承认和强制执行该裁决。

2. 海事仲裁临时裁决

海事仲裁临时裁决是海事仲裁庭就当事人提交仲裁争议的部分问题所作出的终局性裁决。通过海事仲裁临时裁决来处理某些问题是一种有效的方法，可以帮助争议当事人节约大量的时间和金钱。例如，海事争议一方当事人就管辖权问题提出异议时，如果海事仲裁庭没有先就管辖权问题作出临时裁决，而是先对案件进行审理，在海事仲裁最终裁决中才确定对该案无管辖权，这显然会浪费当事人大量的时间与金钱。正因为海事仲裁临时裁决是海事仲裁庭的一个有用的武器，所以许多海事仲裁机构的仲裁规则与各国的海事仲裁立法均有相关规定。在海事仲裁实践中，海事临时裁决主要用于管辖权争议和法律适用问题的争议。但是，这并不意味着海事仲裁临时裁决不能用于解决海事争议的实体问题，相反用海事仲裁临时裁决先行解决部分实体问题，同样也能达到节约时间与费用的目的。就某些原则性的实体问题先行作出临时裁决不但有利于海事仲裁最终裁决的作出，而且可能促使海事争议当事人就其余问题达成和解。

海事仲裁庭是否有权作出临时裁决应视海事争议当事人的授权与所适用的法律的规定而定，当事人的授权主要是通过在海事仲裁协议中明确适用某海事仲裁机构的仲裁规则来达到，因为该海事仲裁规则中含有海事仲裁庭可以作出海事仲裁临时裁决的权力，这种权力还可以通过海事仲裁应适用的法律的相关规定来实现。

3. 海事仲裁部分裁决

海事仲裁部分裁决是指在仲裁审理过程中，如果案件部分事实已查清，并有必要先行作出裁决的，仅对该部分事实作出的终局裁决。海事仲裁部分裁决通常是对整个海事争议的部分实体问题所作出的判定，具有实体性特点。2021

年的《中国海事仲裁委员会仲裁规则》第55条规定："（一）仲裁庭认为必要或当事人提出请求并经仲裁庭同意的，仲裁庭可以在作出最终裁决之前，就当事人的某些请求事项先行作出部分裁决。部分裁决是终局的，对双方当事人均有约束力。（二）一方当事人不履行部分裁决，不影响仲裁程序的继续进行，也不影响仲裁庭作出最终裁决。"

（二）按照承认及执行仲裁裁决的角度分类

1. 国内仲裁裁决

国内仲裁裁决是指国内仲裁机构受理双方当事人均为国内的自然人或者法人之间的仲裁案件，并对此作出的仲裁裁决。此处的国内的仲裁机构既包括根据《仲裁法》第10条的规定在全国直辖市和省、自治区人民政府所在地的市和其他设区的市组建的国内仲裁委员会，也包括我国涉外仲裁机构——中国国际经济贸易仲裁委员会和中国海事仲裁委员会，因为后两者也可以受理纯国内案件，其作出的裁决也是国内仲裁裁决。

2. 涉外仲裁裁决

涉外仲裁裁决是指中国国内的仲裁机构根据其仲裁规则，就其所收受理的涉外经济贸易、运输、海事等领域中发生的纠纷所作出的仲裁裁决。

目前，专门受理涉外仲裁案件的涉外仲裁机构在中国只有两个，即中国国际经济贸易仲裁委员会及其分会和中国海事仲裁委员会，他们均由中国国际商会设立。

涉外仲裁裁决和国内仲裁裁决的主要区别在于仲裁机构受理的争议是否具有涉外因素。另外，需要注意的是，尽管从《仲裁法》第66条来看，只有国际商会组织设立的仲裁机构才能受理涉外仲裁案件，但是，1996年《国务院办公厅关于贯彻实施〈中华人民共和国仲裁法〉需要明确的几个问题的通知》的第3条中提到："新组建的仲裁委员会的主要职责是受理国内仲裁案件；涉外仲裁案件的当事人自愿选择新组建的仲裁委员会仲裁的，新组建的仲裁委员会可以受理；新组建的仲裁委员会受理的涉外仲裁案件的仲裁收费与国内仲裁案件的仲裁收费应当采用同一标准。"所以，此条的规定授权国内的其他仲裁委员会也可以受理涉外仲裁案件，国内仲裁机构作出的仲裁裁决也可能是涉外仲裁裁决。

以上两种仲裁裁决相对于外国仲裁裁决而言，又可以统称为内国仲裁裁决。

3. 外国仲裁裁决

我国是1958年《纽约公约》的缔约方。公约第1条第1款规定，"仲裁裁决，因自然人或法人间之争议而产生且在申请承认及执行地所在国以外之国家领土内做成者，其承认及执行适用本公约。本公约对于仲裁裁决经申请执行地所在国认为非内国裁决者，亦适用之。"据此，公约为判断外国仲裁裁决确定了两个标准：领域标准和非内国裁决标准。

领域标准是指凡在申请承认及执行国以外的国家领土内作出的裁决，均视为外国裁决，不论裁决作出地国家是否为公约的缔约国。但公约此条为非强制性条款，准许国家在加入《纽约公约》时，对公约此条规定的适用范围作出保留。我国于1986年加入《纽约公约》时，做了两项保留：第一，我国只在互惠的基础上对另一缔约国领土内作出的仲裁裁决的承认和执行适用该公约；第二，我国只对根据中华人民共和国法律认定为属于契约性和非契约性商事法律关系所引起的争议适用该公约。

非内国标准是指被请求承认及执行地国对在其领域内依据外国仲裁法作出的仲裁裁决，认为是非内国裁决并对此适用《纽约公约》。与领域标准不同，非内国标准主要是以裁决依据的仲裁法来判断是否为内国裁决。仅有少数国家在立法上承认裁决依据其适用法律判断其国籍的做法，如前南斯拉夫1982年《国际私法》第97条第3款规定，在不与南斯拉夫社会主义联邦共和国的强制性规定相抵触的情况下，在南斯拉夫境内作出的裁决，如果在其作出时适用了外国的程序法，应被视为外国仲裁裁决。

（三）其他类型的海事仲裁裁决

1. 海事仲裁合意裁决

海事仲裁合意裁决是指海事仲裁庭根据当事人的请求就当事人之间在程序进行过程中自愿达成的和解协议所做成的仲裁裁决。正如在民事诉讼中双方当事人可以达成和解协议从而终止诉讼程序一样，在国际海事仲裁中的双方当事人同样可以就其海事争议达成和解协议，从而终止诉讼程序。由于双方当事人达成的和解协议不具有法律上的强制力，一方当事人不履行时，另一方当事人不能根据和解协议请求法院强制执行。但是海事仲裁裁决则不同，海事仲裁裁决具有强制执行力，尤其是当该裁决需要在国外承认和执行时，更可以根据《纽约公约》得到有关缔约国的承认和执行。因而对当事人来说，将他们在海事仲裁过程中达成的和解协议以海事仲裁裁决的形式体现出来，更为可取和便利，可避免因一方当事人反悔或者不执行和解协议造成的局面，有利于该协议日后能够得以执行。这种做法得到了当事人和有些国际仲裁机构的欢迎，《联合国国际商事仲裁示范法》和《联合国国际贸易法委员会仲裁规则》均有关于合意裁决的规定。

海事仲裁合意裁决与海事仲裁庭通过正常审理作出的裁决具有同等的效力，《联合国国际商事仲裁示范法》规定："根据和解的条件作出的裁决应按照第34

条规定作出，并应说明它是一项裁决。这种裁决应与根据案情作出的任何其他裁决具有同等的地位与效力。"海事仲裁合意裁决因为是如实记录了当事人自行达成的和解协议的内容，所以合意裁决可以不附具争议事实和裁决理由。《联合国国际贸易法委员会仲裁规则》第 36 条对此作出了规定："对于这种合意裁决，仲裁庭没有义务附具理由。"

2. 海事仲裁缺席裁决

海事仲裁缺席裁决是指海事仲裁庭因一方当事人没有参加或者拒绝参加部分或者整个仲裁程序，仲裁庭作出的海事裁决。

多数国家的仲裁法和国际商事仲裁规则都明确规定当事人经书面通知无正当理由拒不到庭参加审理，可以缺席裁决。海事缺席裁决的创设有助于推动海事仲裁程序的顺利进行，从而维护当事人的合法权益。海事争议当事人既可以自仲裁程序开始之时即不参加，也可以在参加了部分程序之后不再参加其余程序。海事仲裁缺席裁决与海事仲裁庭在正常情况下作出的海事仲裁终局裁决具有同等的效力与地位，只不过海事仲裁缺席裁决往往因为其程序是否满足"正当程序"的要求而使其效力处于不确定状态。在海事仲裁过程中海事仲裁庭应当平等地对待双方当事人，这已成为多数国家仲裁立法和国际海事仲裁规则的强制性规定。例如，《联合国国际贸易法委员会国际商事仲裁示范法》第 17 条第 1 款明确要求："平等对待双方当事人，为每一方当事人提供充分陈述其案情的机会。"平等地对待海事争议的双方当事人意味着仲裁庭毫无歧视地赋予了双方当事人以陈述其意见的机会，所有的重要程序包括指定仲裁员、提交答辩材料与补充材料的通知、开庭通知等均应通知双方当事人，不能在未通知一方当事人的情况下开庭审理。因而，在海事仲裁席缺席裁决的情况下，对海事仲裁程序的要求更为严格。所谓满足"正常程序"，有学者理解为要求"仲裁庭严格遵守仲裁程序，努力将仲裁申请人的有关情况通知给缺席申请人，以便使缺席当事人有充分的机会答辩和提供证据。并且裁决书中应附具理由，表明仲裁庭已经真正了解案件的事实。"[①]

如果海事仲裁庭不适当地作出缺席裁决，其结果将是该海事裁决可能被裁决地法院撤销或者被执行地法院拒绝承认与执行。对此有关国际公约、国内法均有相关规定，其中《纽约公约》第 5 条第 1 款 B 项规定，"如果裁决所涉及的一方当事人未获得指定仲裁员或者有关仲裁程序的适当通知，或者未能就其案情做出陈述"，则承认与执行地国主管机关可以拒绝承认与执行该裁决。

---

① Alan Reldfern and Martin Hunter. Law and Practice of International Commercial Arbitration, SWEET & MAXWELL, 1991, p. 548.

三、海事仲裁裁决的承认与执行

（一）含义

承认与执行仲裁裁决是指具有管辖权的法院依据仲裁当事人一方的申请，确认仲裁裁决具有法律效力，并依据法定条件和程序予以强制执行的法律制度。

在仲裁裁决作出之后，当事人应当依照仲裁裁决书的期限自动履行裁决。当事人一方不履行仲裁裁决的，另一方可以向有管辖权的法院申请强制执行。仲裁庭基于当事人之间的仲裁协议和法律的规定，享有审理案件的权利，但仲裁庭享有的这种审理案件的权利仅局限于当事人的授权之内，法律不允许而且当事人也不能授权仲裁庭享有强制执行仲裁裁决的权力。因此，强制执行仲裁裁决只能向有管辖权的法院申请。

承认仲裁裁决是强制执行仲裁裁决的另一方面，对于被执行一方的财产在外国而需要到外国去执行的仲裁裁决，首先需要解决的问题，是取得外国法院对在本国领域内依据本国法作出的仲裁裁决的认可，然后，才能向外国的法院申请强制执行。

仲裁裁决的承认是一国法院认可仲裁裁决具有强制执行力的行为，是一种静态的行为；而仲裁裁决的执行是一种动态的行为，是在承认的基础上，使具有强制执行力的裁决得以实现的行为。承认与执行相互依赖，承认是执行的前提，裁决只有在获得法院的承认的基础上才能得到强制执行（不需要执行的除外），因此执行是被裁决承认的目的。

如果被执行人的住所或者其财产所在地在中国境内，则不论是中国涉外仲裁裁决，还是外国仲裁裁决，其当事人则可以根据中国缔结或加入的国际公约（如1958年《纽约公约》）或双边条约或按中国与有关国家的互惠关系，申请承认和执行。

（二）国内海事仲裁裁决的执行

国内仲裁裁决是相对于国外仲裁裁决而言的概念，指我国境内的仲裁机构所作出的仲裁裁决，包括国内仲裁和涉外仲裁裁决。国内仲裁裁决一般不会发生需要在国外强制执行的情形，而涉外仲裁则不同。国内仲裁裁决和涉外仲裁裁决在我国境内强制执行时，除了管辖法院、不予执行的理由和"预先报告"制度等方面有差异外，两种仲裁裁决的执行程序基本相同。

1. 申请执行国内裁决的条件和要求

（1）向法院提交执行申请书。申请书的内容包括：申请人和被申请人的名称、地址；申请执行的依据；被执行人的财产状况；被执行人的财产或者标的物的名称、数量及所在地。申请书必须为中文文本。

（2）提交其他文件。在提交执行申请书时，应当随附提交仲裁裁决书正本，仲裁协议或者含有仲裁条款的合同书正本。

（3）缴纳申请执行的费用和其他费用

对于执行费用，根据国务院2006年12月颁布的《中华人民共和国诉讼费用交纳办法》第14条的规定，交纳费用的标准是：依法向人民法院申请执行人民法院发生法律效力的判决、裁定、调解书，仲裁机构依法作出的裁决和调解书，公证机关依法赋予强制执行效力的债权文书，申请承认和执行外国法院判决、裁定以及国外仲裁机构裁决的，按照下列标准交纳：①没有执行金额或者价额的，每件交纳50元至500元；②执行金额或者价额不超过1万元的，每件交纳50元；③超过1万元至50万元的部分，按照1.5%交纳；④超过50万元至500万元的部分，按照1%交纳；⑤超过500万元至1000万元的部分，按照0.5%交纳；⑥超过1000万元的部分，按照0.1%交纳。

申请人交纳的执行费用和执行中的实际支出，执行完毕的，最终全部应由被执行人承担。另外，无论是中国申请人还是外国申请人申请执行仲裁裁决，交纳的执行费用是相同的。外国法院对我国公民、企业和组织的诉讼费用负担，与其本国公民、企业和组织不同等对待的，人民法院按对等原则处理。

2. 法院对执行申请的审查

法院接到申请人执行仲裁裁决的申请书后，应进行必要的形式审查，审查的内容包括如下内容。

（1）执行的根据是不是生效的仲裁裁决。

（2）执行根据是否具有给付内容。

（3）必须在执行期限内。申请执行的期限为2年。申请执行时效的中止、中断，适用法律有关诉讼时效中止、中断的规定。该期限从法律文书规定分期履行的，从规定的每次履行期间的最后一日起计算；法律文书未规定履行期限的，从法律文书的生效之日起计算。

（4）执行义务人在生效法律文书确定的期限内未履行义务。

（5）如果没有采取财产保全或海事请求保全措施，或保全数额不能清偿债权，应确认执行义务人有可供执行的财产。

（6）申请人必须是生效法律文书中确定的实体权利享有人，或是其他权利承受人。

经审查，符合法定执行条件的，法院应向被执行人发出执行通知，责令其在指定的期间履行，逾期不履行的，强制执行。

3. 不予执行国内海事仲裁裁决的情形

根据《仲裁法》第63条和《民事诉讼法》第248条的规定，在国内仲裁裁决的执行过程中，如果被申请人提出证据证明仲裁裁决有下列情形之一的，经法院组成合议庭审查核实，裁定不予执行：①当事人在合同中没有订有仲裁条款或者事后没有达成书面仲裁协议的；②裁决的事项不属于仲裁协议的范围或者仲裁机构无权仲裁的；③仲裁庭的组成或者仲裁的程序违反法定程序的；④裁决所根据的证据是伪造的；⑤对方当事人向仲裁机构隐瞒了足以影响公正裁决的证据的；⑥仲裁员在仲裁该案时有贪污受贿，徇私舞弊，枉法裁决行为的。人民法院认定执行该裁决违背社会公共利益的，裁定不予执行。

从上述规定看，不予执行国内海事裁决的事项，既包括①②③项中程序方面的审查，也包括④⑤⑥项中实体方面的审查。法院审查结束后作出的裁定书应当送达双方当事人和仲裁机构。仲裁裁决被法院裁定不予执行的，当事人可以根据双方达成的书面仲裁协议重新申请仲裁，也可以向法院起诉。

（三）外国海事仲裁裁决的承认与执行

我国《民事诉讼法》第298条规定："外国法院作出的发生法律效力的判决、裁定，需要中华人民共和国人民法院承认和执行的，可以由当事人直接向中华人民共和国有管辖权的中级人民法院申请承认和执行，也可以由外国法院依照该国与中华人民共和国缔结或者参加的国际条约的规定，或者按照互惠原则，请求人民法院承认和执行。"申请执行为国外海事仲裁裁决的，则应当根据《海事诉讼特别程序法》第11条规定，向被执行的财产所在地或者被执行人住所地海事法院提出。被执行的财产所在地或者被执行人住所地没有海事法院的，向被执行的财产所在地或者被执行人住所地的中级人民法院提出。

根据上述规定，中国法院执行外国仲裁裁决主要依照两条原则：第一，按照我国缔结或者参加的国际条约办理；第二，按照互惠原则办理。

并不是所有外国海事仲裁裁决都予以承认，有如下情形时可拒绝承认及执行外国海事仲裁裁决：

1. 1958年《纽约公约》第5条第1款

裁决唯有被执行人声请承认及执行地之主管机关提具证据证明有下列情形之一时，始得依被执行人的请求，拒予承认及执行。

（1）第2条所称仲裁协议的当事人依对适用之法律有某种无行为能力情形者，或该项协议依当事人作为协议准据之法律系属无效，或未指明以何法律为准时，依裁决地所在国法律系属无效者。

（2）裁决的被执行人未接获关于指派仲裁员或仲裁程序之适当通知，或因他故，致未能申辩者。

（3）裁决所处理之争议非为交付仲裁之事项或不在其条款之列，或裁决载有关于交付仲裁范围以外事项之决定者，但交付仲裁事项之决定可与未交付仲裁之事项划分时，裁决中关于交付仲裁事项之决定部分得予承认及执行。

（4）仲裁庭之组成或仲裁程序与当事人各方之间的仲裁协议不符，或无协议而与仲裁地所在国法律不符者。

（5）裁决对各方当事人尚无拘束力，或已经裁决地所在国或裁决所依据法律之国家之主管机关撤销或停止执行者。

2. 1958年《纽约公约》第5条第2款

申请承认及执行地所在国之主管机关认定有下列情况之一，亦得拒不承认及执行仲裁裁决

（1）依该国法律，争议事项系不能以仲裁解决者；

（2）承认及执行裁决有违该国公共政策者。

（四）涉外仲裁裁决在外国或者有关地区的承认和执行

中国仲裁机构作出的涉外仲裁裁决需要在外国或者有关地区，如台湾地区、香港地区或者澳门地区强制执行，其属性已经由中国的内国仲裁裁决改变为外国仲裁裁决（在港、澳、台地区执行是比照外国仲裁裁决的执行进行），此时应适用1958年《纽约公约》的规定。对在香港特别行政区作出的仲裁裁决或者台湾地区仲裁机构作出的仲裁裁决，应当按照2000年《最高人民法院关于内地与香港特别行政区相互执行仲裁裁决的安排》或《最高人民法院关于人民法院认可台湾地区有关法院民事判决的规定》办理。

《仲裁法》第72条规定："中国涉外仲裁机构作出的发生法律效力的仲裁裁决，当事人请求执行的，如果被执行人或者其财产不在中国领域内，应当由当事人向有管辖权的外国法院申请承认及执行。"此处"有管辖权的法院"指的是被申请承认和执行国法律规定的可以受理执行外国仲裁裁决的该本国法院。

据此，仲裁裁决的当事人（权利人）需要向有管辖权的外国法院申请承认及执行时，可以根据中国缔结或加入的国际公约（如1958年《纽约公约》）或双边条约或按中国与有关国家的互惠关系，申请仲裁裁决的承认和执行。根据1958年《纽约公约》的规定，正常情况下，中国涉外仲裁裁决可以在172个国家和地区的法院得到承认及执行。

当事人到国外申请承认及执行中国涉外仲裁裁决应注意：

第一，应聘请该有关国家的专业律师提供咨询，按照该有关国家的法律和/

或国际条约的规定，审查是否具备申请承认及执行仲裁裁决的条件，如被执行人的财产状况，偿还能力如何；是否超过执行期限；是否具有不予执行的情形等。

第二，如果经咨询后认为具备申请承认及执行仲裁裁决的条件，当事人应聘请该有关国家的专业律师办理申请承认及执行裁决的手续。

第三，在办理申请手续时，应准备完整的文件和材料，如裁决书、仲裁协议等，并按要求提供译本和认证。

第四，如果仲裁裁决被该有关国家的法院裁定不予执行，当事人应及时根据该有关国家的法律规定，采取相应的补救措施，如上诉、复议等。

【案例枚举】

东盛航运有限公司与商行荣耀国际航运有限公司申请承认和执行外国仲裁裁决案[①]

【基本案情】

申请人东盛公司与被申请人宏达公司，就双方之间的租船合同纠纷提交英国伦敦进行仲裁。仲裁裁决作出后，东盛公司向上海海事法院申请承认和执行该仲裁裁决。宏达公司提出管辖权异议，认为其作为注册在马绍尔群岛共和国的外国公司，在中国未设立主要办事机构，也无任何财产，中国法院对本案无管辖权。

【裁判结果】

上海海事法院审查认为，根据《海事诉讼特别程序法》的规定，当事人申请承认和执行国外海事仲裁裁决的，可向被执行人住所地或者财产所在地海事法院提出。宏达公司系注册在马绍尔群岛的离岸公司，但案涉租船确认书、仲裁裁决均记载其经营地在中国上海，且在案涉业务往来邮件中亦称宏达公司与其关联公司为同一家公司，而该关联公司办公地址与案涉租船确认书记载的宏达公司地址一致。综合上述证据确认中国上海系宏达公司的主要办事机构所在地，上海海事法院依法对案件具有管辖权，裁定驳回宏达公司的管辖权异议。上海市高级人民法院二审维持一审裁定。因案涉仲裁裁决不存在《纽约公约》规定的拒绝承认和执行的情形，故上海海事法院裁定承认和执行该仲裁裁决。裁定作出后，宏达公司主动履行了裁决确定的义务。

[①] 参见最高人民法院《2021年全国海事审判典型案例》（2022年），载最高人民法院网，https://www.court.gov.cn/zixun/xiangqing/361581.html，访问时间：2023年11月27日。

【典型意义】

本案是海事法院准确适用《纽约公约》，支持外国仲裁裁决在中国承认与执行的典型案例。该案注重国内法与国际公约的衔接，通过裁判明确了当外国离岸公司注册地、登记地与主要办事机构所在地不一致时，应以主要办事机构所在地作为住所地。本案审查中秉持公约"有利于裁决执行"的精神，通过对被申请人办事机构所在地的准确认定，确定管辖权，为中外当事人提供平等的司法保护，并依据公约规定裁定承认和执行仲裁裁决，促使宏达公司主动履行裁决确定的义务。本案充分体现了我国法院依法行使管辖权，恪守国际公约义务，对仲裁领域国际司法协助机制的友好支持态度，有利于提升中国海事司法的影响力和公信力。

【问题与思考】

1. 海事仲裁中协议的作用。
2. 海事仲裁的特点。
3. 简述我国海事仲裁的一般程序。
4. 海事仲裁委员会受理案件范围。
5. 国际仲裁案件受理时，海事机构应当注意什么？
6. 可以拒绝承认及执行外国海事仲裁裁决的情形有哪些？

第十一章 海事行政复议与行政诉讼法律制度

海事行政复议是海事外部行政相对人寻求海事行政救济的一条重要途径，同时也是上级海事行政机关对下级行政机关进行执法监督的一项重要的制度保障。行政诉讼与刑事诉讼、民事诉讼一起，构成我国三大基本诉讼制度。同时，行政诉讼又是外部行政相对人寻求行政救济的重要途径。本章仅就海上有关行政主体行政复议与行政诉讼的概述、程序、特点予以介绍。作为与海上行政复议并列的一种重要的法律救济途径，海上行政诉讼的许多规则和制度与行政复议相同，通过比较学习，把握两种制度的异同。

第一节 海事行政复议

一、海事行政复议概述

（一）海事行政复议的概念

行政复议，是指行政相对人认为行政主体的具体行政行为侵犯其合法权益，依法向行政复议机关提出复查该具体行政行为的申请，行政复议机关依照法定程序对被申请的具体行政行为进行合法性、适当性审查，并作出行政复议决定的一种法律制度。行政复议作为行政管理相对人行使救济权的一项重要法律制度，目的是纠正行政主体作出的违法或者不当的具体行政行为，以保护行政管理相对人的合法权益。

海事行政复议是指海事行政相对人认为海事行政主体的行政行为侵犯其合法权益，依法向海事行政复议机关提出复查该行为的申请，海事行政复议机关依照法定程序对被申请的行为进行合法性、适当性审查，并作出海事行政复议决定的法律制度。①

海事行政复议是海事权利救济的一种重要方法与途径，20 世纪 90 年代，《行政复议条例》的颁布标志着我国海事行政复议工作开始走向规范化、法制化、现代化。

1999 年开始实施《中华人民共和国行政复议法》（以下简称《行政复议法》）（2009 年、2017 年、2023 年 3 次修订），取代了上述条例。2007 年《中华人民共和国行政复议法实施条例》开始施行。以上两个文件和 2000 年实施的《交通行政复议规定》（2015 年修订）形成了规范我国海事行政复议行为的法的主要表现形式。2019 年 6 月中华人民共和国海事局印发了《海事行政复议工作规定》，进一步防止和纠正海事行政执法过程中违法或不当的具体行政行为，对海事行政复议制度进行了调整。

（二）海事行政复议的特点

与其他海事行政救济途径相比，海事行政复议具有以下四个特点。

1. 海事行政复议具有依申请性

海事行政复议是一种依申请的行政行为，以作为行政相对人的公民、法人或者其他组织提出申请为前提条件。也就是说，即使是违法、不当的具体行政行为，如果公民、法人或者其他组织没有提出复议申请，行政复议机关也不能主动进行行政复议。假设上级机关发现各有关下级海事行政机关所作的具体行政行为违法或不当，则上级机关可以依据行政监督的程序予以纠正，而不能适用行政复议程序。

2. 海事行政复议的审查对象是具体海事行政行为

海事行政复议以海事行政主体作出的具体行政行为为审查对象以海事行政相对人申请行政复议具体行政行为为限。虽然《行政复议法》第 13 条规定行政相对人认为行政主体的具体行政行为所依据的部分抽象行政行为不合法，在对具体行政行为申请行政复议时，可以一并向行政复议机关提出对该规定的审查申请。部分学者亦就此认为《行政复议法》第 13 条将抽象行政行为扩大为行政复议的范围，但综观《行政复议法》第 13 条、第 56 条和第 57 条的规定，不能得出这样的结论。因为行政复议机关并没有抽象行政行为的审查权，而需要先对抽象行政行为进行审查或者转送有权处理的机关审查，同时在此期间内行政复议程序中止。

同时，作为与行政复议并列的法律救济途径，行政诉讼的受案范围也是以

---

① 郑中义主编：《海事行政法》，人民交通出版社 2013 年版，第 192 页。

具体行政行为为限。《行政复议法》第 13 条有关抽象行政行为审查的规定并不意味着行政复议范围的扩大。

3. 海事行政复议不适用调解

海事行政复议活动不适用调解，这是指在复议过程中的争议解决不适用调解。此外，海事行政复议也不解决民事争议，如执法机关实施的民事行为等。

4. 海事行政复议采用书面审查方式

为了提高海事行政复议的办案效率，海事行政复议主要采用书面审查的方式。

5. 海事行政复议具有无偿性

海事行政复议作为一种行政活动，在复议过程中不得以任何理由向行政相对人收取任何费用。

（三）海事行政复议的原则

海事行政复议的原则，是指由法律规定，贯穿于海事行政复议活动之中，体现海事行政复议活动的内在要求，反映海事行政复议的特点，对海事行政复议活动具有指导意义，在解决和处理海事行政复议案件过程中必须遵循的基本准则。具体内容如下。

1. 合法原则

合法原则即"以事实为依据，以法律为准绳"，严格依照宪法和法律，对被申请复议的具体行政行为进行全面的审查工作并作出不同的行政复议决定。合法原则主要体现在主体合法、客体合法、程序合法、依据合法四个方面。

2. 公正原则

公正原则指在海事行政复议活动中，复议机关既要审查合法性，也要审查合理性。复议机关要平等地对待双方当事人，对当事人一视同仁。

3. 公开透明原则

除涉及国家秘密、商业秘密、个人隐私外，海事行政复议活动都应公开进行。

海事行政复议需要公开的内容包括：（1）海事行政行为的依据，包括海事行政复议行为的依据和被申请复议的海事行政行为的依据都需要公开，未经公开的不能作为行政复议的依据；（2）海事行政复议组织机构、场所和工作制度；（3）海事行政复议审查过程；（4）海事行政复议决定以及执行情况。[①]

坚持公开透明原则有利于海事行政复议活动得到社会和行政相对人全面而

---

① 王世涛：《海事行政法学研究》，中国政法大学出版社 2013 年版，第 308 页。

有效的监督，从而提高海事行政复议的效率。

4. 及时原则

及时原则，指海事行政复议机关应在规定的期限内及时完成海事行政复议的受理、审查等全部过程，这也是这一原则的核心要求。若不能在规定期限内完成工作，应按照法定程序办理延期手续。根据《行政复议法》和《交通行政复议规定》，及时原则主要体现在及时审查是否受理案件、受理后及时审理并作出决定、决定后及时执行决定、执行决定中及时解决出现的问题这四个方面。

5. 便民原则

便民原则指在海事行政复议活动中，行政机关应尽可能地为当事人提供必要的便利，从而达到复议目的。这主要表现在：（1）在时间上留给当事人充足的申请期限（一般为 60 日）；（2）复议申请既可书面提出，也可口头提出；（3）明确复议机关的管理职责；（4）复议全过程不收取任何费用。

二、海事行政复议受案范围

海事行政复议作为一项重要的海事行政救济手段，其范围大小直接关系到其价值与功能的实现。① 《交通行政复议规定》第 2 条规定："公民、法人或者其他组织认为具体行政行为侵犯其合法权益向交通行政机关申请交通行政复议，交通行政机关受理交通行政复议申请、作出交通行政复议决定，适用《行政复议法》和本规定。"由此可见，所有的具体海事行政行为都属于海事行政复议的受案范围。尽管如此，由于具体行政行为在行政法理论本身属于一个不十分明确的概念，对于哪些海事行政行为属于具体海事行政行为，相关的海事法律、法规和规章尚未作出明确的解释。可能《行政复议法》在制定中也考虑到此种情况，在作了概括式规定的情况下，又在第 6—8 条中对具体行政行为、抽象行政行为及不可复议的事项作了列举式规定。所以，对海事行政复议范围的法律界定应当依照《行政复议法》的规定，将其分为具体海事行政行为的复议范围、抽象海事行政行为的复议范围、不可申请海事行政复议的事项。②

（一）海事行政行为的复议范围

《中华人民共和国海事局海事行政执法监督管理规定》第 15 条 "海事行政执法监督的主要内容" 第 5 项为 "海事行政许可、行政确认、行政报备、行政处罚、行政强制、行政检查、行政调查、行政征收等具体海事行政执法行为的实施情况"，据此，笔者认为具体海事行政行为至少包括上述海事行政行为。

---

① 应松年主编：《行政法与行政诉讼法》，法律出版社 2009 年版，第 424 页。
② 王世涛：《海事行政法学研究》，中国政法大学出版社 2013 年版，第 311 页。

根据《行政复议法》第 11 条的规定，结合海事机构的职能，能推断出可申请海事行政复议的具体海事行政行为包括：海事行政处罚、海事行政强制、海事行政许可、海事行政确认、海事行政征收、其他违法要求履行义务的行为。

（二）不可申请海事行政复议的事项

根据海事法律、法规的规定，结合海事机构的行政管理职能，不可申请海事行政复议的事项可以概括为：内部海事行政行为与海事行政调解行为。

1. 内部海事行政行为

海事机构对其所属的公职人员作出的行政处分或者其他人事处理决定，属于内部海事行政行为。根据《直属海事系统工作人员处分办法（试行）》[1]的规定："海事工作人员违反法律、法规、规章、海事管理制度，违背社会公德、职业道德，应当承担纪律责任的，应当给予处分。"海事工作人员处分的种类分为警告、记过、记大过、降级、撤职、开除。"其他人事处理决定"是指除行政处分外，海事机构在内部人事管理活动中，对其工作人员作出的具体人事处理决定，包括定级、考核等级、降职、免职、回避、晋级、增资、辞职、辞退以及退休等涉及个人权益的决定。行政处分以及其他人事处理决定属于内部海事行政行为，海事工作人员对处分或处理决定不服的，不能提起行政复议，但是可以依照《中华人民共和国公务员法》和《中华人民共和国行政监察法》的有关规定申请复核或者申诉。

2. 海事行政调解行为

海事行政调解是指由海事行政主体出面主持的，以国家海事法律和政策为依据，以自愿为原则，通过说服教育等方法，促使双方当事人平等协商、互让互谅、达成协议，消除纠纷的诉讼外活动。《中华人民共和国水污染防治法》《中华人民共和国海上交通事故调查处理条例》《防治船舶污染海洋环境管理条例》等海事法律、法规赋予了海事机构对水污染损害赔偿、海上交通事故民事侵权赔偿、船舶污染事故损害赔偿所引起的争议和纠纷的调解职能。因为海事行政调解不具备法律上的约束力，且是海事机构作为居间方在双方或多方当事人在自愿、平等基础上协商的结果，那么对调解行为再申请行政复议没有意义。另外，海事机构的这种调解只是解决民事纠纷的方式之一，不是最终及最主要的方式，当事人不服的，还可以向法院提起诉讼。因此为了提高民事纠纷解决的效率，将海事行政调解行为排除在行政复议范围之外是合理的。

---

[1] 参见原交通部海事局《关于印发〈直属海事系统工作人员处分办法（试行）〉的通知》（海监察［2010］154 号）。

（三）可附带申请复议的部分抽象海事行政行为

根据《行政复议法》第13条的规定："公民、法人或者其他组织认为行政机关的具体行政行为所依据的规定不合法，在对具体行政行为申请行政复议时，可以一并向行政复议机关提出对该规定的审查申请。"可以说，将一部分抽象行政行为纳入行政复议的附带性审查，虽然有所突破，但这种突破仍很有限。①这种"有限复议"体现在海事行政复议中，具体是指如下内容。

（1）对"规定"提出审查申请，必须是在对具体海事行政行为申请复议时一并提出，不能单独对这些规定提起行政复议。

（2）并非对所有的抽象海事行政行为都可以提出审查申请，只能是交通运输部的规定、中国海事局及各级海事机构的规范性文件，不包括国务院制定的行政法规及决定、命令及交通运输部发布的规章。

（3）海事行政相对人要求进行审查的只能是抽象海事行政行为的合法性，而不涉及合理性。

（4）海事行政相对人在行政复议中只拥有对部分抽象海事行政行为的监督机制的启动权，抽象海事行政行为的处理机关、处理权限和程序，仍按现行备案审查制度执行。②

三、海事行政复议程序

（一）海事行政复议的申请

海事行政复议是以海事行政相对人的申请为前提的，即如果海事行政相对人不提起申请，海事行政复议机关不能主动管辖。根据《行政复议法》《行政复议法实施条例》及《交通行政复议规定》的相关要求，提起海事行政复议应当符合以下条件、期限及方式。

1. 申请复议的条件

海事行政复议应当具备下列条件：(1) 申请人是认为具体海事行政行为侵犯其合法权益的公民、法人或者其他组织；(2) 有明确的复议申请人；(3) 有具体的海事行政复议请求和事实依据；(4) 属于海事行政复议范围和受理复议机关管辖；(5) 法律、法规规定的其他条件。

2. 申请复议的期限

申请复议的期限是指复议申请人提出复议申请的法定有效期限。《行政复

---

① 应松年主编：《行政法与行政诉讼法》，法律出版社2009年版，第426页。
② 马怀德主编：《行政法学》，中国政法大学出版社2009年版，第314页。

议法》规定的申请期限是 60 日。《交通行政复议规定》第 8 条对海事行政复议的申请期限进行了明确:"公民、法人或者其他组织向交通行政复议机关申请交通行政复议,应当自知道该具体行政行为之日起六十日内提出行政复议申请,但是法律规定的申请期限超过六十日的除外。"由于《海上交通安全法》及《海洋环境保护法》未对海事行政复议申请期限作出例外规定,所以所有海事行政复议案件的申请期限都是自知道该具体行政行为之日起 60 日。[1]

对于具体海事行政行为不服而提起复议的,复议期限的起始日期分别是:(1)当场作出具体行政行为的,自具体海事行政行为作出之日起计算;(2)载明具体海事行政行为的法律文书直接送达的,自受送达人签收之日起计算;(3)载明具体海事行政行为的法律文书邮寄送达的,自受送达人在邮件签收单上签收之日起计算;没有邮件签收单的,自受送达人在送达回执上签名之日起计算;(4)具体海事行政行为依法通过公告形式告知受送达人的,自公告规定的期限届满之日起计算;(5)海事机构作出具体海事行政行为时未告知公民、法人或者其他组织,事后补充告知的,自该公民、法人或者其他组织收到海事机构补充告知的通知之日起计算;(6)被申请人能够证明公民、法人或者其他组织知道具体行政行为的,自证据材料证明其知道具体海事行政行为之日起计算;(7)海事机构作出具体行政行为,依法应当向有关公民、法人或者其他组织送达法律文书而未送达的,视为该公民、法人或者其他组织不知道该具体行政行为。

对于认为海事机构不履行职责而提起复议的,复议期限的起始日期分别是:(1)有履行期限规定的,自履行期限届满之日起计算;(2)没有履行期限规定的,自海事机构收到申请之日起满 60 日起计算。因不可抗力或者其他正当理由耽误法定申请期限的,申请期限自障碍消除之日起继续计算。

在海事行政复议中具体操作程序是,申请人因不可抗力或者其他正当理由耽误法定申请期限的,应当在海事行政复议申请书中注明或者向海事行政复议机关说明,并由海事行政复议机关记录在《海事行政复议申请笔录》中,经海事行政复议机关依法确认的,申请期限自障碍消除之日起继续计算。

3. 申请复议的形式及内容

申请人申请海事行政复议,可以书面申请,也可以口头申请。一般情况下,海事行政复议应当采用书面申请的方式,以便于申请人更明确地表达自己的请求,也便于海事复议机关审理。在书面申请确有困难的情况下,申请人也可以口头申请,海事复议机关不得拒绝。

根据《交通行政复议决定》的要求,申请人口头申请的,海事行政复议机

---

[1] 王世涛:《海事行政法学研究》,中国政法大学出版社 2013 年版,第 320 页。

关应当依照海事行政复议申请书载明的事项当场记录并制作行政复议申请笔录并交申请人核对或者向申请人宣读,再由申请人签字或者署印进行确认。

无论是书面申请还是口头申请,对于下述情形之一,申请人应当在提交海事行政复议申请书时一并提交证明材料:①认为被申请人不履行法定职责的,提供曾经要求被申请人履行法定职责而被申请人未履行的证明材料;②申请海事行政复议时一并提出行政赔偿请求的,提供受具体海事行政行为侵害而造成损害的证明材料;③法律、法规规定需要申请人提供证据材料的其他情形。

(二) 海事行政复议的受理

海事行政复议的受理,是指海事行政复议申请人提出行政复议申请后,海事行政复议机关通过对海事行政复议申请的审查,认为该申请符合法定条件时接受申请并予以立案的活动。

《交通行政复议规定》明确规定,海事行政复议机关收到行政复议申请后,应当在5日内进行审查。根据审查的结果,分别视不同情况作出相应的处理。

(1) 对符合复议申请条件的,海事复议机关应当决定受理;对于决定受理的,根据《交通行政复议规定》,海事行政复议机关应当制作《海事行政复议申请受理通知书》,并送达申请人、被申请人。

(2) 对不符合《行政复议法》规定的行政复议申请,决定不予受理,并制作《海事行政复议申请不予受理决定书》送达申请人。

(3) 对符合《行政复议法》规定,但是不属于本机关受理的行政复议申请,应当告知申请人向有关行政复议机关提出。

(4) 复议申请材料不齐全或者表述不清楚的,海事行政复议机构可以自收到该行政复议申请之日起5日内书面通知申请人补正。补正通知应当载明需要补正的事项和合理的补正期限。无正当理由逾期不补正的,视为申请人放弃行政复议申请。补正申请材料所用时间不计入行政复议审理期限。

(5) 受理后不得提起行政诉讼。公民、法人或者其他组织申请海事行政复议,海事行政复议机关已经依法受理的,在法定行政复议期限内不得向人民法院提起行政诉讼。

四、海事行政复议的审查和决定

(一) 海事行政复议的审查

海事行政复议的审查是对作出具体行政行为的海事行政机关的主体资格、案件事实、法律依据等进行合法、适当的审查。这是海事行政复议的最主要的环节，也是作出行政复议决定的基础①。

1. 审查方式

海事行政复议原则上采取书面审查的办法，所谓"书面审查"是指海事行政复议机关仅就双方所提供的书面材料进行审查后作出决定的一种审查方式。这种审查方式较为简便，可以大大提高海事行政复议的效率，但对较为复杂、影响较大的海事行政复议案件，这种审查方式又显得过于草率，有时达不到行政复议的目的。因此对于那些较为复杂、影响较大的海事行政复议案件，可以采取类似听证程序的审查方式，即依申请人提出的要求或者当海事行政复议机关认为有必要时，可以向有关组织和个人调查情况，听取申请人、被申请人和第三人的意见，通过各方对争议的事实、法律依据的适用等进行质证、辩论，由海事行政复议机关最终作出行政复议决定的一种审查方式。这种审查方式虽然有利于调查清楚案件的真实情况，但却降低了海事行政复议工作的效率，两种审查方式各有利弊。因此在海事行政复议实际工作中，海事行政复议机关应当根据案件的实际情况和申请人的要求，采取适当的方式对海事行政复议案件进行审查，以达到海事行政复议的最终目的。

2. 审查依据

海事行政复议机关在审查行政复议案件时，以法律、行政法规、地方性法规、规章以及上级海事行政机关制定和发布的具有普遍约束力的决定、命令为依据。这其中存在一个问题，那就是如果海事行政复议机关在对被申请人作出的具体行政行为进行审查时，认为其依据不合法（上级海事行政机关制定和发布的具有普遍约束力的决定、命令）时，就要由海事行政复议机关或有权机关对依据进行审查。《交通行政复议规定》第17条规定："交通行政复议机关在对被申请人作出的具体行政行为审查时，认为其依据不合法，本机关有权处理的，应当在三十日内依法处理；无权处理的，应当在七日内按照法定程序转送有权处理的国家机关依法处理。处理期间，中止对具体行政行为的审查。"

3. 举证责任

《行政复议法》对行政复议中的举证责任作出了明确规定，根据该法第48条的规定："被申请人应当自收到申请书副本或者申请笔录复印件之日起十日内，提出书面答复，并提交作出行政行为的证据、依据和其他有关材料。"同时规定在行政复议过程中，被申请人不得自行向申请人和其他有关组织或者个人搜集证据。

---

① 郑中义：《海事行政法》，人民交通出版社2013年版，第203页。

（二）海事行政复议的决定

1. 作出海事行政复议决定的种类

海事行政复议机关通过对复议案件进行审查，根据不同情况在受理行政复议申请之日起 60 日内分别作出不同决定，法律另有规定的除外：

（1）维持决定。对被申请的具体行政行为，海事行政复议机关认为事实清楚，证据确凿，适用法律、法规、规章和具有普遍约束力的决定、命令正确，符合法定程序和内容适当的，应当依法作出维持该具体行政行为的复议决定。

（2）履行决定。海事行政复议机关通过审查认为被申请人不履行法定职责或拖延履行法定职责的，应当责令被申请人在一定期限内履行法定职责。

（3）撤销、变更和确认违法决定。海事行政复议机关通过审查认为具体行政行为有下列情形之一的，依法作出撤销、变更或者确认该行为违法的决定，同时，可以责令被申请人在一定期限内重新作出具体行政行为的决定：①主要事实不清、证据不足的；②适用依据错误的；③违反法定程序的；④超越或者滥用职权的；⑤具体行政行为明显不当的。

此外被申请人在收到海事行政复议申请书副本或者海事行政复议申请笔录复印件后，未按照规定的时间提出书面答复、提交当初作出具体行政行为的证据、依据和其他有关材料的，视为该具体行政行为没有证据、依据，依法判处决定撤销该具体行政行为。[①]

（4）赔偿决定。申请人在申请海事行政复议的同时一并提出海事行政赔偿请求的，如认为符合《中华人民共和国国家赔偿法》的有关规定应当予以赔偿的，应当在作出撤销、变更具体行政行为或者确认具体行政行为违法的决定时，同时作出责令被申请人依法给予申请人赔偿的决定。

2. 作出海事行政复议决定的期限

海事行政复议机关应当自受理海事行政复议申请之日起 60 日内作出海事行政复议决定；但是法律规定的行政复议期限小于 60 日的除外。对于情况复杂，不能在规定的期限内作出海事行政复议决定的，经海事行政复议机关负责人批准，可以适当延长，并告知申请人、被申请人和第三人，但是延长期限最多不能超过 30 日。

3. 海事行政复议决定的送达

海事行政复议机关作出复议决定后，应当制作海事行政复议决定书，加盖海事行政复议机关印章，分别送达申请人和被申请人、第三人；海事行政复议

[①] 郑中义、李国平：《海事行政法》，大连海事大学出版社 2007 年版，第 332 页。

决定书一经送达即发生法律效力。其送达方式与海事行政处罚决定书等的送达方式相同，例如，留置送达、邮寄送达等。

4. 海事行政复议决定的执行

海事行政复议决定的执行情况有以下几种：

(1) 法律规定海事行政复议为终局决定的，海事行政复议决定书一经送达即发生法律效力。当事人各方必须按照复议决定执行；

(2) 除上述规定外，申请人不服海事行政复议决定的，可以依法提起海事行政诉讼；

(3) 对于可以提起海事行政诉讼的海事行政复议决定，当事人在法定期间内既不提起海事行政诉讼，又不履行海事行政复议决定的，复议决定具有强制执行的法律效力，可以申请强制执行。

第二节 海事行政诉讼

一、海事行政诉讼的概念和特点

（一）海事行政诉讼的概念

海事行政诉讼，是指公民、法人或者其他组织（外部行政相对人）在认为海上各行政主体及其工作人员作出的具体行政行为侵犯其合法权益时，依法向人民法院请求司法保护，并由法院对该具体行政行为进行审查并作出裁判的诉讼活动。

（二）海事行政诉讼的特点

海事行政诉讼作为一项独立的诉讼制度，又是海事行政相对人寻求行政救济的重要途径，具有以下四个特点。①

1. 目的是解决海上行政争议

海事行政诉讼是处理、解决海上行政争议的诉讼活动。海事行政诉讼的目的，是在人民法院的主持下解决海上各有关行政主体在行使行政职权的过程中与作为海事行政相对人的公民法人或者其他组织发生的权利义务纠纷。

2. 客体是具体行政行为

海事行政诉讼的客体，是被公民、法人或其他组织认为侵犯其合法权益的

---

① 李林、吕吉海：《中国海上行政法学探究》，浙江大学出版社2013年版，第336页。

海上各有关行政主体作出的具体行政行为。① 目前，海事行政诉讼并不解决所有行政争议，只解决因海上各有关行政主体对外部行政相对人作出具体行政行为时所产生的行政争议，即以具体行政行为为限。这一点与行政复议并无不同。

3. 具有双重目的性

海事行政诉讼具有双重目的性。一方面，人民法院通过运用国家审判权，可以监督海上各有关行政主体依法行使职权和履行职责情况，体现了司法权对行政权的监督；另一方面，通过解决行政纠纷，海事行政诉讼可以有效地保护公民、法人和其他组织的合法权益不受侵害，是行政相对人寻求行政救济的主要途径。

4. 当事人具有恒定性

海事行政诉讼的原告、被告具有恒定性。海事行政诉讼以不服具体行政行为的公民、法人或其他组织为原告，以作出具体行政行为的海上各有关行政主体为被告。作出具体行政行为的海上各有关行政主体没有起诉权，也没有反诉权，只能作为被告应诉，原告和被告的这种身份和位置是恒定且不能变换的。

（三）海事行政诉讼的功能和意义

海事行政诉讼是海事行政相对人通过司法途径解决海事行政争议的一种法律制度。充分发挥海事行政诉讼的监督和救济等功能，对于提升海事行政执法水平、促进海事法治建设等都具有重要的意义，而提升海事执法水平、促进海事法治建设正是海事行政诉讼制度所实现的间接功能。②

海事行政诉讼的监督职能表现为对海事行政执法机构的具体行政行为的合法性进行审查，从而保护海事相对人在海事活动中的合法权益。这里的监督，包括内部监督和外部监督，而海事行政诉讼属于一种外部监督方式。

就海事行政诉讼本身而言，它是一个非常敏感的话题，实践中，很少有人愿意在受损失后采取这一措施寻求救济。这都归于海事行政的特点，大多数当事人难以与为庞大的公司或是行政机关的对方进行"辩论"。但是，我们不能因为诉讼难度大就避免诉讼，更应在实践中抓住能够保护我们权利的武器，鼓励以诉讼的方式解决争议，维护海事活动的稳定秩序。

二、海事行政诉讼的基本原则

海事行政诉讼是行政诉讼的一个分支，海事行政诉讼的基本原则贯穿于海事行政诉讼整个过程，对海事行政诉讼活动起主导和支配作用，体现行政诉讼

---

① 姜明安主编：《行政法与行政诉讼法》，北京大学出版社2011年版，第482页。
② 王世涛：《海事行政法学研究》，中国政法大学出版社2013年版，第330页。

活动的基本精神和价值取向。海事行政诉讼的基本原则除了对法院和诉讼参与人的诉讼活动有约束力外，还对海事行政诉讼的法律解释问题有指导作用。区别于民事诉讼和刑事诉讼的基本原则，海事行政诉讼的基本原则包含以下3条。①

（一）合法性审查原则

《行政诉讼法》第6条规定："人民法院审理行政案件，对行政行为是否合法进行审查。"这条原则明确了行政机关与人民法院之间的制约关系，具体化了公民、法人或者其他组织的行政诉讼权利，对诉讼当事人、人民法院等诉讼主体具有指导意义。依据该原则，人民法院对海事行政行为的合法性进行审查。人民法院的审查内容包括：（1）被告是否享有作出行政行为的权力；（2）据以作出该行政行为的事实是否清楚、证据是否合法有效；（3）行政行为适用法律是否正确；（4）被告是否有违反法定程序的行为；（5）被告是否存在不履行或拖延履行法定职责的情形等。

（二）合议制原则

《行政诉讼法》第7条规定："人民法院审理行政案件，依法实行合议、回避、公开审判和两审终审制度。"合议制是合议原则的具体体现，它要求人民法院审理行政案件一律组成合议庭进行审理。由于行政案件案情一般都比较复杂，审理难度大，因此不适用独任制审判，需要组成合议庭，依靠集体的智慧，集思广益，保证办案质量。

（三）有限调解原则

《行政诉讼法》第60条规定："人民法院审理行政案件，不适用调解。但是，行政赔偿、补偿以及行政机关行使法律、法规规定的自由裁量权的案件可以调解。"由此得出，人民法院审理海上行政争议案件，除非案件涉及行政赔偿、补偿以及行政机关行使法律、法规规定的自由裁量权，否则应当对引发争议的行政行为的合法性依法作出肯定性或否定性的判断，即前述"合法性审查"，而不适用调解。

三、海事行政诉讼的管辖

行政诉讼管辖是指人民法院之间受理第一审行政案件的职权分工。从受理和审理的角度，它解决的是法院内部的分工和权限问题；从起诉的角度，它解决的是公民、法人或者其他组织认为属于法院受案范围的具体行政行为侵犯了

---

① 郑中义：《海事行政法》，人民交通出版社2013年版，第174-176页。

自己的合法权益时,向哪一级哪一个人民法院起诉的问题。海事行政诉讼管辖,是指各级人民法院之间受理第一审海事行政案件的分工和权限。它实质上关系到我国海事行政审判组织体制和海事行政案件受理方面的分工问题①。

行政诉讼管辖分为级别管辖、地域管辖和裁定管辖三类,其中级别管辖和地域管辖是由法律明确规定的,又合称为"法定管辖"②。由于海事行政类案件目前由各级人民法院行政审判庭管辖,所以海事行政诉讼管辖适用于一般的行政诉讼管辖,具体内容如下。

(一) 级别管辖

级别管辖是指上下级人民法院之间受理第一审行政案件的分工和权限。换言之,级别管辖是在人民法院系统内,从纵向上解决哪些第一审行政案件应该由哪一级法院审理的问题。当然,级别管辖仅仅解决管辖法院的级别,在具体案件中确定具体管辖的法院,尚且需要与地域管辖结合起来考虑。我国一共设有四级人民法院,即最高人民法院、高级人民法院、中级人民法院和基层人民法院。《行政诉讼法》关于级别管辖的规定是:

(1) 基层人民法院管辖第一审行政案件。

(2) 中级人民法院管辖下列第一审行政案件:①确认发明专利权的案件、海关处理的案件;②对国务院各部门或者省、自治区、直辖市人民政府所作的行政行为提起诉讼的案件;③本辖区内重大、复杂的案件;④法律规定的其他由中级人民法院管辖的案件。

(3) 高级人民法院管辖本辖区内重大、复杂的第一审行政案件。

(4) 最高人民法院管辖全国范围内重大、复杂的第一审行政案件。

根据《行政诉讼法》的规定,一般情况下,对海事管理机关作出的行政行为提起诉讼的案件由基层人民法院管辖。

(二) 地域管辖

地域管辖是指同级人民法院之间在其各自辖区内受理第一审行政案件的权限划分。地域管辖是横向地确定同级人民法院在审理第一审行政案件方面的分工,所解决的问题是案件应由哪个地方法院管辖的问题。如上所述,地域管辖规则必须和级别管辖规则结合,方能确定某个案件究竟应该由哪个法院管辖。一般将其分为一般地域管辖和特殊地域管辖。特殊地域管辖又分为专属管辖和共同管辖。由于特殊地域管辖主要针对《行政诉讼法》第 19、20 条中关于

---

① 王世涛:《海事行政法学》,中国政法大学出版社 2013 年版,第 328 页。
② 郑忠义:《海事行政法》,人民交通出版社 2013 年版,第 178 页。

"限制人身自由的行政强制措施"及"不动产"提起的行政诉讼，与海事行政职能无关，所以海事行政诉讼不涉及特殊地域管辖问题。①

《行政诉讼法》第 18 条规定："行政案件由最初作出行政行为的行政机关所在地人民法院管辖。"据此，海事行政案件一般由最初作出海事行政行为的海事行政主体所在地人民法院管辖。应注意、确定这种管辖的标准是最初作出行政行为的"行政主体"的所在地、而不是最初行政行为的"实施机构或组织"的所在地。

四、海事行政诉讼的受案范围

海事行政诉讼的受案范围指人民法院受理海事行政案件的范围，即法律规定的，法院受理审判一定范围内海事行政纠纷的权限。海事行政诉讼的受案范围是海事行政诉讼的一个重要概念，它涉及海事行政相对人合法权益的保护、海事机构的行政活动以及法院的审判活动，因此在海事行政诉讼中具有重要的意义。②

谈及海事行政诉讼的受案范围离不开行政诉讼的范围。行政诉讼的范围，也称法院的主管范围，是指人民法院受理行政案件的范围，即法律规定的、法院受理审判一定范围内行政案件的权限。③ 目前，各国对受案范围的确定方式主要有三种：概括式、列举式和混合式。我国《行政诉讼法》采取混合式的方法确定行政诉讼的受案范围，该法第 12 条规定："人民法院受理公民、法人或者其他组织提起的下列诉讼：

（一）对行政拘留、暂扣或者吊销许可证和执照、责令停产停业、没收违法所得、没收非法财物、罚款、警告等行政处罚不服的；

（二）对限制人身自由或者对财产的查封、扣押、冻结等行政强制措施和行政强制执行不服的；

（三）申请行政许可，行政机关拒绝或者在法定期限内不予答复，或者对行政机关作出的有关行政许可的其他决定不服的；

（四）对行政机关作出的关于确认土地、矿藏、水流、森林、山岭、草原、荒地、滩涂、海域等自然资源的所有权或者使用权的决定不服的；

（五）对征收、征用决定及其补偿决定不服的；

（六）申请行政机关履行保护人身权、财产权等合法权益的法定职责，行

---

① 王世涛：《海事行政法学研究》，中国政法大学出版社 2013 年版，第 344 页。
② 同上书，第 331 页。
③ 郑中义：《海事行政法》，人民交通出版社 2013 年版，第 177－178 页。

政机关拒绝履行或者不予答复的；

（七）认为行政机关侵犯其经营自主权或者农村土地承包经营权、农村土地经营权的；

（八）认为行政机关滥用行政权力排除或者限制竞争的；

（九）认为行政机关违法集资、摊派费用或者违法要求履行其他义务的；

（十）认为行政机关没有依法支付抚恤金、最低生活保障待遇或者社会保险待遇的；

（十一）认为行政机关不依法履行、未按照约定履行或者违法变更、解除政府特许经营协议、土地房屋征收补偿协议等协议的；

（十二）认为行政机关侵犯其他人身权、财产权等合法权益的。

除前款规定外，人民法院受理法律、法规规定可以提起诉讼的其他行政案件。"

《行政诉讼法》列举的上述情况范围较广，但是具体到海事行政机关日常工作中，上述部分行政行为是不可能出现的，如第（一）项、第（七）项、第（十）项等。因此，通过以上内容，归纳起来，海事行政诉讼的受案范围大致包括：

（1）侵犯相对人财产权行为；

（2）侵犯相对人人身权行为；

（3）行政处罚行为；

（4）不履行法定职责行为；

（5）侵犯相对人合法权益的其他行为。

五、海事行政诉讼的程序

海事行政诉讼程序是人民法院对海事行政案件进行审理和裁判时应当遵守的程序。海事行政诉讼程序包括第一审程序、第二审程序和审判监督程序。

（一）第一审程序

海事行政诉讼的第一审程序，是指人民法院对海事行政案件初次审理的程序，具体包括起诉、受理、审理和裁判等环节[①]。

起诉是海事行政相对人行使诉权的行为，根据《行政诉讼法》第49条的规定，提起海事行政诉讼需要具备以下条件：（1）原告是符合本法第25条规定的公民、法人或者其他组织；（2）有明确的被告；（3）有具体的诉讼请求和

---

① 王世涛：《海事行政法学研究》，中国政法大学出版社2013年版，第355-359页。

事实根据；(4) 属于人民法院受案范围和受诉人民法院管辖。

海事行政诉讼的起诉期限包括一般期限和特殊期限。一般期限包括两种情况：一是直接起诉的案件，起诉人应当在知道海事行政行为起 6 个月内提起诉讼；二是经过复议的案件，申请人不服复议决定的，可以在收到海事行政复议决定书之日起 15 日内提起诉讼。特殊限期是指法律所规定的适用于特殊案件的起诉期限。例如，《海上交通安全法》第 45 条规定："当事人对主管机关给予的罚款、吊销职务证书处罚不服的，可以在接到处罚通知之日起 15 天内，向人民法院起诉；期满不起诉又不履行的，由主管机关申请人民法院强制执行。"此处规定的 15 日就属于特殊期限。

由于海事法律、法规没有规定行政复议是起诉的必经程序，所以在处理起诉与行政复议的关系上要依照以下处理方式。

(1) 海事行政相对人直接向人民法院起诉的，法院应当受理。

(2) 海事行政相对人既提起诉讼又申请行政复议的，由先受理的机关管辖。

(3) 海事行政相对人已经申请行政复议，在法定复议期间内又向人民法院提起诉讼的，人民法院不予受理。

(4) 人民法院和复议机关同时受理的，由海事行政相对人选择。

(5) 海事行政相对人向复议机关申请行政复议后，又经复议机关同意撤回复议申请，在法定起诉期限内对原具体海事行政行为提起诉讼的，人民法院应当依法受理。

人民法院对原告的起诉状应当进行全面审查，经过审查后，按不同情况作出处理。海事行政案件一旦被受理，即进入审理阶段。审理大致可分为开庭审理前的准备阶段和开庭审理阶段。人民法院应当在立案之日起 6 个月内作出第一审判决。有特殊情况需要延长的，由高级人民法院批准，高级人民法院审理第一审案件需要延长的，由最高人民法院批准。

一审行政判决的种类主要包括维持判决、撤销判决、履行判决、变更判决及驳回诉讼请求判决等。

(二) 第二审程序

第二审程序是指上一级人民法院依照法律规定，根据当事人在法定期限内提起的上诉，对下一级人民法院作出的尚未生效的行政判决或者裁定进行重新审理的程序。

1. 上诉

当事人不服人民法院第一审判决的，有权在判决书送达之日起 15 日内向上一级人民法院提起上诉。当事人不服人民法院第一审裁定的，有权在裁定书送达之日起 10 日内向上一级人民法院提起上诉。逾期不提起上诉的，人民法院的第一审判决或裁定发生法律效力。

2. 受理

第二审人民法院在收到一审法院报送的上诉材料后，根据审查的不同情况，作出相应的处理：对于符合法定上诉条件的，应当予以受理；对于符合法定条件但上诉状内容有欠缺的，应当告知当事人补正；对于不符合上诉条件的，裁定不予受理。①

3. 审理

（1）审理方式。海事行政诉讼二审的审理方式有开庭审理和书面审理两种：认为事实清楚的，可以实行书面审理；当事人对原审认定的事实有争议，或者第二审法院认为原审认定事实不清的，应当开庭审理。上述两种方式中，开庭审理是原则，书面审理是例外。

（2）审理范围。《行政诉讼法》第 87 条规定："人民法院审理上诉案件应当对原审人民法院的判决、裁定和被诉行政行为进行全面审查。"由此可见，第二审人民法院审理海事行政上诉案件应进行全面审查、即对一审人民法院认定事实的证据是否充分，适用法律、法规是否正确，是否违反法定程序等进行全面审查。

（3）审理期限。根据《行政诉讼法》第 88 条的规定："人民法院审理海事行政诉讼的上诉案件，应当在收到上诉状之日起 3 个月内作出终审判决。有特殊情况需要延长的，由高级人民法院批准，高级人民法院审理上诉案件需要延长的，由最高人民法院批准。"

4. 裁判

根据《行政诉讼法》第 89 条《最高人民法院关于适用〈中华人民共和国行政诉讼法〉的解释》（2018 年）第 109 条规定，第二审人民法院的裁判主要包括以下 4 种：

（1）维持判决。维持原判是在原审判决认定事实清楚，适用法律正确两个条件都具备的情况下作出的。维持原判是第二审人民法院用判决的形式驳回上诉人的诉讼请求，并确认了原审判决是正确的。

（2）依法改判。第二审人民法院对上诉的行政案件经过审理后，如果认定原判决事实清楚，只是适用法律错误，可以直接改判；如果认定原判事实不清，证据不足或者违反法定程序可能影响案件正确处理的，第二审人民法院在查清

---

① 王世涛：《海事行政法学研究》，中国政法大学出版社 2013 年版，第 357 页。

事实，补充证据后也可以直接改判。

（3）发回重审。第二审人民法院审理后认为原判决认定事实不清，证据不足或者违反法定程序可能影响案件正确判决的，可以裁定撤销原判，也可以查清事实后改判。原判一经撤销，就不发生法律效力，由原审人民法院重新审理。原审人民法院对发回重审的案件，仍然适用第一审程序。当事人对重审后的判决、裁定不服的，仍可以提起上诉。

（4）撤销裁定。第二审人民法院经审理认为原审人民法院不予受理或者驳回起诉的裁定确有错误且起诉符合法定条件的，应当裁定撤销原审人民法院的裁定，指令原审人民法院依法立案受理或者继续审理。

（5）驳回行政赔偿请求判决。原审判决遗漏行政赔偿请求，第二审人民法院经审查认为依法不应当予以赔偿的，应当判决驳回行政赔偿请求。

（三）审判监督程序

审判监督程序，又称再审程序，是指人民法院对已经发生法律效力的判决和裁定，发现违反法律、法规的规定，决定再次进行审理的程序。

1. 审判监督程序的提起

提出再审应符合一定的前提条件，即审查对象必须是已发生法律效力的判决或裁定且上述判决或裁定违反了法律、法规的规定。所谓违反法律、法规规定，一是指生效的判决、裁定在认定事实上有错误，如发现有新证据足以否定判决、裁定所认定的事实；二是指生效的判决、裁定在适用法律、法规上有错误。[①] 提起审判监督程序的主体及程序分别是：

（1）当事人申诉。当事人申请再审，应当在判决、裁定发生法律效力后6个月内提出。人民法院接到当事人的再审申请后，经审查符合再审条件的，应当立案并及时通知各方当事人；不符合再审条件的，予以驳回。

（2）人民法院提起。各级人民法院院长对本院已经发生法律效力的判决、裁定发现违反法律、法规规定，认为需要再审的，提交审判委员会讨论决定是否再审。上级人民法院对下级人民法院已经发生法律效力的判决、裁定，发现违反法律、法规规定的，有权提审或者指令下级人民法院再审。这里所指的上级人民法院，包括最高人民法院。最高人民法院监督地方各级人民法院和专门人民法院的审判工作，对下级人民法院已经发生法律效力的判决、裁定，发现违反法律规定的，有权行使审判监督权，指令原审法院再审或者向原审法院提取案件全部材料自行审理。

---

① 王世涛：《海事行政法学研究》，中国政法大学出版社2013年版，第358页。

(3) 人民检察院提起抗诉。人民检察院对人民法院已经发生法律效力的判决、裁定，发现违反法律、法规规定的，有权按照审判监督程序提出抗诉。对于人民检察院抗诉的案件，人民法院必须予以再审。

2. 再审的审理程序

《最高人民法院关于适用〈中华人民共和国行政诉讼法〉的解释》第119条规定，人民法院按照审判监督程序再审的案件，发生法律效力的判决、裁定是由第一审人民法院作出的，按照第一审程序审理，所作的判决、裁定，当事人可以上诉；发生法律效力的判决、裁定是由第二审人民法院作出的，按照第二审程序审理，所作的判决、裁定是发生法律效力的判决、裁定；上级人民法院按照审判监督程序提审的，按照第二审程序审理，所作的判决、裁定是发生法律效力的判决、裁定。人民法院审理再审案件，应当另行组成合议庭。

《最高人民法院关于适用〈中华人民共和国行政诉讼法〉的解释》第118条第2款规定："上级人民法院决定提审或者指令下级人民法院再审的，应当作出裁定，裁定应当写明中止原判决的执行；情况紧急的，可以将中止执行的裁定口头通知负责执行的人民法院或者作出生效判决、裁定的人民法院，但应当在口头通知后十日内发出裁定书。"

六、海事行政诉讼执行

（一）海事行政诉讼执行的概念及特征

海事行政诉讼执行，是指人民法院或者海事机构对已经生效的行政裁判，在一方当事人逾期拒不履行时，依法采取强制措施，从而使生效裁判得以履行的活动。人民法院作出的判决或裁定发生法律效力时，义务人应当自觉履行判决或裁定规定的义务。当义务人拒绝履行业已生效的判决或裁定时，就涉及执行问题。此处的"拒绝履行"，包括公开表示不履行和有条件履行但拖延履行。需要注意的是，海事行政诉讼的执行是对法院裁判的执行，而不是具体海事行政行为的执行。

海事行政诉讼执行具有如下特征：其一，执行的主体一般是人民法院，在极少的特定情况下可以是海事机构，如强制沉船打捞；其二，执行内容是人民法院已经生效的行政裁判，包括行政判决书、行政裁定书、行政赔偿书、行政赔偿调解书等；其三，执行的目的是实现已经生效的法律文书所规定的权利和义务。[①]

---

① 王世涛：《海事行政法学研究》，中国政法大学出版社2013年版，第360－361页。

(二) 海事行政诉讼执行措施

执行措施，是指执行机关在海事行政诉讼执行中所采用的具体执行手段与方法。执行措施分为对公民、法人或者其他组织的执行措施与对海事机构的执行措施。

(1) 对公民、法人或者其他组织的执行措施。根据《行政诉讼法》第95条的规定："公民、法人或者其他组织拒绝履行判决、裁定、调解书的，行政机关或者第三人可以向第一审人民法院申请强制执行，或者由行政机关依法强制执行。"根据该规定，参照《行政诉讼法》及海事法律法规的规定，对公民、法人或者其他组织适用的强制执行措施有：查询、划拨、扣留、提取、查封、扣押、拍卖、变卖、强制打捞、代履行金、迟延履行金等。

(2) 对海事机构的执行措施。对海事机构的执行措施，是指作为被告的海事机构拒不履行人民法院业已生效的裁判，人民法院根据原审原告的申请，对海事机构所采取的强制措施。根据《行政诉讼法》第96条的规定，对海事机构的执行措施有：①对应当归还的罚款或者应当给付的款额，通知银行从该行政机关的账户内划拨；②在规定期限内不履行的，从期满之日起，对该行政机关负责人按日处50~100元的罚款；③将行政机关拒绝履行的情况予以公告；④向监察机关或行政机关的上一级行政机关提出司法建议。接受司法建议的机关，根据有关规定进行处理，并将处理情况告知人民法院；⑤拒不履行判决、裁定、调解书、社会影响恶劣的，可以对该行政机关直接负责的主管人员和其他直接责任人员予以拘留；情节严重，构成犯罪的，依法追究刑事责任。

(三) 海事行政诉讼执行程序

1. 执行申请

当事人提出执行申请是执行程序的启动。根据《最高人民法院关于适用〈中华人民共和国行政诉讼法〉的解释》第152条规定："对发生法律效力的行政判决书、行政裁定书、行政赔偿判决书和行政调解书、负有义务的一方当事人拒绝履行的，对方当事人可以依法申请人民法院强制执行。"第153条规定："申请执行的期限为二年。申请执行时效的中止、中断，适用法律有关规定。申请执行的期限从法律文书规定的履行期间最后一日起计算；法律文书规定分期履行的，从规定的每次履行期间的最后一日起计算；法律文书中没有规定履行期限的，从该法律文书送达当事人之日起计算。"

2. 执行审查

执行审查是人民法院执行机构在接到执行申请后，在法定期限内对有关文书、材料所进行的审查。通过审查，以决定是否立案执行。根据《最高人民法院关于人民法院执行工作若干问题的规定（试行）》（以下简称《执行规定》）第 16 条的规定，审查的主要事项包括：①申请或移送执行的法律文书已经生效；②申请执行人是生效法律文书确定的权利人或其继承人、权利承受人；③申请执行的法律文书有给付内容，且执行标的和被执行人明确；④义务人在生效法律文书确定的期限内未履行义务；⑤属于受申请执行的人民法院管辖。人民法院对符合上述条件的申请，应当在 7 日内予以立案；不符合条件的，应当在 7 日内裁定不予受理。

3. 执行准备

《执行规定》第 22 条规定："人民法院应当在收到申请执行书或者移交执行书后十日内发出执行通知。执行通知中除应责令被执行人履行法律文书确定的义务外，还应通知其承担民事诉讼法第二百五十三条规定的迟延履行利息或迟延履行金。"同时，要制定强制执行的方案，决定所要采取的执行措施，通知执行参与人以及有关人员到场等。

4. 实施执行

实施执行是适用执行措施的过程，人民法院应当根据具体情况，适用相应的强制措施。

【案例枚举】

中洋运输股份有限公司不服台州海警局、浙江海警局行政处罚决定及复议决定案[①]

【基本案情】

2019 年 1 月，中洋运输股份有限公司（以下简称中洋公司）雇佣拖轮将无动力、无船名、无船号的船舶从舟山拖至台州三门，执法人员于 6 月查获该船。经台州海事局现场勘查，认定该船为"三无"船舶。台州海警局作出处罚决定，没收案涉"三无"船舶。中洋公司不服，向浙江海警局申请行政复议。浙江海警局作出复议决定，维持该处罚决定。中洋公司诉至宁波海事法院，请求判决撤销处罚决定及复议决定。

【裁判结果】

宁波海事法院审理认为，案涉罚没财物系无船名船号、无船舶证书、无船

---

① 参见宁波海事法院（2021）沪 72 行初 1 号行政判决书。参见最高人民法院《2021 年全国海事审判典型案例》（2022 年），载最高人民法院网，https：//www.court.gov.cn/zixun/xiangqing/361581.html，访问时间：2023 年 9 月 1 日。

籍港的"三无"船舶，并擅自出海从事生产、经营等活动，台州海警局作出没收中洋公司所有的"三无"船舶的处罚决定并未违反《行政处罚法》的规定。一审判决驳回中洋公司的诉讼请求。中洋公司提起上诉，浙江省高级人民法院二审维持原判。

【典型意义】

"三无"船舶长期脱离监管，对通航安全、人员安全、水域清洁管理、港口安全等造成严重危害，国家有关行政部门联合发文，要求对其坚决清理、取缔。本案为海事法院审理的海事行政案件，进一步明确了"三无"船舶的认定标准，为海上行政执法提供了重要参考，有利于促进行政执法尺度的统一；支持了海上执法机关的事实认定结论和行政处罚依据，保障行政执法机关依法履行管理职责，实现司法与行政执法的有效衔接。本案的裁判结果彰显了海事司法为依法开展海上执法活动，严厉打击"三无"船舶，维护海运秩序，为保护海上生命、财产和生态环境安全提供的有力支持和监督依据。

【问题与思考】

1. 什么是海事行政复议？
2. 海事行政复议的目的是什么？
3. 海事行政复议与海事行政诉讼的区别与联系？
4. 什么是海事行政复议的及时原则？
5. 不可申请海事行政复议的事项有哪些？
6. 什么是海事行政诉讼的辩论原则？
7. 论述海事行政诉讼的受案范围。
8. 论述海事行政诉讼中的举证责任。

第十二章 涉外海事争议的法律适用

涉外海事法律适用规范，是指一国为解决涉外海事法律冲突，指定涉外海事法律关系应适用哪一国法律作为准据法的法律规范的总和。它属于国际私法研究的范畴，具有涉外因素。涉外海事关系，是指在海事关系中，海事主体、客体或内容之一具有涉外因素的海事权利义务关系，是涉外海事法律适用规范调整的核心内容。涉外海事关系表现为海商法所调整的各种海事法律关系，如具有涉外因素的船舶物权关系、船员关系、国际海上货物运输合同关系、船舶租用关系、旅客运输关系、船舶碰撞及船舶油污海域侵权关系、共同海损、海事赔偿责任限制、海上保险等。

第一节 海事争议概述

一、海事争议的含义、范围和性质

(一) 海事争议的含义

在界定海事争议的含义之前，首先要澄清"海事"的概念。

"海事"一词由于其内涵丰富，存在广义和狭义之分。狭义的"海事"是指海上事故、海损事故、海难事故、海上交通事故或船舶交通事故的简称，即船舶在海上或其他可航水域发生事故，导致船舶、其他财产的损失或人员的伤亡。广义的"海事"，是海运事业、海上事务、海上活动等的简称。其内涵包括狭义的"海事"，但不限于狭义的"海事"。

与"海事"的含义相对应，海事争议也有广义和狭义之分。狭义的海事争议，是指造成船舶、其他财产的损失或人员伤亡的、发生于海上或其他可航水域的海损事故引起的争议；广义的海事争议，则包括航海贸易所涉及的与船舶和船舶活动有关的所有法律事实引起的争议。本书所指的海事争议是广义的。

（二）海事争议的范围

海事本身的涉及面广，根据"海事"的概念，海事争议有广义与狭义之分。广义的海事争议，是指人类因海上活动而引发的一切争议，包括但不限于民事性质的海事争议。此外，海事争议也不局限于在海上发生的事故或争议，还包括与船舶活动、海洋开发利用有关的一切法律争议。只要这种争议的原因、过程、结果等主要因素之一在海上发生，都可以称为海事争议。其中的"海上"不仅指海洋，还包括与海洋相通的可航水域。狭义而言，海事争议是指通过特定方式解决或由特定争议解决机构主管的海事争议。狭义的海事争议具有相对性，在不同的语境下，其内涵并不相同。本章涉及的海事争议，也是一种狭义的海事争议，主要指通过和解、调解、海事仲裁或海事诉讼等特定方式解决的平等主体之间的海事法律争议。

传统海事争议的范围主要包括以下四类：

1. 海事合同争议

海事合同争议，指因海上运输、海上开发以及与此有关的合同关系而引起的争议。海事合同是指由海商法调整的，与海上运输和船舶有关的，当事人之间设立、变更、终止民事权利义务关系的协议。海事合同具体包括海上货物运输合同、海上旅客运输合同、船舶租用合同、海上拖航合同、海难救助合同及海上保险合同等。海商合同涉外性强，绝大部分与海上运输相关，而海上运输包括国际海上运输、沿海运输及内河运输，国际海上运输是其中的重要形式。一般情况下，海事合同争议主要集中在海事合同的订立、效力和履行。

2. 海事侵权争议

海事侵权争议，指因船舶活动、海洋开发活动及与此相关的活动而产生的侵权争议。在海事海商领域，海事侵权是一个基础性概念，它指船舶在可航水域因过错或无过错造成他人人身伤亡损害、本船舶外的财产损害及公共利益损害，依法应当承担赔偿责任的行为。海商法范围内的海事侵权行为往往发生在海上运输或其他各种海上作业过程中。

海事侵权争议主要包括两大类：船舶碰撞损害赔偿争议和船舶污染损害赔偿争议。但在海事司法实践中海事侵权行为已经超出了传统的船舶碰撞和船舶污染侵权损害赔偿的范围，具体地说，包括船舶碰撞损害赔偿争议、船舶碰撞海上和港口设施损害赔偿争议、船舶油污损害赔偿争议、船舶燃油污染损害赔偿争议、船舶运输有毒有害物质损害赔偿争议、海上作业设施影响船舶航行造成损失的争议、人身伤亡事故引起的损害赔偿争议、海上运输和海上港口作业过程中的人身伤亡事故引起的损害赔偿争议等。

3. 海事物权争议

海事物权争议，在海商海事法律关系中所产生的物权争议。广义地说，物权方面的海事争议应当包括作为海上运输载体的船舶物权争议，也包括海上运输中的货物物权争议及其他海上财产物权争议。由于船舶是海商法中特有的物，具有合成物、拟人化和不动产化的性质，与民法中普通的物不同。传统海商法仅讨论船舶物权，其他非船舶的财产物权适用其他法律调整。

船舶物权，是指权利人直接对船舶行使并排除他人干涉的权利，通常包括船舶所有权、船舶抵押权、船舶优先权和船舶留置权等担保物权。船舶是动产，但具有不动产性，船舶物权具有民法中普通动产物权不同的公示方式。《民法典》第 225 条规定："船舶、航空器和机动车等物权的设立、变更、转让和消灭，未经登记，不得对抗善意第三人。"

其实，广义而言，有关物权方面的海事争议不仅包括有关船舶物权方面的争议，还应该包括关于海上货物所有权的争议及其他类型的物权争议[①]。

4. 特殊风险海事争议

特殊风险海事争议指由于海上发生一些的特殊风险而引起的海事争议，如共同海损分摊争议、海事赔偿责任限制争议等。

（三）海事争议的性质

海事争议本质上是一种特殊的民商事争议。从我国《海商法》调整对象为"海上运输关系和与船舶有关的社会关系"出发，并以此界定海商法的性质来看，目前国内学者普遍认为海商法为民商法的特别法，因此，海事争议不论从广义还是狭义角度均可界定为具有民商事性质的争议。

首先，海事争议具备民商事争议的共同属性。从民法角度看，传统的海事争议无非是物权争议和债权争议，物权争议包括基于船舶所有权、船舶抵押权、船舶留置权和船舶优先权等引起的争议，债权争议包括合同和侵权两类。海事争议的当事人处于平等的法律地位。另外，在海事争议中，当事人提出海事请求的目的多是向责任方索取民事赔偿。而海事争议最终的解决办法也往往是通过民事赔偿来实现。

其次，作为一种民商事争议，海事争议的当事人都是海上运输或者其他海上作业的参与者；海事争议的具体内容涉及的是构成海上运输关系或者船舶关系的权利和义务之间的争议；尤其是基于海上活动的特点，受海商法律制度制约，海事争议的处理适用特殊的程序法规则和实体法规则，如有关海事赔偿责

---

① 袁雪主编：《海事诉讼与仲裁法》，科学出版社 2018 年版，第 6 页。

任限制制度、共同海损制度、船舶扣押制度等规则,这些皆为海事争议与一般民商事争议的不同之处。

二、海事争议解决方式

海事争议解决的方式是指解决和处理海事争议当事人之间的法律关系的方法。对此,争议双方有权作出选择。按照各国海事争议解决的法律及国际上通行的惯例,在我国,海事争议解决的方式有四种:协商、调解、海事仲裁和海事诉讼。这四种方式的特点、性质、效力大不相同。

(一) 协商

通过协商方法解决海事争议,是指在海事争议发生后,由争议双方当事人直接接触,进行磋商,在分清是非、消除误会、明确责任的基础上,以自愿为原则,相互作出一定程度的让步,在双方当事人都认为可以接受的情况下,达成和解协议,使争议事项得到解决,这种方法经常被称为和解 (Reconciliation)。它主要有以下几个特点:

(1) 双方协商达成的协议必须符合法律规定,不能违背海商法及其他海事法规的内容,否则无效;

(2) 这种协商方式必须在双方自愿的基础上进行,任何一方有权拒绝协商或终止协商,而另行采用其他方法;

(3) 要体现协商一致、平等互利的原则,坚持各方地位平等,意思表示必须真实地反映当事人的意愿,任何一方不得采取胁迫、欺诈等手段,强迫对方接受自己的主张。

协商的方法可以贯穿于海事争议解决的始终,即使在调解、仲裁或诉讼进行中,双方也可以随时进行再次协商。以和解方法解决海事纠纷有利于维持当事人之间的合作关系,也有利于及时迅速地解决海事纠纷。但是,由于和解协议不具有法律强制效力,如遇当事人反悔则难以达到和解效果[1]。

(二) 调解

海事争议调解是指在海事争议当事人以外的第三方的主持或协调下,当事人之间达成调解协议,解决海事争议的方法。是否有第三人的参与,是调解与协商的主要区别。在解决海事争议的实践中,根据调解人的不同,调解可以分为民间调解、行政机构调解、仲裁机构调解和法院调解。任何调解都必须在双方当事人同意并在事实和责任清楚的基础上依法进行。海事争议同一般的民事

---

[1] 贾林青:《海商法》(第四版),中国人民大学出版社 2012 年版,第 341 页。

争议比较，涉及的问题更多且更复杂，不可能均依靠调解得以解决，所以，调解往往不被列为解决海事争议的独立途径，而仅作为仲裁或诉讼的辅助手段，且不是仲裁或诉讼的必经程序。

在我国，调解是解决包括海事争议纠纷在内的各种民商事争议的重要途径。

（三）海事仲裁

仲裁是指争议当事人通过协商方式，自愿将争议提交第三方仲裁机构，由其作出裁决的方式。海事仲裁是指海事争议的当事人根据合同中的仲裁条款或双方达成的仲裁协议，将海事争议提交给约定的仲裁机构予以裁决解决的方法。20世纪初，海事仲裁仅以租约海上运输合同、保险合同等契约性纠纷为主要受案类型，而至今已经发展成为以租约为主，同时涉及船舶碰撞、海上救助、船舶油污损害等非契约性争议，并且案件数量呈现逐年上升的趋势。[1]

海事仲裁因大都具有涉外性，其承认和执行较之国内仲裁更为复杂。对于承认和执行外国的海事仲裁裁决和其他国际商事仲裁裁决，各国都采取比较谨慎的态度，一般要求两国间存在互惠，或者有两国间签订或共同参加的条约为依据。我国承认和执行外国海事仲裁裁决的主要依据是1958年《纽约公约》和我国缔结的其他国际条约的有关规定和互惠原则，以及《民事诉讼法》和《海事诉讼特别程序法》的相关规定。

1. 《民事诉讼法》和《海事诉讼特别程序法》的有关规定

《民事诉讼法》第290条规定："经中华人民共和国涉外仲裁机构裁决的，当事人不得向人民法院起诉。一方当事人不履行仲裁裁决的，对方当事人可以向被申请人住所地或者财产所在地的中级人民法院申请执行。"

《海事诉讼特别程序法》第11条规定："当事人申请执行海事仲裁裁决，申请承认和执行外国法院判决、裁定以及国外海事仲裁裁决的，向被执行的财产所在地或者被执行人住所地海事法院提出。被执行的财产所在地或者被执行人住所地没有海事法院的，向被执行的财产所在地或者被执行人住所地的中级人民法院提出。"

2. 在《纽约公约》缔约国内作出的裁决

《纽约公约》已于1987年4月22日对我国生效。我国在加入该公约时作了互惠保留和商事保留，即我国只对《纽约公约》缔约国境内作出的按照我国法律属于"契约性和非契约性商事法律关系"所引起争议的仲裁裁决承担使用《纽约公约》的义务。根据我国最高人民法院1981年4月10日发布的《关于执

---

[1] 屈广清主编：《海事诉讼与海事仲裁法》，法律出版社2007年版，第137页。

行我国加入的〈承认及执行外国仲裁裁决公约〉的通知》中的解释，所谓"契约性和非契约性商事法律关系"，是指由于合同、侵权或者根据有关法律规定而产生的经济上的权利义务关系。

申请人根据《纽约公约》第 4 条的规定，申请我国法院承认与执行在另一缔约国领土内作出的仲裁裁决时，应向对被申请人或财产有管辖权的我国下列地点的中级人民法院提出：①被执行人为自然人的，为其户籍所在地或居所地；②被执行人为法人的，为其主要办事机构所在地；③被执行人在我国无住所、居所或者主要办事机构，但是有财产在我国境内的，为其财产所在地。① 我国法院在接到一方当事人的申请后，进行审查，以决定是否予以承认和执行。

3. 在与我国订有双边条约的国家作出的外国裁决

在我国与一些国家订立的司法协助的条约或协定中，规定有关相互承认与执行对方国家的仲裁裁决的条文，对于在这些国家作出的裁决，可按双边条约的规定予以承认及执行。

4. 在其他国家作出的裁决

对于在《纽约公约》缔约国以及与我国订有双边条约国家以外的其他国家作出的仲裁裁决，需要在我国境内承认与执行的，应由申请人向我国法院提出申请，我国法院按互惠原则办理。只要裁决符合我国法律规定，不违反国家主权、安全、社会公共利益的，又存在互惠关系，就应对该仲裁裁决予以承认并执行。

由于海事仲裁方式"一裁终局"和"专家审理"的优越性，海事仲裁正在成为解决海事纠纷的重要方式。

（四）海事诉讼

通过法院诉讼的方式解决争议，就是海事诉讼，是解决海事纠纷最有效的一种方法。海事诉讼是指享有海事请求权的人为了行使其海事请求权，在其合法权益受到损害或遭受人身伤亡时，向有管辖权的海事法院起诉，海事法院在海事争议当事人的参加下，按照民事诉讼程序，解决海事争议的全部活动，包括起诉、受理、送达、保全、审理、判决和执行等全部诉讼活动。这是解决海事争议最普遍、最常见也是最有权威和最有强制力的一种方式。简言之，海事诉讼就是国家司法机关在海事纠纷当事人参与下处理纠纷的全部活动和过程。

---

① 参见最高人民法院公报，《最高人民法院关于执行我国加入的〈承认及执行外国仲裁裁决公约〉的通知》（1987 年），载 gongbao.court.gov.cn/Details/e4defa983a153b314590d73e5a0c60.html，访问时间：2023 年 9 月 1 日。

1. 海事诉讼的特点

海事诉讼与一般民事诉讼和其他处理海事纠纷的方法相比具有以下特点。

（1）法院在海事诉讼中处于主导和裁判的地位。海事诉讼是由受理海事纠纷案件的海事法院依据法律规定的海事诉讼程序，主持海事诉讼的进程和诉讼活动内容，并根据各种证据作出法律裁判。

（2）法院所作出的法律裁判具有法律效力。该法律裁判的法律效力表现在负有执行义务的当事人不主动履行裁判内容的，另一方当事人可以向法院申请强制执行。

（3）海事诉讼适用于海事纠纷案件。这些海事纠纷案件的内容限于海商活动关系，且普遍具有涉外性。海事纠纷案件专门由海事法院予以审理，并且海事法院审理海事纠纷案件所适用的准据法，可能是我国法律，也可能是外国法，还可能是我国参加的国际条约或者认可的国际惯例。

（4）海事诉讼管辖权的确立有别于一般的民事诉讼。根据各国海事诉讼的实践，在海事诉讼范围内流行"择地诉讼"，海事纠纷的当事人对于确定法院有无海事诉讼的管辖权可以充分地自行选择，但法律规定专属管辖的海事纠纷案件除外。

（5）海事诉讼中的海事请求保全制度有别于一般的民事诉讼。针对海事纠纷案件的特点，海事请求保全制度在海事诉讼中占据重要的地位。其突出表现是海事纠纷案件的当事人经常在起诉之前，向法院申请扣押有关的船舶，用以保护自己的权利。[①]

2. 涉外海事诉讼管辖

我国海事法院的涉外海事诉讼管辖问题，在1986年1月31日《最高人民法院关于涉外海事诉讼管辖的具体规定》中有明确的规定，主要体现为以下原则。

（1）地域管辖原则。只要当事人、诉讼标的物在其管辖的领域内，或者引起诉讼的法律关系、法律事实发生在该国管辖的领域内，则该国法院就有司法管辖权。

（2）专属管辖原则。我国海事法院能够享有独占的、排他的管辖权的案件主要有：在我国的港口作业中发生的诉讼；在我国设定船舶抵押权引起的诉讼；油污事故发生在我国领海或我国领海因油污事故受损以及为防止或减轻油污损害，我国采取了预防措施提起的赔偿诉讼等，都由我国海事法院专属管辖。

[①] 贾林青：《海商法》（第四版），中国人民大学出版社2016年版，第343—344页。

（3）协议管辖原则。海事争议的双方当事人以书面协议的方式约定由我国法院管辖的，由协议提交的海事法院管辖。

3. 涉外海事诉讼管辖权的国际公约规定

由于各国法律的差异，在涉外海事诉讼管辖权的问题上市场会发生冲突，国家间为了解决管辖冲突，求得统一，制定了关于管辖权方面的国际公约，主要有以下三个公约。

（1）1952年《关于统一船舶碰撞中民事管辖权方面若干规定的国际公约》，规定对于船舶碰撞案件具有管辖权的法院为被告经常居住地或营业地法院、扣押过失船舶或姊妹船舶的法院、碰撞发生于港口或领海时的行为地法院、双方协议选择的法院。

（2）《汉堡规则》，规定对海上货物运输中发生的海事争议，被告的主要营业所、契约订立地、装货港或卸货港、当事船舶或其姊妹船舶被扣押港口所在地法院都有管辖权。

（3）1969年《责任公约》，规定对因油污损害引起的赔偿案件具有管辖权的法院是油污损害事件发生地或采取防止或减轻油污预防措施地点的法院。

4. 解决海事诉讼管辖权冲突的规定

以上国内法和国际公约关于海事诉讼管辖权的规定，都赋予法院对海事诉讼以广泛的管辖权。正因如此，当双方当事人都有权起诉对方的情况下，根据法律规定的不同的连接因素，各自对同一诉讼标的在各自选择的法院起诉时，则产生了管辖权冲突。另外，某些原告就同一诉讼标的对同一被告分别在两国法院起诉，也会产生管辖权的冲突。

为了解决这种冲突，某些国际公约已对此作了规定。例如1952年《船舶碰撞民事管辖权公约》第1条第3款规定："请求人不得在撤销原有诉讼之前，就同一事实对同一被告在另一管辖区域内提起诉讼。"又如1977年《民事管辖权公约草案》第3条规定："如果由于同一碰撞而产生一个以上适用本公约的请求权时，都可在最初受理该案的法院对诉讼的任何当事人就任何这种请求权提起诉讼，不管是反诉或其他。"我国《民事诉讼法》第36条也规定两个以上人民法院都有管辖权的诉讼，原告可以向其中一个人民法院起诉；原告向两个以上有管辖权的人民法院起诉的，由最先立案的人民法院管辖。以上各项规定，都是解决管辖权冲突的有效依据。

5. 我国海商法对涉外海事关系法律适用的具体规定

我国《海商法》第十四章专门规定了涉外海事关系的法律适用。

（1）海商合同当事人可以选择合同适用的法律，法律另有规定的除外，合同当事人没有选择的，适用与合同有最密切联系的国家的法律。

（2）船舶所有权的取得、转让和消灭，适用船旗国法律。

（3）船舶抵押权适用船旗国法律。如果船舶在光船租赁以前或者光船租赁期间设立船舶抵押权的，适用原船舶登记国的法律。

（4）船舶优先权，适用受理案件的法院所在地法律。

（5）船舶碰撞的损害赔偿，适用侵权行为地法律，船舶碰撞如果发生在公海上，其赔偿案件适用受理案件所在地法律；但同一国籍的船舶，不论碰撞发生于何地，碰撞船舶之间的损害赔偿适用船旗国法律。

6. 《海商法》对具体时效的规定

我国《海商法》第十三章对诉讼时效的规定主要有三种情况。

（1）诉讼时效期间为1年的海事请求有：①在提单运输中货方向承运人要求赔偿的请求权或承运人向货方要求赔偿的请求权，自承运人交付货物或应当交付货物之日起算；②海上拖航合同的请求权，自知道或应该知道权利被侵害之日起算；③共同海损分摊的请求权，自理算结束之日起算；④互有过失船舶碰撞引起第三人的人身伤亡，一船负连带责任而支付的赔偿额超过其过失比例，向他船追偿的请求权，自当事人连带支付损害赔偿之日起算；⑤申请打捞沉船或申请发还捞起的原物及处理原物所得的价款的期限，自该船沉没之日起算，但妨碍船舶航行、航道整治或工程建筑的沉船，有关部门规定申请期限及打捞期限的除外；⑥国外索赔人向港口索赔的，自编制记录的次日起算。

（2）诉讼时效期间为2年的海事请求有：①有关航次租船合同和船舶租用合同的请求权，自知道或应当知道权利被侵害之日起算；②有关海难救助的请求权，自救助作业终止之日起算；③保险人要求海上保险赔偿的请求权，自保险事故发生之日起算；④海上旅客运输向承运人要求赔偿的请求权，造成旅客人身伤害的，自旅客离船或应船之日起算；造成旅客死亡的请求权，发生在运送期间的，自旅客应当离船之日起算；因运送期间内的伤害而导致旅客离船后死亡的，自旅客死亡之日起算，但此期限最长不超过旅客离船之日起三年；旅客行李灭失或损坏的请求权，自旅客离船或应该离船之日起算。

（3）有关船舶发生油污损害的请求权的诉讼时效期间为3年，自损害发生之日起算。但在任何情况下，时效期间不得超过自造成损害的事故发生之日起6年。在时效期间的最后6个月内，因不可抗力或者其他障碍不能行使请求权的，时效中止。自中止时效的原因消除之日起，时效期间继续计算。

另外，关于追偿请求权问题，海上货物运输向承运人要求赔偿请求的，在时效期间内或时效期间届满后，被认定为负有责任的人向第三人提起追偿请求的，时效期间为90日，自追偿请求人解决原赔偿请求之日起算，或自收到受诉法院送达的起诉状副本之日起算。

第二节 涉外海事争议的法律适用

一、涉外海事争议法律适用的渊源

（一）国内立法

1.《海商法》

我国《海商法》第十四章从第 268 条到第 276 条专门规定了涉外海事关系的法律适用，是调整涉外海事关系的基本法律规范，是我国海事法院审理涉外海事案件解决法律适用题的重要法律依据。

2.《涉外民事关系法律适用法》

用于具有涉外因素的海事争议的活动。为了明确涉外民事关系的法律适用，合理解决涉外民事争议。第十一届全国人民代表大会常务委员会第十七次会议于 2010 年 10 月 28 日通过了《中华人民共和国涉外民事关系法律适用法》（以下简称《涉外民事关系法律适用法》），并于 2011 年 4 月 1 日起施行。涉外民事关系是指具有下列情形之一的民事关系：当事人一方或双方是外国公民、外国法人或者其他组织、无国籍人；当事人一方或双方的经常居所地在中华人民共和国领域外；争议标的物在中华人民共和国领域外；产生、变更或者消灭民事关系的法律事实发生在中华人民共和国和领域外；可以认定为涉外民事关系的其他情形。按照《涉外民事关系法律适用法》第 2 条的规定，涉外民事关系一般应适用该法的规定。但是，其他法律对涉外民事关系的法律适用另有特别规定的，依照其他法律的规定。[①]

涉外海事关系虽然也属于涉外民事关系的范畴，但对此种关系的调整涉及许多具体的专业性问题，故在我国《海商法》中已经专列一章"涉外关系的法律适用"。在司法实践中《海商法》中有规定的，应优先适用《海商法》的规定；《海商法》中无规定的，才适用《涉外民事关系法律适用法》的规定。

3.《民事诉讼法》

《民事诉讼法》第四编为"涉外民事诉讼程序的特别规定"，该编对中国法院受理涉外民事案件的一般原则、管辖、送达期间、仲裁、司法协助等程序方

[①]《最高人民法院关于适用〈中华人民共和国涉外民事关系法律适用法〉若干问题的解释（一）》第 2 条。

面问题作出特别规定,这些规定对于当事人在中国法院的涉外民事诉讼具有重要意义。

4. 最高人民法院司法解释

最高人民法院有关涉外民事关系的相关规定有许多,如《最高人民法院关于适用〈中华人民共和国涉外民事关系法律适用法〉若干问题的解释（一）》（以下简称《涉外法律适用法解释（一）》）以及最高人民法院在审判实践中就专门事项或个案所做的批复等。

《涉外法律适用法解释（一）》第3条规定:"涉外民事关系法律适用法与其他法律对同一涉外民事关系法律适用规定不一致的,适用涉外民事关系法律适用法的规定,但《中华人民共和国票据法》《海商法》《中华人民共和国民用航空法》等商事领域法律的特别规定以及知识产权领域法律的特别规定除外。涉外民事关系法律适用法对涉外民事关系的法律适用没有规定而其他法律有规定的,适用其他法律的规定。"可知《海商法》作为民法的特别法,《海商法》有关涉外法律适用规定具有优先适用性。

（二）海事国际条约

海事国际条约包括海事国际公约和双边的国际条约,涉外性或国际性是各国海商法的重要特征之一。我国参加的实体方面海事国际公约,解决海事法律冲突、程序方面的国际公约是调整我国涉外海事关系的重要法律渊源。特别是在20世纪90年代后我国参与了大量海事国际公约的立法、起草工作。在这些海事国际公约中都有海事国际私法的内容,成为各国谋求解决海事法律冲突的重要途径。在加入WTO以后,我国国际贸易额明显增加,海上运输量不断加大,加之在全球经济一体化的趋势下,海事国际公约越来越成为我国及各国海事法院解决涉外海事关系法律适用问题的重要依据,其法律地位也日渐提高。

1928年《布斯塔曼特法典》是较早具有综合性调整国际海事关系的国际公约,该法典第二卷第三编专门对航海和航空商业关系的法律适用作了专章规定。

调整涉外海事关系的主要公约有国际劳工组织（ILO）制定的调整船员关系的公约、船舶物权方面的《有关统一船舶优先权和船舶抵押权若干法律规定的国际公约》;提单运输方面的《海牙规则》《维斯比规则》《汉堡规则》《鹿特丹规则》和《国际多式联运公约》;旅客运输方面的《雅典公约》。其他船舶碰撞、海难救助、海事赔偿责任限制、海上油污损害赔偿责任公约、海事管辖权程序方面等公约对不同种类海事法律关系准据法的认定都作了不同程度的规定。

此外,我国为解决区域性海事法律冲突还订立了一些双边的国际条约和协定,这些条约和协定对涉及调整双方海运方面的权利义务关系起着重要作用。

(三) 国际海运惯例

国际海运惯例在长期航运实践中被人们反复运用形成，并为多数国家在处理航运实务问题中所认可，是具有法律约束力的行为规则。我国承认国际航运惯例在调整涉外海事关系中的法律地位。我国《海商法》第268条第2款规定："中华人民共和国法律和中华人民共和国缔结或者参加的国际条约没有规定的，可以适用国际惯例。"这些国际航运惯例大多具有任意性、民间性，如有关共同海损理算的《约克—安特卫普规则》、租船与港口作业方面的《租船和航运用语》，贸易价格方面的《贸易术语解释通则》《跟单信用证统一惯例》等。此外，一些尚未参加的国际航运公约中的规定，被国际航运业普遍认可并为一国法院审理涉外案件所认可时，也具有国际惯例的作用。

(四) 海事判例

在英美法系国家，判例是主要的法律渊源，特别在海事私法实践中判例的作用更不可忽视。我国法律不承认判例是法律渊源，故在涉外海事关系的法律适用中，法院不能引用判例作为法律依据定案。但在海事司法实践中，《最高人民法院公报》中刊登的一些典型案例对司法审判实务具有指导意义，同时法官在审判实践中也比较重视典型案例的参考作用。

二、涉外海事争议法律适用的基本原则

涉外海事争议法律适用的基本原则，是贯穿于涉外海事争议法律适用，指导人们运用法律调整涉外海事争议的基本法则和标准。为了解决法律冲突，更好地规范涉外海事关系，解决争议，我国在立法中根据本国实际情况，并借鉴外国的立法经验，确立了涉外海事争议法律适用的基本原则，这些制度起到了统领司法实践的作用。

我国《海商法》第268条、第269条和第276条分别规定了确认准据法的基本原则："中华人民共和国缔结或者参加的国际条约同本法有不同规定的，适用国际条约的规定；但是，中华人民共和国声明保留的条款除外。中华人民共和国法律和中华人民共和国缔结或者参加的国际条约没有规定的，可以适用国际惯例。""合同当事人可以选择合同适用的法律，法律另有规定的除外。合同当事人没有选择的，适用与合同有最密切联系的国家的法律"。"依照本章规定适用外国法律或者国际惯例，不得违背中华人民共和国的社会公共利益。"

(一) 国际条约优先适用的原则

"条约必信"这一国际法基本准则在调整涉外海事争议时同样适用。根据《海商法》第268条第1款规定，国际条约优先适用的原则，即我国法院在处理

涉外的海事争议时，我国缔结或者参加的国际条约与我国法律有不同规定的，应当优先适用国际条约的规定。但是，我国声明保留的条款除外。该规定体现了我国法院在解决涉外海事争议的法律适用时，对于我国已参加的国际条约采取优先适用的原则，并且条约必须信守已成为国际法的基本准则。此外，根据《涉外法律适用法解释（一）》第9条的规定，法院可以根据该国际条约的内容确定当事人之间的权利和义务，但违反中华人民共和国社会公共利益或中华人民共和国法律、行政法规强制性规定的除外。对具体案件的法律适用规定是否应适用某国法或国际条约，当事人应负有举证责任。

（二）国际惯例补充原则

国际惯例补充原则，即我国法律和我国缔结或者参加的国际条约没有规定而有相应的国际惯例的，适用国际惯例处理海事纠纷。根据我国《海商法》第268条第2款的规定，我国法律和我国缔结或者参加的国际条约没有规定的，可以适用国际惯例。我国法律承认国际惯例的适用效力，但是国际惯例对于具体的海事纠纷是否具有适用效力取决于当事人的选择。国际惯例被我国视为法律渊源，对于解决涉外海事关系的法律适用具有重要的补充性作用。特别是一些国际航运惯例被广泛地用在合同中，对约束当事人权利义务关系起着不可忽视的作用，如国际贸易术语等。

（三）意思自治原则

意思自治原则，即处理海事合同纠纷的准据法时，首先适用合同当事人选择的法律。意思自治原则历来是解决合同关系的重要原则，也是解决海事关系法律适用的重要原则。意思自治最初是一种学说，最早由法国学者杜摩兰在《巴黎习惯法评论》中提出。由于该学说反映了商品经济的客观需要，因而为欧洲大陆国家和英、美、日等国的立法和司法实践所采纳，到20世纪时已基本为国际社会所公认并成为一项原则。意思自治原则不仅适用于建立、变更和消灭民事法律关系的过程中，而且也体现在以协议的方式解决双方争议的过程中。

按照《涉外民事关系法律适用法》的规定，当事人依照法律规定可以明示选择涉外民事关系适用的法律。中华人民共和国法律对涉外民事关系有强制性规定的，直接适用该强制性规定。如果适用外国法律将损害我国社会公共利益，应适用中华人民共和国的法律。① 通过长期的海事司法实践可以证明，意思自治原则在调整涉外海事关系中发挥了十分重要的作用。

---

① 参见《涉外民事关系法律适用法》第3-5条。

(四) 最密切联系原则

最密切联系原则，即合同当事人没有选择处理海事合同纠纷所应当适用的法律的，则适用与合同有最密切联系的国家的法律。最密切联系是指特定的法律关系与特定国家法律之间的密切联系，最密切联系的法律是指与该法律事实存在密切联系的法律。适用该原则应当综合考虑当事人住所地、合同签订地、合同履行地、标的物所在地等与交易有关的因素，避免任意性。该原则体现了当事人在对合同关系的法律适用没有选择或协议时，适用与合同有最密切联系国家的法律，也是对意思自治原则的补充原则。《涉外法律适用法解释（一）》第6条规定："中华人民共和国法律没有明确规定当事人可以选择涉外民事关系适用的法律，当事人选择适用法律的，人民法院应认定该选择无效，表明依据最密切联系原则所确定的合同准据法应不突破我国适用法所规定的可以选择法律的范围。"

在过去，许多国家都以合同缔结地作为最密切联系的因素，而现在则有许多国家以合同履行地作为最密切联系的因素。最密切联系原则的优点是可以克服传统冲突规范的机械和教条，但问题在于由于法官的自由裁量权增大，使法律选择增加了任意性。

(五) 公共秩序保留原则

公共秩序保留，是指一国法院在审理涉外案件时，如果依据内国法的冲突规范需要适用外国法，而该外国法的内容与内国的法律原则、社会道德和重大利益发生抵触，则法院可以拒绝适用该外国法而适用内国法的规定。公共秩序保留作为国际私法当中调整涉外关系的一项原则，已为国际社会所普遍接受。

我国《海商法》第276条规定："依照本章规定适用外国法律或者国际惯例，不得违背中华人民共和国的社会公共利益。"公共秩序保留作为调整涉外海事法律关系的原则，在解决涉外海事关系的法律适用时也被各国法律或国际公约普遍接受。值得注意的是公共秩序保留的适用应受到严格的限制，对公共秩序保留原则不能滥用，只有在适用外国法与内国法的强制性规范发生抵触时，才能适用这一原则，否则，国际私法中的冲突规范将形同虚设。

(六) 司法管辖对等原则

对等原则又称"相互原则"，是涉外诉讼适用的一般原则之一。一国对于他国公民、企业和组织的诉讼权利加以限制或给予方便时，他国也以相对应的规定限制或给予该国公民、企业和组织相应的诉讼权利。主权国家之间应以平等、互惠为交往原则，在司法上应当相互尊重，不应加以歧视或限制。但由于各国法律规定不一，为体现互惠才形成了对等原则。中国在涉外诉讼中，承认并适用对等原则。在处理涉外海事案件中，对等原则也常常被引入一国的司法管辖问题上。其实质是在于国家在相互尊重司法主权独立的基础上对外国法院判例的承认。

第三节　具体涉外海事争议的法律适用

一、船舶物权关系的法律适用

物权是指直接支配物并排除他人非法干涉的权利，物权的行使具有排他性。船舶物权是指权利人直接对船舶行使并排除他人干涉的权利，通常包括船舶所有权、船舶抵押权、船舶优先权和船舶留置权等。船舶所有权的取得、转让和消灭均属于船舶物权的范畴。

（一）船舶所有权关系的法律适用

我国《海商法》第7条规定："船舶所有权，是指船舶所有人依法对其船舶享有占有、使用、收益和处分的权利。"船舶所有权的范围是船舶所有人所能支配的船舶所有权客体的范围。船舶所有权关系普遍适用船旗国法，但在合同约定下的准据法和依最密切联系原则确定的准据法，对特定船舶所有权关系的法律适用也有重要意义。

1. 船舶所有权的法律适用

依国际私法有关"物权适用物之所在地法"的基本原则，船舶的物权也应适用船舶的所在地法。在船舶物权的法律适用方面，各国立法中占主流的做法是采用船舶登记地法。因为船舶所有权的取得、转让与丧失实际上是受船舶登记地法律支配的，船舶与其登记地的联系是一种必然的、紧密的联系，而与船舶的所在地则是一种偶然的、松散的联系。船舶与船旗联系最密切，船旗代表该船舶的国籍所属，因此各国普遍将船舶所有权的法律适用规定为船旗国法。我国《海商法》第270条明确规定："船舶所有权的取得、转让和消灭，适用船旗国法律。"船旗的取得是以登记为条件的，只有在某国进行了登记，才能取得该国的船籍，悬挂该国的船旗。

2. 光船租赁的法律适用

光船租赁权是光船承租人对船舶所有人所有的船舶享有占有、使用和收益的权利，它是一种用益物权即他物权。船舶在光船租赁的情况下，根据《船舶登记条例》规定也须到"船舶登记机关登记；未经登记的不得对抗第三人"。

有关光船租赁登记关系的法律普遍适用船旗国法。根据我国《海事诉讼特别程序法》第6条关于"海事诉讼地域管辖"的规定，因海船租用合同纠纷提起的诉讼，由交船港、还船港、船籍港所在地、被告住所地海事法院管辖；但并不排除根据当事人意思自治原则确定的准据法。光租合同没有约定的，根据法院地国的冲突规范确定准据法，仍不能确定的依据最密切联系原则确定。

3. 建造中船舶的法律适用

建造中的船舶是尚未取得船舶所有权登记证书的船舶。建造中的船舶登记制度不完善，因此其所有权问题极易发生纠纷。"建造中船舶"所有权只是一种准用海商法有关船舶所有权规定的所有权，其并不能构成严格意义上的船舶所有权。甚至于很多船舶登记机关拒绝受理此种登记业务。如建造合同中没有对准据法约定的，应适用物之所在地法即船舶建造地法来确定准据法。

4. 船舶转让中的法律适用

我国《海商法》第270条规定："船舶所有权的取得、转让和消灭，适用船旗国法律。"这与适用登记地法的做法是一致的。在不同国籍的权利主体进行船舶转让情况下，卖方将船舶交付买方时，买方进行船舶登记应以卖方提交注销原船籍证明为条件，因此尚需一个过程。① 如果该期间对船舶权属问题发生争议，船舶买卖合同中有关法律适用条款的约定是双方解决争议的首选准据法；如果没有这样的约定，应适用将变更的船旗国法。

（二）船舶优先权的法律适用

我国《海商法》第21条规定："船舶优先权，是指海事请求人依照本法第二十二条的规定，向船舶所有人、光船承租人、船舶经营人提出海事请求，对产生该海事请求的船舶具有优先受偿的权利。"关于船舶优先权制度，尽管已为所有海运国家的立法所承认，但各国法律制度以及政治、经济利益的差异，必然导致船舶优先权法律规定的差异。有关的国际公约由于参加国有限，没有充分发挥其应有的作用。② 船舶优先权在法律适用方面的规定，散见在各国海事法中。当代各国冲突法对船舶优先权的法律适用问题规定均不完全一样。主要有以下做法：适用法院地法、船旗国法、债权发生地法、船舶所在地法及最密切联系地法等。综合英美法系和大陆法系国家的做法，包括我国《海商法》第272条也明确规定："船舶优先权，适用受理案件的法院所在地法律。"

法院地法调整船舶优先权的法律冲突已被各国普遍接受。其原因如下：

（1）船舶优先权的行使须经过司法程序，集中表现为通过对船舶申请司法

---

① 司玉琢主编：《海商法》（第五版），法律出版社2023年版，第411页。
② 韩立新：《海事国际私法》（第二版），大连海事大学出版社2015年版，第83页。

扣押来行使和实现优先权。船舶扣押受程序法调整，当然应适用法院地法。所以船舶优先权适用法院地法与扣押地一致，体现了该问题在法律适用的一体性，避免该案件在法律适用上出现不必要的混乱。

（2）各国关于船舶优先权的立法体系不同，有的国家将其放在实体法中，有的则将其放在程序法中规定。如果属程序法的范畴，法院一定要适用法院地法。即使放在实体法中也无一例外要通过法定程序来实现，因此适用法院地法有更大的合理性，当然也给法院对案件的审理带来方便，而不必去查证外国法对优先权的具体规定或优先顺序。

不过也有学者认为，船舶优先权适用法院地法并不是一条理想的冲突规则。但是这并不意味着船舶优先权的所有方面的问题都不适用法院地法，船舶优先权行使中的船舶扣押这一强制措施的行使属于公法的范围，受程序法调整，因此应适用法院地法。另外，诉讼费、港口费、船舶吨税、国家捐税等基于法院地公法之规定而产生的船舶优先权属于公法调整范围，而公法原则上是没有域外效力的。因此，它们亦应适用法院地法。至于船舶优先权的其他方面，则不应适用法院地法。①

（三）船舶抵押权的法律适用

我国《海商法》第 11 条规定："船舶抵押权，是指抵押权人对于抵押人提供的作为债务担保的船舶，在抵押人不履行债务时，可以依法拍卖，从卖得的价款中优先受偿的权利。"在国际贸易迅猛发展的今天，船舶抵押权越来越成为一种为船舶所有人取得融资贷款的重要的担保方式。因此也保障了航运业的顺利发展②。船舶抵押权是一种担保物权，是为了债权担保而存在的从属物权。关于船舶抵押权的法律适用，各国有不同的做法。

1. 适用船舶所在地法

主要理由来源于"物之所在地法"原则。根据国际私法的理论，凡是动产物权，无论其所有人是本国人还是外国人，从保护标的物所在地国的利益，以及确保这种物权关系在该国的稳定性和可靠性出发，在法律适用上应坚持严格的属地原则，从而应适用物之所在地法。船舶既然是动产，船舶抵押权又是一种担保物权，这一原则当然对其适用。

2. 适用法院地法

对船舶抵押权适用法院地法的主要理由也是基于"物之所在地法"原则。但是这里对所在地法作了不同的解释，即将它理解为依据国家权力，扣押并拍

---

① 屈广清、周后春：《论船舶优先权的法律适用》，载《中国海商法年刊》2002 年，第 102 页。
② 袁雪主编：《海事诉讼与仲裁法》，科学出版社 2018 年版，第 23 页。

卖作为抵押权标的物的船舶的所在地法，也就是"扣押地法"。因为要行使船舶抵押权，必须通过扣船卖船实现，这样通过扣船使船舶作为运输工具而不断变化的所在地固定下来，所在地法即为扣押地法——法院地法。其次，主张适用法院地法的人认为，抵押权人的优先性只有依据法律的强制力的保护才能存在或实现，有关抵押权的法律与公共秩序相联系，因此，只有体现当地公共秩序的法院地法才对它有绝对的支配力。

3. 适用船旗国法

船舶抵押权适用船旗国法主要是根据船舶这种动产所具有的特殊性质——拟人化而提出的。虽然船舶也是动产，但在实际处理中却采用了拟人化处理，即船舶具有与自然人的姓名、国籍和户籍地相类似的船名、船籍和船籍港。而且，船舶还具有表示其国籍的外部特征——船旗。对船舶采用拟人化处理并赋予其国籍的重要原因之一，就是依此而明确船舶所属国法对于船舶享有特殊的管辖权，并给予其特殊的法律保护。这种管辖法律也必然涉及和影响到船舶抵押权的法律适用。因此，在决定作为担保物权的船舶抵押权的准据法时，不应机械地适用"物之所在地法"原则，而应根据船舶本身具有的特性，把船籍港拟制为船舶的真实所在地，合理地选择适用船旗国法。[①]

适用船旗国法的理论依据是：（1）船籍国是拟制的船舶所在地，船舶有船名、国籍和船籍港，且以船籍港为中心航行，应以船舶的拟制所在地法或者船舶的船籍国法代替船舶的现实所在地法；（2）法律适用结果的确定性、可预见性；（3）维护国际贸易的安全，并保护权利人的利益，这与法律适用结果的确定性和可预见性紧密相关；（4）在权利的公示方面，船舶抵押权以登记为其公示方式，且通常在船籍港进行登记，利害关系人可通过登记机关了解特定船舶上有没有设定船舶抵押权，适用船籍国国法有利于交易的安全。

我国也采用了船舶抵押权适用船旗国法律的做法。我国《海商法》第13条明确规定设定抵押权必须登记，未经登记的，不得对抗第三人。船舶抵押权的登记地与船旗国相一致就增强了被担保的债权的确定性，有利于保护抵押权人的正当权利。我国《海商法》第271条明确规定"船舶抵押权适用船旗国法律"。船舶在光船租赁以前或者光船租赁期间，设立船舶抵押权的，适用原船舶登记国的法律。此外，建造中船舶所设立的抵押权适用物之所在地法，建造后的船舶所有人已登记获得船舶所有权的，附着在该船上的抵押权亦应受船旗国法调整，除非双方有合同约定。

[①] 韩立新：《海事国际私法》（第二版），大连海事大学出版社2015年版，第73页。

（四）船舶留置权的法律适用

船舶留置权法律制度被各国普遍承认。但是很少有国家对船舶留置权的法律适用直接作出规定，我国《海商法》目前也没有规定。根据与船舶留置权法律适用有关的法律适用规则，船舶留置权有适用船旗国法、被留置船舶所在地法、适用当事人所约定的法律、适用法院地法、最密切联系地法律几种模式。其中船舶留置权适用被留置船舶所在地法更适合于调整船舶留置权法律关系。

船舶留置权适用被留置船舶所在地法这一原则可以追溯为物之所在地法原则，该原则是各国调整物权关系法律适用的基本原则。船舶留置权的行使以权利人合法占有为基本前提，显然该留置行为与被留置的财产所在地是一致的。与船舶留置权相关的集装箱、货物留置权的准据法也应适用留置权所在地法律。

较之适用船旗国法而言，船舶留置权适用船舶所在地法无疑更有利于保护船舶留置权人的利益，因为船舶留置权人对船舶留置地的法律有合理预见性，甚至对船舶留置地的法律较为熟悉，适用船舶留置地法律对船舶留置权的行使也更为便利。为谋取船舶留置权利益，适用被留置船舶所在地法最为合适与便利。此外，在发生船舶留置权纠纷的时候，一般都是由被留置船舶所在地法院管辖，船舶留置权适用被留置船舶所在地法对法官审理案件更为便利。

二、海事合同关系的法律适用

对于海事合同关系，《海商法》采用了意思自治原则和最密切联系原则。依《海商法》第269条的规定，合同当事人可以选择合同适用的法律，法律另有规定的除外。

（一）当事人意思自治原则

海事合同关系的法律适用主要包括在国际海上运输、租船、海难救助拖带、保险合同等法律关系中。合同的法律适用首先尊重当事人的意思自治原则，当事人的选择是善意的，且是经过双方协商同意的，不管该选择与合同是否具有一定的联系，只要合同中约定的法律适用条款不违反法院地国法律规范的强制性规定或公共秩序，该准据法才能够被各国普遍接受。

（二）最密切联系原则的补充作用

最密切联系原则适用于当事人在合同中未选择适用法律的情况。在合同中没有明确约定或约定不明确时，与合同有最密切联系原则是确定合同准据法的重要补充。《海商法》第269条规定，合同当事人没有选择的，适用与合同有最密切联系的国家的法律。运用最密切联系原则确定合同准据法的优点是，特定的准据法一定是与该合同至少有一个连结因素的法律。缺点是具有不确定性。

由于海商合同关系主体的复杂性,多区段运输的多样性使最密切联系原则的连结点过多,导致该原则的弹性过大。当争议诉讼到法院,双方各以自己的连结点来确定准据法时就会使案件的法律适用具有不确定性,进而依据最密切联系原则来确定准据法是必要的。在海事案件中,法院在确定最密切联系的法律时,考虑的因素主要有合同的订立地、合同的履行地、当事人的国籍、当事人的营业所所在地、船舶的船旗、起运港和目的港、避难港等因素,法院会在对上述各因素进行衡量以后,再确定什么是与该合同有最密切联系的法律,并予以适用。

(三) 提单纠纷的法律适用

提单运输的法律适用及法院管辖与案件的处理结果有着重要联系。确定海商合同关系法律适用问题,比较典型和复杂的案件是提单纠纷案件,因为提单(多是印制格式条款) 是承运人签发给托运人的,对提单关系方具有一定约束力。根据我国《海商法》的规定,我国目前提单法律适用的原则主要是"当事人意思自治原则"和"最密切联系原则",那么在审理提单纠纷案件时,首先考虑适用的就是"当事人意思自治原则",在当事人未就法律适用达成一致时,再考虑"最密切联系原则"。但提单中的法律适用条款在提单中是作为首要条款规定的,在具体适用中不应违背最密切联系原则。特别是作为首要条款约定得比较具体或存在附加条件的法律适用条款时,在适用法律时则须根据具体案件加以分析,以准确适用准据法。

(四) 法院地法在调整合同关系中起着重要作用

在合同关系的法律适用条款在不确定的情况下,法院地法的适用具有较高的适用率。因为法院地法通常是与合同至少有一个连接因素的地点,案件审理中当事人双方也总有一方是主张适用法院地法的,如果主张适用外国法的一方不能充分举证该案应当适用某外国法并准确地提供该外国法时,适用法院地法的情况较多,当然这也给法院审理案件带来了许多便利。[①] 依普通法系国家规定,若当事人未明示适用法律,可以根据合同条款及有关周围情况推定之。按英美法院审判实践,当事人仅是选择管辖地或仲裁地往往推定其选择该地的所属国法律为准据法。

三、海事侵权行为的法律适用

海事侵权行为一般是指在海上或者与海相通的可航水域进行航运、作业、

[①] 司玉琢主编:《海商法》(第五版),法律出版社2023年版,第413页。

生产等海上经营和管理活动中发生的侵害他人人身权、财产权或其他权益的行为。海上侵权行为往往具有很强的涉外性，涉及不同国籍的当事人，并且造成的损失往往较大。为化解海事侵权纠纷，保护当事人合法权益，海事侵权行为的法律适用主要有以下几种。

（一）侵权行为地法的适用

侵权行为地法是指侵权行为实施地或者损害结果发生地的法律。在大陆法系和英美法系，对于侵权的传统的冲突法理论都是以适用侵权行为地法为基础，主要理由如下。

（1）从领土主权出发，侵权行为发生地的国家对发生在其领域内的不法行为具有合法的利害关系。

（2）侵权行为对于侵权行为所属国的公共利益往往影响最大。因此，一般来说，唯有侵权行为地所属国才与侵权行为具有切实的利害关系。

（3）从当事人的角度讲，处于一国领域内的任何人都必须遵守该国规定的行为规则，一旦违反当地的法律，也应根据当地法律预见到违法行为可能产生的后果。[①]

我国《海商法》第273条第1款规定："船舶碰撞的损害赔偿，适用侵权行为地法律。"当该事故具有涉外因素，诉讼到法院并在适用法律产生冲突时，法院必须解决调整该海事侵权行为的准据法。

但是，对于海事侵权行为适用侵权行为地法也存在着一定的局限性。

（1）由于国际海上运输存在时空跨度大，船舶国际流动性强的特点，使侵权行为地这一概念具有连续动态的特征。

（2）如果侵权行为发生在公海上，就无法律意义上的侵权行为地，侵权行为地国也就无法确认，当然也就没有所谓的侵权行为地的法律可以适用。

（3）如果相同国籍的船舶在他国领域发生碰撞，并未对侵权行为地国造成损害，这时强调适用侵权行为地法就显得牵强。

值得注意的是，在海事侵权事故中，如果两者不一致时，人民法院可以进行选择性适用。发生船舶油污侵害时，在程序上各国及相关油污公约规定油污侵害地法院对案件具有排他性的专属管辖权，不仅在实体上适用侵权行为地法，在程序上也不容许当事人"择地行诉"。

（二）法院地法的适用

法院地法是指审理涉外案件的法院所在地国的法律。侵权行为适用法院地

[①] 韩立新编著：《海事国际私法》（第二版），大连海事大学出版社2015年版，第150页。

法的理论最早由德国法学家华赫特（Wachter）提出。他认为："侵权行为与刑事犯罪行为类似，从而依据刑事法律的属地原则也应适用法院地法。"①

在海事侵权中，最普遍发生的是船舶碰撞事故，特别在单船公司比较盛行的情况下，一旦发生船舶碰撞，受害方往往就地扣船，以避免加害船舶的流动性、随意性而找不到对方财产，从而导致损失无法弥补、判决无法执行。此时法院地法的作用就比较突出，这一原则的适用主要体现在公海上发生的不同国籍船舶之间的侵权行为。

法院地法的优点是无须解决外国法的证明问题。但是，对侵权行为适用法院地法也存在着明显的不足——把法院地法作为唯一的衡量标准，将使侵权行为的成立和它的后果完全依赖于法院地的法律，使当事人很难预见其行为的后果。而且，法院地法的适用还会鼓励当事人"择地诉讼"，使同一地点发生的相类似的侵权行为，由于原告选择对自己最有利的法律而导致判决结果的不同。因此，不少学者对法院地法持不赞成态度。除在美国和英国仍有人支持这一主张外，几乎所有的国家都因其已不符合时代的要求且不公正而摒弃了这一适用原则。但不容忽视的是，对一些特殊侵权行为，如船舶碰撞、本国人在外国所为的不法行为等方面，法院地法仍有其适用的场合。②

我国《海商法》第273条第2款规定："船舶在公海上发生碰撞的损害赔偿，适用受理案件的法院所在地法律。"而该法院地法是哪一个法院是不确定的，基本取决于原告的"择地行诉"。根据我国《海事诉讼特别程序法》第6条第1款规定，原告可以选择侵权行为地、被告住所地、碰撞发生地、碰撞船舶最先到达地、加害船舶被扣留地、船籍港所在地法院行使诉权。此外，在侵权行为地法不能被有效识别或查证时，法院地法也常常被适用。

（三）船旗国法的适用

在海事侵权行为法律适用船旗国法也是一个重要的适用原则，适用船旗国法来解决纠纷，具有一定的优势。首先，在多数情况下，船舶悬挂哪一国家的国旗，具有何国国籍，是很容易识别的，这样船旗国法的确定就简便易行。其次，船旗国法的适用能够使有关侵权纠纷的处理达到一致的结果。因为船旗国法是相同的，所以无论交由哪国法院审理，相同的旗国法都会得到适用，这也正是国际私法所要追求的目标。③

船旗国法也是船舶碰撞损害赔偿的准据法之一。在海事领域的国际私法中，

---

① 李双元、金彭年、张茂等著：《中国国际私法通论》，法律出版社1996年版，第385页。
② 韩立新编著：《海事国际私法》（第二版），大连海事大学出版社2015年版，第152页。
③ 王国华著：《海事国际私法研究》，法律出版社1999年版，第19页。

船旗国法起着重要的作用。有些国家规定，对在一国海域或内水发生的船舶碰撞，原则上以侵权行为地法为准据法。但是，也存在如果碰撞双方船舶具有相同国籍，则承认适用其船旗国法的例外。[①] 我国《海商法》第 273 条第 3 款规定："同一国籍的船舶，不论碰撞发生于何地，碰撞船舶之间的损害赔偿适用船旗国法律。"在船舶碰撞案件中如果两船是不同国籍的船舶，船旗国法的适用受到很大的限制，因为船旗国法通常只适用同一国籍船舶的碰撞。但如果同一国籍的两船相撞并涉及第三国当事人的权利，作为同一碰撞事实提起诉讼时仍应当适用侵权行为地法。

四、共同海损的法律适用

共同海损是海商法的一项古老而特有的制度。在同一海上航程中，船舶、货物及其他财产遭受共同危险，为了共同安全，有意而合理地采取措施所直接造成的特殊牺牲，支付的特殊费用，就是共同海损。共同海损最终应由各受益方按分摊价值比例分摊。这一制度的存在，不仅对各利益方必不可少，而且对海上货物运输的顺利进行及航运业的发展也起到了重要作用。[②]

共同海损的准据法，是指用来解决共同海损方面存在的法律冲突的某种特定的法律。在共同海损法律适用方面，从各国立法学说及司法实践看，一般有以下几种。

（一）当事人协议选择

当事人协议选择准据法是意思自治原则在共同海损法律适用中的应用。对于共同海损的准据法，当事人事先指定的场合居多，这是由共同海损的产生场合即一般是在履行海上货物运输合同过程中发生的事件，与海事合同有密切关系，因此主张承认当事人对共同海损的意思自治。

在发生共同海损后，当事人双方事先约定共同海损的准据法，能够可预见性、明确性地根据自己的谈判能力选择对自己最有利的准据法，对双方当事人都较为公平、合理。

（二）理算地法

由于共同海损理算和分摊的内容较复杂，共同海损适用理算地法律，有利于理算工作的顺利进行。作为共同海损理算行为特有的冲突法规则，理算地法在共同海损法律冲突的解决中发挥着重要的作用，已经得到了诸多国家的认可。

---

① 袁雪主编：《海事诉讼与仲裁法》，科学出版社 2018 年版，第 26 页。
② 韩立新编著：《海事国际私法》（第二版），大连海事大学出版社 2015 年版，第 194 页。

理算地法是指进行共同海损理算地国的法律。

共同海损理算和共同海损行为的成立，在海商法中是相互分立的两个重大问题，共同海损理算解决的是各受益方具体分摊价值问题，共同海损行为是否成立解决的是共同海损分摊费用能否被最终分摊问题。这意味着利害关系方宣布共同海损、进行共同海损理算、要求共同海损分摊和共同海损行为的成立是两个不同的阶段。当利害关系人对海损事故宣布共同海损时，可以通过留置货物的形式向受益方要求共损担保并对共同海损进行理算。但受益方是否对共同海损费用分摊，非过失方或者过失方可以就此过失提出赔偿请求或者进行抗辩，即当损失是由船方不可免责的过失发生的损失，船方不能最终获得共同海损的分摊。①

《海商法》第 274 条规定："共同海损理算，适用理算地法律。"理算地有可能是航次终止地，也有可能是别的地点。当航次已完成且到达目的港时，在船货没有分离的情况下，共同海损的理算地就是航次终止地；当航次中断且在到达目的港前船货发生分离时，共同海损的理算地为航次中断地。② 这一共同海损理算的法律适用条款虽然也讲的是理算，但应作广义的解释，即包括了共同海损行为成立所适用的法律。

（三）法院地法

当诉讼发生在理算地以外的法院时，如果合同对共同海损理算规则有约定的，遵从约定的准据法，没有约定的，很大程度上是在法院地进行理算。我国《民事诉讼法》第 33 条规定，因共同海损提起的诉讼，由船舶最先到达地、共同海损理算地或者航程终止地的人民法院管辖。《海事诉讼特别程序法》作了同样规定；当根据合同约定共同海损理算适用异地理算规则时，对整个共同海损案件审理的法律适用也常常适用的是法院地法而不是共同海损规则的理算地法。

五、海事赔偿责任限制的法律适用

海事赔偿责任限制是指在发生重大海损事故时，作为责任人的船舶所有人、船舶经营人和承租人等，可根据法律的规定，将自己的赔偿责任限制在一定范围内的法律制度。③ 海事赔偿责任限制制度设立的初衷仅是为了保护船舶所有人的利益。随着海上贸易的繁荣，责任主体的类型也随之变化，船舶经营人、

---

① 司玉琢主编：《海商法》（第五版），法律出版社 2023 年版，第 415 页。
② 张丽英：《海商法学》（第三版），高等教育出版社 2016 年版，第 436 页。
③ 韩立新编著：《海事国际私法》（第二版），大连海事大学出版社 2015 年版，第 203 页。

承租人、救助人、责任保险人等角色也逐渐被纳入了受保护的范围。国际社会有关海事赔偿责任限制的法律适用主要有如下几种。

(一) 法院地法

海事赔偿责任限制制度的宗旨就是要限制海事赔偿责任人的责任,将他们的责任控制在一个可以合理预见的范围内。有些国家的法律规定海事赔偿责任限制的所有方面都适用法院地法,而有些国家的法律及国际公约仅规定海事赔偿责任限制的程序性事项适用法院地法,而实体问题则适用其他法律。对法院地法的优先适用,其理论上的依据主要仍如过去许多学者所称:法院适用自己的法律是司法主权上的需要,是主权独立的保障。我国《海商法》第275条规定:"海事赔偿责任限制,适用受理案件的法院所在地法律。"我国《海事诉讼特别程序法》第九章对设立海事赔偿责任限制基金程序作了专门规定,特别是根据该法第106条第2款规定,海事法院有权对利害关系人有关责任限制的异议进行审查。该审查显然涉及法院地有关责任限制的实体法规定。

但各国法院在涉外民商事法律关系中一律适用法院地法并不一定有利于涉外民商事交往的发展,如果认为自己国家的法院应只适用自己的法律,对方国家也采用这种做法,那么这两个国家之间的民商事交往肯定就不能顺利进行,国际民商事交往也就失去了法律上的便捷与安全保障[①]。

适用法院地法的一个最大的不足之处在于会引起挑选法院现象的产生。由于在不同国家的起诉会适用不同的法律,而适用不同国家的法律会在实体上影响当事人自己的权益,因此,涉外民事案件的当事人会竞相选择对自己有利的国家的法院进行诉讼,进而产生"平行诉讼"与管辖权之争,这无疑不利于国际民商事交往的发展。更重要的是,它会破坏当事人的合理预期。在海事赔偿责任限制领域,会使海事赔偿责任人无法合理地预见自己的责任限额,因为在不同国家的法院诉讼会有不同的责任限制标准,这与海事赔偿责任限制法律制度的目标与宗旨相悖。

海事赔偿责任限制制度的宗旨是要将海事赔偿责任人的责任控制在一个可以合理预见的范围内。主张海事赔偿责任限制不适用法院地法,并不是说海事赔偿责任限制的任何方面都不适用法院地法。对于海事赔偿责任限制中的一些属于程序的问题,如有关责任限制的程序,即责任主体根据法律规定申请限制其责任时所必须履行的法定手续,我们认为可以适用法院地法。程序问题适用法院地法可以说是现代各国国际私法的一项普遍原则,如1995年颁布的意大利

---

① 李双元:《国际私法(冲突篇)》,武汉大学出版社2001年版,第336页。

《国际私法制度改革法案》第 12 条规定："在意大利法院进行的民事诉讼程序应由意大利法支配。"其他国家也有类似规定。

（二）船旗国法

有些国家的法律规定海事赔偿责任限制适用船旗国法，适用船旗国法的最大好处在于能为海损事故的责任人提供一种合理的预期。船旗国法的适用基于海商法的特点，从尊重船舶所有人责任限制制度出发，满足了债务人的最大需要。申请人可以根据自己熟悉的船舶本国法很快弄清责任限制的全部问题，并提高设立责任基金的速度。因为在海损事故发生之前当事人就知道船旗国所在地，从而也就使当事人知道在一旦发生海损事故时可以享受的责任限额，这一法律适用规则无疑与海事赔偿责任限制制度的立法宗旨是相吻合。①

从实践来看，船旗国法因其本身存在的优点而得到很多国家的承认，但若过分强调适用船旗国法也会产生一定的局限性，出现以下问题。

（1）适用船旗国法将会导致海商立法明显的保护主义倾向。在海上运输中，除船舶所有人外，还有货主、旅客、船上其他人员、保险人等其他利害关系方，如果一国立法者只注重保护本国海运业，将责任限额规定到尽可能低的限度，这势必会给其他利害关系方造成损害并导致不公平的竞争。

（2）适用船旗国法可能促使法院滥用"公共秩序保留"原则，以排除船旗国法的适用。法院在审理有关案件时，如果发现适用船旗国法将对本国的关系方产生不利的影响，就可能以该船旗国法违背本国公共秩序为借口，排除其适用。

（3）适用船旗国法将鼓励开放登记的行为。如前所述，大多数开放登记国的海商法内容十分陈旧，其责任限额的规定都很低，如果适用船旗国法，在涉及开放登记船舶的责任限制时，法院往往难以确定这些国家的法律。即使能够确定，这些国家对责任限制金额的规定也十分有利于船舶所有人，对他们具有吸引力，所以适用船旗国法将会间接地鼓励开放登记行为。

为了克服船旗国法存在的问题，某些国家如希腊等国在用船旗国法决定责任限制问题时，对其适用规定了一定的限制条件。②

（三）最密切联系原则

由于依据最密切联系原则选择法律能够适应当前随着国际经济关系的发展，

---

① 周后春、屈广清：《海事赔偿责任限制的法律适用》，载《世界海运》2006 年第 2 期，第 41 页。

② 韩立新编著：《海事国际私法》（第二版），大连海事大学出版社 2015 年版，第 212 页。

并且可以避免以一种固定的连结点指引准据法的不切合案件实际情况和不符合案件公平合理解决的缺陷，符合涉外民事关系复杂多变的客观形势的需要，因此，最密切联系原则这种法律选择方法目前在冲突法中得到了广泛应用。基于这一优越性，最密切联系原则成为判断有关冲突法是否"现代化"了的一项重要标准。① 我们认为，一方面应看到最密切联系原则较之过去用固定的表示空间场所意义的连结点构成的"硬性冲突规范"更有利于公正合理地解决案件，但另一方面，也应看到这一原则所赋予的法官过大的自由裁量权，从而给冲突法所追求的法律适用的确定性、可预见性和一致性带来威胁。因此，海事赔偿责任限制不宜直接规定为适用最密切联系原则，而是应首先适用船旗国法，只有当其他场所与海事赔偿责任限制有更密切联系时，才适用其他地方的法律。②

【案例枚举】

东盛航运有限公司与宏达航运有限公司
申请承认和执行外国仲裁裁决案③

【基本案情】

申请人东盛航运有限公司（以下简称东盛公司）与被申请人宏达航运有限公司（以下简称宏达公司），就双方之间的租船合同纠纷提交英国伦敦进行仲裁。仲裁裁决作出后，东盛公司向上海海事法院申请承认和执行该仲裁裁决。宏达公司提出管辖权异议，认为其作为注册在马绍尔群岛共和国的外国公司，在中国未设立主要办事机构，也无任何财产，中国法院对本案无管辖权。

【裁判结果】

上海海事法院审查认为，根据《海事诉讼特别程序法》的规定，当事人申请承认和执行国外海事仲裁裁决的，可向被执行人住所地或者财产所在地海事法院提出。宏达公司系注册在马绍尔群岛的离岸公司，但案涉租船确认书、仲裁裁决均记载其经营地在中国上海，且在案涉业务往来邮件中亦称宏达公司与其关联公司为同一家公司，而该关联公司的办公地址与案涉租船确认书记载的

---

① 李双元：《国际私法（冲突篇）》，武汉大学出版社 2001 年版，第 312 页。

② 周后春、屈广清：《海事赔偿责任限制的法律适用》，载《世界海运》2006 年第 2 期，第 42 页。

③ 参见上海海事法院（2020）沪 72 协外认 1 号。参见最高人民法院《2021 年全国海事审判典型案例》（2022 年），载最高人民法院网，https://www.court.gov.cn/zixun/xiangqing/361581.html，访问时间：2023 年 9 月 1 日。

宏达公司地址一致。综合上述证据可确认中国上海系宏达公司的主要办事机构所在地,上海海事法院依法对案件具有管辖权,裁定驳回宏达公司的管辖权异议。上海市高级人民法院二审维持一审裁定。因案涉仲裁裁决不存在《纽约公约》规定的拒绝承认和执行的情形,故上海海事法院裁定承认和执行该仲裁裁决。裁定作出后,宏达公司主动履行了裁决确定的义务。

【典型意义】

本案是海事法院准确适用《纽约公约》,支持外国仲裁裁决在中国承认与执行的典型案例。该案注重国内法与国际公约的衔接,通过裁判明确了当外国离岸公司注册地、登记地与主要办事机构所在地不一致时,应以主要办事机构所在地作为住所地。本案审查中秉持公约"有利于裁决执行"的精神,通过对被申请人办事机构所在地的准确认定,确定管辖权,为中外当事人提供平等的司法保护,并依据公约规定进行裁定承认和执行仲裁裁决,促使宏达公司主动履行裁决确定的义务。本案充分体现了我国法院依法行使管辖权,恪守国际公约义务,对仲裁领域国际司法协助机制的持友好支持态度,有利于提升中国海事司法的影响力和公信力。

【问题与思考】

1. 什么是海事争议?
2. 海事争议的解决方式有哪些?
3. 试论涉外海事争议法律适用的基本原则。
4. 海事诉讼时效具有哪些特点?
5. 如何选择处理涉外海事关系应适用的准据法?
6. 如何理解《海商法》第268条有关海事国际惯例适用位阶的合理界定?